西安文理学院马克思主义学院纪检监察专业建设经费资助项目

新编纪检监察学教程

杨永庚　常利娟 ◎编　著

中国政法大学出版社

2021·北京

图书在版编目（ＣＩＰ）数据

新编纪检监察学教程/杨永庚，常利娟编著. —北京：中国政法大学出版社，2021.1
（2025.2 重印）
　ISBN 978-7-5620-6621-7

　Ⅰ.①新… Ⅱ.①杨… ②常… Ⅲ.①中国共产党－纪律检查－工作－干部教育－教材
Ⅳ.①D262.6

　中国版本图书馆 CIP 数据核字 (2021) 第 016701 号

出 版 者	中国政法大学出版社
地　　　址	北京市海淀区西土城路 25 号
邮寄地址	北京 100088 信箱 8034 分箱　邮编 100088
网　　　址	http://www.cuplpress.com (网络实名：中国政法大学出版社)
电　　　话	010-58908285(总编室) 58908433（编辑部）58908334(邮购部)
承　　　印	固安华明印业有限公司
开　　　本	720mm×960mm　1/16
印　　　张	21.25
字　　　数	315 千字
版　　　次	2021 年 1 月第 1 版
印　　　次	2025 年 2 月第 3 次印刷
定　　　价	82.00 元

前 言

从纪检监察工作要求到纪检监察学学科理论研究的兴起与发展，中国纪检监察正在开拓一门新学科。我们从两个角度进行认识，一是从"历史"的角度进行回顾，从中把握纪检监察学科逐渐形成过程中的历史经验；二是从"思想"的角度进行规范，从中提炼出纪检监察的思想内涵和规律性认识，并理性地认识其中存在的挑战和不足与发展和趋势，这样才能形成一门新学科。

从历史上看，伴随中国共产党自身的建设，我国纪检监察就开始形成与发展。党成立初就制定了纪律条款，1927年党的五大首次决定设立党的中央监察委员会，成为专门履行党的监督职责的职能机关。至此，纪检监察学就开始形成与发展。政治学家与法学家开始了跨学科的研究，在纪检监察学研究方面有一些有价值和生命力的成果。

新中国成立后，纪检监察由于种种原因经历了许多曲折，没有学科理论支撑的纪检监察只能局限于自发的学科研究水平。20世纪80年代以来，随着各门社会科学的恢复与发展，以及更加深入的反腐倡廉工作的开展，我们所处的社会发生了很多变化，也为社会廉政建设提供了丰富的治理方式和方法。纪检监察学学科理论逐渐引起学界的关注，学科地位也因此逐步确立。主要表现在以下几个方面。

1. 学科理论始受关注，相关探讨开始起步。2000年4月，北京大学建立了我国高校第一个专门的廉政建设研究中心，开始系统研究学科理论，从学科发展的视角提出了"纪检监察学"概念。从此，一些研究者也以反腐倡廉为议题，结合本土化经验提出了多元的阐释，反腐倡廉方面的相关论文相继增多。2004年《中国廉政文化丛书》第一辑由中国方正出版社出版发行，以后系列出版，对21世纪以来发表的相关论文进行了初步汇编。从总的方面看，21世纪前10年的研究偏重思考不同发展阶段的特征，成果呈现出碎片化的特点。进入21世纪10年后，学科理论研究逐步深化，出现了一批以本土经验研究为路径、构建中国纪检监察学理论为取向的研究成果。在发掘、吸收和提炼已有的相关理论成果的基础上，出现了团队攻关，著作类成果明显增多，开始构建新学科。

2. 视野不断开阔，学科建设逐步深化。引入、评介国外在监督学、政治学领域的相关研究成果，对促进较早较快地形成较为成熟的知识体系，建构本土化的纪检监察学理论，使学科建设走向成熟发挥了十分重要的作用。国外研究成果有这样几个特点，一是可以作为腐败问题实证研究方法方面的材料，二是丰富了数据处理方法，可给后来的研究者以极大的启示，三是提出了一些重要的、有待于以后深入细致予以研究的新问题。客观地来讲，这些研究成果是该国廉政法律制度建设的反映，与我国有较大不同，但对培育学科基础、促进中国共产党纪检监察学的发展，尤其是学科化建设起到了积极的推动作用。

3. 教师队伍日益扩大，专业建设初步形成。伴随纪检监察形势发展的需要，纪检监察学科建设对人才保障和智力支撑的要求正在变得日益迫切。一些创办这个专业的学校通过各种途径加大对教师的培训和提高，促进其转型。21世纪初，中国纪检监察学院开始对全国纪检监察干部进行培训，先后开设了纪检监察学课程，学科知识体系不断走向成熟，纪检监察学的学科建设与教学活动呈现出良性互动关系，使得纪检监察学知识得到更加广泛的传播。对于学科发展来说，学术团体与研究机构的形成是学科地位初步确立的重要标志。中国政法大学、西南政法大学、西安文理学院等高校成立专门的研究院或学院，积极进行学科研究，大大加强了纪检监察学学科队伍的整体实力，也为学科的专业化发展奠定了基础。

4. 应用研究逐步深化，关注领域不断拓展。从学科发展看，学科研究的专门化，是学科发展的必然趋势和学科成熟的重要标志。对国家监督体系的研究，应当注重学科建设的系统性、整体性和协同性，构建科学规范、系统完备的纪检监察规则体系，但不能限于对体系一般的研究，必须进一步细化，从各个具体领域进行研究，不断创立新的理论学科，才会使学科理论进一步深刻和成熟。虽然研究者认为，目前我国反腐倡廉建设理念和措施尚处于起始阶段，但要深入、彻底，必须研究人的价值观，把研究视阈融合。

5. 组建学术团体，发行学科刊物。在教学、科研发展的基础上，培养一批专门的纪检监察研究队伍、创立专门的纪检监察理论研究机构、创办一些专业刊物和开辟一些综合类大学学报纪检监察学研究栏目等，都将促进纪检监察工作的专业化和职业化，扩大学科影响力，吸引学术人才。这既凝聚、壮大了纪检监察学力量，也为全国从事反腐倡廉教学和研究的工作者提供了交流的平台。

2005 年 1 月，中共中央颁布的《建立健全教育、制度、监督并重的惩治和预防腐败体系实施纲要》明确要求，"把反腐倡廉教育纳入党校、行政学院和其他干部培训机构的教学计划，编写教材，保证课时"。随着我国反腐倡廉形势的进一步发展，各级监察机关对人才的需求急剧增加，需要创办这个专业，编写研究纪检监察一般理论和规律的学科专著与教材，为此我们选编了《新编纪检监察学教程》。

纵观本书，主要有以下特色：

第一，鲜明地彰显习近平新时代中国特色社会主义思想中反腐倡廉的理论，使"纪检监察学"有"学"的名分。十八大以来我国反腐倡廉的理论发展和实践成果呈现出系统化、理论化、学科化的特征，形成了中国特色的纪检监察理论体系。其中基础研究密切跟踪国内外学术发展和学科建设的前沿及动态，着力推进学科体系、学术体系、话语体系建设和创新，具有原创性、开拓性和较高的学术思想价值；应用研究立足党和国家事业发展需要，聚焦经济社会发展中的全局性、战略性和前瞻性的重大理论与实践问题，具有现实性、针对性和较强的决策参考价值。无论是基础研究成果，还是应用成果，都揭示纪检监察活动中矛盾的特殊性和内在的规律性。该书基本上确立了纪检监察学的研究对象、研究范畴、核心概念，进而有了自己独立的学科体系，研究纪检监察的基本原理、基本规律和基本方法，解决纪检监察实践中遇到的困难和问题，体现了鲜明的时代特征、问题导向和创新意识，有了"学"的名分，我们取名为《新编纪检监察学教程》，着力推出体现国家水准的研究成果。

第二，对当前反腐倡廉实践中的一系列重大问题作出理论概括，具有较高的学术水准。毫无疑义，本书具有坚定鲜明的政治性、政策性，但同时应该具有很高的理论水准、学术水准，两者相辅相成。理论是对事物本质的科学说明。要正确把握反腐倡廉的规律和特点，增强反腐倡廉的能力，必须坚持理论武装。作为教材，必须具有一定的学术水准、学术规范。据此，本书对反腐倡廉领域里的一些基本概念、基本观点、基本原理作了比较规范明确的说明，相互贯通，相互支持。本书这样的写作理念和成果，体现了精通马克思主义的目的完全在于应用、在于回答和解决当代中国特色社会主义实践过程中的重大问题，包括回答和解决反腐倡廉的重大现实问题。

第三，紧贴发展着的反腐倡廉工作实际，具有很强的可读性、实践性、指导性。理论联系实际，是理论的生命，是我们的优良作风。我们尽可能写得简明扼要、通俗易懂，增强教材自身的可读性。同时中国特色社会主义是发展着的伟大事业，反腐倡廉作为这一伟大事业的重要组成部分，同样是在不断发展着、前进着，会不断面临新情况、新问题，需要作出新的回答，总结新的经验，提供理论的支持和指导。该书吸纳了近年来特别是十八大以来纪检监察工作和反腐倡廉工作研究的最新成果，从而使广大学生和实际工作者受到教益，是一本完全可以满足纪检监察专业学生学习的好书。

　　本书由西安文理学院马克思主义学院杨永庚教授、思想政治教育系主任常利娟提出编写大纲，杨永庚撰写约 16 万字，常利娟副教授撰写约 15 万字，党政办刘晓瑛老师撰写约 4 万字。在编写过程中，参考了党和政府出版和发行的一系列文件内容，借鉴了许多专家、学者的研究成果，尤其是刘国栋同志著述的《纪检监察原理与方法精要》和缚奎主编的《纪检监察概论》，在此表示诚挚的感谢。同时，感谢西安文理学院党委副书记、副校长李忠良教授与马克思主义学院院长张军学同志对本书提出了许多很中肯的修改意见，感谢党总支书记薛斌、西安廉政文化研究中心副主任巩建萍等的关心和支持。

　　当然，由于时间太仓促，加之水平有限，错误和问题在所难免，希望同志们在使用过程中批评指正，以便于再版时修订。

编者
2020 年 3 月

CONTENTS

目 录

教学目的和要求：

通过教学，使学生认识新时期纪检监察的内涵和职能，深刻领悟纪检监察工作的基本原则及意义所在。通过理解纪检监察学科属性和学习方法，为更好地学习纪检监察课程内容，成为廉洁为公的高尚的人打下坚实的理论基础。

教学要点：

1. 纪检监察的内涵
2. 纪检监察的职能
3. 纪检监察工作的基本原则及意义
4. 纪检监察的学科属性及学习方法

党的十八大以来，全党对党风廉政建设和反腐败斗争重要性的认识不断提高，在党风廉政建设及纪律检查工作和国家监察方面，提出了一系列新思路、新谋划和新举措。习近平总书记提出的全面从严治党、严明党的纪律和规矩、依法治国与依规治党有机统一、党纪严于国法、纪法贯通等一系列新思想，环环紧扣，脉络清晰，构成了一个完整的思想理论体系、行动指南和改革蓝图，为深化纪律检查理论和实践、国家监察理论和实践研究，为推动纪检监察学科建设奠定了扎实基础。

第一节　纪检监察学的核心概念

纪律是中国共产党管党治党的尺子，党的纪律是纪律检查制度的一切出发点和立足点；监察以对公权力运行设定合规性标准为基础，防范权力偏离其设定目标，抑制腐败动因。纪检和监察是党的纪律检查机关和各级国家监察委员会行使的两种职能。因此，研究纪律检查和监督监察制度，掌握科学的纪检监察学，必须首先了解纪检监察学的核心概念。

一、"纪检"之含义

党纪即党的纪律。纪律的概念，《辞源》解释为"纲纪法规"，《现代汉语词典》解释为"政党、机关、部队、团体、企业等为了维护集体利益并保证工作的正常进行而规定的要求每个成员遵守的规章、条文"。"纪检"是"党纪检查"或"纪律检查"的简称。作为政党治理结构的重要组成部分，纪检主要指中国共产党的纪律检查部门对党组织和党员执行党的路线、方针、政策情况的检查、监督。它通常在两种意义上使用：一是指活动，二是指机关。党的纪律是研究纪律检查制度的一切出发点和立足点，离开了"纪律"，纪律检查工作就无从谈起。

作为一种"活动"，它专指党的纪检机关对党组织和党员遵守党的纪律的情况进行监督检查，并依纪对违反党纪的党组织和党员进行处理，以维护党的纪律的活动。纪律检查主要包括三个方面：一是纪律检查制度建设活动，从规范层面上首先表现为一系列预设的、在相对较长时间内不发生变化的规则体系；二是纪律检查工作实践活动，纪律检查不仅是一种制度，更是一种实际应用工作；三是纪律检查理论研究活动，它为纪律检查制度完善和工作顺利开展提供素材，是纪律检查制度和工作发展的不竭源泉。

作为一个"机关"，纪检机关的基本定位是党内专门的"纪律监督机关"，是纪律检查活动的主体，是纪律检查制度存在的外在表现。它包括三层内涵：①从地位上看，纪委是党内监督的"专责机关"。纪律检查机关的性质决定了纪律检查机关在整个国家机构体系和党政机关中的地位以及与其他国家机关之间的关系。党内机构很多，如组织部门、宣传部门、政法部门、信访部门及党委的办事机构等，从各自的不同角度都承担有一定的党内监督职责、发挥着一定的监督作用，但纪检机关作为党内监督专责机关，其监督的"专责性"，使它与党内其他有监督职责的机构区别开来。可以说，纪检机关既是"党内专责的监督机关"，又是"党内监督的专责机关"。②从内容上看，纪检机关是党内纪律监督的"专责机关"。纪检机关的监督不是一般意义上的"工作监督"，而是特定意义的"纪律监督"，是对党组织和党员遵守党的纪律的情况进行监督。纪律检查制度的本质是纪律监督，就是要坚持纪法分开，党纪严于国法，把党的纪律和规矩挺在前面，用纪律管住所有党组织和党员干部。纪检机关的一切活动都是围绕"纪律"展开的，纪检机关的一切工作任务都是以"纪律"为基点而延伸出来的，"纪律"是纪检机关考虑问题和部署工作的出发点、着眼点和落脚点。③从职能上看，纪检机关是"党内执纪维法的职能机关"。纪律检查机关的职权是由纪律检查机关的性质和任务决定的，是发挥纪律检查机关功能作用的先决条件。党组织和党员不仅要遵守党纪，而且要遵守国法，"违法必然违纪"，"维法更是维纪"。纪检机关既要维护党纪，也要维护国法，对违反党规党纪和国家法律法规的党组织和党员，必须执行纪律。"执纪"是纪检机关"维法"的重要途径。纪律检查机关在党风政风监督、线索管理、执纪审理等各项职能活动中都必须遵循特定的活动规则，按照一定的程序、纪律和规则办事。《中国共产党章程》（以下简称《党章》）赋予纪委"党内执纪维法"职能的严肃性和强制性，是纪检机关威慑力之所在。

　　"纪检"有四个特征：①主体的特定性。纪检工作作为党内的一项专责性工作，其主体是特定的纪检机关，党内其他任何部门、机关、机构和组织，不能代行纪检机关的职责、成为纪检活动的主体。纪检活动与党内监督，在主体、内容、对象、方式等方面是有明显区别的。需要注意的是，"主体"是由硬件和软件构成的，硬件如机构、人员、设施、装备等，软件如人员素质、机关作风、工作程序、规章制度等。硬件和软件分别是党的纪律检查活动主体的"构成要素"，但不是主体本身，这两个方面结合起来，组成统一整体，共同构成党的纪律检查活动的主体。②职责的确定性。党的纪律检查机关一切活动的目的，都是为了维护党的纪律。"纪检"与"党的监督"不是一个概念。"党的监督"特指作为执政党的中国共产党的监督。从广义上讲，它包括对内监督（党对自己内部组织和党员的监督）和对外监督（党对外部的国家政权机关、党派组织、企业事业单位、人民团体及其人员的监督）两个部分。从狭义上讲，党的监督主要指的是党的对外监督那部分，是从中国共产党作为"执政的党""领导的党"的意义上自然引申出来的监督，大体是与权力机关的监督、司法机关的监督、民主党派的监督、舆论监督、人民群众监督等相并列的国家监督体系中的一种。维护党的纪律却是纪检机关的天职，但是它不是也不可能是纪检机关所能"包办""独揽"的,纪检机关的工作任务不论有多少项,都是从维护党的纪律这一基本职责细化、拓展、引申出来的。其中党委(党组)承担党风廉政建设和反腐败工作的主体责任,是深入推进党风廉政建设的"牛鼻子"。党委书记是第一责任人,党委成员对职责范围内的党风廉政建设负领导责任。③对象的广泛性。纪检机关监督的对象,不是"某些"党组织和党员,而是所有的党组织和党员。换言之,党的纪律所能约束到的对象,都是纪检机关的监督对象。《党章》明确规定,哪里有党的组织和党员,哪里就必须有党的纪律,必须有党的纪律监督。党内没有不受纪律约束、不接受纪律监督的特殊组织和特殊党员。④手段的强制性。党的纪律一旦实行,就具有使党组织和党员遵从的力量和威严,党组织必须严格执行和维护它,党员必须自觉接受它的约束。强制性就是党组织和党员对党的纪律都应当遵守和执行,一旦违犯纪律就要被追究纪律责任,情节严重者将被解散组织或开除党籍。党的纪律是铁的纪律,遵守党的纪律是无条件的,一方面是纪律标准统一,不论党员的党龄长短、资历深浅、职务高低、功劳大小,也不论中央机关还是基层组织,都必须按照统一的标准遵守和执行纪律;另一方面是纪律约束力应统一,党员在纪律面前一律平等,不允许有凌驾于党的纪律之上的特殊党员,谁违反了党的纪律,谁就要受到党的纪律制裁。对违纪者要问责,对严重违纪者要严惩。因此,作为维护党的纪律的机关,纪检机关时刻也不能放弃其履行职责所必需的威慑性权力和强制性手段。

二、"监察"之含义

监察,在甲骨文中,"监"是一个人站在盛有水的盆边照面,所以,取"皿"旁。青铜器出现后,对人类这种活动的表征,又演变为"鉴"和"镜"。《诗经》中有云:"监观四方",郑玄笺曰"监察天下之众国",孔颖达疏云"监视而观察天下四方之众国"。古文中的"监",与"鉴"和"镜"是通义的。《尚书·酒诰》说:"人无于水监,当于民监。"墨子说:"镜于水,见面之容;镜于人,则知吉与凶。"何谓"监"?据《说文解字》解释,"监,临下也",内含"居高"义。何谓"察"?《辞源》解释为细看、详审,《新书·道术》说"纤维皆审谓之察",《孟子》说"明足以察秋毫之末"。因此,"监察"有居高临下、明察秋毫之义。

古今中外,"监察"的领域很宽,权力机关、司法机关、行政机关均曾在被监察之列。在古罗马，"监察工作是由两个特设的官吏担任的。元老院监督人民，所以，监察官应该既监督人民，又监督元老院"，"罗马人是值得钦佩的，一切官吏都要对自己的行为负责，只有监察官是例外。"在我国古代，监察御史位高权重，执掌"纠劾百司、辩明冤枉、提督各道，为天子耳目风纪之司"，负责"分察百僚、巡按郡县、纠视刑狱"，可以说"自皇太子以下，无所不纠""虽三公将相，亦宜纠察""弹纠不法，百僚震恐，官之雄峻，莫之比焉"。在近现代西方，瑞典的监察专员隶属议会，是议会监督的一种形式。英国的行政裁判所和法国的行政法院不属司法系统，而是行政系统，负责对行政机关进行"监察"。

我国当代的"监察"用于对所有行使公权力的人员监督（督促）考察及检举。与西方监察权的性质不同，我国的监察权具有"集党纪监督、行政监督与法律监督权于一体的综合性、混合性与独立性"，应该说我国的监察权领域更为宽泛，监督力度更加强大。十六大报告中要求"加强对权力的制约和监督"。所说的监督，就是从调整完善政治权力运作机制的意义上提出来的。从政治学的意义上，监督是权力的拥有者当其不便或者不能直接行使权力，而把权力委托给他人行使以后，控制后者按照自己的意志和利益行使权力的制度安排和行为过程。监督就是监察与督促。实际上，监督是一种政治机制和政治权力的运作机制，准确地说是一种政治权力运行的控制机制。作为配套国家监察体制改革的一项立法，《中华人民共和国监察法》（以下简称《监察法》）被认为是一部对国家监察工作起统领性、基础性作用的法律。独立的国家监察权开始在中国特色国家政治权力体系中全面履职，成为腐败治理的主导力量。《监察法》规定，各级监察委员会是行使国家监察职能的专责机关，依法履行监督、调查、处置职责。

监察的基本特征：

（1）监察的科学性。中国共产党自成立以来，历代党中央一直在对反腐败理论进行研究和实践探索。随着党面临的国际国内形势的变化，以及党的指导思想的不断发展，反腐败理论也呈现出不断深入的特征。在党的十八大以后，中国特色社会主义发展进入了新时代，党的十九大正式确立习近平新时代中国特色社会主义思想为党的指导思想，其中蕴含的关于纪检监察的重要论述，把握时代趋势、回答实践要求、回应人民期待，体现出我国的政治制度发展日益科学化、成熟化、体系化的特征，是当前国家监察体制改革的重要指引，为改革的顺利进行提供了科学理论保障。

（2）监察的国家性。监察是国家政权的范畴，是国家政权机关的组成部分。"政权是什么？政权是阶级社会中阶级统治的权力机关。政权最明显的标志为政府机关、军队、法庭、监狱等。"我国是人民民主专政的国家，国家政权的阶级性和人民性是统一的，因此，作为国家机构的组成部分，监察委员会是国家政治机关，是党和国家自我监督的政治机关。监察委员会依法独立行使监察权，不受行政机关、社会团体和个人的干涉。监察机关上升到与"一府两院"相平行的地位，监察权就与立法权、行政权、审判权和法律监督权并列，办理职务违法和职务犯罪案件。同时应当与审判机关、检察机关、执法部门互相配合，互相制约。

（3）监察的人民性。它是监察的根基，始终坚持以人民为中心的价值取向。《监察法》是一部党性和人民性高度统一的法律。从《监察法》的出台过程看，《监察法》立法是充分发扬民主、广泛征求意见、凝聚全民共识的全民参与性立法，反映人民意志、得到人民拥护，是我国开门立法精神的直观体现。从监察的目标任务看，监察是为了加强对行使公权力的公职人员的监督，防止权力受到腐蚀，防止脱离人民群众，厚植党治国理政的基础。另外，《监察法》规定，我国各级监察委员会由同级人大产生，对它负责、受其监督，确保监察权用来为人民谋利益。我们要以人民为中心的根本立场和价值取向贯彻落实《监察法》。一是要坚持落实国家确立的监察体制制度安排，要对产生它的人大机关负责，并接受其监督。二是要把党和人民的意志贯穿于国家监察各项工作，坚持群众导向、问题导向，以惩治腐败的实际成效回应人民群众期盼，增强人民群众反腐获得感。

（4）监察的实践性。实践性是监察的关键，要全面释放法治反腐的巨大威力。《监察法》既是实体法，也是程序法，还是组织法。《监察法》规定了监察机关的性质、工作原则、组织、职责、监察范围、监察权限和程序以及对监察机关、监察人员的监督等，是一部对国家监察工作起统领性和基础性作用的法律，是做好监察工作的遵循。纪检监察机关要准确把握监察法的科学内涵，深学深悟、笃信笃行，将《监察法》刻于心、践于行、成于效，释放国家《监察法》惩治腐败的巨大威力。一是在宣传培训上发力，通过开展多途径、全覆盖学习培训，不断强化公职人员的法律意识，形成尊崇法律、遵守法律、捍卫法律的良好氛围；二是在贯彻执行上发力，充分运用12种调查措施，严肃查处一批职务违法和职务犯罪案件，形成强有力的震慑；三是在监督检查上发力，以《监察法》为准绳，认真查摆执法不严、违法不究等方面的突出问题，不断用监督传导压力，推动国家《监察法》的落实。

国家《监察法》规定："各级监察委员会是行使国家监察职能的专责机关"。"专责机关"明确了监察委员会的基本定位，即行使国家监察权，以监督为首要职责的机关。有三个方面的涵义：一是监察权集中统一行使；二是监督是首要职责；三是与纪委"党内监督的专责机关"相对应。党的十八大以来，习近平总书记将《党章》规定的纪委三项主要任务和五项经常性工作概括为"监督执纪问责"，从而使"监督"成为纪委的首要职责，并将监察权独立，这在世界政治发展史上也是极具开创性的重大改革。

由以上可见，纪检监察机关的权力由《党章》和《中华人民共和国宪法》（以下简称《宪法》）赋予，职责纪定、职责法定，依规依纪依法履行职责不是一般的工作要求，而是严肃的政治要求和政治责任。纪律检查委员会是党的机构，是党的"两委"之一（即党委、纪委），是"六套班子"之一（即"六大家"——党委、人大、政府、政协、纪委、监委），它是党的一届委员会，不是党委部门，其规格高于党委机构（即宣传部、统战部、组织部、政法委等），是专司监督检查党的机构和党员贯彻执行党的路线、方针、政策的情况，查处违纪党组织和党员的机关。党的各级纪律检查委员会（简称纪委）按照《党章》规定履行职责。监察委员会依据《监察法》，专司监督检查所有行使公权力的公职人员。由此，"纪检监察"概念由三个概念组成：一是"纪检"，即中国共产党的纪律检查机关和纪律检查活动；二是"监察"，即国家监察机关的政务监察活动；三是纪检监察，在"合署"体制下，党的纪律检查机关与监察机关合署办公，实行一个机构、一套人马、两个机关名称，履行党的纪律检查与国家监察两种职能的体制。以纪检监察的总体为背景，作为对纪检监察基本方面、基本联系、基本过程的抽象的基本范畴，反映纪检监察的总体特点和纪检监察的基本内容。

第二节　纪检监察的职能

从字面上讲，职能的"职"即职责，"能"即功能，是通过履行职责所体现的功能。按此理解，所谓纪检监察的职能，就是纪检监察机关通过履行职责所体现出来的各种功能的总和。要研究"职能"，必须明确"职责"。从字面上说，"职责"是由"职能"和"责任"组成的，其完整的含义是，"职能所要求的责任"或"为履行职能所承担的责任"。"责任"与"职能"既是密切联系的，又是不同的。一般来讲，"职能"指的是预期的目的、追求的结果、应然的状态；"职责"指的是现实的手段、实践的过程、实然的状态。"职能"是前提、是基础，职能的范围决定职责的大小轻重；"职责"是手段、是保障，职责履行情况决定职能的实现程度。职能具有一定的抽象性，强调人、事、机构所应具有的功能或应起的作用。职责则比较具体，它是指任职者为履行一定的组织职能或完成工作使命，所负责的范围和承担的一系列工作任务，以及完成这些工作任务所需承担的相应责任。

从纪检机关和监察机关的职责中，可以得出三个结论：第一，纪检机关和监察机关各自有各自的职责范围，各司其职、各尽其责，这是《党章》和《监察法》规定得十分明确的，不能互相混淆，更不能相互代替；第二，纪检机关和监察机关尽管具体职责各有不同，但这些具体职责都属于"监督"的范畴，是监督职责的具体表现，可以说，监督是纪检监察机关的"基本职责"，而教育、惩处、保障、检查、受理举报和申诉等则是"具体职责"，是监督这一"基本职责"在各个方面的具体体现和实现途径；第三，职能是职责的抽象形态，职责是职能的实现形态。

关于纪检机关的职责。党的十八大以来，党中央追根溯源，就《党章》规定纪委处于什么样的地位，赋予了纪委哪些职责，纪委应当怎么履行职责，进行入了深入思考与归纳，明确纪律检查机关要履行"监督执纪问责"主要职责。这六个字涵盖了纪律检查工作的主要职责，是对纪律检查工作的准确定位。2013年12月30日，习近平总书记在听取中央纪委2013年工作汇报，研究部署2014年党风廉政建设和反腐败工作时深刻指出，"各级纪检机关要忠实履行党章赋予的职责，把推进党风廉政建设和反腐败斗争作为中心任务，强化党内监督，严格执纪问责，使工作任务更加突出。"贯彻落实习近平总书记的重要讲话精神，王岐山同志就履行好监督执纪问责职责也做出了一系列深刻的阐述，提出了一系列明确的要求。2014年5月19日，在纪检监察机关"转职能、转方式、转作风"专题研讨班上，王岐山同志强调，纪检监督机关要明确职责定位，聚焦党风廉政建设和反腐败斗争，紧紧围绕监督执纪问责，深化转职能、转方式、转作风，全面提高履职能力。2015年1月13日，习近平总书记在十八届中央纪委五次全会上深刻指出，"各级纪检监察机关要聚焦党风廉政建设和反腐败斗争这个中心任务，强化监督执纪问责，深化转职能、转方式、转作风，更好履行党章赋予的职责。"2016年1月，十八届中央纪委六次全会再次强调，监督执纪问责是纪委职责的准确定位，是《党章》规定纪委"三大任务"的实现路径，是全面从严治党的必然要求。

2017年党的十九大修改通过的新《党章》第46条规定，党的各级纪律检查委员会是党内监督专责机关，有"三项主要任务"和"六项经常性工作"。"三项主要任务"是：维护党的章程和其他党内法规，检查党的路线、方针、政策和决议的执行情况，协助党的委员会推进全面从严治党、加强党风建设和组织协调反腐败工作。为了完成这三项主要任务，纪检机关要做好"六项经常性工作"：党的各级纪律检查委员会的职责是监督、执纪、问责，要经常对党员进行遵守纪律的教育，作出关于维护党纪的决定；对党的组织和党员领导干部履行职责、行使权力进行监督，受理处置党员群众检举举报，开展谈话提醒、约谈函询；检查和处理党的组织和党员违反党的章程和其他党内法规的比较重要或复杂的案件，决定或取消对这些案件中的党员的处分；进行问责或提出责任追究的建议；受理党员的控告和申诉；保障党员的权利。

关于监察机关的职责。按照第十三届全国人大通过的2018年开始实施的《监察法》的规定，监察委员会履行监督、调查、处置的职责。①监督职责。监督是监察委员会的首要职责，代表党和国家依照《宪法》《监察法》和有关法律法规，监督所有公职人员行使公权力的行为是否正确，确保权力不被滥用，确保权力在阳光下运行，把权力关进制度的笼子里。②调查职责。主要包括涉嫌贪污贿赂、滥用职权、玩忽职守、权力寻租、利益输送、徇私舞弊以及浪费国家资财等职务违法犯罪行为。这基本涵盖了公职人员的所有腐败行为类型。③处置职责。主要包括以下四个方面内容：一是对违法的公职人员依法作出政务处分决定；二是对履行职责不力、失职失责的领导人员进行问责；三是对涉嫌犯罪的，将调查结果移送人民检察院依法审查、提起公诉；四是对监察对象所在单位提出监察建议。

由于纪检机关和监察机关都是专门的监督机关，其"基本职责"是相同的，所以，如果对纪检机关和监察机关各自的"具体职责"作进一步的整合、抽象和升华，它们在基本职能上也是相似、相通甚至是相同的，都体现为一种监督职能，这种监督职能作为一种基本职能，可以进一步分解为预防、纠偏、惩处、保障、教育五项职能，纪检监察机关通过履行"具体职责"和

"基本职责"，最终体现的正是这五项职能。

预防职能，又叫防范职能。中共中央于 2005 年 1 月印发的《建立健全教育、制度、监督并重的惩治和预防腐败体系实施纲要》通知中指出，坚持标本兼治、综合治理、惩防并举、注重预防的方针，建立健全与社会主义市场经济体制相适应的教育、制度、监督并重的惩治和预防腐败体系。腐败现象的出现绝不是偶然的，它有其特定的土壤和条件。"腐败现象，它的规模、特点和活动，是一个国家总体政治、经济和社会中的问题。"纪检监察工作通过监督执纪，分析职能部门预防腐败的薄弱环节，权力行使的风险点以及腐败的易发多发点，揭示问题、提出意见；及时发现、揭示滋生腐败问题的各种体制障碍、制度缺陷、机制扭曲和管理漏洞，通过理想信念教育、遵纪守法教育、反腐倡廉教育、优良传统教育等，使各级领导干部常修为政之德、常思贪欲之害、常怀律己之心，筑起拒腐防变的思想防线；建立完善反腐倡廉各项制度和领导干部从政规范，用制度管人、用制度管权、用制度管钱、靠制度办事，使制度建设贯穿于反腐倡廉的全过程、体现在反腐倡廉的各个方面，并使党内制度建设与国家法制建设相协调，筑起拒腐防变的制度防线；把监督的关口前移，把监督工作贯穿于决策、执行、管理等各个环节中，对发现的问题及时纠正、对违纪违法者实施严惩，权力行使到哪里，监督就到达哪里，从管理和机制的源头上铲除滋生腐败的土壤和条件，构筑拒腐防变的机制防线。

纠偏职能，又叫纠错职能。是指纪检监察机关凭借其权威性及震慑作用，对监督对象在决策、执行、管理、守法、廉洁以及思想、工作、作风等方面出现的偏差，要及时发现、及时提醒、及时纠正，使党的建设始终沿着正确轨迹良性运行。纠偏与预防相比，预防体现在问题未出现之前，纠偏体现在问题刚出现之时。纠偏与惩处相比，纠偏体现在问题刚出现尚未造成严重后果之前，惩处体现在问题已经造成后果之后。所以，与预防相比，纠偏具有"事后"监督的色彩，可与惩处相比，纠偏又具有事前或事中监督的作用。从一定意义上可以说，"纠偏"是介于预防和惩处之间的一种职能。纠偏职能在纪检监察条规中有明确规定，比如《监察法》规定，对监察对象所在单位廉政建设和履行职责存在的问题等提出监察建议。纪检监察机关经常开展的关于领导干部贯彻执行党的路线方针政策不力问题，对有关部门在贯彻执行相关党纪、法律法规情况的监督检查活动等，所体现的主要是纠偏职能。

惩处职能（包括问责职能），是指查办违纪违法案件、处理违纪违法人员、严惩腐败分子，最能体现纪检监察机关的特色和权威。办案是纪检监察机关维护纪律的特殊手段，"问责"是纪检监察机关的一项基本职能。没有办案，就没有"问责"，没有办案和惩治，就没有纪检监察机关的独立性和威慑力。实践证明，无论是纪检监察工作，还是反腐倡廉工作，最能体现纪检监察机关权威、体现党反腐败决心和反腐败成果，就是对于违纪违法人员必须进行问责。这里所谓的"问责"，是指监察委员会根据问责的有关规定，对履行职责不力、失职失责的领导人员按照管理权限对负有管理责任的领导人员作出问责决定，或者向有权作出问责决定的机关提出问责建议。"纪律是执行路线的保证"这个论断，只有在把其中的"纪律"解读为"被严格制定并被严格遵守的纪律"时才能成立。没有严厉的惩处为后盾保障，使严格的纪律得到严格的遵守，是难以做到的。应该坚信，不办案的纪检监察机关不是称职的纪检监察机关，缺乏惩治的惩防腐败体系不是完整的惩防腐败体系，没有惩处的反腐倡廉建设不是真正在搞反腐倡廉建设。

保障职能，又叫维护功能。纪检监察机关履行职责必须保障党员和国家公职人员的合法权益。作为纪检监察机关，既要"维纪"，更要"维权"，担负着清洁党的肌体、铲除腐败邪恶、维护群众合法利益和社会公平正义的神圣职责。应该说，查出问题、处理违纪违法者是工作职责的要求，澄清事实、保护受到诬告陷害的党员干部，也是工作职责要求。需要注意的是，"保护"与"问责"不是矛盾的，"维权"与"办案"不是对立的，因为，不问责施害者，就不能保护受害者，要维护受害者的合法权益，不采取办案的手段和问责的措施，几乎是不可能的。保障职能在《党章》和纪检监察条规中有明确规定，比如《党章》明确规定，"保障党员的权利"是各级纪委的一项重要职责。按照《中国共产党党员权利保障条例》的规定，各级纪委在保障党员权利方面，承担着受理有关党员权利保障方面的检举、控告和申诉，检查和处理侵犯党员权利方面的案件，对党的领导干部和下级党组织履行党员权利保障职责的情况进行监督检查等职责。如《监察法》规定，监察机关及其工作人员行使职权，侵犯公民、法人和其他组织的合法权益造成损害的，依法给予国家赔偿。

教育职能，又叫宣教职能。"经常对党员进行遵守纪律的教育"是《党章》赋予各级纪委的一项重要职责，"惩处与教育相结合，宽严相济"原则是惩前毖后、治病救人方针在监察工作中的具体体现。它不仅要严肃查处监察对象的违纪行为，还要立足于教育，着眼于提高干部的思想和政治素质，把问责与防范、治标与治本有机地结合起来。在对党员和干部进行遵纪守法和廉洁从政教育的问题上，纪检监察机关要树立"大教育"观念，各级纪检监察机关要站在党的反腐倡廉建设和构建惩防体系的高度认识"教育"，不能仅仅把"教育"看作自己工作的一部分，而要把自己的工作看作是"教育"的一个重要组成部分，从而把自己的工作及成果融入党的建设和整个反腐倡廉建设的大局之中。纪检监察机关的教育职能有其特殊性：首先，纪检监察机关的教育职能不是孤立的，而是以其全部职能为基础和支撑的。纪检监察的预防、纠偏、惩处、保障等职能所发挥的作用及其取得的实际成果，是纪检监察机关实现其教育职能的宝贵财富和丰厚来源，如果离开了预防、纠偏、惩处、保障等具体的活动，纪检监察机关的教育职能就失去了自己的优势。其次，纪检监察机关的教育职能不是封闭的，而是开放的。纪检监察机关可以发挥组织协调作用，使每一个机关、单位、团体、社区乃至家庭都成为廉政教育主体和廉政文化建设的阵地，形成"多管齐下"局面，这是纪检监察机关的优势所在。最后，纪检监察机关的教育职能不是泛泛的，而是内容和目的十分明确的，它始终是围绕"纪律教育"这个中心展开的，并由此拓展，形成以遵纪守纪为核心，以廉洁、守德、为民、务实等为基本要求，以反腐倡廉为主题内容的教育格局。

以上纪检监察五项职能不是截然分开、彼此孤立、互不相干的，而是相辅相成、相互支持、相互促进的，也不是平铺直叙、不分主次的，而是有层次、有重点的。纪检监察的职能，说到底，就是"惩"与"防"两个方面，预防职能、纠偏职能、保障职能、教育职能大体属于"防"的范畴，惩处职能属于"惩"的范畴，但纠偏职能和保障职能也涉及"惩"的内容。同时，惩处也具有预防职能、纠偏职能、教育职能的作用。从层次上可大体划分为三个不同的层面：一是普通层面的职能，如预防职能和教育职能。教育和预防是所有的机关、单位、团体、组织都要承担的责任，纪检监察机关当然也不例外。二是特殊层面的职能，如纠偏职能和保障职能。纠偏和保障，尽管也是其他机关、单位、团体、组织都要承担的职责，但是，国家法律法规和党内条规赋予了纪检监察机关特殊的"纠偏"措施和"保障"手段。三是独特层面的职能，如惩处职能。惩处是纪检监察机关最有特色、最有威慑力、最不同于其他机关组织的一项独特职能，可以说是纪检监察机关的"看家职能"，离开了惩处职能，纠偏和保障职能就是软弱的，预防和教育职能就是苍白的。

第三节　纪检监察工作的基本原则和意义

一、基本原则

纪检监察工作应当坚持以邓小平理论、"三个代表"重要思想、科学发展观和习近平新时代中国特色社会主义思想为指导，全面履行《党章》和《监察法》赋予的职责和任务，坚持标本兼治、综合治理、惩防并举、注重预防的方针，建立健全惩治和预防腐败体系，在坚决惩治腐败的同时，更加注重治本，更加注重预防，更加注重制度建设，为实现"两个一百年"奋斗目标提供有力保证。开展纪检监察工作，应遵循以下几个基本原则：

1. 坚持中国共产党的领导，保证纪检监察工作和反腐败斗争的正确方向。坚持党的集中统一领导，是我国国家制度和国家治理体系的独特优势，是中国特色社会主义制度和国家治理体系、治理能力现代化的强大政治优势和根本政治保障。纪检监察法规工作必须把坚持和加强党的全面领导作为出发点、落脚点，作为主线贯穿始终。坚持党对一切工作的全面领导，纪检监察机关是管党治党的政治机关，党的领导是纪检监察工作的生命血脉和红色基因，任何时候都要牢牢坚守，不断发展和完善。要增强"四个意识"、坚定"四个自信"、做到"两个维护"，在政治立场、政治方向、政治原则、政治道路上始终同党中央保持高度一致。要自觉执行《中国共产党纪律检查机关监督执纪工作规则》和《监察机关监督执法工作规定》。加强向党委的请示报告，严格履行各项报批程序和手续，依规建立健全制度规范，对问题线索处置、谈话函询、初核、立案审查调查、采取手段措施以及党纪政务处分等各方面的报告、请示、审批作出制度化、程序性安排，全链条、全过程规范运行，用制度保证纪检监察机关正确、安全履行职能职责。认真研究在监察法律法规中如何具体地体现坚持和加强党的全面领导。

开展反腐败斗争，必须坚持中国共产党的领导。任何时候都不能动摇这个基本的政治立场。只有党的领导，才能确立正确的反腐败指导思想、基本原则和领导体制，作出符合中国国情的党风廉政建设和反腐败斗争的战略决策和工作部署，才能有效地动员和组织全党全社会的力量反对腐败，遏制腐败现象蔓延的态势，逐步解决诱发腐败的深层次问题，才能保证反腐败斗争在错综复杂的环境中，始终沿着正确的政治方向健康地向前发展。

2. 坚持指导思想上的与时俱进，用习近平新时代中国特色社会主义思想指导反腐倡廉新的实践。马克思主义是我们立党立国的根本思想。在新世纪新阶段，反腐倡廉工作要始终坚持与时俱进，就必须坚持以马克思列宁主义、毛泽东思想、中国特色社会主义理论体系为指导，根据变化着的党情、国情和世情，加强反腐倡廉战略性、全局性和前瞻性问题的研究。坚持以科学理论引领全党理想信念，建立不忘初心、牢记使命的制度，持之以恒用习近平新时代中国特色社会主义思想武装全党、教育人民、指导工作，推进学习教育制度化和常态化，不断坚定同心共筑中国梦的理想信念。围绕加强党的执政能力建设这个主题，把党风廉政建设和反腐败斗争放到党和工作大局中去把握，使反腐倡廉工作与深化改革、加快发展有机结合，相互促进。坚持以"两个维护"引领全党团结统一，完善坚定维护党中央权威和集中统一领导的各项制度，健全党中央对重大工作的领导体制，以统一的意志和行动维护党的团结统一，不断增强党的政治领导力、思想引领力、群众组织力、社会号召力。督促落实全面从严治党主体责任，切实解决基层党的领导和监督虚化、弱化问题，把负责、守责、尽责体现在每个党组织、每个岗位上。要保证权力在正确轨道上运行，坚持民主集中制，形成决策科学、执行坚决、监督有力的权力运行机制，督促公正用权、依法用权、廉洁用权。要注意借鉴古今中外的有益做法，特别要加强反腐败的国际交流与合作，为我们创造性地开展工作服务。纪检监察机关要用马克思主义中国化的最新成果武装头脑，按照加强党的执政能力建设和先进性建设的要求，不断提高适应完善社会主义市场经济体制要求的能力，对党员领导干部特别是主要领导干部有效监督的能力。

3. 坚持实事求是，始终以党纪、国法为准绳，为实现"两个一百年"奋斗目标提供政治保证。依规依纪依法履行职责必须坚持实事求是，始终以党章党规党纪、宪法法律法规为准绳。《党章》关于"按照错误性质和情节轻重，给以批评教育直至纪律处分"的规定，《监察法》关于"以事实为根据，以法律为准绳"的要求，都蕴含着实事求是的原则要求。实事求是是做好新时代纪检监察工作的生命线，是依规依纪依法履职的内在要求和根本保证。离开了实事求是，监督执纪问责和监督调查处置就从根本上背离了《党章》

党规党纪和《监察法》的要求，就必然做不到依规依纪依法。纪检监察机关在具体工作中，必须坚持一切从实际出发，历史地、全面地、客观地看问题，做到具体问题具体分析，精准研判、区别对待，做到客观公正，决不能随意放大或缩小，防止主观性、片面性、表面性。纪检监察工作是个细活，关键要强化精准思维，精准发现问题、精准把握政策、精准作出处置，决不能马马虎虎、粗枝大叶。纪检监察工作要紧紧围绕实现"两个一百年"奋斗目标等一系列重大决策和改革措施，开展监督检查，保证中央决策的贯彻落实。严格用党纪党规和法律法规的标尺衡量违纪违法的事实，把握好政策界限和适用情形，对案件性质作出准确判定，防止适用不当、尺度不准、畸轻畸重。运用"四种形态"，综合考虑错误性质情节、后果影响、认错悔错态度等因素，区别不同情况精准妥当作出处理，真正做到对干部负责、对党负责、对历史负责，最大限度实现政治效果、纪法效果和社会效果的统一。坚持既立足当前，使反腐倡廉与经济社会发展的阶段任务和重点工作统一起来，又着眼未来，把反腐倡廉工作与经济社会发展的长远目标结合起来，使反腐倡廉工作与经济社会建设相互促进、协调发展。

4. 坚持密切联系群众的优良传统，切实纠正损害群众利益的不正之风。我们党的最大政治优势是密切联系群众，党执政后的最大危险是脱离群众。必须把维护和发展人民群众的根本利益作为反腐倡廉工作的出发点和落脚点，使各级领导干部牢固树立全心全意为人民服务的思想和真心实意对人民负责的精神。按照以人为本的要求，认真倾听群众呼声，切实关心群众疾苦，自觉做到权为民所用、情为民所系、利为民所谋。要从解决关系人民群众切实利益的现实问题入手，坚持纠正损害群众利益的不正之风，切实保障人民群众的经济、政治、文化权益，始终保持党同人民群众的血肉联系。十八大以来，党和政府加大了纠正损害群众利益不正之风的工作力度，重点治理教育乱收费，纠正医药购销和医疗服务中的不正之风，纠正土地征用、房屋拆迁、企业重组改制、农民工工资支付、安全生产、环境保护、食品药品安全、社保基金管理、脱贫攻坚等方面存在的损害群众利益的突出问题，赢得了人民群众的支持和拥护，使人民群众享受到加强党风廉政建设带来的成果。民心是最大的政治。纪检机关要强化监督，了解和掌握人民群众普遍关注的利益诉求，盯紧民生领域开展监督检查，督促相关单位做好落实工作。严格执纪，纠正损害群众利益的不正之风，着力查处损害群众切身利益的案件，尤其对重特大责任事故和群体性事件涉及的失职、渎职及背后的腐败行为，从严惩处。实践证明，只有认真解决损害群众切实利益的突出问题，才能真正赢得人民群众的信赖、拥护和支持。

5. 坚持深化体制机制改革创新，注重从源头上预防和治理腐败。体制机制改革创新反映了我们党对反腐倡廉工作规律认识的进一步深化和工作思路的转变。实现国强民富，改革是必由之路，解决党风廉政建设和反腐败方面的问题同样离不开改革。进入新时代，反腐败工作体制机制和工作方式存在与新形势、新任务不相适应的问题。解决这些问题必须要深化改革，而且是综合性的改革，创新体制机制制度，多管齐下，才能有效防止腐败。治理腐败现象和不正之风，既要治标，更要治本。一方面，要从严治标，对当前的腐败现象在一些领域依然易发多发的严峻形势有清醒的认识，坚决查办违纪违法案件，严厉惩处腐败分子；另一方面更要注重预防，通过改革体制机制和营造良好的社会氛围，形成更加有效地惩治和预防腐败的态势，最大限度地减少腐败现象的发生。在完善制度上下功夫，防止权力失控、决策失误和行为失范；在深化改革上下功夫，继续推进干部人事制度、行政管理体制、司法体制、财政体制、金融体制、国有企业改革，进一步规范和完善工程建设招标投标、土地使用权出让、产权交易、政府采购等制度，积极推行党务公开、政务公开、厂务公开、村务公开，把反腐倡廉关口前移，拓展从源头上防治腐败的领域。

6. 坚持和完善反腐败领导体制和工作机制，形成全面从严治党的整体合力。党委统一领导，党政齐抓共管，纪委组织协调，部门各负其责，依靠群众支持和参与的反腐败领导体制和工作机制，是深入开展反腐败斗争的组织保证。如战胜新冠疫情需要全国一盘棋，发挥合力作用。各级党组织和党员发挥了先锋模范作用，但也有个别党员、干部违纪违法，各级纪检监察机关履行监督、执纪、问责三大职能职责，以监督职能确保中央的"统一领导"，以执纪职能确保"三责"落实，以问责职能确保"同向同行"，把党中央决策部署落实落细落到位，强力推动国家整体的抗击疫情工作，成为共同打赢这场攻坚战不可或缺的保障力量。坚持和完善反腐败领导体制和工作机制，首先，把反腐倡廉工作纳入经济社会发展总体布局，列入党委和政府的重要议事日程，与政治建设、经济建设、文化建设、社会建设和党的建设紧密结合，一起部署、一起落实、一起检查、一起考核。其次，要坚决实行党风廉政建设责任制，这是坚持和完善反腐败领导体制和工作机制的重要保障。各级党委要切实加强领导，发挥总揽全局、协调各方的作用，保证反腐败斗争始终沿着正确的政治方向健康发展。再次，各级纪委要努力提高纪律检查工作能力，全面履行《党章》赋予的职责和任务，协调党委抓好党风建设和组织协调反腐败工作。各部门按照职能分工，认真履行职责，建立健全责任分解、责任考核和责任追究制度，切实抓好反腐倡廉各项任务的落实。最后，充分发挥依靠群众支持和参与的政治优势，拓展民主渠道，健全参与机制，接受群众的监督。实践证明，只要坚持反腐败领导体制和工作机制，认真贯彻党风廉政建设责任制，切实抓好各项任务的落实，就能巩固和发展全党动手反对和防治腐败的良好局面。

二、重要意义

坚决反对腐败、建设廉洁政治，是我们党一贯坚持的鲜明政治立场，是人民关注的重大政治问题。在新的历史条件下，落实党要管党、从严治党的任务比以往任何时候都更为繁重、更为紧迫。全党同志一定要居安思危，增强忧患意识，深刻认识反腐败斗争的长期性、复杂性、艰巨性，坚持反腐倡廉常抓不懈、拒腐防变警钟长鸣。坚持围绕中心、服务大局，坚持标本兼治、综合治理、惩防并举、注重预防方针，紧紧围绕党的先进性和纯洁性建设，着力加强以保持党同人民群众血肉联系为重点的作风建设，深入推进以完善惩治和预防腐败体系为重点的反腐倡廉建设，认真解决反腐倡廉建设中人民群众反映强烈的突出问题，坚定信心、加大力度，与时俱进、改革创新，进一步提高反腐倡廉建设科学化水平，做到干部清正、政府清廉、政治清明。

第一，严明党的政治纪律，保证党的路线、方针、政策和重大决策部署的贯彻落实。党面临的形势越复杂，肩负的任务越艰巨，就越要加强党的纪律建设。各级党组织和广大党员干部特别是主要领导干部一定要自觉遵守《党章》，自觉按照党的组织原则和党内政治生活准则办事。要增强"四个意识"、坚定"四个自信"、做到"两个维护"，在思想上、政治上、行动上同党中央保持高度一致，坚决维护中央权威，保证中央政令畅通，决不允许公开发表同中央决定相违背的言论，决不允许搞"上有政策、下有对策"，决不允许有令不行、有禁不止。要坚持正确的政治立场和政治方向，提高政治敏锐性和政治鉴别力，在重大问题上头脑清醒、旗帜鲜明，在关键时刻和重大事件中经得起考验，自觉维护党的形象，坚决反对形式主义和官僚主义，决不允许泄露党和国家秘密，决不允许参加各种非法组织和非法活动，决不允许编造和传播政治谣言。各级纪委要切实维护党的章程和其他党内法规，加强对政治纪律执行情况的监督检查，严肃查处违反政治纪律的行为，坚决维护党的集中统一。

第二，加强和改进党的作风建设，促使党员干部弘扬优良作风。优良的党风是凝聚党心民心的强大力量。坚持群众路线，落实和完善服务群众、联系群众各项制度，建立健全党和政府主导的维护群众权益机制，坚决纠正领导干部脱离群众的行为。坚持求真务实，促使领导干部树立正确政绩观，坚决制止搞劳民伤财的"形象工程"和沽名钓誉的"政绩工程"。坚持发扬民主，增强党内生活的原则性，认真开展批评和自我批评，克服好人主义，坚决抵制和纠正上下级之间和干部之间逢迎讨好、相互吹捧、搞"小圈子"等庸俗作风。坚持开拓进取，教育督促党员干部敢于负责、勇于担当，更加奋发有为、兢兢业业地开展工作，着力整治慵懒散奢等不良风气。要以思想教育、完善制度、集中整顿、严肃纪律为抓手，督促党员干部加强理论学习，注重实践锻炼，增强党性修养。建立健全领导干部作风状况评价机制，把作风建设情况纳入党风廉政建设责任制考核范围，并将考核结果作为选拔任用干部的重要依据。加大对党政机关和领导干部作风方面突出问题的整顿力度，对作风不正、不负责任并造成严重后果的，要严肃处理。

第三，深化反腐倡廉教育和廉政文化建设，加强领导干部廉洁自律工作。加强教育、增强党员干部拒腐防变的能力是防治腐败的重要基础。要不忘初心，深入开展理想信念和宗旨教育、党性党风党纪教育、法制教育、诚信教育，加强党员领导干部从政道德教育，开展道德领域突出问题专项教育和治理。广大党员干部特别是各级领导干部要牢固树立正确的世界观、权力观、事业观，牢记使命。要深化示范教育、警示教育、岗位廉政教育，建立健全分层分类施教机制，着力增强教育的针对性和实效性。把廉政文化建设纳入中国特色社会主义文化建设总体布局，广泛深入开展廉政文化创建活动。将廉洁教育纳入国民教育体系，使廉洁价值理念深入人心。加强反腐倡廉宣传工作，发挥报刊、广播、电视等传统媒体和互联网、手机等新兴媒体的积极作用。领导干部特别是高级干部必须自觉遵守廉政准则，既严于律己，又加强对亲属和身边工作人员的教育和约束，决不允许搞特权。坚决纠正领导干部违规收受礼金、有价证券、支付凭证、商业预付卡等做法。严禁领导干部违反规定为配偶、子女及其他特定关系人在经商办企业等方面谋取利益。落实并不断完善领导干部报告个人有关事项制度、对配偶子女均已移居国（境）外的国家工作人员加强管理的有关规定。

第四，加大查办违纪违法案件工作力度，保持惩治腐败的高压态势。完成反腐败斗争的重要任务，要坚持有案必查、有腐必惩，以对党和人民事业高度负责的态度，严肃查办违纪违法案件，严厉惩处腐败分子，绝不姑息、绝不手软。进一步突出办案重点，严肃查办发生在领导机关和领导干部中滥用职权、贪污贿赂、腐化堕落、失职渎职案件，严重损害群众合法经济权益、政治权益和人身权利的案件。严肃查办发生在重点领域和关键环节的腐败案件。严肃查办黑恶势力，政治案件和经济案件交织在一起的案件。深入研究新形势下违纪违法案件发生的特点和规律，健全腐败案件揭露、查处机制和查办案件组织协调机制，拓宽和畅通信访举报渠道，切实增强突破大案要案的能力。支持协调有关部门完善国（境）外办案合作和防逃追逃追赃机制。严格依纪依法、安全文明办案，保障被审查人员合法权益。加强对重大典型案件的剖析研究，发挥查办案件的治本功能。

第五，深化体制机制改革和制度创新，进一步拓宽从源头上的防治腐败工作领域。制度更带有根本性、全局性、稳定性和长期性。要坚持把从严治党和依法治国结合起来，加强反腐败国家立法，健全反腐败法律制度。建立健全反腐倡廉各项制度，不断完善内容科学、程序严密、配套完备、有效管用的反腐倡廉制度体系。开展制度廉洁性评估，加强对制度执行情况的监督检查，建立健全制度执行监督和问责机制，严肃查处违反制度的行为，提高制度执行力。深化干部人事制度改革，匡正选人用人风气。完善竞争性选拔干部方式，促进优秀人才脱颖而出和健康成长；完善体现科学发展观和正确政绩观要求的干部考核评价体系，有效发挥考核对干部的激励约束作用；加强对干部选拔任用工作的监督，深入整治跑官要官、买官卖官、拉票贿选等问题，防止干部"带病上岗""带病选拔"，坚决遏制选人用人上的不正之风，不断提高选人用人公信度。健全执法监督管理、办案责任追究制度。注重运用现代科技手段防治腐败。加强反腐败国际交流与合作，发挥国家预防腐败机构职能作用。

第六，强化对权力的制约和监督，促进权力规范透明运行。强化对权力的制约和监督是有效预防腐败的关键。要严格执行民主集中制，完善党委（党组）会议室规则和决策程序，坚决反对个人独断专行。认真落实《中国共产党党内监督条例》（以下简称《监督条例》），严格执行述职述廉、谈话、诫勉、询问、质询等制度，积极探索加强和改进监督的新途径和新办法，切实加强对领导干部特别是主要领导干部行使权力的监督，加强对权力集中部门和资金、资源密集领域的监督。探索加强纪委对同级党委常委会成员进行有效监督的途径，加强纪检监察派驻机构对驻在部门领导班子及其成员的监督。进一步发挥巡视制度的监督作用，增强发现问题的能力，提高巡视工作质量，注重巡视成果运用。坚持做好对党政主要领导干部和国有企业领导人员的经济责任审计，加强对重点专项资金和重大投资项目的审计。深入开展执法监察、廉政监察和效能监察，推进政府绩效管理，建立健全问责制度和工作机制。坚持党内监督与党外监督相结合，进一步发展人大监督、政府专门机关监督、政协民主监督、司法监督的作用；加强群众监督，尊重和保障群众的知情权、参与权、表达权、监督权，健全信访举报工作机制，让人民监督权力；加强舆论监督，支持新闻媒体开展科学监督、依法监督和建设性监督，及时处理和回应新闻媒体及网络舆情反映的问题。各级领导干部要正确对待群众监督和舆论监督，增强主动接受监督的自觉性。

第四节　纪检监察学学科属性和学习方法

一、纪检监察学的研究对象

一门学科成立必须具备三个基本的要素：一是特定的研究对象、研究领域或研究范畴；二是系统的知识理论体系；三是具有标志性的成果。用这三个方面的标准来衡量纪检监察学，它还不够成熟，这必然会"导致学科队伍在数量、结构、分布等方面存在着不同程度的短板现象，严重影响着纪检监察学科建设的成效"。事实上，纪检监察学学科要发展，理论与方法要规范，亟需从其他学科中分化出来，确定其研究对象，解决作为一门独立学科的前提问题。

自从有人类以来，特别是近现代社会，人们就思考消除腐败问题的方法，而至今莫衷一是。西方多主张权力约束观，而中国共产党人则主张纪检监察学。20 世纪下半叶以来，人们对腐败现象进行科学研究的兴趣才渐渐浓厚起来。在中国，党的十八大提出"建设廉洁政治的目标和任务"，纪检监察学科问题迅速成为学术界关注的重点。2010 年 10 月，中央编办给成立中国纪检监察学院的批复中，把"学科建设"列为该院的"五大功能"定位之一。建设初期，纪检监察学研究反腐倡廉问题是启动政治体制改革的前提，"围绕反腐倡廉建设积极推动政治体制改革，不啻是在新的起点上深入开展党风廉政建设与反腐败斗争的关键抉择。"但这并不意味着纪检监察学的研究对象是社会腐败和廉洁问题。面对腐败现象滋生蔓延，我们党对纪检监察活动进行了具体分析，对推进惩治和预防腐败体系建设进行了抽象分析和综合。同时纪检监察学的研究不能仅局限于此，必须力求解开"腐败之谜"，只有从社会腐败和廉洁问题背后的社会背景、社会要素及其协调的角度，综合与系统地追溯社会问题背后的更深原因，才有可能真正认识和解决社会腐败和廉洁问题。

腐败主要是由于合法制度难以满足个人财产欲，被社会赋予国家的一种功能与责任的国家公务人员滥用公共权力的行为，之所以发生是因为一个官员可以对并非属于他个人的一些资源发号施令，出现权力的"错位"和"失控"。这种资源可以是预算经费、国家的财产、国家的大型项目或优惠政策等。由此国家职位为少数人所占有，在实际运行过程中就变成了少数人手中的神奇力量。国家公务人员有责任按照法律的规定做出决定，这将受到社会的赞许，符合文化和道德的准则。而当这一目的被公职人员的一己私利所取代，且体现于具体行动之中时，贪污腐败行为便开始出现了。此时，构成营私舞弊、滥用职权现象的条件已经充分具备，这种现象和狭义的贪污腐败的界限已经十分相像。

人类进入阶级社会便出现了权力，有权力的存在，就有廉洁与腐败的斗争，由此，权力具有一种组织性支配力，这让人们容易把权力作为切入点分析腐败行为产生的社会系统及其运行，确定它为研究对象。如果专从国家和政党权力结构为主体，把社会公共权力的活动、运行的各个环节和关系及其发展规律以及涉及的领域作为研究对象的话，那么它实际上是政治学，而不是监督学。任何一门学科的建立都应有其相对应的社会现实。当然，重要的是，法学家们将腐败说成是一种社会现象，但与此同时却产生了另外一些问题——这一切都属于社会秩序的宏观层面。可是如何对待具体人的具体行为呢？如何界定他们是否属于这一现象呢？

国家管理学专家认为，贪污腐败是一种非法的、通常受到谴责的行为，其目的是为了获取某种可观的个人利益。这个定义在涉及权力上含糊不清。法学家认为，腐败是一种社会现象，它损害公共管理机构，表现为腐蚀政府，即国家及其公职人员和其他有权行使国家职能的人员蓄意利用自己担任的公职、地位、权威来谋取一己私利，或谋取某个集团的利益。在法学家这个定义里，把公司和一些团体等非政府排除在腐败治理的范围之外了。所以，不能将权力作为纪检监察学的研究对象，权力只是观察和分析纪检监察的一种视角和构筑理论的逻辑起点，视角不等同于对象。在中国，纪检监察学指向违反纪律行为及对其的惩治和防范，确保有效的纪律是纪检监察学的研究对象，实现"党和政府良性运行"，但惩治和防范不能反映纪检监察学研究的全部，条件和机制才是基础性的东西，惩治和防范只是一种目标，不能用纪检监察学的功用代替对象。目前"网络反腐"被纪检监察学界广泛关注，并开始进行深入研究这种新方法的实际运用，也有意把它作为研究对象。总结我国纪检监察学的现状，可以发现，无论是理论工作者，还是业务工作者，对纪检监察学研究大体是"议"的多，"论"的少，缺乏理性思索和系统思考，使人们很难确定纪检监察真正的主题和研究对象。

我国纪检监察学是进入 21 世纪以来在反腐倡廉建设、消除腐败刻不容缓的时代背景下发展起来的。中国共产党是世界上最早建立科学的党内纪检监察制度的政党之一，纪检监察学的产生本身就意味着人类理性的进步及人类时空观念的重大变化，意味着中国的廉政建设经过长期实践已经积累了丰富的学科内容，它植根于我国特有的生产方式、国家形态及价值体系中。在研究对象上，中国纪检监察学指向违反纪律行为及对其的惩治和防范，它是一门关于违纪行为认定与处理、违纪行为惩治与预防的学问。只有对中国共产党自身履职的各个环节中出现滥用行为进行有效的监控和处理，才是纪检监察的业务。由此，纪检监察学综合地研究从严治党的观点是一种核心统领观，能够把有关从严治党问题的学科统领起来设立一级学科，还可将职务犯罪学、监督学、纪检监察信访、中国共产党党风廉政建设责任制等一些学科纳入这个一级学科中设置二级学科点和研究方向，这是因为"廉政"和"反腐败"本身都不是目的，而是一种手段和方法，纪检监察用"纪律""监察"来确保"从严治党"，有为才会有位，这才是纪检监察学真正的、永恒的研究对象。

二、纪检监察学的学科属性

2010年10月中国纪检监察学院挂牌成立，其一项重要任务就是探索纪检监察学科建设。这首先面对的问题是纪检监察学学科属性问题。构建纪检监察学学科以来，有的学者认为是一门理论学科，有的学者认为是一门应用学科，但越来越多的纪检监察学者倾向于它是一门综合性学科，然而这个综合学科到底应归属哪个门类，有的大学归类为政治学等一级学科，有的归类为法学下的二级学科等。出现这种现象首先是对纪检监察学学科属性不清导致的。从研究问题领域看，国内主要集中在反腐败、廉政和监督三个方面，有关纪检监察学的学科属性出现了两种主要观点，一种认为是法学（狭义）学科，主张用严格的法律制度来打击腐败。这种观点混淆了党纪和国法，因为"中国特色社会主义法律体系已经形成，中国已在根本上实现了从无法可依到有法可依的历史性转变"，能够制约和规范公共权力，所以十八大以来，特别是《中国共产党廉洁自律准则》（以下简称《廉洁自律准则》）和《中国共产党纪律处分条例》（以下简称《纪律处分条例》）以来，在反腐倡廉方面强调要"纪法分开，纪在法前"，这为我们准确定位纪检监察学学科属性提供了政治和法律依据。也出现了该学科属于政治学科的另一种观点。著名政治学家王邦佐和秦德君从三个方面分析腐败问题解决办法时就把纪检监察学放在政治学的视野下，但在学科定位上却出现了"纪检监察学、监督学、廉政学"等三种不同意见。用纪检监察学来统摄比较合理，因为它具有以下三个层次：

1. 哲学层次，按照根据与结论进行理性明察的内部再造。在当前世界处于大发展大变革大调整背景下，建设廉洁政治已是各国政府的共同责任。构建系统完备、科学规范、运行有效的反腐败制度以及制度的成熟和定型，必须对反腐败的实质和我党的深刻认识作为一个统一的整体进行哲学概括，从"纪检"和"监察"的个性中抽象、升华和提炼出纪检监察的一般理论和原理是"纪检监察"理论的研究对象和主要内容。

2. 综合层次，运用政治的、行政的、监察的和法律等一切可能的知识和方法，综合系统地展开对人类预防和惩治腐败、倡导廉洁问题的研究，具体揭示人类社会文明发展的进程与规律。执政是实施纪检监察的前提和基础，是纪检监察学的核心概念。纪检监察学范畴的数量越多、质量越高、更替越快，说明纪检监察工作的范围越宽、程度越高、认识能力越强、理论越成熟、越有规范，越能够涌现出相互协调与合作的整体行为。

3. 具体领域，纪检监察目的是从严治党，确保党和国家的良性运行，主要是纪检监察方法措施以及具体领域纪检监察业务，涉及的是具体办案和业务方面的策略办法等，纪律检查与行政监察工作在党和国家工作大局中的地位越来越突出。纪检监察学科体系既包括理论体系，又不以理论体系为限。特别是纪检监察实践中会形成一系列概念和范畴，纪检监察学要注意进行完整的收集、科学的归纳、认真的梳理、深入的研究和准确的界定，指导具体纪检监察实践业务。

腐败作为一种不良的社会现象，古来有之，不论在何种社会制度下，这一恶习都未曾被有效的解决，特权思想、官本位思想、官僚主义思想等一大批全球性社会问题日益严重地威胁到人类的生存与发展，愈来愈引起人们的普遍关注。如果不进一步对现实世界展开宏观的协调研究，理性探讨和设计廉政建设道路和模式，就难以逐步改善廉政状况，提高廉政水平。正是由于纪检监察学是一门综合性政治科学，所以有学者在政治学视野下把纪检监察研究分为宏观、中观和微观三个研究层次。这种区分能够使人们对政治学与纪检监察学的差别形成较为一致的看法。第一，政治学面向权力的配置，纪检监察学则面向违纪乃至违法等的监督。第二，政治学研究各种社会形态发生、发展、衰落、灭亡的规律，而纪检监察学研究中国执政党实现社会良性运行和协调发展的监督条件和机制。

由于"改革开放以来中国的廉政理论主张碎片化地存在于执政党理论之中，没有抽象为系统的理论架构"，对于学科体系，研究者从各自的学科建设方向出发，从不同的视角构想理论，因而产生了多种多样的研究对象。如关于学科名称，从目前出版的几本专业性教材来看，有"廉政学""廉政文化学""监督学"等多种，我们则主张称之为"纪检监察学"。对学科基本内容与体系的构架设想也有多种，但在纪检监察学主要综合地研究中国共产党执纪、问责和监督，实现"干部清正、政府清廉、政治清明"目标则基本是一致的。可惜的是，很早就有人试图对贪腐现象作出理性的思考了，但直到现在从具体的研究领域与范围上界定纪检监察学的研究对象还是凤毛麟角，影响了纪检监察学的正常发展。人类虽然在短时期内不能彻底消灭或铲除腐败，但中国共产党成立以来，始终从社会运行机制角度用纪检监察保障反腐倡廉工作健康运行，能够控制和管住腐败，在与腐败的较量中最终取胜。由此纪检监察学是一门关于违纪、监督和问责行为认定与处理、惩治与预防的学问，是党和政府良性运行和协调发展的条件与机制的综合性社会科学。

三、纪检监察学的学习方法

任何一个学科的创立和发展，都应当掌握和运用科学的研究方法。党的纪检监察学作为一门新兴的学科，特别应当重视方法论的研究。方法论是关于认识世界和改造世界的方法的理论。方法是主体在认识作为客体的客观世界和事物，揭示其本质并阐明其一般规律的实践活动中，所遵循的一套原则、程序和技巧。方法论分为哲学方法论、一般科学方法论和具体科学方法论。马克思主义哲学是科学的哲学方法论，它不仅是认识客观世界的武器，也是改造现实的武器。纪检监察学的方法论是建立在马克思主义哲学即辩证唯物主义和历史唯物主义的基础上的。纪检监察学研究，既坚持把唯物辩证法作为总的方法论，又适当运用一般的、具体的方法论。

在纪检监察学研究中运用唯物辩证法总方法论，应当着重坚持实事求是的原则，就是坚持世界的可知性，一切从实际出发，具体问题具体分析，主观与客观相统一，理论与实践相统一；坚持社会存在决定社会意识的原则，就是把精神生活过程当作物质生活过程的观念表现来观察，把整个人类生活过程当作一个自然历史的过程来考察；坚持社会现象普遍联系的原则，就是在纪检监察现象与其他社会现象、自然现象的联系中观察和思考党的纪律的产生、发展、作用，把握党的纪检监察参与社会历史因素交互作用的能力；坚持社会历史发展的原则，就是把纪检监察作为一个发展过程来理解。在纪检监察学研究中，只有坚持马克思主义哲学的唯物辩证法，才能始终保持清醒的头脑，不被历史长河中的旋涡和逆流所迷惑；才能登高望远，深刻认识社会发展和纪检监察建设的客观规律，保证纪检监察学研究始终沿着正确的方向努力。

宏观与微观相结合的方法。党的纪律是上层建筑的重要组成部分，它植根于社会物质生活条件。党的任何纪律规范都是社会经济基础的反映。在研究各种纪律现象时，不能仅仅局限于党的内部，而应该把它们放在中国特色社会主义建设和改革开放的大环境中，从政治、经济、文化思想观念等多方面进行考察，以便更加符合和接近复杂的社会现实。同时，由于不同的纪检监察现象有其自身特点和规律，还应该坚持具体问题具体分析，做到有的放矢，以便更加符合党内活动的实际。只有宏观与微观相结合，才能使纪检监察学研究既有广度又有深度，既有说服力又有可行性，才能使纪检监察既发挥好维护党内和谐的作用，又发挥好维护有利于党执政的和谐社会秩序的作用。

理论与实际相结合的方法。理论与实际相结合是纪检监察学最重要的研究方法。党的纪律是党的革命和建设实践的产物，它的遵守和执行必须与党内外实际情况相结合。纪检监察学是党的建设和改革开放实践的产物，必将随着实践的深入而发展并接受实践的检验。因此，纪检监察学的研究只有与实际相联系才会有活力、有作为，才能真正领悟党的纪律的主要内容和基本要求，明确维护党内关系和一定社会关系的正确方向。坚持理论联系实际，就要以推进党的建设新的伟大工程为统揽，着眼于发展着的马克思主义关于党的纪律建设理论运用，着眼于对党的纪律建设的实际问题的理论思考，着眼于党的纪律建设新的实践和新的发展。要密切关注国际形势的发展，研究当今时代已经发生和正在发生的深刻变化；密切关注我国改革开放和社会主义现代化建设的新进展，按照习近平新时代中国特色社会主义思想的要求，深入研究和切实解决党性、党纪和党风等方面存在的突出问题；密切关注现实中的新变化对党的纪律建设产生的影响，研究如何有针对性地加强和改进新形势下党的纪律建设工作，不断增强反腐倡廉建设的实际效果。坚持理论与实际相结合的方法研究纪检监察学，有利于增强和保持党的纪检监察学的科学性、创新性和实践性。

系统分析法。系统就是两个以上相互区别、相互作用的单元有机结合起来完成某功能的综合体。系统论是符合唯物辩证法的，是人类对客观对象认识的深化。系统分析方法就是把需要解决的问题作为一个系统，对系统要素进行综合分析，找出解决问题的可行方案的方法。系统分析的最大特点是对对象进行发生的、整体的、结构的、职能的分析。运用这种方法来研究党的纪检监察学，就应当做到：始终把党的纪律建设作为更广泛的系统——党的建设新的伟大工程子系统来研究；研究党的纪律社会调整系统与其他社会调整系统如法律、政策、道德规范等在发生上、职能上的联系和相互作用；始终把党的纪律作为一个以《党章》为核心的完备的党内法规体系来研究；研究党的纪律的具体规范，应当明确这些具体规范不仅依赖于它们自身的内容，而且依赖于它们所存在的系统，依赖于该具体规范和整个系统所执行的职能的关系。运用这种方法研究纪检监察学，有利于增强党的纪律的科学性、系统性和权威性，有利于从整体上推进党的建设新的伟大工程。

语义分析法。语义分析是对语言的所指、能指、含义、意义进行的分析，通过分析语言的要素、结构，考察词语、概念的语源和语境，确认、选择语义。作为哲学方法的语义分析具有普适性、理想性和指导性，对于研究纪检监察学具有独特的作用和优势。在党的纪律范畴，语言的功能不是一般的交流思想，党的组织借助于语言来表现、传播、推崇和执行党的意志，给党的各级组织和全体党员规定权利和义务。党的每个纪律规范都是一种行为模式，都是用以指引、评价纪律行为的标准，预测纪律后果的依据。党的纪律的用语必须明确精准、含义统一，便于党员理解和遵循，便于执纪者运用和操作。在党的纪律建设中，强化语言意识，自觉地把语义分析方法运用于党的纪律的制定、实施和党的纪检监察学的研究，有助于增强党的纪检监察学的逻辑性和严谨性，有助于维护党的纪律的统一性和严肃性。

思考题

1. "纪检""监察"的内涵是什么？
2. 纪检监察工作的基本原则是什么？
3. 纪检监察学科属性和学习方法是什么？

阅读文献

1. 刘国栋：《纪检监察原理与方法精要》，中国方正出版社 2010 年版。
2. 王希鹏：《中国共产党纪律检查工作概论》，中国社会科学出版社 2016 年版。
3. 杨永庚、宋媛：《纪法分开背景下中国共产党纪律建设研究》，中共党史出版社 2019 年版。

第二章

党纪规范及其内在体系

教学目的和要求：

通过学习，使学生从历史发展角度理解新时代党的纪律内涵和党的纪律建设的重要性，掌握党的纪律的内涵和主要内容，为纪检监察工作实践提供基本框架，使党员和党组织自觉执行和遵守党的纪律，实现"干部清正、政府清廉、政治清明"的立纪价值目标。

教学要点：

1. 党纪的基本内涵和特点
2. 党纪的主要内容
3. 新时代党纪建设的重要性和遵守党纪的要求

党的纪律是贯彻执行党的路线、方针、政策的重要保证，是维护党的优良传统作风、保持党的队伍纯洁性和坚强战斗力的有力武器。从《党章》的规定，到党的一系列重要会议精神和习近平总书记等中央领导人关于加强党的纪律建设的重要讲话，凸显了党中央对加强党的纪律建设的高度重视，表明了我党坚持从严治党，维护党的纪律权威性，始终保持党的先进性、纯洁性的坚定决心。党的十九大报告集中论述了新时代中国特色社会主义思想和基本方略，其中突出强调必须要以《党章》为根本遵循，坚持全面从严治党，坚持民主集中制，严肃党内政治生活，严明党的纪律，强化党内监督。因此，党的纪律建设依然是新时期党的建设工作中的重点之一。

第一节 党纪内涵的形成及其发展

党的纪律现象是在工人阶级政党存在的社会发展阶段中一种特殊的社会现象，纪律性是马克思主义政治属性的集中体现，"纪律"在党的建设理论中是一个极其重要的概念，它最早源于马克思、恩格斯的理论文献和经典著作。俄国十月社会主义革命胜利后建立的苏维埃社会主义国家则把"纪律"纳入党和国家治理体系，成为一项重要的制度设计并进行了深入的探索。在列宁关于马克思主义党建理论文献中，"纪律"这一概念从起源、性质、作用，特别是理论内涵明确的论述，把党的纪律建设问题放在不同的系统中来认识，既注重党的纪律建设的科学性，又注重纪律建设中的制度安排及有效执行，在理论和实践上从多方面显现出完整性，其基本内容逐渐开始定型。中国共产党根据实践的不断发展，到十九大基本形成了党纪理论和实践体系。

一、"纪律"内涵的形成和发展

党在新民主主义革命时期的历史经验告诉我们，用铁的纪律来建设党，是我们党带领全国人民克敌制胜的利器和取得成功的重要经验。在新民主主义时期，党的纪律塑造了共产党人不畏牺牲、团结一致、清正廉洁的革命品质。1921年，中共一大通过的党的第一个纲领中就强调"在党处于秘密状态时，党的重要主张和党员身份应保守秘密"。1922年7月，中共二大通过的《党章》充实和加强了有关党的组织纪律的规定，并专设了"纪律"一章。第四章第17条至25条共9条专门规定了党的纪律。二大通过的《关于共产党的组织章程决议案》对党的纪律的重要性作了明确阐述。1927年《中国共产党第三次修正章程决案》增加了"监察委员会"，对党内监察机构的设置、地位、职权，以及对违反党的纪律的党员或党的组织的纪律处分，都做了较为具体的规定。1928年党的六大通过的《党章》，在党的五大规定严格党的纪律是全体党员及全体党部"最初的最重要的义务"的基础上，又增加了"最高责任"，凸显了严守党纪对于全体党员和党的各级组织的严肃性。六大《党章》还首创"自愿脱党"的规定。1928年，在井冈山革命根据地创建期间，毛泽东提出"三大纪律""六项注意"，奠定了工农红军严明纪律的基础。1929年12月，毛泽东在《关于纠正党内的错误思想》一文中在党的历史上第一次就党的纪律问题从理论上做了科学的论述。1949年，毛泽东在《论人民民主专政》中把"一个有纪律的，有马克思列宁主义的理论武装的，采取自我批评方法的，联系人民群众的党。"看成是新民主主义革命取得胜利的主要武器。1945年七大《党章》指出："中国共产党是按民主的集中制组织起来的，是以自觉要履行的纪律联结起来的统一的战斗组织"，还规定了监察机关的设置并明确其与各级党委的关系，第一次设置了奖励的规定，这与其既强调"优良作风""先进党员"，又强调对待犯了错误的同志，以及正确执行党的纪律的问题要坚持"惩前毖后、治病救人"的原则是一致的。1949年，毛泽东在建国前夕，在总结民主革命时期党的建设经验，特别是1948年在全党进行的纪律建设实践经验后，提出了"两个务必"的作风和纪律要求。

新中国成立之后，中国共产党成为执政党。党内各种约束制度没有搭建起来，一些贪图享乐的党员干部禁不住诱惑，逐渐开始变质腐化。面对执政的考验，加强党的纪律检查工作显得尤为迫切。1949年11月，也就是新中国成立的第二个月，中共中央通过《关于成立中央及各级党的纪律检查委员会的决定》。在很短的时间内，中央及各地中央局、省、市、地委的纪检机构相继建立起来。纪检工作的专门职责有三项，一是检查，二是处理，三是教育。纪律检查工作的四项基本任务是保护生产、巩固和纯洁党的组织、巩固党同群众的联系、保证党的集中统一。直到改革开放前，中国共产党所使用的"纪律"概念，和延安时期关于"纪律"的认知和表述相比，基本上未发生变化，只是认识更深刻、内容更丰富。

新中国成立以后，党一如既往地强调党的纪律，并突出了执政条件下党的纪律建设的重点内容。1949年11月，中央决定成立以朱德为书记的中央纪律检查委员会和地方各级党的纪律检查委员会，主要任务是检查和审理中央直属各部门及各级党组织、党员干部、党员违犯党的纪律的行为。在1950年开始的全党范围大规模整风运动的基础上，1953年决定进行整党，清除了一批混入党内的各种坏分子和蜕化变质分子。1953年8月，毛泽东在全国财经工作会议上再一次强调了党在西柏坡订立的六条规矩，即不做寿，不送礼，少敬酒，少拍掌，不以人名作地名，不要把中国同志同马恩列斯平列。1954年2月党的七届四中全会不点名地批评了高岗、饶漱石的非组织活动，向全党特别是中央委员和高级干部强调增强和维护党的团结的极端重要性。1955年3月召开的中国共产党全国代表会议，总结了对高岗、饶漱石反党分裂活动斗争中的经验教训，建立和加强中央对全国各地方和上级对下级的巡视检查制度，决定成立党的中央和地方各级监察委员会，加强对党员特别是党的高级干部的监督，反对各种违法乱纪现象，特别是防止类似"高饶事件"的发生，原有的中央及地方各级纪律检查委员会撤销。这次党内斗争维护和进一步加强了党的团结。

1956 年党的八大总结执政以来党的建设经验，强调："党是以一切党员都要遵守的纪律联结起来的统一的战斗组织；没有纪律，党决不能领导国家和人民战胜强大的敌人而实现社会主义和共产主义。党是阶级的最高组织，它必须努力在国家生活的各个方面发挥它的正确的领导作用和核心作用，反对任何降低党的作用和削弱党的统一的分散主义倾向。党的团结和统一，是党的生命，是党的力量的所在。经常注意维护党的团结，巩固党的统一，是每一个党员的神圣职责，在党内不容许有违反党的政治路线和组织原则的行为，不容许有分裂党、进行小组织活动、向党闹独立性、把个人放在党的集体之上的行为。"这表明，已经作为执政党并正在领导社会主义建设的中国共产党，把党的纪律与领导国家和人民建设社会主义联系在一起，把党的纪律作为党领导的社会主义事业胜利的重要保证。

改革开放以来纪律的作用更加凸显，1978 年实行改革开放后，针对党的建设面临的有人误读市场经济，鼓吹西方模式，直接动摇党员群众对党和社会主义信念的新问题，邓小平说："我们这么大一个国家，怎样才能团结起来、组织起来呢？一靠理想，二靠纪律。组织起来就有力量。没有理想，没有纪律，就会像旧中国那样一盘散沙，那我们的革命怎么能够成功？我们的建设怎么能够成功？"1985 年陈云在一次讲话中说："要坚决地刹歪风、正党风，增强全体党员的党性，从精神文明建设上，保证和促进社会主义物质文明建设。"1992 年召开的党的十四大在确立建立社会主义市场经济体制的同时，强调社会主义现代化建设和改革开放是极其宏伟艰巨的事业。为了使我们的事业顺利前进，必须坚持民主集中制，保证党的决策的正确和有效实施，增强党的纪律和战斗力，要"加强党的纪律和纪律检查工作。党员在党的纪律面前人人平等，任何人违反党的纪律，都必须给以应有的处理。"大会部分修改、通过的《党章》第 37 条规定："党的纪律是党的各级组织和全体党员必须遵守的行为规则，是维护党的团结统一、完成党的任务的保证。"这一规定是我们党的历史上第一次在《党章》中对"党的纪律"概念作的正面表述。1997 年召开的党的十五大围绕面向 21 世纪的中国共产党，强调党要管党、从严治党，指出："从严治党"是保持党的先进性和纯洁性，增强党的凝聚力和战斗力的保证。"各级党委要坚持'党要管党'的原则，把从严治党的方针贯彻到党的建设的各项工作中去，坚决改变党内存在的纪律松弛和软弱涣散的现象。这就要严格按党章办事，按党的制度和规定办事……就要严格执行党的纪律，坚持在纪律面前人人平等。全党纪律严明，朝气蓬勃，我们党就能够从胜利走向新的胜利。"1999 年江泽民在《坚决维护党的纪律的严肃性》中指出："如果容许和听任党组织或党员无视组织纪律，为所欲为，那末，我们党就不成其为马克思主义的政党，就会丧失战斗力，甚至瓦解。"2005 年胡锦涛也把"所有共产党员都要增强党性，遵守党的章程和纪律"看成是"执政党永葆先进性、做执政党合格党员"的基本途径，是必须做好的经常性工作。

2002 年党的十六大报告强调，必须坚持和健全民主集中制，增强党的活力和团结统一。"党和国家的集中统一，是全国各族人民的根本利益所在。在指导思想和路线方针政策以及重大原则问题上，全党全国必须保持高度一致。全党同志必须自觉坚持个人服从组织、少数服从多数、下级组织服从上级组织、全党服从党的全国代表大会和中央委员会的原则，坚决维护中央权威，保证中央的政令畅通。党的各级组织和全体党员特别是领导干部，都要严格遵守党的纪律，决不允许有令不行、有禁不止、各行其是。"显然，在新世纪新阶段，在开始全面建设小康社会之际，党特别强调维护党和国家的集中统一，强调坚决维护中央权威，强调严格遵守党的纪律特别是党的政治纪律。

2007 年党的十七大在提出要积极推进党内民主建设的同时，也指出要着力增强党的团结统一，强调"全党同志要坚决维护党的集中统一，自觉遵守党的政治纪律，始终同党中央保持一致，坚决维护中央权威，切实保证政令畅通。"并强调"全党同志特别是领导干部都要讲党性、重品行、作表率。深入开展党风党纪教育，积极进行批评和自我批评，使领导干部模范遵守党纪国法，继承优良传统，弘扬新风正气，以优良的党风促政风带民风。"这里凸显了推进党内民主建设与增强党的团结统一的关系、遵守党纪与弘扬优良党风的关系。

2012 年党的十八大报告中首次明确提出"党的纪律建设"的概念，并将"严明党的纪律，自觉维护党的集中统一"作为全面推进党的建设的伟大工程、全面提高党的建设科学化水平的八项工作之一进行具体部署，指出："党的集中统一是党的力量所在，是实现经济社会发展、民族团结进步、国家长治久安的根本保证。党面临的形势越复杂，肩负的任务越艰巨，就越要加强党的纪律建设，越要维护党的集中统一。各级党组织和广大党员、干部特别是主要领导干部一定要自觉遵守党章，自觉按照党的组织原则和党内政治生活准则办事，任何人都不能凌驾于组织之上。要坚决维护中央权威，在思想上政治上行动上同党中央保持高度一致，坚决贯彻党的理论和路线方针政策，保证中央政令畅通，决不允许'上有政策、下有对策'，决不允许有令不行、有禁不止。加强监督检查，严肃党的纪律特别是政治纪律，对违反纪律的行为必须认真处理，切实做到纪律面前人人平等、遵守纪律没有特权、执行纪律没有例外，形成全党上下步调一致、奋发进取的强大力量。""党的纪律建设"这一概念的提出和加强党的纪律建设这一工作任务的部署，表明了党在新的历史条件下对纪律建设的高度重视和维护党的集中统一的坚定决心，将党的纪律建设推进到一个新阶段。

党的十九大把纪律建设与政治建设、思想建设、组织建设、作风建设、制度建设并列，纳入党的建设总体布局，突出了纪律建设这一治本之策，标志着我们党对坚持党要管党、全面从严治党规律的认识达到新高度、实现新突破。十九届中央纪委二次全会再次强调"全面加强党的纪律建设"，用严明的纪律管全党治全党，实现党的自我净化，对推动全面从严治党向纵深发展具有十分重要的意义。

从上可以看出，中国共产党理论文献中"纪律"理论，本身是内在于马克思主义党的建设理论之中，由于中国社会历史条件和社会环境的特殊性，从内涵的初具、概念的正式形成到渗透到党和国家治理之中，特别是在延安时期开始成为中国共产党建设中的一个非常稳定的概念经历了一个长期过程，但"纪律"这一概念始终是和思想建党、组织建党联系在一起，内涵在不断地得到丰富和提升，成为消除党内错误思想和惩治党内不良之风的重要方略。

二、纪律内涵的定型

十八大以来中国共产党从党建的客观实际和需要解决的党内突出矛盾和问题出发，努力涵养正气，凝聚党心民心。针对新时期党内存在的突出矛盾和问题，不仅建立了一批新的制度，出台了一批新的法规，而且修正理论上的不足，使之更具解释力和指导力。中国共产党把党的纪律概括为"政治纪律、组织纪律、廉洁纪律、群众纪律、工作纪律和生活纪律"六类，按照科学的标准对纪律进行分类，既可以做到以纪律为标尺，使纪律处于党风廉政建设和反腐败斗争的前沿，也有利于准确定性违纪，便于执纪问责。中国的改革一直处在历史和现实的张力之中。纪检工作既坚持逻辑演进中的科学信仰，以"理想信念"为方向性的引领，也坚持科学的路径选择，把纪委设置为党内监督的专门机关，是管党治党的重要力量，把"自由裁量"化为"具体标准"，纪委落实纪律标尺的工作理论体系也已经形成，纪律的架构日益科学和规范。

在严明纪律的重要性方面，强调从严治党是一个永恒课题。党要管党丝毫不能松懈，全面从严治党，就要严明党的纪律，把纪律和规矩挺在前面，用纪律和规矩管住全体党员。

在党的纪律的内容上，强调严明党的纪律，首要就是严明"政治纪律"，严明政治纪律就要从遵守和维护《党章》入手。遵守党的政治纪律，最核心的，就是坚持党的领导、自觉维护中央权威，党中央提倡的坚决响应，党中央决定的坚决照办，党中央禁止的坚决杜绝，决不允许在贯彻执行中央决策部署上打折扣。

在党的纪律的权威性和严肃性上，强调遵守党的纪律是无条件的，有纪必执，有违必查，不能把纪律作为一个软约束或是束之高阁的一纸空文，不能搞特殊，有例外，各级党组织要敢抓敢管，使纪律真正成为带电的高压线，党员干部要把党纪党规作为必须遵守的准绳、常怀敬畏之心、常思放纵之害，时刻把纪律规矩的红线标示心头，做到从心所欲不逾矩。

在党的纪律建设的指导思想和具体路径方面，强调要按照全面建成小康社会、全面深化改革、全面依法治国、全面从严治党的要求，坚持思想建党和制度治党，严明政治纪律和政治规矩，加强纪律建设，把守纪律讲规矩摆在更加重要的位置，党的各级组织要积极探索纪律教育经常化、制度化的途径，多做提提领子、扯扯袖子的工作，使党员、干部真正懂得，党的纪律是全党必须遵守的行为准则，严格遵守和坚决维护纪律是做合格党员、干部的基本条件，讲规矩是对党员、干部党性的重要考验，是对党员、干部对党忠诚度的重要检验，党员、干部要做政治的明白人，对党绝对忠诚，管党治党根子在党委、关键靠担当，各级领导干部要落实全面从严治党主体责任，营造风清气正的政治生态。

在依法治国和依规治党方面，强调要坚持标本兼治，加大治本的工作力度，把执法和执纪贯通起来，要强化法规制度意识。在全党开展法规制度宣传教育，坚持法规制度面前人人平等，要加大贯彻执行力度，让铁规发力、让禁令生威，确保各项法规制度落地生根，对违规违纪、破坏法规制度、踩"红线"、越"底线"、闯"雷区"的，要坚决严肃查处，不以权势大而破规，不以问题小而姑息，不以违者众而放任，不留"暗门"、不开"天窗"，坚决防止"破窗效应"。

习近平总书记关于加强党的纪律建设的一系列重要论述和思想观点，丰富和发展了党的纪律建设理论，标志着中国共产党对纪律建设规律认识的进一步深化，指导着党的纪律建设强力推进。至此，中国共产党以纪治党从内在机理到本质要素、从正面提倡到负面清单、从理论逻辑到实践体系已经形成"1+4"（即在《党章》之下分为党的组织法规制度、党的领导法规制度、党的自身建设法规制度、党的监督保障法规制度四大板块）基本框架，其中下面几点最深刻。首先，纪律在整个党的治理体系中具有基础性和根源性作用。纪律是管党治党的尺子，"纪在法前、纪严于法"是基于对中国共产党党性认识的自觉呈现，而不仅仅是一种外在的强制。其次，政治纪律是首要的纪律，是根本性、全局性的大问题，要时刻拧紧这根弦，遵守党的纪律不动摇，始终做政治上的明白人。最后，廉洁奉公是共产党的执政基础，廉洁政治是共产党的本质。新时期用纪律这把利器，既可以扫除党的躯体上的灰尘，清除党的肌体中的毒瘤，同时又通过纪律建设密切党同人民群众的血肉联系，建立党和国家健康的政治和社会生态。

至此，中国共产党纪律以《党章》为核心推进反腐倡廉建设和纪律检查工作的制度化、规范化，确保全面从严治党，体现了从毛泽东到习近平等领袖人物的重大思想理论贡献，贯穿着中国共产党人对党和国家治理的实践智慧，是党加强自身建设和治国理政的重要保证，标志着中国共产党纪律从理论到实践的基本定型。

三、新时代党纪建设的重要性

十九大《党章》将"坚持从严管党治党"作为整整一段加入了总纲，分析了新形势下党面临的巨大风险和考验，规定了执行和维护党的纪律的主体、路径和保证，纪律约束和责任追究成为新常态；对党的纪律检查工作提出了新要求，强调了依规治党的重要精神和原则，言之恳切、意志坚决，把纪律建设摆在了更加突出的位置，是对我们党优良传统的继承与发扬，更是对《党章》中纪律建设相关内容和精神的深刻把握，在新时代中国特色社会主义建设过程中要不断强化党的纪律建设。

一是党的纪律建设成为习近平新时代中国特色社会主义思想的重要内容。将习近平新时代中国特色社会主义思想写入《党章》，确立为我们党必须长期坚持的指导思想，是新《党章》最主要、最重大的历史贡献。习近平总书记高度重视党的纪律建设，就新时代推进党的纪律建设进行了一系列重大的理论和实践探索，赋予纪律建设新的时代内涵、时代价值和时代元素。法律是治国之重器，纪律是治党之重器。严明党的纪律作为习近平新时代中国特色社会主义思想的重要内容，是我们党对自身建设规律和执政规律认识的深化和升华，是新时代坚持党的领导核心地位、统筹推进"四个伟大"的迫切需要。全面了解并掌握《党章》的基本内容，清楚党的各项纪律规定，明确哪些事情该做，哪些事情不该做。既要原原本本、反反复复学，又要联系实际学、深入思考学，做到全面、准确地掌握其基本内容、把握其精神实质，通过纪律建设的认识，深化对具体纪律要求的理解，用扎实的理论素养构筑领导干部"忠诚干净担当"的根基。

二是把纪律建设纳入新时代党的建设总体布局。新《党章》明确了新时代党的建设总体布局："以党的政治建设为统领，全面推进党的政治建设、思想建设、组织建设、作风建设、纪律建设，把制度建设贯穿其中，深入推进反腐败斗争，全面提高党的建设科学化水平。"其中，政治建设是统领，思想建设是基础，纪律建设是保证。《党章》明确规定"党的各级纪律检查委员会是党内监督专责机关"，职责是监督、执纪、问责。规定在对党员、党的组织以及党员领导干部进行教育、监督的同时，要"受理处置党员群众检举举报，开展谈话提醒、约谈函询"。更为关键的是，对"双重领导制"的具体实施有了更加科学明确的规定："如果需要立案检查的，应当在向同级党的委员会报告的同时向上一级纪律检查委员会报告；涉及常务委员的，报告上一级纪律检查委员会，由上一级纪律检查委员会进行初步核实，需要审查的，由上一级纪律检查委员会报它的同级党的委员会批准。"这就改变了以往必须先报告同级党委后上报上一级监察委员会的顺序，在对重要领导干部违纪的处理过程中，大大增强了纪律检查委员会的权力。把纪律建设纳入新时代党的建设总体布局，是对管党治党基本规律的深刻洞察，是我们党不断增强自我净化、自我完善、自我革新、自我提高能力的重要保证。

三是把纪律建设作为从严管党治党的重要举措。"治理一个国家、一个社会，关键是要立规矩、讲规矩、守规矩。"明晰党委和纪委的权力清单，划清职责边界。权力由职责产生，边界也以职责为限，"法无授权不可为"。故在双重领导制下的党委和纪委因承担不同的职责而具有不同的权力清单。依据《党章》规定，党委承担主体责任，负责全面领导，纪委则承担协助责任，负责监督检查，尤以同级党委和同级纪委为典型。上级纪委和同级党委虽然都拥有对纪检工作的领导权，但是有所差异。前者主要负责监督事权和任命人权，后者则主要负责对下级党委党风廉政建设和反腐败工作的指导。新《党章》关于党的建设实现的基本要求中，专门增加了"坚持从严管党治党"，强调"坚持依规治党、标本兼治"。建党以来我们一直在不断探索管党治党的有效路径，依规治党、加强党的纪律建设是重要内容。纪律不严，从严治党就无从谈起，一些党员干部出问题，一些地方政治生态变坏，往往都是从不守纪律、破坏规矩开始的。抓住了纪律建设也就找到了推进全面从严治党的一把钥匙。

第二节　党的纪律的基本涵义和特点

一、党的纪律的涵义

"纪律"一词在古代汉语中最早出现在《左传·桓公二年》，"百官于是乎戒惧而不敢易纪律"。北宋的政治家、散文家曾巩在《祭欧阳少师文》一文中提到："公在庙堂，总持纪律，一用公直，两忘猜昵。"金末元初耶律楚材在《和李世荣韵》一诗中指出："兵行从纪律，敌溃自奔忙。"而古汉语中的纪律只停留在纲纪、法律的层面，对纪律的认识还不全面，而且与我们今天讲的纪律也并不完全一样。现代汉语中的"纪律"有广义和狭义之分。广义的纪律是指要求人们遵守的包括法律在内的具备确定形式的社会规范。狭义的纪律则是专指特定社会、特定组织所制定或约定俗成的规章、条例的总和，并要求其成员在集体生活中遵守秩序、执行命令和履行职责的一种行为规则。

党的纪律是一个历史范畴，马克思主义经典作家、中国共产党领导人及党内文件、学术界对其概念的理解也经历了历史的演变。中国共产党的纪律是按照党的纲领和民主集中制原则，根据革命和建设的进程以及实现党的路线、方针、政策的需要而确立的，党的各级组织和全体党员必须遵守的行为规则。党的纪律是由党的性质所决定的，它是工人阶级根本利益的体现，并为维护党的性质服务，为实现党的奋斗目标服务。

党的纪律是党内行为规范的总称。其中，《党章》是党内的根本法规和制定各项具体纪律规范的基本依据。各项具体纪律规范，主要包括党的全国代表大会和党的中央委员会、中央纪律检查委员会根据《党章》和贯彻落实党的路线、方针、政策的需要，通过一定的组织形式制定和颁布的制度、条例、准则等党内规范性文件；包括党针对某些专门问题和一定范围人员制定的具体条例、制度和规定；包括各级党组织为了贯彻执行党中央制定的法规，结合当地实际情况作出的某些更加具体的规定。党的纪律是党组织和党员必须遵守的行为规则，对于党组织和党员的言行起着规范的作用。

二、党的纪律的特点

在中国特色社会主义条件下，纪律是人们的一种共同意志，是一种社会规范，表现为规章、制度、准则、守则等。制定纪律的目的是理顺个人与个人、个人与组织、个人与社会以及组织与组织之间的关系。凡有社会、集体、人群、组织的地方，就必然要有纪律。社会化程度越高，社会活动越多，需要理顺的关系也就越多，也就越需要高度严密的纪律。中国共产党的纪律是党的各级组织和全体党员必须遵守的行为准则，是维护党的团结统一、完成党的任务的保证。

1. 党的纪律是统一的纪律。工人阶级政党的纪律是建立在社会化大生产基础上的。工人阶级政党的成员在政治上一律平等的地位，决定了其政党的纪律是真正平等的纪律、统一的纪律。工人阶级政党的成员，不论其职位高低、资历长短、功劳大小，在党的纪律面前都应当是平等的。党的纪律是严明的，但绝不意味着党内生活是刻板的、没有自由的。恰恰相反，正如毛泽东强调的，我们需要的是造成一种又有集中又有民主，又有纪律又有自由，又有统一意志又有个人心情舒畅，生动活泼，那样一种政治局面。我们反对的是不讲纪律、极端自由化的错误倾向。自由是相对的，而不是绝对的，就像辽阔的天空无边无际，但飞机是不能随意飞行的，必须遵守科学论证的航线规定，才能确保飞行的安全，否则后果不堪设想。一个党，一个社会，如果没有纪律要求，没有行为准则的红线，是非乱不可的。当然，自由与纪律、民主与集中是矛盾的统一体，都有一定的、可遵循的"度"，这是需要加以很好地把握和调整的。这里需要指出的是，党内生活越正常，党内民主越完善，越有利于集中，有利于纪律的贯彻。1979年1月4日，陈云在中央纪律检查委员会第一次全体会议上的讲话中，指明中纪委的基本任务，就是要维护党规党法、整顿党风。他总结我们党和国际共产主义运动的历史经验，强调党内生活越正常，党的事业发展就越顺利。这里还要明确，纪律是属于党性的内涵和要求，有的人把坚持纪律和党性同个性发展对立起来，认为那样做就会压抑个性，这也是不正确的。毛泽东在1945年党的七大结论中说："不能设想每个人不能发展，而社会有发展，同样不能设想我们党有党性，而每个党员没有个性，都是木头，一百二十万党员就是一百二十万块木头……在我们党内，我想这样讲：'我劝马列重抖擞，不拘一格降人才'。不要使我们的党员成了纸糊泥塑的人，什么都是一样的，那就不好了。其实人有各种各样的，只要他服从党纲、党章、党的决议，在这个大原则下，大家发挥能力就行了。讲清楚这一点，对于党的进步，对于全体党员积极性的发挥是会有好处的。"这深刻表达了党性与个性的辩证统一关系。事实上，在党和人民事业这一个大舞台上，每一个人的聪明才智都会得到更大、更好的发挥。

2. 党的纪律是平等的纪律。工人阶级政党纪律平等的、统一的特征，主要有三方面的内容：一是党的纪律对于党内任何人、任何组织都是平等的，党内不允许任何人有超越纪律之上的特权；二是党内任何人、任何组织违反了纪律都必须受到追究，决不允许任何容忍和纵容少数违反党纪的人逍遥于纪律制裁之外，决不允许干扰党纪执行的行为；三是各级党组织结合当地实际情况所作出的某些更加具体的规定，必须以贯彻执行党中央统一制定的法规为基本依据，与《党章》和其他党内法规相一致。《纪律处分条例》第4条明确规定："党纪面前一律平等。对违犯党纪的党组织和党员必须严肃、公正执行纪律，党内不允许有任何不受纪律约束的党组织和党员。"中国共产党之所以始终走到时代前列，不断攀登新的高峰，其中一个重要的原因就是中国共产党有铁的纪律，而坚持党的纪律面前人人平等是党纪的一个鲜明特征。坚持党的纪律面前人人平等，是中国共产党对历史上正反两方面经验的总结，是中国共产党的优良传统和作风，对于中国共产党在新时期加强党的建设也具有不可替代的重要意义。要保证党的纪律面前人人平等，就是要加强对党员的党性教育，坚决抵制特殊化，严格执行党的纪律，与此同时也要突出工作重点，落实和完善各种监督制度。针对现阶段党纪存在的突出问题、党员和党员领导干部在廉洁自律和遵守纪律方面存在的主要问题，《纪律处分条例》作出了明确规定，特别是将党的十八大以来严明政治纪律和政治规矩以及落实中央八项规定精神、反对"四风"等要求转化为纪律条文。对担负领导职务的党员干部特别是各级党政领导机关第一把手的监督问题，就成为党的制度建设的一个重要问题，也是严明党的纪律的一个重要问题。当前在一些地区和部门严重存在的"第一把手说了算""一言堂""家长制"这种不正常的党内生活被看成正常的现象，存在着实际上的一把手的"最后决定权"。这种现象，往往成为盲目决策、谋取个人政绩，浪费资源、破坏环境的重要源头，也是党内不正之风难以根本扭转，贪污腐败不断升级泛滥的重要根源。当前，各级纪检监察机关正在深入贯彻落实把纪律和规矩挺在前面的要求，进一步深化"三转"，由以往以查办大案要案为主向全面监督执纪问责转型，共产党人在权力面前要自觉地做一个社会公仆，只有全心全意为人民服务的崇高责任，不能有丝毫为自己谋取私利的权力，绝不允许有任何的特权。任何干部特别是各级一把手要更加自觉地接受制度的约束和人民群众的监督，决不容许到了一定级别就像进了保险箱一样，不需要接受任何监督和审查。

3. 党的纪律是自觉的纪律。工人阶级政党是工人阶级及广大劳动人民利益的忠实代表，维护绝大多数人的共同利益是工人阶级政党制定纪律的目的。党的纪律又是按照民主集中制原则通过党员及其代表充分讨论的基础上制定的，是集中了全党意志的纪律。因此，维护工人阶级政党的纪律，靠其成员高度的政治思想觉悟、对本阶级事业的忠诚和对共产主义信念的追求。工人阶级政党的纪律因而具有自觉性这一鲜明特征。任何纪律都是一种约束力，都具有强制性，这是毋庸置疑的。但我们党的纪律绝不是提倡盲目服从，而是建立在高度自觉的基础上的，它既是严明的，又是自觉的。之所以能够具有这样的特点，因为它不仅有《党章》明确的条文保障党员的权利，诸如规定党员对党的决议和政策如有不同意见，在坚决执行的前提下，可以声明保留，并且可以把自己的意见向党的上级组织直至中央提出，等等；而且更重要的是由党的性质和宗旨决定的，一个人加入党的组织就意味着献身给人类最壮丽的事业，共产党人具有"革命理想高于天"的情怀，因而能够自觉地用党的纪律约束自己、要求自己，能够自觉地坚持真理，修正错误。有多少革命先烈在敌人的牢狱里，失去了同组织的联系，面对酷刑和死亡的威胁，都能够自觉地严守党的秘密，义无反顾，慷慨赴死。正如革命烈士夏明翰英勇就义前写下的不朽诗句："砍头不要紧，只要主义真。杀了夏明翰，还有后来人！"这首诗写出了千千万万革命先烈英勇捐躯、视死如归的真谛所在：一是"只要主义真"，相信自己信仰的是真理，为真理而献身是人生的光荣，是人生价值的真正实现；二是"还有后来人"，相信自己为之献身的事业是正义的，必然后继有人，具有革命必胜的信念。这充分体现了共产党人的理想信念和高尚品格，是自觉践行党的纪律的思想基础。

4. 党的纪律是科学的纪律。工人阶级政党的纪律是建立在辩证唯物主义和历史唯物主义理论基础之上的。工人阶级政党的纪律是人类历史上唯一能够体现大多数人的意志、保护大多数人的积极性和创造性的民主、科学的纪律。它的具体内容能够随着形势的发展和时代的变化而与时俱进，在革命和建设的实践中不断得到调整、充实、丰富和完善。党的纪律作为一种党内行为规范，其实现是以服从为前提的，因而它是建立在自觉基础上又带有一定强制性的纪律。这种强制性表现为党的纪律在党内所具有的以党的组织强制力为后盾的普遍和严格的约束力。谁不服从或者违反党的纪律，谁就要受到党的纪律的惩处。我们通常说"党的纪律是铁的纪律"，就是对党的纪律所具有的极严格的强制性的形象化表述。党为了完成其伟大而艰巨的历史使命，首先要制定正确的路线、方针和政策，而正确的路线、方针和政策，都必须靠党的各级组织和党员的共同努力才能实现。这就需要党员进行大量的思想工作和组织工作，需要建立和维护铁的纪律，并运用这种铁的纪律统一党的各级组织和全体党员的意志和行动。如果党的纪律不具有这种严格的强制性，而是允许党的某些组织和党员个人完全按他们各自的意愿自由行动，党就不能形成统一的意志和统一的行动，党的组织就会成为一盘散沙而不可能具有战斗力，也就不能正确地、有效地发挥无产阶级政党的领导作用。"铁的纪律"指的是党的纪律具有严肃性和强制性的特征。工人阶级及其政党之所以有力量，就在于有严密的统一的组织，而这种组织作用的有效发挥有赖于在工人阶级政党内部实行严格的铁的纪律。当某种建议和意见一经党的会议讨论通过、形成决议，即对整个党的组织和党员具有同等的约束力。党的每个组织和每个党员都必须执行，否则就要受到纪律制裁。

第三节　党的纪律的主要内容

中国共产党自建党之日起，就制定了党的纪律。党要担负起光荣的历史使命，战胜前进道路上的艰难险阻，必须具有严明的纪律、统一的意志、协调的行动。习近平总书记深刻指出："党面临的形势越复杂、肩负的任务越艰巨，就越要加强纪律建设，越要维护党的团结统一，确保全党统一意志、统一行动、步调一致前进。"100 年来，随着革命和建设事业的不断发展，随着党的队伍的不断壮大，党的纪律建设也在不断发展，现在已经形成了以《党章》为核心的、具有中国共产党特点的比较完整的纪律体系。党的纪律的主要内容体现在党的政治纪律、组织纪律、廉洁纪律、群众纪律、工作纪律、生活纪律六个方面。

一、政治纪律

政治纪律是各级党组织和全体党员政治活动和政治行为的基本要求，是各级党组织和全体党员在政治方向、政治立场和政治言行等方面所必须遵守的政治规矩。在党的纪律体系中，政治纪律具有基础性地位，是维护党的团结统一的根本保证。概括地说，政治纪律就是维护党的指导思想，维护党的性质、理想、宗旨、政治路线、党和国家的大局，维护人民根本利益的原则和规矩。

政治纪律是最重要的纪律。党的纪律是多方面的，政治纪律是党的纪律中最重要、最根本的纪律，是打头、管总的纪律，在整个纪律体系中起着主导作用，遵守党的政治纪律是遵守党的全部纪律的重要基础。习近平同志指出，"党的纪律是多方面的，但政治纪律是最重要、最根本、最关键的纪律。"政治纪律一旦突破，其他纪律就会"全线失守"。"干部在政治上出问题，对党的危害不亚于腐败问题，有的甚至比腐败问题更严重。"讲规矩，首先要讲政治规矩；守纪律，首先要守政治纪律。党的政治纪律是总纲，它规定其他方面纪律制定的基本原则，处于主导和支配地位。严肃党的政治纪律，其他方面的纪律也就容易做到；反之，其他方面的纪律会受到破坏。

严明党的纪律，首要的就是严明政治纪律，同党中央保持高度一致。《党章》是党的根本大法，是全党必须遵循的总规矩，是党全部纪律的基础。《党章》有权威性和严肃性，党组织才有凝聚力和战斗力。严明政治纪律，最根本的是要严格遵守和维护《党章》。党员干部要学习《党章》、遵守《党章》、贯彻《党章》、维护《党章》，牢固树立《党章》意识，自觉用《党章》规范自己的一言一行，在任何情况下都要做到政治信仰不变、政治立场不移、政治方向不偏。要自觉按照党的组织原则和党内政治生活原则办事，自觉接受党纪的约束和规范，决不允许有不受党纪国法约束甚至凌驾于党组织之上的特殊党员。严明政治纪律核心要求是同党中央保持高度一致。习近平总书记强调，"遵守党的政治纪律，最核心的，就是坚持党的领导，坚持党的基本理论、基本路线、基本纲领、基本经验、基本要求，同党中央保持高度一致，自觉维护中央权威。"要坚决贯彻党的路线方针政策，维护党的形象，保持中央政令畅通。要坚决反对自由主义，对各种政治谣言不听、不信、不传播。

二、组织纪律

所谓党的组织纪律，是处理党组织之间关系及党组织与党员之间关系时所必须遵守的基本规范和要求。组织纪律是党的纪律体系中的组织保障，即维护党的团结统一的原则与规范，是处理党组织与党组织、党组织与党员、党员与党员之间关系的纪律，是党的纪律中最基本的内容。党的组织纪律以民主集中制为根本组织制度和领导制度，是维护党在组织上团结统一的行为准则，包括"四个服从"、请示报告、集体领导和个人分工相结合等基本制度和要求，这是全党必须遵守的铁律。严明组织纪律必须强化"四种意识"：①强化党员意识，提高恪守组织纪律的自觉性。②强化服从意识，坚决维护组织纪律的权威性。③强化责任意识，保持遵守组织纪律的一贯性。④强化底线意识，增强执行组织纪律的严肃性。习近平总书记强调，"在指导思想和路线方针政策以及关系全局的重大原则问题上，全党必须在思想上政治上行动上同党中央保持高度一致。各级党组织和领导干部要牢固树立大局观念和全局意识，正确处理保证中央政令畅通和立足实际创造性开展工作的关系，任何具有地方特点的工作部署都必须以贯彻中央精神为前提。"从严落实党内制度规定，要切实执行组织纪律，自觉按照党的组织原则和党内政治生活准则办事，不能搞特殊、有例外，使纪律真正成为带电的高压线。

严肃党的组织纪律，必须认真贯彻落实民主集中制原则。违反民主基础上的集中和违反集中指导下的民主，都是违反组织纪律的行为。所有的党组织和党员都必须自觉遵守党的组织原则，做到《党章》规定的"四个服从"，决不允许把自己管理的地方、部门搞成不听党的统一指挥、不受党组织的约束和党员监督的"领地"。我们党历来强调集体领导，党委务必认真执行党委会的工作规则，做到集体领导、民主集中、个别酝酿、会议决定。不论什么人，不管其职位高低，都不允许搞独断专行，或者拒绝组织的调遣和监督，把自己凌驾于组织之上；坚决反对党内拉帮结派、搞团团伙伙的现象；坚决反对有的党员和干部按照自己的好恶拉拢一些人，排挤另外一些人，搞这样那样的危害党的团结和涣散党的组织的"摊摊""团团""伙伙"。

三、廉洁纪律

廉洁纪律是党组织和党员在从事公务活动或者其他与行使职权有关的活动中应当遵守的廉洁用权的行为规则，是实现干部清正、政府清廉、政治清明的重要保障。为政清廉才能取信于民，秉公用权才能赢得人心。《党章》规定，中国共产党党员永远是劳动人民的普通一员。除了法律和政策规定范围内的个人利益和工作职权以外，所有共产党员都不得谋求任何私利和特权。党员领导干部必须正确行使人民赋予的权力，坚持原则，依法办事，清正廉洁，反对任何滥用职权、谋取私利的不正之风，永葆共产党人清正廉洁的政治。2015年10月，中共中央印发《廉洁自律准则》和《纪律处分条例》，标志着全面从严治党开辟了新思路、提高到新水平。这两部党内法规，前一部重道德自律，后一部重制度他律，二者相互配合、相辅相成，既树立崇高的道德追求，又划定明确的行为底线。

廉洁是共产党人的基本要求。运用道德激励人、引领人是我们党加强自身建设的重要脉络。从新中国成立之初的"两个务必"，到党的十八大以来开展的群众路线教育实践活动，再到"三严三实"专题教育活动，都是为了坚定理想信念、补足精神钙质、提升领导干部的道德修养和自律能力。印发《廉洁自律准则》，既是对党的优良传统的继承、对党的理想信念的重申，更是对党的十八大以来从严治党实践的总结提炼，目的就是为了回应人民群众对领导干部的道德期许，为领导干部树立看得见、够得着的道德标准和自律规范。《廉洁自律准则》坚持正面倡导，变"不准"为"自觉"。坚定理想信念宗旨，要靠自觉，靠长期的自我修养和党性锻炼。《廉洁自律准则》把原有的"8个禁止""52个不准"有关内容移入同步修订的《纪律处分条例》，只提出正面要求，不作禁止性规定，要求党员正确对待和处理公与私、廉与腐、俭与奢、苦与乐的关系。党员领导干部不仅要遵守党员行为规范，还要自觉保持人民公仆本色、自觉维护人民根本利益、自觉提升思想道德境界、自觉带头树立良好家风，做廉洁自律的表率。《廉洁自律准则》将适用对象扩大到全体党员，要求党员坚持公私分明、先公后私、克己奉公，坚持崇廉拒腐、清白做人、干净做事，坚持尚俭戒奢、艰苦朴素、勤俭节约，坚持吃苦在前、享受在后、甘于奉献；同时对党员干部提出廉洁从政、廉洁用权、廉洁修身、廉洁齐家等更高要求，二者相互贯通、浑然一体。

四、群众纪律

群众纪律是党为保持党组织和党员与人民群众的密切联系而制定的行为准则。党执政以后，党组织和党员脱离群众的危险比执政前增大了，官僚主义、以权谋私、强迫命令等损害人民群众利益的行为也比执政前增多了。为了保证党群关系不受损害，从而保持党组织的战斗力和凝聚力，党在执政以后，特别是十一届三中全会之后，制定了许多规定，要求各级党组织和全体党员必须坚持和维护党的根本宗旨，坚持群众路线，同人民群众保持密切联系，不许侵犯人民群众的正当利益和权利等，这些都是群众纪律的重要内容。

中国共产党正确对待人民群众的立场和观点，是建立在历史唯物主义的基本原理之上的。历史唯物主义认为，人民群众不仅是社会物质财富和精神财富的创造者，而且是社会变革的决定力量。遵守群众纪律，实质就在于党员和领导干部在想问题、办事情时要始终恪守党的宗旨，坚持党的群众观点和群众路线，以广大人民群众的根本利益作为一切工作的出发点和归宿。党的各级组织和党员干部，都要努力加强同人民群众的联系，反对形形色色的官僚主义。任何党员和干部，都不允许与民争利，以权谋私，侵犯人民群众的权益。要妥善处理新形势下的人民内部矛盾，防止矛盾激化而损害党群、干群关系，影响社会稳定。对于群众中出现的对党的一些政策措施暂不理解或提出某些不合理要求的问题，要做深入细致的思想政治工作，耐心引导和帮助，力戒简单生硬。主要内容包括以下几个方面：一是不准与民争利，反对以任何形式利用职权谋取私利，侵占群众的各种物质利益及损害群众的合法权益；二是不准在社会保障、政策扶持、救灾救济款物分配等事项中优亲厚友、明显有失公平；三是不准搞特权，不得以不平等态度对待群众，对群众逞威风、要权势，欺压群众；四是不准压制群众的民主权利，禁止不顾群众意愿，盲目铺摊子、上项目，不准干涉群众生产经营自主权；五是不准以官僚主义的态度对待群众，以驰而不息的精神彻底纠正"四风"问题。优良的作风是党的性质和宗旨的集中体现，是密切党和群众联系的重要桥梁。作风问题关系人心向背，关系党的执政基础。对"四风"问题，必须下大气力惩治。

五、工作纪律

作为党的各级组织和全体党员遵守的基本要求和行为规则，工作纪律是党的各项工作正常开展的重要保证。遵守工作纪律，党员干部要做到勤政务实。"空谈误国，实干兴邦"，勤政务实是对党员干部最起码的要求。勤政就是恪尽职守，勤于政事，勤于本职，勤于干事，认真负责地为国为民做事，切实当好人民的勤务员。务实，就是注重实际、实事求是，量力而行。党员干部要做到勤政务实，就要树立正确的政绩观，勤勉敬业、勤学苦干、真抓实干、严谨细致、精益求精，扑下身子抓落实、察实情、办实事、求实效，从小处做起、把小事做实、把大事做细，创造出经得起实践、人民、历史检验的实绩。

严守党的工作纪律，要认真做好党的工作，切实履行全面从严治党主体责任。全面从严治党主体责任是各级党组织必须肩负的一项政治责任，是各项工作顺利推进的根本保证。全面从严治党主体责任能不能真正落实，关乎党的生死存亡，关乎国家和民族的前途命运。在履行全面从严治党主体责任方面存在的常见问题是，有的党委对全面从严治党主体责任认识不清、落实不力，没有把管党治党当作分内之事，每年开个会、讲个话，或签个责任书就万事大吉了；有的不敢担当、不愿负责，对党员干部身上存在的问题视而不见，不管不问；有的党委和纪委不抓不管，导致不正之风长期滋长蔓延，或者屡屡出现重大腐败问题而不制止、不查处、不报告；有的不敢担当、不愿负责，对存在的问题装聋作哑、避重就轻，隐瞒、简化、变通；有的担心纪律审查会损害形象、影响发展，存在压案不查、瞒案不报的情况，等等。从严治党主体责任其内容是具体的，就是要做部署工作的领导者，具体任务的推动者、执行者，执行党规党纪的监督者，属于管党治党的工作范畴，是党员尤其是领导干部的日常本职工作，是应尽之责、分内之事，必须在党内各项日常具体工作中体现。全面从严治党，就是要从宽、松、软到严、紧、硬。新修订的《纪律处分条例》把党中央在全面从严治党过程中取得的实践成果固化下来，把全面从严治党的"要求"转化为"党内法规条文"，成为刚性规定。

六、生活纪律

生活纪律是党员在日常生活和社会交往中应当遵守的行为规则，涉及党员个人品德、家庭美德、社会公德等各个方面，关系党的形象。负面表现为部分党员尤其是领导干部自制力低下，利用手中的权力寻欢作乐，生活奢靡，在物质生活上贪图享乐，对各类低级趣味趋之若鹜，沉迷于金钱、美色和娱乐活动，不仅玷污了党的形象，而且给社会和家庭造成了不良影响。生活纪律是党员干部良好生活作风的保障，党员干部要保持良好的生活作风，必须自觉遵守党的生活纪律。生活纪律事关党的形象，事关党群干群关系。党员在日常生活和社会交往中的行为，虽然是八小时之外的私生活，但绝不意味着生活纪律可有可无，而更应绷紧生活纪律这根弦。因为党员不是生活在真空之中，而是生活在群众身边。党员的一言一行，人民群众都看在眼里，记在心上。党员俭朴的生活作风，健康高雅的生活情趣，公共场所得体的言行举止，不仅体现党员自身修养，还有利于展示党的良好形象。反之，党员在日常生活和社会交往中讲排场、比阔气，大手大脚、铺张浪费，甚至骄奢淫逸、声色犬马，就会损害党的形象，破坏党群干群关系，甚至动摇党的执政根基。

生活作风是关系到党和政府的形象及威信，关系到能否保持共产党人的政治本色的大问题，绝非是个人的私事、小事。生活作风虽属生活，但也是政治本色的一种体现。党员干部的政治本色不仅体现在工作上、学习上，也体现在生活上。没有严谨、纯洁的生活作风，就不可能保持坚定正确的政治方向。一旦生活作风奢侈腐化、耽于享乐、纵情声色，世界观、人生观、价值观就会随之变化，偏向拜金主义、享乐主义、个人主义，背离全心全意为人民服务的宗旨，失于人民公仆的职责要求，辜负党和人民的信任期望，最终坠入歧途，被人民所唾弃。保持积极、健康、向上的生活作风，是党员干部政治本色永不褪色的一种体现、一种保证。

第四节　党的纪律的制定和遵守

一、党纪的制定

党纪的制定与党纪的执行，是维护党的纪律的相互联系、不可分割的两个方面。要维护党的纪律，首先要正确地制定党纪。没有一套适应一定时期党的路线、方针、政策需要的纪律规定，党的组织和党员的行为就无从规范和约束，维护党的纪律就是一句空话。因此，党纪的制定为党纪的维护奠定了基础，它是正确执行党纪的重要前提和必要条件。另一方面，要维护党的纪律，还要正确地执行党纪。制定党纪仅仅是为维护党纪提供了依据，更重要的是要使制定出来的党纪得到正确有效的执行。党纪如果得不到正确有效的执行，它的制定也就失去了意义。因此，党纪的执行是维护党的纪律的关键，它是党纪制定的必然延伸和直接目的。概括地说，党纪的制定是解决"有纪可依"的问题，而党纪的执行是解决"有纪必依"的问题，二者相互结合并贯穿于维护党纪的全过程。

事实说明，党纪的制定与党纪的执行是矛盾统一的关系。否定二者的统一性，或者否定二者的矛盾性，都是不科学的和不符合客观实际的。毫无疑问，纪律一经制定，必须在一定时期内保持一定的稳定性，如果朝令夕改、随意废立，就会使人们无所适从，从而失去纪律的严肃性和规范性。但是，由于制定纪律的客观环境是不断发展变化的，因而纪律规定的具体内容必须适应经济、政治、文化的变化而不断完善。从这个意义上讲，党的纪律建设的过程，往往是党的纪律的稳定性与某些纪律的具体条款的滞后性二者矛盾统一的过程，同时也是党的纪律体系不断完善、不断发展的过程。在这个问题上，必须充分认识以下三点：

第一，为了保证党在一定历史时期的路线、方针、政策的贯彻执行，党必须制定统一的纪律，而且党的纪律一经制定就必须坚决执行。统一的纪律体现了"纪律面前人人平等"，即制定的纪律适用主体对象是平等的，任何党组织和党员不可逾越纪律红线，其约束力带有普遍性。纪律适用的地域范围也带有普遍性，无论党组织和党员所处的地域管辖范围是否相同，适用标准一致。纪律的时效也应是统一的，生效和失效的标准也一致，不因空间和主体差异发生变化。同时纪律的执行中，无论从个人自觉遵守角度，还是从权力机关监督约束角度，对纪律的标准解释和遵守实施程度也应保持一致。

第二，制定党纪的基本原则以及根据这些原则制定的一系列重大纪律规定，不论在什么历史环境下，都是必须严格遵循的。例如，共产党员决不能利用人民赋予的权力谋取特殊利益和特权，这是直接从党的纲领和党的宗旨引申出来的重大纪律规定。不论在革命战争年代还是在改革开放年代，这一条都是不能改变的。这一条变了，共产党作为工人阶级先锋队组织的根本性质也就变了。又如，党内实行的民主集中制，就是我们党的根本组织纪律和组织制度。不论党所处的历史环境如何，这条根本纪律决不能改变。这一条变了，党内必然四分五裂，一盘散沙，党就不可能建设成为领导社会主义现代化的坚强核心。

第三，党的纪律的一些具体条款和内容要随着经济、政治、文化的发展变化而不断完善。应该看到，中国特色社会主义进入新时代，确有某些纪律的具体条款已经不适应或者不完全适应变化了的客观情况，表现出明显的滞后性，并且给社会主义市场经济条件下的执纪工作带来一定的困难。鉴于这种情况，党的组织或党的纪律检查机关，应该深入实际调查研究，根据《党章》和党的纪律的基本原则，针对新的历史条件下执纪工作中出现的新情况，适时地对已经不适用或者不完全适用的具体纪律条款或内容进行废止、修改或补充。这既是党纪在新的历史条件下更有效地得到执行的客观要求，又是党纪体系在新的历史条件下不断完善和发展的内在要求。

党纪的正确执行不仅与党纪体系本身的完善程度有关，也与利益动机的正确与否有关。党的纪律是从党的纲领和党的宗旨引申出来的行为准则，它的统一制定是以党和人民的根本利益为基本出发点的。因此，正确地执行党的纪律，必须从党和人民利益的全局出发；离开了党的全局利益，就不可能正确地执行党的纪律。改革开放以来，中央制定了一系列重要纪律规定，从总体上看，是能够适应改革开放和发展社会主义市场经济的需要的，并且对改革开放和社会主义市场经济的发展起到了十分重要的保证作用。但是，在一些地方、部门和单位，至今仍然存在着"有令不行、有禁不止""上有政策、下有对策"的不良倾向。究其原因，一个重要方面，就是受局部利益的驱动所出现的片面性。如果不是站到全局利益的高度，而是从地方的、部门的或者小团体的利益出发，中央统一制定的党纪政令就必然会受到地方保护主义、部门保护主义或小团体主义的干扰和抵制。因此，要保证中央统一制定的纪律规定能够在实际生活中顺利地贯彻执行，不仅要加强纪律体系本身的完善，使之适应变化了的客观情况，而且要加强对党组织和党员的党内法规教育，使每一个党员包括党的领导干部不断增强遵守纪律的自觉性。特别是要通过教育使广大党员正确认识局部与全局、眼前与长远、个人与国家之间的辩证关系，自觉做到局部利益服从全局利益、眼前利益服从长远利益、个人利益服从国家利益，从组织上、政治上和行动上同党中央保持高度一致。从这个意义上讲，党的纪律建设的过程，必然也是党组织正确引导广大党员对待各种利益矛盾的过程。

二、严格遵守党的纪律

严格遵守和执行党的纪律，就是要在重大思想理论认识、政治原则、制度和纪律上下功夫。

对党讲忠诚可靠，切实增强党的观念和组织意识。忠诚所向，决定行为所至。无论做什么工作，都必须站在党和人民的立场上，始终不渝绝对忠诚党组织，听党话、跟党走。要严格遵守和执行党的政治纪律、党的组织纪律、反分裂斗争纪律、党风廉政纪律。

加强对党员的党纪教育，切实增强纪律意识和规矩意识。所有党员对党的纪律不能"不知其然又不知其所以然"，否则，就会"无知者必然无畏"。要大力加强对广大党员的党纪教育、思想教育、党性和道德教育，引导党员坚定理想信念，坚守共产党人精神追求。党员干部必须认真学习马克思列宁主义、毛泽东思想特别是中国特色社会主义理论体系，自觉用贯穿其中的立场、观点、方法武装头脑，指导实践，推动工作，始终不渝为中国特色社会主义共同理想而奋斗。要加强警示教育，让广大党员受警醒、明底线、知敬畏，主动在思想上划出红线、在行为上明确界限，真正敬法畏纪、遵规守矩。党政部门要把党纪教育作为党员教育的必修课，使各项纪律和制度规范内化于心、外化于行。

加强对党员的管理，切实增强党内生活的政治性、原则性、战斗性。党内政治生活是党组织教育管理党员和党员进行党性锻炼、党纪教育的主要平台，从严治党必须从党内政治生活严起。党组织要从抓建立完善和严格执行党的纪律、制度规定开始，使各种形式的党内生活都有实质性内容，都能实实在在解决问题。

切实增强党的纪律的威慑力和刚性约束力。遵守党的纪律无条件，执行党的纪律无禁区。要以零容忍态度对待违反纪律的行为，做到有纪必执、违纪必查。要坚持以严的标准要求党员干部、以严的措施管理党员干部、以严的纪律约束党员干部，使党员干部心有所畏、言有所戒、行有所止。一方面，要根据形势变化，完善党员干部管理规定，既重激励又重约束，把哪些能做、哪些不能做真正搞得清清楚楚。另一方面，要严格执行党员干部管理各项规定，讲原则不讲关系，发现问题该提醒的提醒、该教育的教育、该处理的处理，让每一名党员干部感到身边有把戒尺，随时受到监督。

严格追究责任，切实增强从严治党的责任意识和担当意识。在落实党风廉政建设中的主体责任和各级纪委的监督责任上，要有效解决守土不尽责、有责不担当的问题。当前，严肃查处违反党的纪律的党员干部是各级党委落实党风廉政建设责任制不可缺少的抓手和保证。要严防闯关过关、松懈松劲思想，做到深入抓见实招、经常抓见常态、持久抓见长效，以优良的党风政风带动社会风气的根本好转。

三、党纪遵守过程中需要把握的几个问题

1. 正确执纪与从严治党的关系。从严治党，是我们党自身建设的优良传统和宝贵经验，也是我们党的一贯方针。经验表明，对禁不起考验的党员，首先要满腔热情地进行教育，但仅仅靠教育不能完全解决问题，必须从严治党，严肃执行党的纪律。对那些败坏党和人民事业的腐败分子，一旦发现，必须坚决清除，决不能姑息养奸。要坚决改变失之于宽、失之于软的现象。为了保证改革开放和现代化建设的顺利进行，为了教育、爱护和警醒广大党员干部，为了维护法纪的尊严，对敢于无视法纪、违法犯罪的干部尤其是党员领导干部，不论是谁，不论职务多高，该受什么处分就给什么处分，该开除党籍的坚决开除，决不手软。

从严治党的一个重要环节是从严执纪。这里所说的"严"，是严格、严肃、严明，是以党纪国法为准绳，有明确范围和界限的。对党内违纪问题看得过轻，大事化小，小事化了，该处理的不处理，是执纪不严肃的表现；对一般性问题看得过重，处理不当，也是执纪不严肃的表现。"严"不等于处理得越重越好、越多越好，而是该给予处分的，就必须给予处分，不该给予处

分的，绝对不给予处分，做到不枉不纵。只有依据《党章》从严治党，从严执纪，才是我们所说的"严"。"严"是有"度"的，是严格按照标准执纪的严。只有正确地执行党的纪律，才能保证从严治党的方针顺利贯彻实施。

从严治党，严肃执纪，归根到底，是正确对待人的处理问题。处理人的问题必须采取严肃慎重的态度。一方面，要有坚定的原则性，对于党内各种违纪现象要敢于斗争，做到查处要坚决，执纪要严肃。在查处过程中必然会遇到各种干扰，对说情风要坚决顶住，对关系网要坚决冲破。另一方面，在对待人的处理问题上，又要持慎重态度。在改革开放、发展社会主义市场经济的新形势下，需要特别注意这个问题。实事求是是马克思主义的活的灵魂。所谓"慎重"，就是要坚持一切从实际出发，具体问题具体分析，坚持"惩前毖后、治病救人"的方针，做到在材料的认定、性质的把握和处理的分寸上都要实事求是，经得起历史的检验。中央纪委提出的"事实清楚、证据确凿、定性准确、处理恰当、手续完备、程序合法"的二十四字基本要求，就是实事求是原则在办案执纪工作中的具体体现。

2. 遵守党纪与改革创新的关系。创新是一个民族的灵魂，是一个国家兴旺发达的不竭动力，也是一个政党永葆生机的源泉。新时期党的基本路线包含着坚持改革开放、坚持解放思想、坚持不断创新的根本要求，包含着维护和保障每一位党员的马克思主义创新精神。

党的纪律对于改革创新的保障作用，主要体现在两个方面：一是体现在保护功能上，即对一切在建设中国特色社会主义的实践中，善于把中央的方针政策同本地区、本部门的实际相结合，创造性地开展工作的，坚决给予保护。二是体现在惩处功能上，即对那些干扰和破坏改革开放的违纪行为，坚决予以惩处。惩处违纪行为，就是为改革开放排除非经济因素的干扰，创造良好的政治环境，客观上也就是对改革创新的保护。所以，保护是对改革创新的支持，惩处同样是对改革创新的支持，二者是一致的。

在具体执纪工作的实践中，要正确处理执行党纪和改革创新的关系，必须全面理解和贯彻执行党的基本路线，紧密围绕经济建设这个中心，深入调查研究，坚持实事求是，严格按照政策法规处理改革和发展中不同类型和性质的问题，分清哪些是改革开放试验中允许的探索，哪些是由于缺乏经验而造成的失误，哪些是危害经济建设的错误和罪行，以保证改革和发展的健康有序进行。中国共产党作为先进生产力的代表，党的纪律总体上是符合社会发展趋势，能够体现其先进性要求的。当然，一些具体的纪律条文要随着客观形势的变化而不断调整、补充和完善。但应注意两点：一是不同的历史时期，党的任务是会发生变化的，但党纪遵循、维护的根本内容如宗旨、目标、指导思想、组织原则等不能变；二是党纪条文的制定、修改、废止必须在周密调查研究的基础上，经过一定的程序，有组织地进行。

3. 严明党纪的着力点。党的纪律是党的生命。中国共产党九十多年的奋斗历程表明，没有严明的纪律，就没有党的生存和发展。习近平总书记在党的群众路线教育实践活动总结大会上指出："'道私者乱，道法者治'。纪律不严，从严治党就无从谈起。"当前，全面落实从严治党要求，进一步严明党的纪律需要做好以下几点：

一要提高思想认识。广大党员必须清楚，严明党的纪律是兴党之需。严明纪律是中国共产党的光荣传统和独特优势，是党不断发展壮大的可靠保证。中国共产党的发展史表明，党纪严明，党的事业才会蓬勃发展；党纪松弛，党的战斗力就会削弱，党的事业就会遭受挫折。严明党的纪律是实现使命之要旨。全面建成小康社会、实现"两个一百年"奋斗目标、实现中华民族伟大复兴中国梦的新征程已经开启，全面深化改革、全面推进依法治国任重道远。完成这些目标任务，需要全面从严治党，需要严明党的纪律。严明党的纪律体现党性之本。党性决定党纪，党性是制定和执行党的纪律的根本依据。党纪体现党性，党纪是广大党员践行党性的重要保证。严明的党纪和坚强的党性相互促进、共生共长。共产党员有了坚强的党性，就能够模范地遵守党的纪律。个别党员之所以受到党纪处分，主要原因就在于党性不强。

二要加强党纪教育。第一，创新教育方式。要用通俗易懂的语言，真诚的理解，言传身教，增强党纪教育的亲和力。要以党员干部喜闻乐见的各种形式加强党纪教育，让党员干部潜移默化地接受党纪教育。要把党纪教育贯穿于各级党委中心组学习、党委（支部）的组织生活会、民主生活会、职工会等各种会议之中，针对党员干部队伍中出现的不良现象对症下药，让违纪苗头得以根治。第二，明确党纪教育责任。宣传系统和党校、行政学院等部门要充分发挥党纪教育主阵地作用，加大纪律教育力度。要改变过去职能部门"只抓业务、不管党纪"的错误做法，使职能部门在党纪教育上"不缺位，有作为"。第三，强化党纪警示教育。通过召开警示教育大会，观看警示教育片、参观警示教育基地、剖析典型案例等方式，利用党员违纪案例，开展党纪教育，增强党员干部的"敬畏意识"，提高他们自我反省、自我觉悟的能力。

三要推进制度建设。第一，推进制度体系的科学化、规范化。建立以党的执政能力建设和先进性、纯洁性建设为主线，以《党章》为根本，以民主集中制为核心的制度体系，提高严明党纪的体制机制科学化水平。第二，提升制度体系的系统性、针对性。按照"要精、管用"的原则，确保对重点领域、关键环节、重要人员的全覆盖，努力形成全方位推动制度体系建设的长效机制。第三，加强制度体系的协调性、统一性。整合现有制度，对行之有效的制度，要继续贯彻执行；对实施中不完善或有缺陷的制度，要及时加以补充和完善，尤其要着力健全党内监督制度。第四，加强制度落实机制建设。强化党员干部的制度意识，加强制度执行的组织领导，确保依法依纪执行制度；加强监督检查，提高制度执行力；明确责任监督主体，切实查处、问责违反制度的行为，维护制度的尊严和权威。第五，强化严明党纪的考评制度建设。要创新党纪考核评价机制，增强纪律考核的科学性和系统性，制定量化的纪律考核标准，把纪律考核与干部晋升结合起来，以增强党纪考核的威力和作用。

四要加强群众监督。人民群众的监督是党员干部严守党的纪律、保持清正廉洁的"催化剂"，一是要强化监督意识，增强接受监督的自觉性。广大党员干部应该摒弃作秀心态，要把群众监督看作是工作的重要内容，要从内心认同群众监督，自觉接受群众监督。要把接受群众监督的自觉性落实到具体行动上，体现出重视和接受群众监督的诚意。二是强化法治意识，加快民主法治建设，提倡和鼓励群众依法监督。一方面要全面加强民主法制建设，不断增强民主意识，依法保护和规范群众监督，并通过法律手段创新群众监督的具体形式。另一方面，大力提倡和鼓励群众监督，逐步健全群众监督的激励机制和惩戒机制。三是强化制度意识，建立规范有效的群众监督保障体系和制度。要研究制定具体可行的群众监督制度规定，对群众监督的主体与客体、权利与义务、形式与内容、受理与反馈等方面予以明确界定，并配套健全相应的责任机制、保障机制。要完善党务、政务公开机制，扩大公开范围和内容，完善公开方式，积极为群众监督提供更好的平台。

思考题

1. 党的纪律内涵的形成和发展历程是什么？
2. 党的纪律的主要内容是什么？
3. 在改革开放条件下，如何保证正确地维护和遵守党的纪律？

阅读文献

1. 《邓小平文选（第1卷）》，人民出版社1994年版。
2. 《江泽民文选（第3卷）》，人民出版社2006年版。
3. 《胡锦涛文选（第2卷）》，人民出版社2016年版。
4. 郑荣华：《中国共产党纪律学》，人民出版社2009年版。
5. 晋乾泰：《中国共产党纪律学》，红旗出版社1993年版。
6. 《中国共产党章程》，人民出版社2017年版。

第三章

监察体系及其运行规范

教学目的和要求：

学习中国监察制度的发展演变，把握新时代监察制度的中国特色，深刻理解掌握我国监察体系的基本范畴和监察工作的原则，明晰监察权运行的规范，确保监察权行使的科学、公正、有序。

教学要点：

1. 新时代中国监察制度的发展
2. 中国监察体系的构成
3. 监察机关工作的原则
4. 监察管辖权的内涵
5. 监察案件的调查处理和手段

中国的监察制度有 2100 多年的历史。我国历史上监察制度的发展以及丰富的监察文化，从新中国成立初期的人民监察委员会到"五四宪法"颁行后的监察部，中经行政监察制度的重建和探索，直至 2016 年迄今的监察制度改革形成了新的监察委员会制度。国家监察制度的发展围绕人民性、独立性、实效性等核心命题，旨在解决社会主义国家如何通过制度建构实现廉能统一，对公权力实施有效约束，提升国家治理效能，探索一条中国特色社会主义的反腐之路。

第一节　中国监察制度的演变

一、古近代监察机构的建立与沿革

秦汉至明清、民国政府时期，我国建立起了大一统的皇权专制中央集权国家，设置了从中央、郡县到乡里的官僚机关。官僚机关是具有很强因循性和惰性的组织系统，推卸责任和偷懒是官僚的共同特征，在执行国家意志的过程中，各种官样文章的形式主义很容易使国家意志在执行中走形、变样。这就要求加强对官僚系统的控制。对此，秦以后历代王朝都自上而下设置了监察机关，加强对各级行政组织及其官吏的监察。

1. 监察机构的建立。中国古代的监察制度萌芽于战国时期。当时，各诸侯国互相争霸，各国国君不得不对监察相当重视，这时，在君主的身边出现了兼司监察的官员——御史。各国国君还派监察官常驻地方，对郡县及其官吏进行经常性的监察。秦统一六国，建立了封建专制的秦王朝，为了强化对各级政府及其官吏的监督制约，专门的监察机构应运而生。在中央设立御史府，最高监察官称御史大夫，下设御史若干人。西汉前期，推行休养生息发展生产的政策而忽视吏治，导致官吏贪赃枉法、阻碍经济发展、影响社会稳定。汉武帝执政后，决定在中央建立御史府、司隶校尉、丞相司直三个并立的监察机构，以强化对中央机关及其官员的监察，监察的重点是郡国长吏、诸侯王和地方豪强。隋唐时期，针对两汉到魏晋南北朝中央设多重监察机构而导致监察权分散的状况，确立御史台为国家的最高监察机关，唐代在御史台中设立了台院、殿院、察院，使监察官对政府官吏的纠弹职责更加分明。宋元明清时期，宋元两朝中央的监察机构仍称御史台，宋朝还沿袭了唐代御史可以"风闻言事"的做法，进一步规定言者即便言错也不问罪，而不言者不论什么原因都要受罚。元代在地方上建立了行御史台和肃政廉访司，以司监察地方官吏之任，其机构设置与中央御史台大体相仿，从而使中央与地方在监察机构上浑然一体。明清两代改御史台为都察院，并特别提高了都察院长官的品位，以显示司宪官对各级官吏监察的权威。中国国民党指导下的国民政府于1925年8月设立国民政府监察院。南京国民政府，自1927年建立，至1949年被推翻，统治中国达22年之久。其监察制度可划分为两个时期。

一是从 1927 年南京国民政府建立，至 1947 年 12 月中华民国最后一部宪法实施前，称为"训政"时期的监察院。二是从 1947 年 12 月 25 日宪法实施，至 1949 年蒋家王朝最后崩溃，称为"宪政"时期的监察院。

2. 监察体制。中国的封建统治者在长期的政治实践中，创立了监察机构独立、自成系统的领导体制。秦时，中央监察机构御史府只对皇帝负责，与总管行政的宰相府并立；监察地方郡和太守的御史只对御史大夫和皇帝负责，与郡的行政、军事长官是监察与被监察的关系。两汉与隋唐的中央监察机关也都独立于政府之外。两汉对地方 13 部监察区以及唐对地方的 10 道（后改 15 道）监察区，都是垂直领导。宋时，对地方官吏的监察，既不设专门的监察机关，又没有专职的监察官，而是由地方官兼领监察的体制，这必然造成对地方官吏监察失控、互相推诿、上下勾结之弊，使宋朝地方的吏治愈来愈腐败。元、明、清时期，中央的最高监察机关与中央总管行政和军事的机构并立。如元朝中央的御史台，就是与掌管全国行政的中书省以及掌握全国军权的枢密院并立为中央的三大机构之一。清朝在都察院下设的 22 道监察御史，都直接对中央的都察院负责。

3. 监察机关及监察官的地位。在我国长期的封建社会中，监察机构一直占有重要地位。秦朝时，作为最高监察官的御史大夫与主管行政的丞相和主管军事的太尉一起，并称"三公"，共同辅佐皇帝治理国家，议决大政。作为一般监察官的御史，也备受皇帝信任，在朝廷任职的御史常受皇帝亲自指派，执行一些特殊的重要使命。常驻地方的监御史地位也相当高，他们常与郡守、郡尉一起，并称"守、尉、监"。东汉刚刚建立，为了提高监察官的地位，汉光武帝刘秀于建武元年（公元 25 年）"特诏"管监察的御史中丞、司隶校尉和总揽政务的尚书令，在朝会时"皆专席而坐"，自此，这三名官员被朝野上下号为"三独坐"。在这备受尊宠的"三独坐"里，监察官占据了两个席位。唐朝时，总管全国监察的御史台也与掌行政的尚书、中书和门下等省并立，地位很高。元、明、清时期的监察机构，也都与总管政务和军事的机构处于同等的地位。监察机关及监察官要对官吏实施有效的监察，不避权贵纠弹百官奸邪，没有较高的地位是无法奏效的。正因为如此，从唐朝以后的历朝，凡是监察官，不管其职务、级别高低，皆由皇帝直接任命。

4. 监察机关的职权。中国历史上监察机构的职权主要有：①弹劾权。这是中国古代历朝监察机关最重要的职权之一。监察机关在监察百官的行政活动中，凡发现公卿百官有违法渎职行为或贪污贿赂、政策违失者，监察官则可行使弹劾权，直接向皇帝报告，以整饬吏治和纲纪。②纠举权。对于官吏的一般违法失职行为，没有必要在皇帝面前弹劾的，监察机关必须履行的职责就是纠举。纠举权是弹劾权的简化形式。③检查权。这是中国古代历朝监察机关行使监察职能的首要步骤，主要是通过定期或不定期巡视的方式来检查中央和地方被监察部门及其官吏执法守纪的情况。④调查权。古代监察机构在监察过程中就特定事项有调查的权力，这是监察机构在监察过程中一项重要的权力，它包含在其他一切监察职权的行使过程之中。⑤一定的司法权。它是通过多方面的途径来实现的。一是对法制的监督，二是对审判的监督，三是直接参加重大刑事案件的刑事审判。⑥侦查权。即监察机关在检查和调查的过程中，具有搜查、拘捕、审问等强制权力。早在西汉时，地方监察官刺史就有搜查、拘捕甚至处死不法官吏的权力。⑦建议纠正政事权。早在秦时，作为最高监察官的御史大夫便与丞相、太尉一起，共同辅佐皇帝治理国家，议决大政。⑧谏诤君主权。即谏官有直言纠正君主言行和违失的权力。隋以前，谏诤权往往归于其他部门，唐朝以后加强了谏诤制度的建设。⑨考察与举荐官吏权。中国古代历朝的监察官对勤政廉洁、政绩卓著的政府官员，有责任向上推荐，以备赏赐和提拔。⑩审计权。中国古代对财政的监督也主要由监察机构来完成。⑪监察礼仪权。这也是古代监察官的一项必不可少的权力。⑫临时差遣。中央的监察官还常被临时派出执行特殊命令，巡察地方。有的是监军，有的是派以专差。

我国历史上的监察制度有以下几个共同点：监察制度受到高度重视；监察体制大多实行垂直领导体制；监察官具有显赫的地位；监察机构拥有强大的职权。

二、新中国成立初期的监察制度

中华人民共和国成立初期实行行政监察制度，大体经历了创建（1949 年10 月 19 日至 1959 年 4 月 27 日）和重建及相对稳定（1986 年 12 月 2 日至2019 年 3 月 20 日）两个阶段。

1. 各级监察机构的创立及其主要任务。根据《中国人民政治协商会议共同纲领》（以下简称《共同纲领》）第 19 条规定："在县市以上的各级人民政府内，设人民监察机关。"1949 年 10 月 19 日成立中央人民政府政务院人民监察委员会（以下简称"中监委"），中监委在政务院领导下主管全国监察工作，负责监察政府机关及其公务员是否履行职责。中监委的主要任务是：①监察全国各级行政机关和公务人员是否违反国家政策、法律、法令或损害人民及国家的利益，并纠举其中违纪失职的机关和人员；②指导全国各级监察机关的监察工作，颁布决议和命令，并审查其执行情况；③接受及处理人民、人民团体对各级国家行政机关和公务人员违纪失职的控告。

2. 监察机构的职权。《共同纲领》规定：在县市以上的各级人民政府内，设人民监察机关。其职权是：①广泛地吸引群众监督国家政治、经济、文化事业，受理人民对国家机关和公务员的控告。②随时检查国家机关与公务人员的工作。③对某些国家机关与公务人员的作风和工作有显著成绩者，予以表扬与推广；对执行国家政策、法令、决定、计划不当者，提出建议和纠正。④对国家机关和公务人员有违法失职行为的，要按公务人员惩戒程序予以惩戒。

3. 监察机构的撤销以及重新恢复和确立。1959年4月28日，中华人民共和国第二届全国人民代表大会第一次会议通过了国务院关于撤销国家监察部的议案。从此，监察机关被撤销达28年。为了加强国家行政机关廉政、勤政和社会主义法治建设，全国人民代表大会常务委员会于1986年12月2日作出了《关于设立中华人民共和国监察部的决定》，恢复并重新确立了国家行政监察体制，设立中华人民共和国监察部。监察部是国家最高监察机关，在国务院的领导下进行工作。根据《中华人民共和国行政监察法》（下称《行政监察法》）的规定，国务院监察机关主管全国的行政监察工作。国家监察部设部长1人，由国务院总理提名，由全国人民代表大会或全国人大常务委员会决定，中华人民共和国主席任命，设副部长若干人，由部长提请国务院总理任命。《行政监察法》第8条规定："县级以上各级人民政府监察机关根据工作需要，经本级人民政府批准，可以向政府所属部门派出监察机构或者监察人员。"随后，在1987年，监察部及县级以上各级监察机关相继建立并开始运转。多年来，各级监察机关在加强国家行政机关廉政、勤政及行政法制建设方面发挥了越来越重要的作用。

三、新时代我国的监察制度发展

党的十八大以来，持续高效的高压反腐态势遏制了腐败蔓延的趋势，"无禁区、全覆盖、零容忍"成为反腐败斗争的重要原则，反腐取得了阶段性成果。反腐成果需要制度予以保障和巩固，更加深入的反腐斗争需要制度创新予以推进和强化。2013 年 1 月，时任中纪委书记王岐山在讲话中指出了反腐斗争的策略问题，"坚持标本兼治，当前要以治标为主，为治本赢得时间。"在腐败得到有效遏制的前提下，进行制度性变革、寻求治本之策、构筑"不能腐"的制度体系成为中央领导层决策的重点。2016 年 1 月，习近平在十八届中央纪委六次全会上指出，"要健全国家监察组织架构，形成全面覆盖国家机关及其公务员的国家监察体系"，为改革国家监察体制提供了重要的指引。2016 年 10 月，党的十八届六中全会提出，"各级党委应当支持和保证同级人大、政府、监察机关、司法机关等对国家机关及公职人员依法进行监督"，首次将监察机关与"一府两院"并列，意味着健全国家监察组织架构，推动国家监察体制改革的序幕已经拉开。2016 年 11 月，中共中央办公厅印发《关于在北京市、山西省、浙江省开展国家监察体制改革试点方案》，部署在这三个省市设立各级监察委员会，从体制机制、制度建设上先行先试、探索实践，为在全国推进积累经验。

2017 年 10 月十九大报告明确提出："深化国家监察体制改革，将试点工作在全国推开，组建国家、省、市、县监察委员会，同党的纪律检查机关合署办公，实现对所有行使公权力的公职人员监察全覆盖。制定国家监察法，依法赋予监察委员会职责权限和调查手段，用留置取代'两规'措施。"2017 年 10 月，中共中央办公厅印发《关于在全国各地推开国家监察体制改革试点方案》，部署在全国范围内深化国家监察体制改革的探索实践，完成省、市、县三级监察委员会组建工作，实现对所有行使公权力的公职人员监察全覆盖。

2018 年 3 月，全国人大审议通过《中华人民共和国宪法修正案》和《监察法》，赋予监察委员会以正式的宪法地位，并颁行了监察制度的基本法律，完成了《宪法》和法律层面的顶层建构。《宪法》以专节的形式对监察机关的性质、组成、领导体制作了规定，并且明确了监察独立的原则以及监察机关与审判机关、检察机关、执法部门的关系。《监察法》对监察的原则、监察机关及其职责、监察范围和管辖、监察权限、监察程序、反腐败国际合作、对监察机关和监察人员的监督、法律责任作了相对细致的规定。由于《监察法》采取"宜粗不宜细"的立法原则，既是组织法，也是程序法，其内容过多地复制《宪法》规定，关于监察委员会的内设组织机构数量、内设机构的人员数额和领导职数及其内设机构职权等问题未作任何规定，因而后续需要制定"监察委员会组织法"。这也意味着，虽然《宪法》中已经对监察制度作了原则性规定，且有了专门的《监察法》，但是监察制度的法律根基尚未完全夯实，需要基于后续改革的成果和经验进行补充立法。在新监察制度奠基之后，相关党规也逐步完善。①2018年7月，中共中央政治局会议审议修订了《纪律处分条例》，把执纪和执法贯通起来，以期与《监察法》有效衔接。《纪律处分条例》规定："党组织在纪律审查中发现党员严重违纪涉嫌违法犯罪的，原则上先作出党纪处分决定，并按照规定给予政务处分后，再移送有关国家机关依法处理。"②2018年4月，中央纪委、国家监委印发了《国家监察委员会管辖规定（试行）》，详细列举了国家监委管辖的六大类88个职务犯罪案件罪名，明确了职务违法和职务犯罪案件管辖范围、管辖分工和协调等事项。③2018年4月，中央纪委、国家监委发布了《公职人员政务处分暂行规定》，规定："公职人员中的中共党员严重违犯党纪涉嫌犯罪的，应当由党组织先做出党纪处分决定，并由监察机关依法给予政务处分后，再依法追究其刑事责任。非中共党员的公职人员涉嫌犯罪的，应当先由监察机关依法给予政务处分，再依法追究其刑事责任。公职人员中的中共党员先依法受到行政处罚和刑事责任追究的，党组织、监察机关可以根据生效的行政处罚决定和司法机关的生效判决、裁定、决定及其认定的事实、性质和情节，依纪依法给予党纪、政务处分。"④2018年6月，中央纪委、国家监委出台规定明确了委机关各部门采取相关措施的审批权限、办理程序和监管办法，要求委机关各部门把法律关于证据的要求和标准贯穿于采取措施收集证据的各个环节、体现在各类文书格式上，确保所采取的措施和收集的证据经得起法律的检验。⑤2018年11月，《中央纪委国家监委立案相关工作程序规定（试行）》印发实施。该《规定》共四章33条，对中央纪委国家监委监督检查和审查调查工作中立案、交办案件和指定管辖以及结案等相关程序进行规范，并设计了5种相关文书格式，对于确保依规依纪依法、一体两面履行纪检监察两项职责具有重要的规范和推动作用。⑥2019年1月，中共中央办公厅印发了《中国共产党纪律检查机关监督执纪工作规则》，按照"打铁必须自身硬"的要求，着力建设忠诚干净担当的纪检监察干部队伍。该《工作规则》对纪检监察机关监督执纪工作的领导体制、监督检查、线索处置、谈话函询、初步核实、审查调查、审理、监督管理作了全流程的规定。这表明了纪检监察机关带头强化自我约束，把监督执纪权力关进制度笼子，做到正人先正己的实际行动，依规依纪依法履行职责，推动新时代纪检监察工作高质量发展。此外，《国家监察委员会与最高人民检察院办理职务犯罪案件工作衔接办法》《国家监察委员会移送最高人民检察院职务犯罪案件证据收集审查基本要求与案件材料移送清单》等规范性文件，对证据收集及审查标准提出了总体要求，并建立了与最高法、最高检就职务犯罪指定管辖等事项沟通协调机制，用制度机制确保法律之间衔接顺畅高效。

初步建立的新国家监察制度在《监察法》第 11 条明确规定，"监察委员会依照本法和有关法律规定履行监督、调查、处置职责：（一）对公职人员开展廉政教育，对其依法履职、秉公用权、廉洁从政从业以及道德操守情况进行监督检查；（二）对涉嫌贪污贿赂、滥用职权、玩忽职守、权力寻租、利益输送、徇私舞弊以及浪费国家资财等职务违法和职务犯罪进行调查；（三）对违法的公职人员依法作出政务处分决定；对履行职责不力、失职失责的领导人员进行问责；对涉嫌职务犯罪的，将调查结果移送人民检察院依法审查、提起公诉；向监察对象所在单位提出监察建议。"这些规定能够成为有效制约权力、严厉惩治腐败、实现国家治理体系和治理能力现代化的有力保障。

第二节　国家监察体系和监察机关工作原则

2018 年 3 月，第十三届全国人民代表大会第一次会议先后表决通过了《中华人民共和国宪法修正案》和《中华人民共和国监察法》，这标志着我国监察体制进入到了一个新阶段。

一、国家监察体系

我国监察体系主要体现在如何认识监察有关的法律现象、这些法律现象之间的关系以及它们与其他社会现象之间的关系。

1. 监察基础理论。我国要建立的监察制度，与其他国家的监察制度，在内涵和外延上均有很大不同，其监察的性质、主体、对象、范围、职能和运行方式等，在当今世界可谓独树一帜。作为一项全新的人民主权国家的政治制度改革，离不开理论建设的支撑和保障，这是任何一项新生事物发展的必然要求。监察基础理论，是相对于监察法律制度和监察实践应用而言的，是对监察制度、监察活动有关一系列重要问题的理论概括。从理论逻辑入手，论证马克思列宁主义人民主权学说、毛泽东人民民主专政思想、习近平反腐败战略思想所蕴含的腐败治理的认识论与方法论，阐明监察体制改革符合我国权力监督的内在逻辑，体现党对权力运行的全方位监督，体现用权者必受监督的基本法则，体现人民监督权力的本质特征，体现中国特色监督制度的传承和发展。从国家监察体制改革的实践要求出发，我国监察基础理论的研究范围至少包括七个方面的内容。一是国家监察制度构建的时代背景。二是国家监察制度构建的基本内涵。三是国家监察制度构建的理论逻辑。四是国家监察制度构建的实践基础。五是国家监察制度构建的文化渊源。六是国家监察制度构建的域外借鉴。七是国家监察制度构建的法律完善。

2. 监察法律制度。所谓监察法律制度研究，所指向的是作为实然法而存在的我国监察法律及其配套法规所确立的一系列法律制度。此种法律制度与前述作为监察基础理论而存在的所谓监察制度之间既有联系又有差异，乃是实然与应然、实践与理论的区分关系。监察法律制度的研究范围至少包括五个方面。①监察组织及其内外关系。宏观层面而言，这是指监察机关在我国宪制结构下的定位问题，包括监察机关本身之设置以及监察机关与其他国家机关之间的组织关系。中观层面而言，这是指监察机关之层级设置以及不同监察机关之间的组织关系，其中后者包括两类：一是上下级监察机关之间的纵向组织关系；二是同级监察机关之间的横向组织关系。微观层面而言，所指有三：一是同一监察机关内部之架构设置以及不同内设机构、直属机构、派驻机构和派出专员之间的关系；二是监察官制度，包括监察官的职级设置、权利义务和职业伦理等；三是监察人员与其所属监察机关之间的关系。②监察职权及其范围。宏观层面而言，这指的是监察权的职权范围以及监察权与其他国家权力之间的权限边界；中观层面而言，这指的是监察权本身的属性、内容及特征；微观层面而言，这指的是监督权、调查权和处置权等各自的属性、内容及特征。③监察措施及其程序。这至少包括以下三个方面：不同监察措施各自的属性、内容及特征；不同监察措施的正当法律程序及其规制体系，这至少涉及监督程序、问题线索管理和处置程序、立案程序、调查程序以及处置程序等；不同监察措施的异议机制和救济程序等。④监察法律制度与其他法律制度的衔接。这主要是指监察法律制度与刑事法律制度、行政法律制度等各项法律制度之间如何衔接的问题。⑤监察法律责任。法律责任制度是我国监察法律制度的重要内容之一。从规范文本来看，我国《监察法》第八章根据主体差异规定了四类法律责任：一是有关单位（被监察单位）的法律责任；二是有关人员的法律责任；三是监察对象的法律责任；四是监察机关及其工作人员的法律责任。

3. 监察实践应用。所谓监察实践应用，是指对各项监察业务有关理论与实践的研究以及对监察管理学的研究。从实践基础入手，揭示党内监督与国家监察的关联性和互补性，揭示反腐败斗争压倒性态势背后腐败深层次问题和反腐败体制性障碍、结构性矛盾和政策性问题，阐明反腐败行政监察和检察侦查执法力量对国家监察体制改革提供的深厚的组织基础和实践基础。需注意以下两点：①在法律适用层面，如何在遵循法律法规有关规定的前提下因地制宜、因时制宜。这里一个重要表现就是：面对不同监察领域和监察对象之间的较大差异，如何秉持权力行使的科学性和谦抑性。②在日常运作和管理层面，一方面，在监察管理的过程中需要有效运用现代管理科学有关理论，提升监察实效，实现由经验型监察管理到科学化监察管理的重要转变；另一方面，还要注意强化自我监督和外部监督，避免"灯下黑"。

从以上体系中需要把握这些基本范畴：

1. 监察法与监察法治。监察法与监察法治，是监察法学基本范畴体系的逻辑起点。它们不仅涉及监察法学理论体系的构成，也直接关乎监察法学理论与实践的有机统一。监察法与监察法治是监察法学研究过程中最基本的一对关系。如此定位，与监察法治原理作为监察法学理论建构之指导、理论体系之基石、价值评判之尺度的地位是一致的。离开监察法与监察法治的监察法学研究，必然成为无源之水、无本之木。因此，监察法与监察法治可以作为监察法学理论研究的第一对基本范畴。其中，所谓监察法，除了已经通过施行的《监察法》和《中华人民共和国公职人员政务处分法》外，还包括其他监察法律、配套法规、监察解释以及司法解释中与监察有关的内容等。

2. 监察权（力）与监察权利。监察权（力）与监察权利是监察法学基本范畴体系的核心内容。"权利和权力是法律上的一对基本范畴，它们具有相互依存和相互制约的密切关系。"监察权力来源于公民权利，在根本上统一于公民权利。这与我国《宪法》规定的主权逻辑和治理逻辑是一致的，即各级人大是人民行使权力之机关，监察机关由权力机关产生，对其负责、受其监督。可以说监察权利应当与监察权一起被列为监察法学的基本范畴，乃至作为监察法学基本范畴体系之核心内容，其主体主要是监察人员和监察对象两类，前者权利之范围至少包括监察人员履行工作职责之安全保障、隐私权以及可能被追究法律责任时应有的救济权；后者权利之范围主要包括监察对象的生命健康权、陈述申辩权、辩护权和救济权等。

3. 监察主体与监察对象。监察主体与监察对象是监察法学研究中最重要的两个主体，是监察法学基本范畴体系中的重要内容和主要载体。监察主体是监察权的行使主体，也是监察活动的实施主体；监察对象是监察权的监督对象，也是监察活动的相对人。在监察法律关系之中，监察主体和监察对象二者无疑是不可或缺的。根据《监察法》规定，监察主体主要有两种类型：一类是国家监察委员会、地方各级监察委员会等独立一级监察机关；另一类是独立一级监察机关的派驻机构和派出专员。二者之区分关键有二：一是明确对象范围、主体地位、授权性质和前提条件；二是厘清独立一级监察机关与其派驻机构（派出专员）在诸多方面的差异。此外，监察主体的相关问题还包括主体资格和责任承担、职责权限和超越职权等。

4. 监察行为与监察责任。监察行为与监察责任是监察法学研究中的关键衔接点，是监察法学基本范畴体系中的重要内容和核心机制。目前，我国监察法学研究尚无"监察行为"之概念，而此概念之提出，或可解决目前监察法学研究中的许多难点。参考行政法学理论和行政法律体系，通常将行政行为与行政权区分开来进行研究。行政行为作为行政法的核心概念，几乎贯穿整个行政法学理论及法律体系。这对监察法学研究亦有借鉴意义。关于监察措施可以细分为哪些种类，各类措施之属性、内容与特征，监察机关是否有权作出诸如制定监察法规、监察解释和内部规范性文件等抽象性行为，监察机关及其工作人员就其调查措施和处置措施是否以及如何承担法律责任等问题，皆可结合监察行为之概念作出解释。

二、监察机关的工作原则

1. 监察权独立行使原则。监察机关依照法律规定独立行使监察权，不受行政机关、社会团体和个人的干涉。一是依法是前提。监委会作为行使国家监察职能的专责机关，必须严格依照法律进行活动，既不能滥用或者超越职权，违反法律规定的程序，也不能不担当、不作为，更不允许利用职权徇私枉法，放纵职务违法犯罪行为。二是监察权的独立不是指监察官的个人独立，而是指监察委员会独立行使监察权。三是监察权独立行使并不妨碍本级人民代表大会及其常务委员会进行监督，但人大监督权的行使不得干涉监察工作的正常进行。这里的"干涉"，主要指行政机关、社会团体和个人利用职权、地位，或者采取其他不正当手段干扰影响监察人员依法行使职权的行为。

2. 相互配合与相互制约原则。监察机关履行职责离不开审判机关、检察机关、执法部门的协助、配合，同时也需要这些机关的监督制约。一是相互配合，主要是指监察机关与司法机关执行部门在办理职务违法犯罪案件方面要按照法律规定，在正确履行各自职责的基础上，互相支持，不能违反法律规定，各行其是。二是相互制约，主要是指监察机关与司法机关、执法部门在追究职务违法犯罪过程中，通过程序上的制约，防止和及时纠正错误，以保证案件质量，正确应用法律惩罚违法犯罪。

3. 协助原则。对监察机关依法提出的协助要求，有关机关和单位应当在其职权范围内依法予以协助。监察机关工作过程中，遇到超出监察机关职权范围或者其他紧急、特殊情况，需要公安、司法行政、审计、税务、海关、财政等机关以及金融监督管理等机构予以协助的时候，有权要求其予以协助。

4. 以事实为根据、以法律为准绳原则。国家监察工作必须实事求是，重事实、重证据，以事实为根据，以法律为准绳。监察机关在办理案件过程中，要在查清事实的基础上结合事实，正确适用法律，确保依法监督。"以事实为根据"，主要是指公职人员是否违法犯罪，罪轻还是罪重，都要以事实为根据。"以法律为准绳"，是指监察机关开展监察工作，包括案件线索处置、初核、立案、调查、作出处置决定等都要以《监察法》等法律法规为标准。此外，对当事人应平等适用法律，确保当事人的合法权益，不允许任何人享有任何特权。"在适用法律上一律平等"，是指监察机关对所有监察对象，不论民族、职业、出身、性别、教育程度都一律平等地适用法律。"保障当事人的合法权益"，是指严格遵循相关法律规定，不得侵犯公民、法人和其他组织的合法权益。这里的"当事人"既包括被调查人，也包括涉案人员等其他人员。

5. 人权保障原则。人权保障原则是监察权力运行必须遵从的基本原则，其要求监察机关应严格遵循各项法律规定，不得侵犯公民、法人和其他组织的合法权益，并将该原则具体落实在监察工作的全过程之中。监察机关严禁以威胁、引诱、欺骗及其他非法方式收集证据，严禁侮辱、打骂、虐待、体罚或者变相体罚被调查人。留置法定期满不予解除的，被调查人员及其近亲属有权向监察机关申诉；监察机关应受理申诉及对情况属实的应予以纠正。对监察机关涉及本人的处理决定不服的，监察对象可向作出决定的监察机关申请复审，对复审决定仍然不服的，可向上一级监察机关申请复核。对调查工作结束后，发现立案依据不充分或失实、案件处置出现重大失误、监察人员严重违法的，追究相关人员责任。

第三节　监察管辖及其案件处理

监察管辖是指在监察系统内部划分监察对象和决定监察案件受理上的分工和权限的制度。监察对象和监察管辖两者之间既有联系，又有区别。前者研究的是哪些组织和个人是监察的对象，后者研究的是监察机关对不同的监察对象实施监察的权限分工。监察对象的确定是监察管辖确定的前提，监察管辖的划分则是监察对象管辖的具体化。监察机关的案件，在审理工作中不仅要把好事实关、证据关的客观性、关联性，而且要运用辩证的思维去分析、认定问题的性质，这既是遵循实事求是的原则，也是提高案件审理质量的基本保证。

一、监察对象的含义与特征

监察对象，是指国家法律、法规规定的接受监察机关监察的所有组织和所有行使公权力的公职人员。《监察法》第 3 条规定："各级监察委员会是行使国家监察职能的专责机关，依照本法对所有行使公权力的公职人员（以下称公职人员）进行监察。"从人的角度考察，全面覆盖所有行使公权力的公职人员，既包括《中华人民共和国公务员法》所规定的公务员，还包括法律授权或者受委托行使公共事务职权的人员、国企管理人员、公办的教育、科研、文化、医疗卫生、体育等单位中从事管理的人员、基层群众性自治组织中从事管理的人员。

1. 国家机关人员。《监察法》第 15 条第一项将公务员和参公管理人员纳入了监察范围之中，这是监察对象中的关键和重点。包括中国共产党机关、人民代表大会及其常务委员会机关、人民政府、监察委员会、人民法院、人民检察院、中国人民政治协商会议各级委员会机关、民主党派机关和工商业联合会机关的公务员，以及参照《中华人民共和国公务员法》管理的人员。

2. 法律、法规授权或者受国家机关依法委托管理公共事务的组织中从事公务的人员。《监察法》第 15 条第二项将法律、法规授权或者受国家机关依法委托管理公共事务的组织中从事公务的人员纳入了监察范围之中。法律、法规授权或者受国家机关依法委托管理公共事务的组织中从事公务的人员，主要是指除参公管理以外的其他管理公共事务的事业单位中的工作人员。

3. 国有企业管理人员。《监察法》第 15 条第三项将国有企业管理人员纳入了监察范围之中。根据有关规定和实践需要，作为监察对象的国有企业管理人员，主要是国有独资企业、国有控股企业及其分支机构的领导班子成员。

4. 公办的教育、科研、文化、医疗卫生、体育等单位中从事管理的人员。《监察法》第 15 条第四项规定将公办教科文卫体单位管理人员纳入监察范围之中。作为监察对象的公办的教育、科研、文化、医疗卫生、体育等单位中从事管理的人员，主要是该单位及其分支机构的领导班子成员以及该单位及其分支机构中的国家工作人员。

5. 基层群众性自治组织中从事管理的人员。《监察法》第 15 条第五项规定，将基层群众性自治组织中从事管理的人员纳入监察范围之中。作为监察对象的基层群众性自治组织中从事管理的人员，包括村民委员会、居民委员会的主任、副主任和委员，以及其他受委托从事管理的人员。

6. 其他依法履行公职的人员。《监察法》第 15 条第六项规定还将其他依法履行公职的人员纳入监察范围之中，这一规定属于"兜底条款"，其目的是为了防止出现列举不全或随着社会发展新出现需要列入监察对象情况。国家监察的对象是全体公职人员，判断一个人是不是公职人员，关键看他是不是行使公权力、履行公务，而不是看他是否有公职。

二、监察机关的管辖原则、意义和类别

监察管辖是指对某个监察对象确定由哪一级或者哪一个监察机关实施监察和哪一级或者哪一个监察机关对哪些特定监察事项有权进行管辖的法律制度，是监察机关行使监察权的内部分工，主要涉及同级分工和上下级分工。

（一）监察管辖的基本原则

它是指监察机关在履行职责，开展各项具体监察工作的过程中，依照《监察法》的规定，指导监察工作的基本准则。

1. 分级管辖原则。分级管辖作为监察机关实施监察的基本形式是科学的。

首先，符合监察机关各司其职的原则，各级监察机关管理本辖区内的监察对象，是其应有的职权和职责；其次，有利于监察机关对违法违纪行为的检查、调查和处理，可以有效地节省监察机关的人力、物力，提高工作效率。

2. 合理分工的原则。各级各地监察机关合理分工的原则包括两个方面：一是同级监察机关之间工作量的合理分工；二是上下级监察机关之间工作量的合理分工。合理分工可使各级监察机关监察工作均衡负担。

3. 灵活性的原则。管辖规定应力求明确具体，使监察工作事事有所遵循，同时应有一定的灵活性，以适应和解决监察实践中复杂的问题。监察的管辖在规定分级管辖为主的同时，还规定了指定管辖、移送管辖和管辖权的转移。在具体办理监察事项时，还包括两项原则：一是"先查处原则"。即在对某个监察事项数个监察机关都有管辖权的情况下，由首先介入的监察机关负责管辖，有利于违法违纪行为的快速有效的处理。二是"重吸轻"原则。即某一违法违纪案件涉及不同管辖范围的多个违纪人，由级别较高的监察机关调查，然后按照管辖权分别处理，避免一案多头、重复调查的问题。

4. 公正原则。监察权和其他行政权力、司法权力等公平公正运行能够有效推动国家治理的能力，也是依法治国方略的根本价值追求。在监察立法中，必须要以公正理念贯穿始终。这其中其实是在"不断限制公权力"的不断讨论当中，是国家法治文明的标志。当然，法律的滞后性和高度概括性带来的弊端必须以"自由裁量权"来进行调整，即依据法律积极的明示或消极的默许，基于行政目的，自由斟酌、选择自己认为正确的行为的权力。当然，在管辖权适用中指定管辖、提级管辖和协议管辖都需要监察委和监察官适用"自由裁量权"，解决管辖权争议问题，这需要纪检监察工作规范和监察官的高素质来决定。

（二）监察机关管辖的意义

监察管辖权与监察权既有联系又有区别。监察权是指国家赋予监察机关对监察对象实施监察的权力；监察管辖权是监察机关内部行使监察权的权限分工。明确监察管辖有以下几方面的意义：

1. 监察机关依法履行职责，有利于监察机关各司其职，从而形成上下衔接的监察体系，确保对国家行政机关及其公务员以及行政机关任命的其他人员实施全面监察，对违反行政纪律的行政机关、国家公务员和国家行政机关任命的其他人员进行查处，依法进行纪律制裁。

2. 便于人民群众和其他组织检举、控告，确保其有效行使检举、控告的权利，在监察活动中，向行政机关提出改进工作的建议，堵塞行政管理中的漏洞，避免和减少工作失误。

3. 便于监察对象不服行政处分的申诉，有利于保障监察对象的合法权利。申诉案件的管辖是依据监察级别管辖制度而确立的。申诉案件实行分级管理、归口办理和复审复核终结制度实质上是级别管辖的具体化。

4. 便于监察机关与其他监督机关的分工合作，提高工作效率，形成监督合力。依照法律支持和鼓励行政机关、国家公务员忠于职守，清正廉洁，保障他们的合法权益，为他们创造一个良好的行政环境，进而提高其依法行政的水平，廉洁高效地工作，达到改善行政管理，提高行政效能的目的。

（三）管辖的类别

监察管辖权是指对某个监察对象或者某些特定监察事项确定由哪一级或者哪一个监察机关有权进行管辖的法律制度。监察机关各司其职、各尽其责的前提是责任清晰。在司法活动中，管辖制度不仅是法院对案件数量变化保持相应灵活性的关键，也是司法廉洁的重要环节。这一理论在监察管辖制度中也同样适用。对监察机关的管辖范围做出明确规定，既可以有效避免争执或推诿，又有利于有关单位和个人按照监察机关的管辖范围提供问题线索，充分发挥人民群众反腐败的积极性。

1. 级别管辖。级别管辖是指根据监察机关的级别确定其管辖范围。它是划分上下级监察机关之间实施监察权限的方式，主要解决不同级别的监察机关分别管辖哪些监察对象的问题，是监察管辖的基本形式。它是依据监察对象的直接行政隶属关系而确立的，是我国国家行政体制和监察体制的特点的体现。我国各级行政机关及其公务员是按照行政隶属关系实行分级管理的，而监察机关作为国家政治机关，理应按照行政隶属关系实行分级管辖制度。具体而言，某一监察机关管辖的监察对象是本辖区的所有公职人员。《监察法》规定，监察对象分别由中央、省、市、县四级的监察机关管辖。《国家监察委员会管辖规定（试行）》（以下简称《管辖规定》）第 3 条规定，在党中央集中统一领导下，按照干部管理权限和属地管辖相结合的原则，实行分级分工负责。

2. 提级管辖。《监察法》第 16 条第 2 款是对提级管辖的规定，这是对前款级别管辖规定的变通处置方法。报请提级管辖是指监察机关因法定事由可以申请上级监察机关管辖原本属于自己管辖的监察事项。提级管辖主要是对于监察工作的高机动性的考虑。监察机关正常情况下，应当按照一般管辖的分工，尽全力管好自己管辖范围内的监察事项。但是，当监察机关考虑到所在地方的实际情况，以及本机关的地位、能力，认为所管辖的监察事项实属重大、复杂，而尽自己力量不能或者不适宜管辖的，可以报请上级监察机关管辖。从实践来看，适用提级管辖主要包括以下几种情况：①监察机关认为有重大影响、由上级监察机关办理更为适宜的监察事项；②监察机关不便办理的重大、复杂监察事项，以及自己办理可能会影响公正处理的监察事项；③因其他原因需要由上级监察机关管辖的重大、复杂监察事项。上级监察机关可以直接办理下一级监察机关管辖范围内的监察事项。在特定情形下，监察机关难以对相关监察对象进行监察，此时，可以由上级监察机关办理相关的监察事项。根据这一原则，国家监察委员会可以办理省、自治区、直辖市监察机关管辖范围内的监察事项，地级市、地区、自治州、盟监察机关可以办理市辖区、县级市、县、自治县、旗、自治旗管辖范围内的监察事项。在实行分级管辖制度的基础上，上级监察机关可以办理下一级监察机关管辖范围内的监察事项，是上级监察机关对下级监察机关实行领导在监察事项管辖方面的具体体现，是对分级管辖制度的必要补充，便于处理一些难度较大的监察事项，如上级监察机关认为在其所管辖地区有重大影响的监察事项。上级监察机关在必要时也可以办理所辖各级监察机关管辖范围内的监察事项。一般情况下，上级监察机关只能办理下级监察机关管辖范围内的监察事项，而不能办理在下一级监察机关管辖范围外的监察事项。

3. 指定管辖。是指根据上级纪检监察机关的指定而确定监督执纪事项的管辖机关的制度。它调整了法律确定的办案主体，是一种因案件特殊性而采取个案调整的方式，人为影响案件管辖秩序的做法。《监察法》第 16 条第 3 款规定："监察机关之间对监察事项的管辖有争议的，由其共同的上级监察机关确定。"其含义为：①监察机关之间对管辖范围有争议，既包括发生争议的监察机关都想管辖的情况，也包括有关的监察机关都不想管辖的情况。即称之为都想作为的情况或都不想作为的情况。②"共同的上级监察机关"是指共同的上一级监察机关。即同发生管辖争议的两个或两个以上监察机关均有领导与被领导关系的上一级监察机关。如同一省的两个市监察机关就管辖发生争议，其共同的上一级监察机关是该省监委；不同省的两个市监察机关发生管辖争议，其共同的上一级监察机关是国家监察委员会。③两个或两个以上监察机关对同一监察事项的管辖权发生争议时，报请他们共同的上一级监察机关指定管辖。上一级监察机关指定管辖行为的作出，必须遵循合法与适当的原则。④指定管辖行为在法律上具有确定无疑的效力，即一经指定，负有管辖职责的监察机关即被确定，被指定的监察机关无权改变这一指定或将管辖权移交其他监察机关。指定管辖包括两种类型：一是管辖权平行转移，即上级纪检监察机关可以将下级纪检监察机关有管辖权的监督执纪事项，指定给上级纪检监察机关所辖的其他纪检监察机关管辖。二是管辖权自上而下转移，即上级纪检监察机关可以将其所管辖的事项指定下级纪检监察机关管辖。《中国共产党纪律检查机关监督执纪工作规则》第9条规定："上级纪检监察机关有权指定下级纪检监察机关对其他下级纪检监察机关管辖的党组织和党员、干部以及监察对象涉嫌违纪或者职务违法、职务犯罪问题进行审查调查，必要时也可以直接进行审查调查。上级纪检监察机关可以将其直接管辖的事项指定下级纪检监察机关进行审查调查。"《管辖规定》第26条规定还明确指定管辖的时间节点，国家监察委员会在调查中指定异地管辖，需要在异地起诉、审判的，应当在移送审查起诉前与人民检察院、人民法院协商指定管辖等相关事宜。

4. 协商管辖。《管辖规定》第19条又规定了协商管辖，"公职人员既涉嫌严重职务违法或者职务犯罪，又涉嫌其他违法犯罪的案件，由国家监察委员会与最高人民检察院、公安部等机关协商解决管辖问题，一般应当由国家监察委员会为主调查，其他机关予以配合。"《管辖规定》第20条规定，"几个省级监察机关都有管辖权的案件，由最初受理的监察机关管辖。必要时，可以由主要犯罪地的监察机关管辖。"此外，还规定了并案调查：一人犯数罪的；共同犯罪的；共同犯罪的公职人员还实施其他犯罪的；多人实施的犯罪存在关联，并案处理有利于查明事实的。需要补充说明的是，在诉讼监督活动中发现司法工作人员利用职权实施侵犯公民权利、损害司法公正的犯罪，由人民检察院管辖更为适宜的，可以由人民检察院管辖。

三、监察案件的调查处理

监察案件的调查处理，是指监察机关依据《监察法》的规定，对国家行政机关、国家公务员和国家行政机关任命的其他人员违反行政纪律的行为所进行的收集证据、查明事实、分清责任、定性处理的专门活动。依次经过立案、调查、处理、结案四个阶段，各阶段互相衔接，缺一不可。在完成上述四阶段工作后予以结案。

（一）立案

立案，即案件的成立，标志着监察机关对案件进行全面、深入调查的开始。立案必须是建立在已掌握违纪线索与材料并经过初步审查的基础上。

1. 违纪线索与材料的受理。各级监察机关应根据《监察法》规定的管辖范围，受理涉及监察对象违反行政纪律行为的线索和材料。这些线索和材料的来源主要有五个方面：①公民、法人或者其他组织检举、控告的；②上级机关交办的；③有关机关移送的；④行为人自述的；⑤监察机关发现的。对于行为人和检举、控告人的口头陈述，应制作笔录，经核对无误后，由陈述人签名或盖章；必要时可以录音。受理的违纪行为线索和材料，应当填写受理登记表，经监察机关负责人批准后，进行初步审查。

2. 初步审查的目的及处理。监察机关对受理的违纪线索和材料进行初步审查，其目的在于为决定是否立案提供依据。初步审查一般是对违纪线索和材料进行书面审核，分析判断其真实程度和可靠性。如根据材料还不足以作出判断，则可进一步通过适当方式向举报人、知情人和被调查人所在组织进行了解，并可要求其提供有关材料。但在初查时，应注意两点：一是应当按照有关规定提出处置意见，进行分类办理；二是应当依法履行审批程序，成立核查组。受理的违纪线索和材料经初步审查后，应根据不同情况分别作出处理。

3. 立案的条件和审批。根据《监察法》的规定，必须同时具备以下两个法定条件方可立案、实施案件调查：①立案调查的对象必须是监察机关的监察对象，并且属于本级监察机关管辖的范围；②认为监察对象涉嫌职务违法犯罪，需要追究法律责任的。初步审查后，应当向监察机关领导人员提出报告，经监察机关领导人员批准，予以立案，监察机关应当按照规定的权限和程序办理立案手续。凡立案的案件，均需由承办调查案件的部门填写《立案呈批表》。监察机关主要负责人依法批准立案后，应当主持召开专题会议，研究确定调查方案，决定需要采取的调查措施。立案调查决定应当向被调查人宣布，并通报相关组织。涉嫌严重职务违法或者职务犯罪的，应当通知被调查人家属，并向社会公开发布。

（二）调查

调查是监察机关案件调查部门运用法定的方式、手段和措施，对已立案的案件所进行的收集证据、查明事实、分清责任、提出处理意见的活动。整个调查过程包括：制订调查方案，实施调查，制作调查报告直至移送审理。

1. 制订调查方案。案件调查方案是组织、指导开展调查、获取证据、查清事实的行动方案，是调查活动的全盘规划和办案人员行动的依据。制订调查方案有助于加强调查工作的计划性和预见性，但制订的调查方案在实施调查的过程中，还需根据情况的发展变化加以调整和补充。调查方案主要应包括：①调查人员的组成；②调查范围；③调查的步骤和方法；④拟采取的调查措施；⑤其他需考虑的问题。

2. 实施调查。主要包括两方面的内容：收集证据和查明事实。在调查核实工作中，最经常采用的调查方法是询问，包括对证人的询问和对被调查人的询问。询问前必须充分做好准备工作，询问过程中，要善于观察分析和把握被询问人的心理状态，注意谈话的方式，讲究谈话的技巧。严禁以威胁、引诱、欺骗及其他非法方式收集证据，严禁侮辱、打骂、虐待、体罚或者变相体罚被调查人和涉案人员。还应向被询问人指明应注意的问题，交代清楚有关法律法规和政策精神，争取获得好的谈话效果。询问证人应当个别进行，必要时经证人同意可以录音、录像。调查人员进行讯问以及搜查、查封、扣押等重要取证工作，应当对全过程进行录音录像，留存备查。经调查认定的违法违纪事实，应形成书面材料并与被调查人见面。允许被调查人申辩。对调查过程中的重要事项，应当集体研究后按程序请示报告。

3. 制作调查报告并移送审理。案件调查报告，是调查部门在对某一监察案件进行调查取证的基础上，用文字综合反映出案件事实真相，并依据事实和有关法律、法规分析认定案件性质，提出处理建议的一种文本。案件调查报告的内容一般应包括：立案依据，违法违纪事实、性质，被调查人和有关人员责任，被调查人的态度和对见面材料的意见，被调查人所在单位的意见，处理意见等。调查报告完成以后，经监察机关分管领导批准同意，与案件其他材料，包括全部证据材料、被调查人对调查事实见面材料的意见、办理各项法定手续的材料，一并移送案件审理部门进行审理。

（三）处理

处理是指监察机关对已立案的案件，在调查、审理的基础上，依法作出相应处理的活动。处理主要有以下几种方式：①对有职务违法行为但情节较轻的公职人员，按照管理权限，直接或者委托有关机关、人员，进行谈话提醒、批评教育、责令检查，或者予以诫勉；②对违法的公职人员依照法定程序作出警告、记过、记大过、降级、撤职、开除等政务处分决定；③对不履行或者不正确履行职责负有责任的领导人员，按照管理权限对其直接作出问责决定，或者向有权作出问责决定的机关提出问责建议；④对涉嫌职务犯罪的，监察机关经调查认为犯罪事实清楚，证据确实、充分的，制作起诉意见书，连同案卷材料、证据一并移送人民检察院依法审查、提起公诉；⑤对监察对象所在单位廉政建设和履行职责存在的问题等提出监察建议。监察机关经调查，对没有证据证明被调查人存在违法犯罪行为的，应当撤销案件，并通知被调查人所在单位。

关于监察处理文书的制作和送达。①监察处理文书的种类有以下两种：一是监察决定。主要用于监察机关作出给予行政处分及其他行政处理（如没收、追缴和责令退赔非法所得）决定或者撤销案件决定。二是监察建议。主要用于监察机关建议有处理权的行政机关给予当事人行政处分或者给予其他行政处理决定。②监察决定、监察建议均应以书面形式送达有关单位或者有关人员。监察决定书和监察建议书可以由监察机关直接送达有关单位和人员，也可以委托其他监察机关送达。受送达人在送达回证上的签收日期为送达日期。受送达人拒绝接收或者拒绝签名、盖章的，送达人应当邀请受送达人所在单位人员到场，见证现场情况，由送达人在送达回证上记明拒收事由和日期，由送达人、见证人签名或者盖章，将监察决定书和监察建议书留在受送达人的住所或者所在单位，即视为送达。

关于监察机关要运用监督执纪四种形态。《管辖规定》第5条规定，国家监察委员会履行监督职责应当与党内监督有机统一，加强日常监督，运用党章党规党纪和宪法法律法规，了解掌握公职人员思想、工作、作风、生活等情况，加强教育和检查，贯彻惩前毖后、治病救人的方针，深化运用监督执纪"四种形态"，抓早抓小、防微杜渐。

关于监察机关监督重点。《管辖规定》第6条规定，坚定维护习近平总书记党中央的核心、全党的核心地位，维护党中央权威和集中统一领导；检查贯彻执行党和国家的路线方针政策，落实全面从严治党责任、民主集中制原则以及中央八项规定精神的情况；监督检查依法履职、秉公用权、廉洁从政以及恪守社会道德规范的情况。第 9 条规定调查重点是，公职人员涉嫌贪污贿赂、滥用职权、玩忽职守、权力寻租、利益输送、徇私舞弊以及浪费国家资财等职务违法行为。

关于监察机关工作方法。《管辖规定》第 7 条提出的要求有：一是把日常监督管理、巡视监督和派驻监督有机结合，对监督中发现的问题，要及时分类处置，了解和督促被巡视地区和单位整改落实工作。二是加强对派驻纪检监察组的领导和建设，督促其落实监督责任，定期约谈主要负责人，将监督工作做实做细。

（四）结案

监察机关对监察案件处理后，应当写出结案报告，报经监察机关负责人同意后结案，并按规定办理立卷、归档、呈报、备案等事项。①撰写结案报告。结案报告应包括以下主要内容：案件来源，立案机关，调查工作简况，案件主要事实、后果、性质，被处分人基本情况、应负的责任与对错误的态度，结论与处理决定，处分批准机关，送达执行情况等。②立卷归档。立卷要求做到材料齐全，组卷科学，编目清楚，手续完备。归档的案卷，应具备以下材料：批准立案的根据、调查报告及有关证据、被调查人所在单位领导的意见、被调查人的检查材料及其对核查事实的意见、审查报告、处理决定、结案报告及其他与本案有关的重要材料。③呈报、备案。对重要案件的结案，无论是给予、免予政务处分或是撤销案件，都应按规定履行呈报、备案手续。④复审、复核。案件应着重审查原决定中认定的事实是否清楚，证据是否确实、充分；适用的法律、法规是否正确，包括定性是否准确、处分是否恰当；调查处理案件的程序是否符合规定。同时还要审查当事人复审、复核申请中提出的新的事实和证据以及补充的有关材料。监察机关复查申诉案件，认为原决定事实清楚、证据确凿、适用法律法规规章正确、定性准确、处理适当、程序合法的，予以维持。

四、监察机关的监察手段

监察手段的类型和性质决定了监察制度是否具有足够的强制力和威慑力，监察机构是否能够有效进行监督要取决于监察手段是否有力。根据《监察法》的规定，为履行监督、调查、处置职权，监察委员会可以采取谈话询问、讯问、查询、冻结、调取、查封、扣押、搜查、勘验检查、鉴定、留置等措施。

上述措施可以分为针对人的措施（谈话、讯问、询问）、针对财产的措施（查询、冻结、调取、查封、扣押、勘验检查、鉴定）以及强力措施（搜查、留置）。具体而言，有以下内容：

1. 谈话。谈话是在通过采取其他措施收集到一定证据的基础上，监察人员对被调查人进行的一种面对面的调查取证活动。为查明案件真实情况，谈话往往贯穿于案件审理过程始终。调查谈话的根本目的就是听取关于被调查人实施违纪违法行为的陈述和辩解，获取其他违纪违法行为参与人的情况，甄别嫌疑，排除无辜，保证无违纪违法不受追究。调查中的谈话必须遵循法定的程序要求，首先，谈话人员必须是负责案件调查的监察人员；其次，调查谈话人员必须不少于二人；最后，谈话过程中应当做好笔录，谈话结束后，应要求被调查人核对阅读笔录，并在笔录的每一页都要签上被调查人的名字，最后一页还要写上"以上记录我看过，与我讲的一样"等字样，签名写上年月日，另外调查谈话人员必须遵守办案纪律。监察人员应遵守以下纪律：不准对被调查人或有关人员采取违反党章和国家法律的手段。不准泄露案情，扩散证据材料。不准伪造、篡改、隐匿、销毁证据，故意夸大或缩小案情。不准接受与案件有关人员的财物和其他利益。与此同时，要切实保障被调查人的申辩、辩解权、回避权、控告权等权利，以保证调查客观公正地进行。如果在谈话中发现被调查人是无辜的，要立即纠正。履行必要程序，立即解除调查，并在一定范围内予以澄清和说明，恢复工作，做好其他善后工作。

2. 讯问。讯问仅仅发生在刑事侦查的过程中，也即讯问仅指监察人员在调查职务犯罪的过程中，依照法定程序和言辞方式向犯罪嫌疑人查问案情事实和其他与案件有关问题的一种调查活动。讯问犯罪嫌疑人是每个刑事案件必须进行的一项重要的侦查行为和侦查手段。其主要任务包括：①准确及时地查明案件全部事实。②追查同案嫌疑人、发现其他犯罪活动或线索。③获取口供，收集和核实证据。④保证无辜的人不受刑事追究。⑤对犯罪嫌疑人进行守法教育。⑥研究犯罪活动的规律和特点，总结讯问的经验和教训。通过讯问，一方面有利于查明案件事实，扩大收集证据的线索，发现新的犯罪以及其他应当追究刑事责任的犯罪嫌疑人；另一方面给犯罪嫌疑人申辩的机会，维护自身的合法权益。讯问对于时间、地点、在场侦查人员的人数以及相关程序均有严格要求。同时，在讯问犯罪嫌疑人时，严禁刑讯逼供，也不准诱供、骗供、指明问供。根据《人民检察院刑事诉讼规则》第 66 条的规定，对采用刑讯逼供等非法方法收集的犯罪嫌疑人供述和采用暴力、威胁等非法方法收集的证人证言、被害人陈述，应当依法排除，不得作为报请逮捕、批准或者决定逮捕、移送审查起诉以及提起公诉的依据。

3. 询问。此处的询问是指监察人员未查明事实和证据，依照法定程序对证人、被害人等知情人就其知悉的案件情况，以言辞方式进行调查询问的一种调查行为。证人、被害人都是了解案件情况的自然人。由于违法、犯罪行为发生在社会生活中，很有可能被其他人所知晓，因而大多数案件是存在证人的，有的案件还存在被害人，询问证人、被害人是调查过程中经常采用的一种调查行为。其意义有以下两点，第一，有助于查明案件事实。证人和受害人对案件情况的了解或多或少，将这些信息汇集起来，往往能揭示违法、犯罪发生的原因、过程和结果。证人证言可能提供新的调查线索，有助于进一步调查取证。此外，证人证言及被害人陈述也可以用于核对其他证据材料的真实性，防止事实判断错误。第二，有助于查获违法违纪行为人、犯罪嫌疑人。通过询问证人、被害人，可以了解谁是可能的违法违纪者或作案者及其逃跑、隐匿的路线、地点，从而开展追查工作。询问只能由检查人员在法定的时间、地点开展，并且只能个别进行，同时也应当遵循相应的步骤与方法，不得采用羁押、刑讯、威胁、引诱、欺骗以及其他非法的方法获取证言和被害人陈述。对于证人、被害人的个人隐私，除特殊情况外，应当为其保守秘密。

4. 查询、冻结。查询、冻结是指监察人员在调查贪污、腐败、挪用公款等违反行政、刑事法纪的行为时，根据调查工作的需要，依法向银行或者其他金融机构、邮电部门查询违法违纪人、犯罪嫌疑人的存款、汇款，并通知上述机构、部门停止支付行为人的存款、汇款的一项常规性调查措施。在贪污、腐败案件中，往往伴随着经济交易或者财产性侵犯，违法违纪人或者犯罪嫌疑人通常会获得一定的非法经济利益，并以存款、汇款的形式隐匿、转移非法所得，因此，及时迅速地发现、查明违法违纪人、犯罪嫌疑人的存款、汇款，并予以冻结，不仅可以最大限度地挽回国家和公民的损失，还可以为揭露、证实犯罪提供证据。应当强调的是，查询冻结的对象只能是违法违纪人或者犯罪嫌疑人的存款、汇款，不是其家属、子女、父母或者其他亲属、朋友的存款、汇款。同时应当注意的是，监察机关虽有查询和冻结的权利，但是不能对存款、汇款进行扣划。

5. 调取。调取主要是针对可以用于证明涉案事实的证据材料，是指在调查过程中，监察机关为了查明案件情况，在发现某单位或者个人持有与案件有关的物证、书证或者视听资料等证据以后，依照法定程序，要求单位或者个人向监察机关提供相应证据的活动过程。调取证据和收集证据有所不同，一方面调取证据常常是指在发现证据后，监察机关通过行使法律赋予的职权，向有关单位和个人直接取得该证据的调查行为。而收集证据是指监察机关为查明案件事实真相，依照法定程序调查、发现、取得和保全一切与案件有关的情况和材料的活动过程。另一方面，相比较而言，收集证据的概念更为宽泛，收集证据的过程长，证据的种类、名称、数量、特征等方面带有很大的不确定性。而调取证据则属于一种具体的收集证据的方法。它具有明确的取证对象，即具有明确的调取单位名称、证据种类、数量、特性等。因此，调取证据可以看作是证据收集这个大概念下的子集或组成部分。监察机关在从事证据调取行为时，必须严格遵守相关法律规定，调取实物证据的，应当经监察机关负责人批准，并开具调取证据通知书。

6. 查封、扣押。查封、扣押是指监察机关对于与案件有关的物品或者文件等依法强制查封扣押的一种调查行为。查封是指监察机关在调查过程中，对于能够证明案件事实的证据材料以及财物予以查封，存放在特定场所，不允许被监察对象接触和使用上述材料。扣押是指将有关证明材料或财物暂时予以扣留，使之脱离被监察对象的控制，避免被监察对象转移、隐匿、伪造、涂改、毁损证据材料和财物。为了调查案件事实，监察机关必须搜集查阅与案件有关的文件、资料和财务账目等其他有关证据材料，但这些证据材料一般掌握在被调查对象手中，被调查对象往往以各种理由拖延或者拒绝提供证据材料，阻碍监察的正常进行。另外，涉嫌贪腐违法违纪、犯罪时，往往涉及经济利益，涉案财产数额也较大，因此，监察机关在调查违法违纪或者职务犯罪时，可以根据实际情况，暂时予以查封、扣押可以证明违反法律、法规或者纪律的文件、资料、财务账目等相关材料以及涉案财产，但是要遵循相关程序规定，出具监察通知书、开列清单，并由监察机关、被监察对象和在场见证人核对签字。

7. 搜查。搜查是指监察人员为了收集证据、查获违法违纪行为人、犯罪嫌疑人，依法对违法违纪行为人、犯罪嫌疑人以及可能隐藏违法违纪行为人、犯罪嫌疑人的身体、物品、住处和其他有关地方进行搜寻、检查的一种调查行为。搜查是监察机关同违法犯罪作斗争的一种重要手段，对于监察机关及其收集证据，查获违法违纪行为人、犯罪嫌疑人，防止其逃跑，毁灭、转移证据，揭露、证实犯罪，保证诉讼的顺利进行，具有十分重要的意义。搜查直接关系《宪法》所规定的公民的人身自由和住宅不受侵犯的权利。搜查既可以针对人身，也可以针对被搜查人的住处、物品和其他有关场所进行，并且只能由负责调查的监察人员进行，其他任何机关、团体和个人都无权对公民人身和住宅进行搜查，否则情节严重构成犯罪的，将依法追究其刑事责任。监察机关进行搜查时，必须向被搜查人出示搜查证，否则被搜查人有权拒绝搜查。同时，不得超越法律所规定的搜查对象和范围，搜查妇女的身体应当由女工作人员进行。

8. 勘验检查。勘验检查是指监察人员对与违法违纪、犯罪有关的场所、物品、尸体、人身等进行查看、了解和检验，以发现、收集和固定违法违纪、犯罪活动所遗留下来的各种痕迹和物品为目的的一种调查行为。勘验、检查的主体、任务和性质相同，只是使用对象有所区别。勘验的对象是现场、物品和尸体，检查的对象则是活人的身体。勘验检查是调查中取得第一手证据材料的一个重要途径，通过勘验、检查可以及时发现、收集和固定违法违纪和犯罪的痕迹和证物，了解案件的性质，确定调查的范围和方向，为进一步查清事实，揭露、证实违法违纪和犯罪行为提供可靠的依据。勘验、检查的具体操作有所不同，但是也要遵循相关的程序规则，首先，勘验、检查只能由负责调查的监察人员进行，必要时可以指派和聘请有专门知识的人，在调查人员的主持下进行；其次，为保证客观性，调查人员应邀请与案件无关的人作为见证人在场；最后，勘验、检查的情况应当写成笔录，由参加勘验、检查的人和见证人签名或者盖章。勘验检查的种类包括：现场勘验、物证勘验、人身检查，尸体检验和侦查实验。

9. 鉴定。鉴定是指监察机关为查明案情，指派或聘请具有专业知识的人、专门知识的人，就案件中某些专门性问题进行鉴别和判断并作出结论的一种调查行为。鉴定是一种重要的技术性很强的调查手段。对于监察机关及时收集证据，准确揭示物证、书证在诉讼中的证明作用，鉴别案内其他证据的真伪，查明案件事实真相，查获违法违纪人、犯罪嫌疑人具有重要的作用。鉴定应当严格遵守法定程序，以保证鉴定的客观性、公正性。首先，鉴定人只能由监察机关依法指派或聘请，必须具备解决本案中涉及的专门性问题的专门知识和技能，并且不属于回避人员的范围；其次，监察机关应当为鉴定人提供必要的条件，及时向鉴定人送交有关检材和比对样本等原始材料；最后，鉴定后，鉴定人应当出具鉴定意见，并签名。调查中经常采用的鉴定类别主要有，刑事技术鉴定，人身伤害的医学鉴定，精神病的医学鉴定，查封、扣押财物的价格鉴定，文物鉴定，司法会计鉴定等。

10. 留置。"留置"是监察机关行使调查权时的一项新规定的强制措施。监察委员会依法对涉嫌贪污贿赂、滥用职权、玩忽职守、权力寻租、利益输送、徇私舞弊及浪费国家资财等职务违法和职务犯罪行为的公权力人员，按照法定程序，可以当场采取留置措施。相对而言，留置是 12 项调查措施中最受瞩目的措施，《监察法》规定了启动留置措施需要满足的条件，并有下列情形之一的：涉及案情重大、复杂的；可能逃跑、自杀的；可能串供或者伪造、隐匿、毁灭证据的；可能有其他妨碍调查行为的。《监察法》还严格规定了留置措施审批程序，明确了留置场所、时限等相关要求。例如，规定设区的市级以下监察机关采取留置措施，应当报上一级监察机关批准；省级监察机关采取留置措施，应当报国家监察委员会备案等。对被调查人采取留置措施后，应当在 24 小时以内，通知被留置人员所在单位和家属，但有可能毁灭、伪造证据，干扰证人作证或者串供等有碍调查情形的除外。有碍调查的情形消失后，应当立即通知被留置人员所在单位和家属。同时，应当保障被留置人员的饮食、休息和安全，提供医疗服务。如有必要，将其强制扣留，并带至法定场所到案接受调查，继续进行留置处理。

思考题

1. 简述我国监察制度的发展史。
2. 监察工作的基本原则有哪些？
3. 监察管辖权的内涵和种类有哪些？
4. 监察机关调查处理案件程序和手段是什么？

阅读文献

1. 《中华人民共和国监察法》，人民出版社 2018 年版。
2. 《中华人民共和国公务员法》，人民出版社 2019 年版。
3. 《中华人民共和国刑事诉讼法》，人民出版社 2018 年版。
4. 江国华：《中国监察法学》，中国政法大学出版社 2018 年版。

第四章

纪检监察内容

教学目的和要求：

纪检监察即党的纪律检查和政务监察，是党的纪律检查机关和国家监察委员会行使的两种职能。学习和掌握纪检监察的内容，把握纪检监察的职责，理解纪律监督的思想和内涵及问责监督新要求，认真解决反腐倡廉建设中人民群众反映强烈的突出问题，进一步提高反腐倡廉建设科学化水平，增强反腐倡廉各项工作的综合效能。

教学要点：

1. 纪检监察的职责
2. 纪检监察的责任
3. 新时代纪律监督的内容
4. 新时代问责的新要求和意义
5. 纪检监察的基本要求

坚决反对腐败、建设廉洁政治，是我们党一贯坚持的鲜明政治立场，是人民关注的重大政治问题。在新的历史条件下，落实党要管党、从严治党的任务比以往任何时候都更为繁重、更为紧迫。纪检监察机关紧紧围绕党的先进性和纯洁性建设主题，着力加强建设以保持党同人民群众的血肉联系，明确由法律、法规规定的监察机关为实现纪检监察职能所承担的与其性质相适应的基本责任，才能深刻认识反腐败斗争的长期性、复杂性、艰巨性，进一步解决反腐倡廉建设中人民群众反映强烈的突出问题，提高反腐倡廉建设科学化水平，增强反腐倡廉各项工作的综合效能。

第一节　纪检监察

纪检监察即党的纪律检查和政务监察，是党的纪律检查机关和国家监察委员会行使的两种职能。纪律检查委员会是党的机构，是专司监督检查党的机构和党员，贯彻执行党的路线、方针、政策的情况，查处违纪党组织和党员的机关。党的各级纪律检查委员会（简称纪委）按照《党章》规定履行职责。国家监察委员会（简称监委）及各级监察委员会主要负责对所有行使国家公权力的公职人员进行行为和职责上的监督监察。各级监委依据《监察法》履行职责。1993 年纪委和监委实行合署办公，一套班子，两块牌子，履行纪检监察两种职能。

一、纪检的职责、原则和目标

（一）职责。

《党章》是管党治党的总章程，是纪委履行职责的根本依据。从党的十六大开始，《党章》明确纪委担负 3 项主要任务和 5 项经常性工作。它们是："维护党的章程和其他党内法规""检查党的路线、方针、政策和决议的执行情况""协助党的委员会加强党风建设和组织协调反腐败工作"。各级纪律检查委员会要"经常对党员进行遵守纪律的教育，作出关于维护党纪的决定""对党员领导干部行使权力进行监督""检查和处理党的组织和党员违反党的章程和其他党内法规的比较重要或复杂的案件，决定或取消对这些案件中的党员的处分""受理党员的控告和申诉""保障党员的权利"。2013 年 11 月，党的十八届三中全会通过的《中共中央关于全面深化改革若干重大问题的决定》（以下简称《决定》）进一步明确了在党风廉政建设和反腐败斗争中，党委和纪委不同的职责分工。《决定》第 36 条强调，落实党风廉政建设责任制，党委负主体责任，纪委负监督责任。党的十九大以来，党中央确定了纪律检查机关"监督执纪问责"主要职责，担负 3 项主要任务和 6 项经常性工作。

纪律检查职责有四个特征：

1. 法定性。纪律检查机关的职责是由《党章》和党内法规明确规定的，具有明示性、规范性、权威性。《党章》、党内法规没有要求纪律检查机关从事的行为不构成其职责。党的纪律检查委员会由党的代表大会选举产生，纪委的权力是《党章》赋予的。《党章》第 46 条明确规定，纪委的主要任务是维护党的章程规程和其他党内法规，检查党的路线方针政策和决议的执行情况，协助党的委员会加强党风建设和组织协调反腐败工作。这是纪律检查职责定位的根本依据。当前，全国纪检监察机关正在深化转职能、转方式、转作风工作。"三转"的实质是要求纪检监察机关回归《党章》，明确自己的职责。

2. 纪律性。职责是组织的灵魂，是组织存在的合法性基础。一个组织建立就是为了承担社会建设和管理中某种不可或缺的职能。组织一旦建立以后，就必须全面履行社会赋予的使命和职责。纪律检查制度的本质是纪律监督。党要管党，从严治党，靠什么管，凭什么治？就是要靠严明纪律。党内监督主要是党内纪律监督，严格党的纪律是纪律检查机关履行职责的基本出发点和落脚点。当然，维护党的纪律，不是也不可能是纪律检查机关所能包办、独揽的，但是，维护党的纪律却是纪委的天职。纪律检查机关的工作任务不论有多少项，都是从维护党的纪律这一基本职责细化拓展引申出来的。

3. 监督性。纪律检查机关的天职是监督，但是纪检机关的监督权与社会公共管理部门的监督权是截然不同的。纪律检查机关的监督对象是党的组织和党员，而不是社会民众。它的监督客体是党组织及党员干部遵守执法纪律情况，而不是社会公共事务。纪律检查机关应当突出"对监督者的再监督，对检查者的再检查"的职责作用。从广义上来讲，监督是一种社会现象，是人对他人的监视与制约。就公共权力的行使过程而言，政府对社会经济政治生活进行管理的职能，不仅是管理和服务，更是监督。纪检机关则运用党纪法规对职能部门及其工作人员不履行或不正确履行监管职责进行提醒督促、诫勉问责和追究查处，体现的是自己监督问责的要求。

4. 聚焦性。职责决定任务。明确纪律检查机关的职责，必须聚焦于当前党风廉政建设和反腐败斗争工作任务，以突出明晰的职责保障工作任务的完成。深入推进党风廉政建设和反腐败斗争，关乎人心向背，关系实现中华民族伟大复兴。党的十八大后，党中央深化了对形势的认识，指出党风廉政建设和反腐败斗争形势依然严峻复杂，并提出党风廉政建设和反腐败斗争的立场目标和惩治重点。2020 年初，中央作出了党风廉政建设和反腐败斗争压倒性胜利的论断，但坚持有腐必反、有贪必肃，"老虎""苍蝇"一起打，以零容忍态度惩治腐败。目标任务是坚决遏制腐败蔓延势头，纠正"四风"，防止反弹。工作重点是查处十八大后不收敛、不收手，问题线索反映集中、群众反映强烈，现在重要岗位且可能还要提拔使用的领导干部；纠正"四风"，重点查处十八大后、中央八项规定出台后、群众路线教育实践活动开展后仍然顶风违纪的行为。

（二）原则。

纪律检查坚持的原则有：

1. 职权明晰原则。职权明晰是纪律检查机关全面正确履行监督职能的重要条件。任何一个组织做到职权明晰，都应当符合以下六个方面的要求：①什么工作？②谁负责？③目标是什么？④对谁负责？⑤工作的时间期限？⑥工作的方法和程序是什么？只有这六个问题都有明确的答案，职权的划分才算是清晰的。从宏观上来讲，职权明晰原则强调整个纪律检查机关必须明确职责。聚焦党风廉政建设和反腐败斗争中心任务，全面履行监督执纪问责的专职，把主要力量配备到党风廉政建设和反腐败斗争主业上来，做到不越位、不错位、不缺位。从微观上来讲，职权明晰原则强调，必须对不同主体在党风廉政建设和反腐败斗争中的角色和权限进行科学的划分和有效的配置。一是明晰纪律检查机关内设部门职权；二是明晰上下级纪律检查机关职权；三是明晰纪律检查机关与同级党委之间的职权；四是明晰派驻机关与驻在部门之间职权。

2. 互补协同原则。纪律检查权力的实现必须通过一定的主体来进行。权力主体在权力行使过程中都会面临与其他主体之间的相互关系。互补协同原则强调行使纪律检查权的各个主体应当互相配合、互相补充、互相支持，发挥一加一大于二的整体效能。按照互补协同原则，纪律检查各个权力主体之间的关系，应当做到以下几点：一是每一种权力都应当有明确的边界；二是各项监督职权应当相互衔接，但不能相互交叉或重叠；三是当一种权力作用于另一种权力的时候，应当给被作用的权利。

3. 有效履职原则。纪律检查权的配置必须保证各级纪律检查机关具备一定的发现、惩治和预防违法违规行为的监督能力。一是发现违纪违规行为是纪律检查履职的前提条件；二是惩治违纪违规行为，是纪律检查履职的重要内容；三是预防违纪违规行为，是纪律检查履职的重要目标。发现、惩治和预防违纪违规及腐败行为是纪律检查权运行的三个相互关联和相互依赖的环节，任何一个环节都不可或缺，弱化其中任何一个环节都会影响其他环节的职能作用。各级纪律检查机关的职权配置必须综合全面考虑这三个环节的权力设置，发挥监督的整体性能。

（三）目标。

纪检监察的目标是促进党风好转。党的作风是党组织和党员的思想作风、工作作风、生活作风等的总称，是通过一定数量的党组织和党员的活动反映出来的相对稳定、具有一定的普遍性和倾向性的行为状态。毛泽东在党内最早提出"党风"的概念，他在1941年《改造我们的学习》一文中说，在全党推行调查研究的计划，是转变党的作风的基础一环，并在1942年2月《整顿党的作风》中明确提出，反对主观主义以整顿学风，反对宗派主义以整顿党风，反对党八股以整顿文风，并说"学风和文风也都是党的作风，都是党风"。对党风的具体内容，毛泽东1945年在党的七大所作的《论联合政府》中概括为"三大作风"，即理论和实践相结合的作风、和人民群众紧密地联系在一起的作风、自我批评的作风。在纪检监察实践中，优良的党风是凝聚党心民心的巨大力量。主要内容是：一是坚持解放思想、实事求是，反对因循守旧、不思进取。必须把思想作风建设摆在党的作风建设的首要位置，自觉地把思想认识从那些不合时宜的观念、做法和体制的束缚中解放出来，从对马克思主义错误的和教条式的理解中解放出来，从主观主义和形而上学的桎梏中解放出来；要以与时俱进的思想观念和奋发有为的精神状态开展工作，不断推动理论创新、制度创新和科技创新。二是坚持理论联系实际，反对照抄照搬、本本主义。要开动脑筋，以改革开放、现代化建设和我们正在做的事情为中心，着眼于马克思主义的运用，着眼于对现实问题的理论思考，着眼于新的实践和发展，切实解决本地区、本部门存在的实际问题，做到理论与实际、学习与运用、言论与行动相统一。三是坚持密切联系群众，反对形式主义、官僚主义。从加强教育、提高觉悟入手，从领导机关和领导干部做起，克服官僚主义、形式主义。要体察民情，了解民意，集中民智，珍惜民力，勤政为民，真抓实干。要健全联系群众的制度，改进领导方式和工作方法。四是坚持民主集中制原则，反对独断专行、软弱涣散。坚持和完善党内政治生活的各项准则，实行民主基础上的集中与集中指导下的民主相结合，努力形成生动活泼的政治局面。要保障党员民主权利，拓宽党内民主渠道，使党员对党内事务有更多的了解和参与，加强对党的领导机关和领导干部的监督。五是坚持党的纪律，反对自由主义。全党必须自觉遵守和维护党的纪律，同一切违反党的纪律的行为作坚决斗争。党的各级组织和全体党员必须坚持党的基本路线，自觉同党中央保持高度一致，维护中央权威，保证中央政令畅通。六是坚持清正廉洁，反对以权谋私。围绕为人民掌好权、用好权这个根本问题，坚持标本兼治、综合治理，注重从源头上预防和解决腐败问题，进一步推进党风廉政建设。

（四）党纪处分

中国共产党纪律处分条例"违纪与纪律处分"是对违反纪律的党员采取的必要的教育手段和处罚手段。规定的党纪处分有五种，也可以说是五个不同的层次：警告、严重警告、撤销党内职务、留党察看、开除党籍。

1. 警告。这是党内最轻的纪律处分。适用于那些犯了一般性的错误或所犯错误情节比较轻的，但必须予以党纪处分的党员。警告处分的目的在于给予违纪党员以警示，使其认真反省自己的错误，以便改正。党内通报也有警示、告诫的作用，但它只是对党员进行教育的形式，不是纪律处分。因此，不能用党内通报代替警告处分。

2. 严重警告是重于警告的党纪处分。适用于那些所犯错误的性质和程度比较严重的违纪党员。对于犯不十分严重错误的党员，是给予警告处分还是给予严重警告处分，应根据其所犯错误的性质、程度、后果以及本人的一贯表现和对错误的认识、态度，依据党内处分的一般规定来具体确定。如果因某些原因对受到严重警告处分的党员所担任的职务予以调整或降职、免职，不应视为撤销党内职务处分，也不应视为党内严重警告处分的附加惩处，而是属于正常的干部调动和任免使用。一般情况下，党员受到严重警告处分后不影响继续担任原来的职务。

3. 撤销党内职务是重于警告和严重警告的处分，是一种比较重的党纪处分。这一处分适用于那些所犯错误性质、情节严重，不宜再担任党内职务的违纪党员。撤销党员在党内的领导职务包括：各级党委委员、常委、书记、副书记，党组成员、书记、副书记，党的各级纪律检查委员会委员、常委、书记、副书记，纪检组组长、副组长，以及党员在各级党委办事机关中担任的副科长以上的领导职务。对于在党内担任两个以上领导职务的党员，党组织在作出处分决定时，应明确是撤销一切职务，还是撤销某一具体职务。

4. 留党察看是仅低于开除党籍的党纪处分，是党内重处分之一。这一党纪处分适用于严重违反党纪，但尚未完全丧失共产党员条件，需要给其改正错误的机会，以便党组织继续考察的党员。受到留党察看处分的党员，其受处分前所担任的党内职务自然撤销，但不是附加撤销党内职务处分，无需再履行撤销党内职务的处分手续。留党察看最长不超过两年。党员在留党察看期间没有表决权、选举权和被选举权。党员经过留党察看，确已改正错误的，应当恢复其党员的权利；坚持错误不改的，应当开除党籍。

5. 开除党籍是党内最高处分。适用于严重违反党的纪律，造成很坏影响，严重损害党和国家的利益，给党的形象和工作带来重大损失，或者犯了错误不改正，抵制党组织的教育，背离党的路线、方针、政策，完全丧失共产党员条件或严重触犯刑律的党员。受开除党籍处分的党员，其党内职务自然终止。各级党组织在决定或批准开除党员党籍的时候，应当全面研究有关的材料和意见，采取十分慎重的态度。给党员以开除党籍的处分，必须经支部大会讨论决定，应分别不同情况报县级或县级以上党的纪律检查委员会审查批准。党员受到开除党籍处分的，如果以后本人向党组织提出重新入党申请，除规定不得重新入党者外，经过党组织长期考察和严格审查，符合党员条件的可以重新入党。

二、监察的职责、职能和政务处分

《监察法》第二章对于监察委员会的监察职能与职责作出了详细的规定：监察机关的职责是监督、调查、处置。《监察法》第 11 条规定，监察委员会依照本法和有关法律规定履行监督、调查、处置职责：

1. 监督：对公职人员开展廉政教育，对其依法履职、秉公用权、廉洁从政从业以及道德操守情况进行监督检查。监督是监察委员会的首要职责，监察委员会代表党和国家，依照《宪法》《监察法》和有关法律法规监督所有公职人员行使公权力的行为是否正确，以确保权力不被滥用，保证权力在阳光下运行。纪委监委合署办公，要落实它们的双重职责。《党内监督条例》明确规定，党的各级纪律检查委员会是党内监督的专责机关，履行监督执纪问责职责，加强对所辖范围内党组织和领导干部遵守党章党规党纪、贯彻执行党的路线方针政策情况的监督检查。如在应对 2020 年暴发的新冠疫情防控工作中，中央纪委和各级纪检监察机关认清肩负的责任使命，牢记人民利益高于一切，服从全国一盘棋，认真落实中央的决策部署，按照坚定信心、同舟共济、科学防治、精准施策的要求切实做好工作，有效监督、检查党的疫情防控方针、政策和指示的执行情况。如驻国家卫生健康委纪检监察组以"四看四见"为抓手强化监督，发挥派驻优势，"以看主体责任落实见站位、看先锋模范作用发挥见初心、看依法履职尽责见担当、看纠治形式主义官僚主义见作风。"党内监督的主要内容是：①遵守党章党规，坚定理想信念，践行党的宗旨，模范遵守《宪法》、法律情况；②维护党中央集中统一领导，牢固树立政治意识、大局意识、核心意识、看齐意识，贯彻落实党的理论和路线方针政策，确保全党令行禁止；③坚持民主集中制，严肃党内政治生活，贯彻党员个人服从党的组织，少数服从多数，下级组织服从上级组织，全党各个组织和全体党员服从党的全国代表大会和中央政治会议原则；④落实全面从严治党责任，严明党的纪律，特别是政治纪律和政治规矩，推进党风廉政建设和反腐败工作；⑤落实中央八项规定精神，加强作风建设，密切联系群众，巩固党的执政基础；⑥坚持党的干部标准，树立正确选人用人导向，执行干部选拔任用工作规定；⑦廉洁自律，秉公用权；⑧完成党中央和上级党组织部署的任务，党内监督的方式包括党委（党组）的日常管理监督、巡视监督、组织生活制度、党内谈话制度、干部考察考核制度、述责述廉制度、报告制度、插手干预重大事项记录制度，以及纪委的执纪监督、派驻监督、信访监督、党风廉政意见回复、谈话提醒和约谈制度、审查监督、通报曝光制度等。

2. 调查：监察机关对涉嫌贪污贿赂、滥用职权、玩忽职守、权力寻租、利益输送、徇私舞弊以及浪费国家资财等职务违法和职务犯罪进行调查。这些是监察委员会的一项经常性工作。它是监察委员会开展廉政建设和反腐败工作，维护《宪法》和法律尊严的一项重要措施。对公职人员涉嫌职务违法和职务犯罪的调查，突出地体现了监察委员会作为国家反腐败工作机构的定位，体现了监察工作的特色，这项工作做好了，能有效震慑腐败行为，减少和遏制腐败行为的发生，维护《宪法》和法律尊严，保持公权力行使的廉洁性。《监察法》第11条列举了公职人员7类主要的职务违法和职务犯罪行为。职务违法和职务犯罪行为基本涵盖了公务人员的所有腐败行为，这些行为都是党的十八大以来通过审查、巡视等方式发现的比较突出的职务违法犯罪行为。

3. 处置：这项职责主要包括四个方面，①对违法的公职人员依据相关法律作出政务处分决定。监察委员会根据监督、调查结果，对违法的公职人员依照法定程序作出政务处分决定。②对在行使职权中存在的问题提出监察建议；对履行职责不力、失职失责的领导人员进行问责；这里所谓的问责是指监察委员会根据问责的有关规定，按照管理权限对负有管理责任的领导人员作出问责决定，或者向有权作出问责决定的机关提出问责建议。③对涉嫌职务犯罪的，将调查结果移送检察机关依法提起公诉。对被调查人涉嫌职务犯罪，监察机关经调查认为犯罪事实清楚，证据确实、充分的，制作起诉意见书，连同案卷材料、证据一并移送检察机关依法审查、提起公诉。④向监察对象所在单位提出监察建议。监察建议是监察委员会依照法定职权，根据监督、调查结果，对监察对象所在单位廉政建设和履行职责存在的问题等提出的。监察建议不同于一般的工作建议，其具有法律效力，因此被提出建议的有关单位无正当理由必须履行监察建议要求其履行的义务，否则就必须据法担责。

监察机关依法行使监察权，主要职能是：①维护《宪法》和法律法规；②依法监察公职人员行使公权力的情况，调查职务违法和职务犯罪；③开展廉政建设和反腐败工作。其机构的性质是：其一监察委员会是国家机关。作为由各级人民代表大会选举产生的机构，监察委员会与行政机关、检察机关和审判机关一样，其机构性质为正式的国家机关，而非与国家机关属性相异的其他机关，或者国家机关之中的内设机构。其二监察委员会是监察机关。就其职权内容而言，监察委员会将作为行使监察权而非行使其他权利的国家机关而存在，其所行使的也是完整的监察权，而非职务犯罪侦查或者廉政监督权。在此前提之下，监察委员会将具体承担"监督、调查和处置"三项监督职责，依法展开对所有公职人员行使公权力的情况的监督、调查和处置，展开对所有公职人员职务违法和职务犯罪情况的调查和处置。其三监察委员会是专责机关。这就意味着监察委员会只承担国家监察职责，不得履行除监察职责之外的其他职责。另外，就其监察职责的实现方式来看，其监察职责不仅要专门履行还要具体履行，即均要通过对公职人员具体的履职行为展开监督和监察，不能对公权力机关展开抽象的监督和调查。其四监察委员会是政治机关。监察委员会是党直接领导的政治机关，是实现党和国家自我监督的政治机关。各级监察委员会在党的直接领导下，代表党和国家对所有行使公权力的公职人员进行监督，既调查职务违法行为，又调查职务犯罪行为，监察机关的性质、地位和职权既不同于行政机关，也有别于司法机关。

政务处分是机关对公职人员的处罚，种类有：警告、记过、记大过、降级、撤职、开除六种。在受处分期间不得晋升职务、职级和级别，其中受记过、记大过、降级、撤职处分的，不得晋升工资档次。受处分的期间为：警告，6个月；记过，12个月；记大过，18个月；降级、撤职，24个月。

第二节　纪律监督

从历史的眼光看，"纪检监察"首先是一种监督制度，它必然遵循人类关于监督的基本思想，同时，它又是我国现阶段的一种新型的监督制度，反映着我国现阶段的实际和时代特征。

一、纪律监督思想的理论来源

我国的纪检监察作为一项重要的监督制度和国家监督体系的一个重要组成部分，其理论基础来源于马克思列宁主义关于监督的思想，监督理论也是马克思列宁主义思想的重要组成部分。

关于监督的起源和本质。马克思主义认为，在国家产生之前，监督只是一种社会管理的手段，"在每个这样的公社中，一开始就存在着一定的共同利益，维护这种利益的工作，虽然是在全社会的监督之下，却不能不由个别成员来担当：如解决争端；制止个别人越权；监督用水，特别是在炎热的地方……""这些职权是国家权力的萌芽"。随着国家的出现，"氏族、胞族和部属中自己保卫自己的真正的'武装的人民'"，就变成了"受这些国家权力机关支配的、因而也可以被用来反对人民的、武装的'公共权力'"。列宁一语道破了监督的本质，"实质上监督的全部问题，归根到底在于谁监督谁，就是说哪一个阶级是监督阶级，哪一个阶级是被监督阶级"，"监督只能是由人民自己来执行"。

关于无产阶级政权中的监督原则。①人民监督原则。马克思说："这次革命的新的特点还在于他们组织了公社，从而把他们这次革命的真正领导权握在自己手中，同时找到了在革命胜利时把一切权力保持在人民自己手中的办法。"对这个"办法"，列宁进行了深刻阐述："马克思和恩格斯详细分析过的办法……立刻转到使所有的人都来执行监督和监察的职能，使所有的人暂时都变成'官僚'；因而使任何人都不能成为'官僚'"，"只有这个办法才能使监督成为认真的和民主的监督"，毛泽东则对此进一步作出了中国化的精辟论述："只有让人民来监督政府，政府才不会松懈，只有人人起来负责，才不会人亡政息。"②议行合一原则。马克思说："公社不应当是议会式的，而应当是同时兼管行政和立法的工作机关"，列宁也指出："公社用来代替资产阶级社会贪污腐败的议会的机构中……议员必须亲自工作，亲自执行自己通过的法律，亲自检查在实际生活中执行的结果，亲自对选民负责"，从而"把代议机构由清谈馆变为'工作机构'。"③一切公职人员都必须接受监督的原则。马克思说："总之，一切社会公职，甚至原应属于中央政府的为数不多的几项职能，都要由公社的勤务员执行，从而也就处在公社的监督之下。"④监督保障原则。马克思说，夺取政权的无产阶级"应当以宣布它自己的所有代表和官吏毫不例外地可以随时撤换，来保证自己有可能防范他们"，公社委员会有权"监督其他公职人员，如管理员、社长、司库等，并随时撤换不称职者"，"不采用真正革命办法，不使用极严厉的强迫手段，资本家就不会服从任何监督"。

关于监督的形式。①选民监督。马克思说："公社必须由各区全民投票选出的城市代表组成，这些城市代表对选民负责，随时可以撤换"，"法官也应该由选举产生，随时可以撤换，并且对选民负责"，"警察不再是中央政府的工具，而应成为公社的勤务员，像所有其他行政部门的公职人员一样由公社任命，而且随时可以撤换"，总之，"把行政、司法和国民教育方面的一切职位交给由普选选出的人担任，而且规定选举者可以随时撤换被选举者"。②群众监督。列宁说："群众应当有权为自己选举负责的领导者。群众应当有权撤换他们。群众应当有权了解和检查他们活动的每一个细节。"斯大林也曾指出，"我们应当更坚决地发动千百万工农群众进行来自下面的批评，进行来自下面的监督，作为消除官僚主义的主要药剂。"③舆论监督。马克思早年曾对普鲁士的书报检查令进行猛烈的抨击，他说，由于书报检查制度，"报刊不仅被剥夺了对官员进行任何监督的可能性，而且被剥夺了对作为许多个别人的某一阶级而存在的各种制度进行任何监督的可能性。"列宁在1918年《苏维埃政权的当前任务》中说，要"通过报刊来揭露各个劳动公社经济生活中的缺点，无私地批评这些缺点，公开揭露我们生活中的一切毛病，从而呼吁用劳动者的舆论来根治这些毛病"，"使党的舆论对领导机关的工作进行经常的监督"。④专门机关的监督。如检察机关的监督、政府检查机关的监督和党内监察机关的监督等。

关于监察机关的地位。列宁对监察机关高度重视，在他的主持下，1917年11月刚诞生的苏维埃政权就建立了历史上第一个社会主义监察机构——全俄中央监察委员会，1918年又改为国家监察人民委员部。1920年2月国家监察人民委员部改为工农检查院，主要解决政府中的官僚主义等问题，同年9月，根据列宁提议，俄共"九大"决定也设立党的中央和地方监察委员会，主要任务是肃清党内的官僚主义等问题。他曾建议，党的全国代表大会闭会期间"中央全会完全变成党的最高代表会议，每两月开会一次，同时有中央监察委员会参加"，"我建议代表大会从工人和农民中选出75到100个新的中央监察委员……他们也应享有中央委员的一切权利"。1923年，晚年的列宁甚至在病中还口述了《怎样改组工农检查院》和《宁肯少些，但要好些》，正式建议改组工农检查院，"把党的监察机关同苏维埃的监察机关合并起来"，从而"我们的中央委员会和中央监察委员会，就会完全变成党的最高代表的会议"。

中国古代关于监督的思想是非常丰富和深刻的，"监督"绝不是什么外来洋物，不能一谈监督就必推"三权分立"为首善，我们的祖先就监督问题所提出的思想，是非常宝贵的，研究监督问题时，虽然要吸取古今中外、四面八方的一切有益思想，但决不能忘记中国古代传统文化对当今社会人们思想的影响和支配作用才是决定性的。

二、新时代纪律监督的内容

纪律监督即党纪政纪监督，它是纪检监察机关对党组织和党员、国家行政机关及其公务员遵守党的纪律和行政纪律情况进行监督检查的活动。"纪律监督"概括了纪检监察的核心内容，"纪律监督"不是静态的，而是动态的。总体而言，纪律监督包括四个环节：

一是对"立法"纪律的监督。《党章》规定，党的各级纪律检查机关的主要任务之一，就是"维护党的章程和其他党内法规"，"作出关于维护党纪的决定"。党的意志和国家的意志都是统一的意志，任何党的组织均不得制订与党和国家的统一意志相违背的政策、作出与党和国家的统一意志相违背的决定，否则，就要接受纪律的制裁。《纪律处分条例》第50条明确规定，对"党员领导干部在本人主政的地方或者分管的部门自行其是，搞山头主义，拒不执行党中央确定的大政方针，甚至背着党中央另搞一套的，给予撤销党内职务、留党察看或者开除党籍处分。"《监察法》第 45 条也规定，"对监察对象所在单位廉政建设和履行职责存在的问题等提出监察建议"。这些方面的监督，就属于"立法"纪律的监督。

二是对执行纪律的监督。一般来讲，党和国家制定的每一个决定、规定和规范性文件，都明确有一个或若干个具体的执行和实施机关、这些机关作为执行主体，负有组织实施和贯彻执行的责任。比如《党政领导干部选拔任用工作条例》的实施机关是党委（党组）及其组织（人事）部门，所以，对该条例的贯彻执行情况，除了党委（党组）及其组织（人事）部门要进行自我监督外，纪检监察机关要进行监督检查。再如《廉洁自律准则》的实施机关是各级党委（党组），纪律检查机关要负责监督检查。按照《纪律处分条例》的规定，对"拒不执行或者擅自改变党组织作出的重大决定"的行为，要追究其纪律责任。

三是对遵守纪律的监督。党的纪律和行政纪律一旦制定，其管辖范围内所有的党组织和党员、国家机关及其公务员都必须遵守。即使是该纪律的实施者和执行者，也要遵守该纪律。比如按照《党内监督条例》的规定，各级党委、纪委是党内监督制度的执行者，但同时也要遵守党内监督制度、自觉接受监督，违者要追究责任、严肃处理。

四是对违反纪律的监督。这种监督也叫事后监督或案件监督。《纪律处分条例》共列举了违反政治纪律、违反组织纪律、违反廉洁纪律、违反群众纪律、违反工作纪律等 6 大类 100 多条违纪行为，对发生的这些违纪行为，各级党组织和纪律检查机关，都要依纪依法调查处理。

三、新时代的纪律审查

纪律审查是在严格的程序和纪律约束下，用纪律的尺子去衡量被审查干部的行为，这对纪检监察干部的能力要求很高。对被审查的党员干部，要靠理想信念、政策水平、事实证据，通过深入细致的思想政治工作去感化对方，促使其讲清问题、认识错误。要从学习《党章》党规入手，让他们重温自己的入党志愿书，唤醒对"激情燃烧岁月"的记忆，对照自己理想信念动摇和违纪违法的事实，写出忏悔录。这实际上是对人性和灵魂的救赎，体现了我们党治病救人的方针。纪律审查工作具有高度的政治性，审查纪律就是政治纪律。纪检干部必须牢固树立政治意识和底线意识，把审查纪律作为铁的纪律，贯穿到纪律审查工作的全过程。

纪律审查是严肃的政治工作，要坚持实事求是的原则，不能因为目的的正当而忽略程序、规避程序，不计方法、不计后果，那样既损害纪检监察机关的信用，又损害党的形象，也容易出现安全事故。要让被审查对象了解我们坚持从严治党是为了党的事业健康发展，回应群众期待，这关系党的生死存亡，关系民心向背，从而配合执纪审查，主动交待问题。如果审查的结果是事实不存在，或没有线索反映的严重，就要予以澄清，或给予恰当的处理或处分。管纪律的人，对纪律更要心存敬畏和戒惧，更要严格遵守规则和纪律。要把严明审查纪律与加大纪律审查力度放到同等重要的位置，加强对各环节的管理和监督，不断提升纪律审查工作的质量和水平。

1. 讲政治，顾大局。纪律审查工作，是《党章》赋予纪委的神圣职责，是严肃党纪、惩治腐败的重要手段，必须从政治和全局上来把握，在处置每个反映问题线索、审查每个违纪案件中，始终做到讲政治、顾大局。

纪律审查是严肃的政治任务。《党章》明确规定，党的各级纪律检查委员会协助党的委员会推进全面从严治党、加强党风建设和组织协调反腐败工作。中央纪委和各级纪委在党中央和同级党委、上级纪委领导下开展工作，对违纪违法干部的审查都是经中央和同级党委批准进行的，历来如此。所以，党的纪律审查是政治性极强的工作，必须时时刻刻绷紧讲政治这根弦。反腐败协调小组是加强党对反腐败工作统一领导的重要形式，要进一步完善组织协调机制，加强纪检监察机关同司法、审计等部门的协调配合，形成工作合力。广大纪检监察干部要以高度的政治自觉，把认识和行动统一到中央的部署和要求上来，保证反腐败斗争沿着正确的方向前进。

纪律审查要服务于遏制腐败蔓延势头这一目标任务。做好纪律审查工作，必须深刻分析和把握反腐败斗争形势。当前，"四风"问题趋于隐蔽、转入"地下"，而且花样翻新；组织涣散、纪律松弛现象时有存在，执行党规党纪失之于太松，松到破了底线；一些党员干部仍然不收敛不收手，反映领导干部问题线索还在增多。这些都表明，腐败蔓延势头没有得到完全遏制，形势依然严峻复杂的判断没有过时。坚决遏制腐败蔓延势头、持之以恒纠正"四风"，是中央确定的政治任务，是形势所迫，必将是一项长期的工作。纪检监察机关处在反腐败斗争的最前沿，不仅要埋头苦干，更要抬头看路，把中央精神吃透，牢记于心。要保持冷静清醒，坚定政治立场，增强政治定力，把握好纪律审查工作的力度和节奏，以最坚决的态度减少腐败存量，以最果断的措施遏制腐败增量。

重程序是讲政治的具体表现。反腐败工作高度敏感，无论对哪个违纪违法的党员干部进行审查，都必须把规矩进一步明确起来，加强请示报告。这不是一般的工作程序问题，而是政治立场、政治纪律问题。管纪律的更要守纪律、守规矩。纪律审查进展情况特别是拟立案、重点初核案件，要事先向分管领导报告，分管领导也要及时向主要领导报告，之后再正式行文请示。决不能先斩后奏，更不能搞倒逼、"反管理"，把事儿办得差不多了，甚至已经是既成事实了，再往上一端。在纪律审查工作中，不仅要报告结果，也要报告过程，这样才能有"领"有"导"，才真正叫领导。这既是对上负责，也是工作程序，更是一项基础性工作，做得越扎实越好。

2. 突出执纪特色。全面从严治党，严明纪律既是应有之义，也是治本之策。纪律审查不是简单的办案，不能搞"单打一"。纪检监察室深化转职能，就是要守住依"纪"进行监督执纪问责这个定位。《党章》明确规定，纪委的主要任务是：维护党的章程和其他党内法规，检查党的路线、方针、政策和决议的执行情况，协助党的委员会推进全面从严治党、加强党风建设和组织协调反腐败工作。过去人们把纪委内部的纪检监察室称作"案件室"，评价干部也动不动就说"办案能力强"，好像纪委只负责办案。如果只是办案，纪委职责范围就变窄了，也不准确了。十八大以后，中央纪委把"办案"改叫"纪律审查"，把"案件室"改称"纪检监察室"，把"案件线索"规范为"反映领导干部问题线索"。这些都不仅仅是称谓的改变，更是内涵的深化，体现了职能的重大转变，是对《党章》规定的回归。

纪律审查首先要审查违纪行为尤其是违反政治纪律和政治规矩、组织纪律的行为。党内审查是纪律审查，有的领导把法律当成纪律审查的尺子，只重视查办能移送司法机关的案件。纪律审查报告、审理报告也还是传统的"三段论"，混同于司法机关的起诉书，主要体现违法问题，把违纪问题当成注脚。党员违法必先违纪。贪污腐败等问题毫无疑问是纪律审查的重点，但违反纪律恰恰是这些问题的开头，更需要引起高度重视。纪委不光要办大案、打"老虎"，更要用党章党规党纪去衡量党员干部行为，用纪律的语言去描述违纪行为，线索处置、立案调查、审理报告都要体现出"把纪律挺在前面"的要求。要对照"七个有之""五个比如"，把违反政治纪律、组织纪律的问题查清楚，不能一看不涉法就放过。搞假年龄、假学历、假婚姻，篡改档案，不如实报告个人有关事项，这都不是小错误，而是欺瞒组织，是对党不忠诚；买官卖官不是简单的行贿受贿，而是严重违反政治纪律和组织纪律的行为；搞攻守同盟、转匿赃款赃物，就是对抗组织调查。把纪律严起来，做到经常化、长效化，动辄则咎，就是要告诫全党，必须守住纪律这条底线，这样才能实现党的自我监督、自我净化、自我革新，永葆先进性和纯洁性。

3. 创新监督审查方式。党的十八大以来，中央纪委对反映领导干部问题线索进行了几轮"大起底"，做到了动态清理、分类规范、梳理清晰、处置得当，取得良好效果。任何一个线索的处置都是政治，必须体现中央对当前形势的判断和任务要求，坚持实事求是的原则。纪检监察机关都要按照拟立案、初核、谈话函询、暂存、了结五类标准，定期清理线索，确定审查重点。纪律审查要改变以往贪大求全的模式，注重综合效果。过去查办案件工作有种倾向，总想着务求完美、"吃干榨尽"，直接把人送上法庭；非得把违纪和违法的所有问题都查清楚，结果是旷日持久、一拖再拖，大大增加了管理成本和风险隐患。纪律审查要突出党纪特点，依据党章党规党纪进行。要讲成本和效益，不能不计代价、纪法不分。严峻复杂的形势要求我们加大反腐败斗争力度，加大力度就要转变方式。纪检机关不是党内的公检法。要在确保质量的前提下缩短时间，快查快结、快进快出，把违反纪律的主要问题查清后，涉嫌犯罪可以及时移送司法机关继续依法查处；针对一些能够作出党纪政纪处分或者组织处理的问题，也要及时办理，不能放任自流。近来中央对部分违纪者给予党纪处分和降级等组织处理，结果公布后，社会效果好、警示作用大，这也是当前遏制腐败蔓延势头的一种有效方式，今后要注意探索运用。

从严治党、严明纪律，监督执纪的方式就应该多样化、经常化。有的听到问题反映就要找本人核实，有则改之、无则加勉；有的可通过谈话函询的方式，让有反映的领导干部把问题如实讲清楚，谈话内容要记录在案，形成完整的廉洁档案，如有隐瞒就是欺骗组织，查实之后要严肃处理；可以让领导干部把谈话函询的问题在民主生活会上讲一讲，这样的专题民主生活会也就开实了、有针对性了，也是一种创新；有的人主动向组织交待了自己的问题，这应该鼓励，处理上也要有从轻的考虑。有的领导干部所管辖的区域和部门发生了许多严重问题，自己却像个没事人一样，既不向上级报告，也不作出检讨，对此就要进行问责，通过调离重要岗位、改任非领导职务等组织处理，使其吸取教训，继续干好能够胜任的工作。从纪律上严格起来，抓早抓小，既体现了惩、又体现了治，既是治标、又是治本。对那些问题严重的党员领导干部进行立案调查，纪委还要更多地运用警示教育、诫勉谈话、组织处理、纪律处分等方式开展执纪工作，实现监督执纪常态化、长效化，这样把纪律和规矩挺在前面就做实了。不管是减少腐败存量还是遏制腐败增量，都要有多种方式来处置。

纪检的审理工作是指纪检机关内部的审理部门，对调查结束的违反党纪政纪的案件，在作出正式处理决定之前，按照规定的程序、原则和基本要求，对案件中的事实、证据、定性、量纪以及办案程序等方面进行审核并提出审理意见的活动。案件审理的实质，是对纪检监察机关内部案件调查权的一种自我监督和制约，是对案件调查工作的再审查。案件调查与案件审理之间的关系，好比是施工者与监理者、生产者与质监者之间的关系，工程质量和产品是否合格达标，要经过监理或质检这个"关口"才能"出口"。所以，案件审理，不是可有可无的程序，而是案件检查工作的必经程序和最后环节。在纪检监察机关内部实行"查""审"分离，是加强纪检监察机关内部监督制约、确保案件质量的重要制度保证。

第三节　问责

问责是监察机关按照管理权限直接作出通报、诫勉、组织调整或组织处理、处分等问责决定，或者向有权作出问责决定的机关提出问责建议。问责的主体是监察机关，或者有权作出问责决定的机关。问责的对象是负有责任的领导人员，而不是一般工作人员，以突出领导干部这个"关键少数"；也不是有关单位，因为监察对象是行使公权力的公职人员，而不包括其所在单位。问责的情形是领导人员不履行职责或不正确履行职责，如管理失之于宽松软，该发现问题没有发现，发现问题不报告不处置，造成严重后果的；推进廉政建设和反腐败工作不坚决、不扎实，管辖范围内腐败蔓延势头没有得到有效遏制，损害群众利益的不正之风和腐败问题突出等。

一、问责是推进党风廉政建设和反腐败斗争的重要手段

治国必先治党，治党就要担责。心中有责、敢于担当是每位党员干部的

人生必修课。如果只想当官不想干事，或只想揽权不想担责，何能对得起干部的"干"字？"干部干部，干是当头的，既要想干愿干积极干，又要能干会干善于干，其中积极性又是首要的。"在我们党内，想干事，能干事，也能干成事的干部是绝大多数。但也不可否认，党内也存在部分党员干部责任心不强、担当精神不够，有为官不为"当一天和尚撞一天钟"安于现状的人也大有人在，只求忙忙碌碌混日子、安安稳稳过日子的只想守摊子，不想有作为的"太平官"也不在少数。这种思想和行为是作为党员干部所不提倡的，也是所不齿的。在我国，各级领导干部绝大多数都是由党员担任，从这个角度看，管党就是治吏、治权。新形势下党面临着"四大考验""四种危险"，面对着各种挑战和风险。党的观念淡漠、组织涣散、纪律松弛，不正之风和腐败问题，都是来自党内的严峻挑战，严重影响着党的凝聚力和战斗力，动摇着党的执政根基，也严重危害法治国家建设。党面临的形势越复杂、肩负的任务越艰巨，就越要坚持从严治党、严明党纪，保证全党统一意志、步调一致，确保党始终成为中国特色社会主义事业的坚强领导核心。

从严治党关键在严格执纪，制度的生命力在于执行。再好的制度不执行、形同虚设，就一定会形成"破窗效应"。习近平总书记强调："党要管党、从严治党，靠什么管，凭什么治？就要靠严明纪律。""严明"二字强调的就是提高执行力，要说到做到，执纪必严，违纪必究。党组织和党员领导干部以身作则、以上率下，带头遵守党规党纪。各级纪检机关要强化监督执纪问责，敢于担当、敢抓敢管，维护党的政治纪律、组织纪律、财经纪律、工作纪律和生活纪律，坚决同违反党纪的行为作斗争，确保党规党纪的刚性约束。要抓早抓小，加强日常管理和监督，防止小错酿成大错，以铁的纪律保持党的先锋队性质和先进性纯洁性。党风廉政建设和反腐败是一场输不起的斗争。面对依然严峻复杂的形势，要坚决遏制和预防腐败现象。我们党进行的党风廉政建设和反腐败斗争，有立场、有目标、有重点。立场就是坚持有腐必反、有贪必肃，"老虎""苍蝇"一起打，以零容忍态度惩治腐败。目标任务就是保持高压态势，遏制腐败蔓延势头；持之以恒落实八项规定精神，坚决防止"四风"反弹。

权力就是责任，责任就要担当，问责使落实责任成为刚性要求。习近平总书记把对党员领导干部的要求凝练为6个字：忠诚干净担当。党的十八大以来，把权力与义务、责任与担当对应统一起来，强化问责成为管党治党、治国理政的鲜明特色。坚持党的领导、贯彻党的路线方针政策必须强化责任担当。党的领导主要是政治、思想和组织的领导，体现在党自身就是理想信念宗旨的坚定性；体现在治国理政就是路线方针政策的正确性、科学性、实践性。贯彻落实党中央决策部署，关乎坚持党的领导、加强党的建设，必须不折不扣、坚定不移，决不能有丝毫的含糊和动摇。中央巡视省区市、中央部委和中央企事业单位党组织，发现的一个突出问题就是贯彻党的路线方针政策不坚决、不全面、不到位，以官僚主义、形式主义的错误方式应对。有的以会议贯彻会议、以文件落实文件，更有甚者索性把党中央决策部署变成标语和口号，不贯彻不落实，有的贯彻执行不力，有的在贯彻中走样。对巡视组的工作存有心理戒备，对一些情况有意识地加以隐瞒，尽量展现其好的一面，掩盖其不足的一面。这种状况在相当程度上使巡视组与被巡视单位之间形成类似猫与鼠的博弈关系。而且中央对巡视人员规定的不承办案件、不处理具体问题、不作个人表态"三不"原则，制约了巡视人员的积极性和创造性，同时也给腐败分子一个喘息、脱逃的机会，增加后来办案的难度。群众听到党中央为民务实的政策无不为之高兴，但由于有的领导干部不担当不尽责，致使党的好政策得不到落实，人民群众就没有获得感。同党中央保持高度一致，不仅要听表态、更要见行动，看是否把中央精神同本地区本部门本单位实际紧密联系起来，实事求是、求真务实，见诸行动、落到实处。

二、问责让纪律真正转化为党员干部的日常习惯和自觉遵循

问责只是手段，督促履责才是目的。有责必问，将板子打向了管党治党中的"甩手掌柜""老好人"，给"关键少数"们敲响了警钟，其根本在于一些党的领导干部没有正确认识权力与责任的关系，把两者分离开来，甚至只想要权力、不愿担责任。从现有问责制的规范文本来看，我国的问责制在问责情形设定上存在着一些问题。问责情形的规范化，不仅是规则制定的问题，还是一个牵涉政治与行政关系的问题。因此，问责情形的规范化必须做好两个方面的工作，一是要解决立法的技术性问题，另一个是要解决党政关系的责任分工问题。

具体说来，问责情形设定的规范化要在以下几个方面下功夫。

1. 责任清单明晰化。问责情形设定要弄清问责对象应负担什么责任及问责主体间责任和权限的划分问题。如果这两个基本问题搞不清楚，就会造成

问责情形设定标准的不统一，党内问责与行政问责在情形设定上重复交叉。目前，制定主体责任清单是解决这两个问题的有效途径。其一，要制定党政主体权力责任清单。党政权力责任主要体现为党委和政府在权力归属、责任分担和职能分工方面的界定。界定不清、出现重复交叉，就极易导致责任的主体与内容对应关系的撕裂，难以确定属于谁的责任，也就无法确定追究谁的责任。特别要注意的是，行政问责和党内问责不能相互替代，在对行政人员实行问责后，仍可依据相关规定给予相应的党纪政务处分。此外，行政问责与党纪政务处分可以单一执行也可以共同执行，并不是对行政问责的行政人员都要给予党纪政务处分，是否给予处分应依照有关党纪政务处分的规定执行。其二，要理清党和政府之间的责任边界。一是要实现责任清单制度对党政机关的全覆盖，二是要加强党政责任清单制度的协调发展和有机衔接。我党提出"以宪执政"，"依法执政"，党纪可以严于国法，党纪必须框定在国家《宪法》、法律的范围内，党纪不能高于国法。党内问责重点应围绕是否损害自己的执政地位而展开。党内应该偏重对党员的政治问责和道德问责，政府、公检法机关应该承担除政治问责与道德问责的其他问责。

2. 统一立法和衔接。《中国共产党问责条例》是党中央的规范性文件，从法理上看，它与全国人大制定或颁布的法律在制约范围和效力上存在一定的差距，发挥效力也存在一定的局限性。在地方，有关行政问责的地方性立法多以政府规章的形式出现，而地方规章在位阶上还低于行政法规，自然在具体适用中权威性不高。而在实践中，大量的问责规章对立法技术、立法程序等要求较低，问责范围不清晰，问责方式与问责情形的对接不明确，其规范性和操作性较差，一些规定甚至与相关法律相冲突。另外，由于各地对问责的看法不一样等原因，地方相关行政立法的标准依据难免不一致，内容差异较大，这使得我国在问责情形设定上亟待进行统一立法和加强彼此衔接。另外，如果从政治与行政的角度考虑统一立法问题，从理论上分析，党内问责规范文件必须以相关行政问责立法为基础，尤其是在我们一再强调"依宪执政""依法治国"的大背景下，部分省市《行政问责办法》的出台也有利于厘清党政主体的责任清单。各地在行政问责立法过程中要处理好同国家层面问责立法的关系问题，一方面发挥各自的功能，另一方面还要形成整体。从问责对象看，《关于实行党政领导干部问责的暂行规定》的适用范围是各级党委和政府的工作部门，适用对象是各级领导干部。《行政机关公务员处分条例》适用的对象是行政机关的公务员，仅限于行政机关的领导干部和公务人员。那么，地方有关行政问责的立法的问责对象应该是什么呢？地方行政问责立法的适用对象既有集体又有个人，既有党的领导干部又有行政领导干部，既有领导干部又有行政人员。

从问责情形看，《关于实行党政领导干部问责的暂行规定》主要是针对各级党政领导干部因决策严重失误、失职渎职等带来重大损失或者恶劣影响的失职行为；《行政机关公务员处分条例》主要是针对行政机关公务员违反法律、法规、规章制度，行政机关的命令、决定等方面的行为。各地制定专门的《行政问责办法》中规定的问责情形，从行为违法违纪程度上来讲应该是最轻的，主要是规范一些在工作中常见、人民群众反映比较强烈、依据现行文件不能有效追究责任的行为。如《北京市行政问责办法》规定，行政人员工作作风懈怠，工作态度恶劣的应当进行行政问责，其问责的情形比《中国共产党问责条例》要轻。

3. 问责情形类型化。问责情形实质上是一种问责客体行为或行为结果。科学合理的分类有利于我们剖析研究对象的特点，也能增强实践上的可操作性。从有关问责立法的规范文本看，其中问责情形虽然采用分类的方法进行描述，纵观大陆法系国家行政行为分类之实践，主要有 4 个特点，即以理论分类为主导，分类比较精简，分类标准较为统一，侧重构建行政行为分类体系。这些行政行为的分类对问责情形的类型化研究具有一定的启示。现代西方发达国家的行政问责范围非常广泛，不仅局限于官员的职务行为和道德行为，社会行为也被纳入行政问责的范围当中。身为一名行政官员，应受到和职位相匹配的待遇，不应拿着纳税人的钱财肆意挥霍浪费，以权谋私。一旦出现这种情况，将会在公众广泛的监督下被问责。归责除取决于问责主体采用何种归责原则外，也取决于问责依据。"法无授权不可为，法定职责必须为"，公务人员行为的依据便是法律（广义）和纪律。因此，我们依据官员行为触碰的规则，将问责情形划分为违法、违规、违令、违纪、违德 5 个类别。违法就是违反了国家相关法律，违规就是违反了行政法规和规章，违令就是违反了上级的文件和命令，违纪就是违反了党的纪律和公务员纪律，违德就是违反社会道德标准准则。责任无穷期，贵在勇担当，也是制度中的"硬杠杠"。《中国共产党问责条例》第 16 条明确规定，实行终身问责，对失职失责性质恶劣、后果严重的，不论其责任人是否调离转岗、提拔或者退休，都应当严肃问责。党员领导干部无论身在何处、身居何职，都要把责任放在心上、扛在肩上、抓在手上，时时事事切实做到守土有责、守土负责、守土尽责，立起敢管敢抓的良好形象，真正用好权、履好职、尽好责。终身问责以"结果"为兜底性条款。

4. 细化归责原则。《中国共产党问责条例》强化干部的责任意识和担当精神，就必须坚持有责必问、问责必严。"坚决把全面从严治党的主体责任压下去，加大问责力度，让失责必问成为常态"。让"只有积极担责，才不怕问责"成为执政用权的共识，让"只要不担责，就会被问责"成为执政用权常态。可见，"度"的判断尚存在着简单化和随意性倾向。因为实践中的问责情形极其复杂，难以采用同一标准。同样是决策失误、用人失误、用人失管、处置不当等过错，可能是官员自身追名逐利，互相祖护，故意为之，对此可以采取运用比较严厉的问责手段。对于某些客观因素导致的过错，诸如决策失误是对政策负效应预见不足，没有经常性过问下属的履职情况，或者出现某种"警报"而没有追问到底，可以以一般过失问责，并采用较轻的问责形式。在"度"的选择上，可将过错区分为故意、重大过失、一般过失和轻过失。在问责实践中根据问责案例的具体情况，分别采用故意、重大过失标准。政务过程受诸多外在因素的影响，仅从"结果"上归责有失偏颇，不能搞惯常"一刀切"，应该推进问责精细化，建立容错机制。划清失误与失职、敢为与乱为、负责与懈怠、为公与徇私、累犯与初犯的界限，防止支持变纵容、保护变庇护。通常情况下，容错机制应该作为一种激励权力"有所为"的创新机制而存在，但容错机制仅限于行政问责，对于政治问责和道德问责未必能用。

三、新时期问责的新要求

一是强化政治责任，厚植党执政的政治基础。党组织和党的领导干部失职失责、管党治党不严，损害党的形象，侵蚀党的执政基础，妨碍党的政治纲领和执政使命的实现，就要追究其在党的事业和党的建设中的领导责任。现行党内法规中100多部包含问责内容，但是对事故事件的党政问责规定多，对党的建设缺失、落实党中央决策部署不力的问责规定少。《中国共产党问责条例》将《党章》规定党组织和领导干部的责任具体化，紧紧围绕坚持党的领导、加强党的建设、全面从严治党、维护党的纪律、推进党风廉政建设和反腐败工作等方面归纳问责事项，对现行党内法规中的问责内容进行梳理、提炼、归纳、总结，紧紧围绕坚持党的领导、加强党的建设、全面从严治党、维护党的纪律、推进党风廉政建设和反腐败工作等方面概括问责事项，明确提出与党的领导对应的政治责任，目的是使领导干部警醒起来，履好职尽好责，增强党的凝聚力和战斗力，永葆先进性和纯洁性。

二是突出主体责任，聚焦"关键少数"。领导本身就包含着管理和监督，分工负责就要有问责。每一级党组织、每名领导干部都有自己的职责范围，出了问题，就要分清责任、权责对等、责罚一致，决不能相互替代。《中国共产党问责条例》明确，党组织领导班子在职责范围内负有全面领导责任，主要负责人和直接主管的班子成员承担主要领导责任，参与决策和工作的其他成员承担重要领导责任。对于那些平时不尽责、不担当，出了问题就想方设法让人"顶包"、当"替罪羊"的人，更要毫不手软地严肃处理。挽弓当挽强，问责当问"长"。问责必须抓住"关键少数"尤其是一把手，只有这样，才能抓住管党治党的"牛鼻子"，把压力层层传导下去，倒逼各级党组织和领导干部扛起政治责任。《中国共产党问责条例》把问责的责任压给各级党组织，既包括党委（党组）、纪委（纪检组），也包括组织、宣传等党的工作部门。实践证明，哪个地区或部门有坚持正确政治方向、勇于负责的领导班子特别是一把手，党的领导就坚强有力，就能联系实际把党的路线方针政策落到实处。《中国共产党问责条例》突出问责重点，规定党组织领导班子在职责范围内负有全面领导责任，主要负责人和直接主管的班子成员承担主要领导责任，参与决策和工作的其他成员承担重要领导责任，体现了权力与责任对等。

三是突出党规特色，唤醒党的意识。《中国共产党问责条例》是第一部规范党的问责工作的基础性法规，借鉴了制定《廉洁自律准则》的好经验，高度凝练、简便易行；实现纪法分开，运用党言党语，突出党内规则特色，体现了党的十八大以来管党治党理论和实践创新成果。在长期实践中，我们党创造了多种责任追究的方式方法。《中国共产党问责条例》总结历史和实践经验，对现行各类规定中10多种问责方式进行整合规范，规定对党组织问责采取检查、通报、改组等方式；对党的领导干部问责采取通报、诫勉、组织调整或者组织处理、纪律处分等多种方式。无论是日常的批评提醒，还是给予纪律处分，都体现着党组织的政治坚定性，检验着把握政策的水平，最终目的是让党的领导干部受到警示，增强担当精神，肩负起管党治党责任，自觉把党的路线方针政策贯彻下去。

问责都因事起，由事而生，但事又在人为，因此问责的最终落脚点在人的身上而不是事件的本身。正如习近平总书记所说："问责既要对事、也要对人，要问到具体人头上。"是谁的责任就应该由谁来承担，不能稀里糊涂，要清清楚楚地给老百姓一个交待、也给党员干部自身一个明白。一清二白，清清楚楚，不冤枉一个干部，也不让任何一名失责干部成为漏网的，真正做到"冤有头、债有主"。只有这样才能形成责任具体、环环相扣的"责任链"，以"不落实之事"倒逼"不落实之人"，才可以避免责任落不到实处，不了了之，责任旁落而成为一笔糊涂账。只要敢说真话、敢动真格、敢叫板、敢较真，就会形成问责执纪的强大威慑力。制定规则既要对事、也要对人。制定《中国共产党问责条例》的方向，就是重点解决不担当、乱担当问题，把全面从严治党的责任传导下去。任何一项制度都不可能解决所有问题，不能把亟待破解的难题淹没在大量制度条文中，也不能把重要的政治信号变成学术研讨，导致制度迟迟出不了台、贻误了时机。要重视制度建设，但也要避免落入"制度陷阱"。制度只有与具体实践相结合，不断与时俱进，其所蕴含的力量才能充分释放。《中国共产党问责条例》兼顾必要和可行，做不到的宁可不写，写上的就要管用，保证制度的有效性、可执行性。

总之，动员千遍不如问责一次。制度的生命在于执行，执行制度关键在人。实践表明，问责如果只是出台一个制度而没有实际行动，就会成为一句口号；同样，如果仅强调问责者的担当精神，没有机制来配套，也会成为一句空话。党章党规党纪是面向全党的，上至中央、下至基层，都必须贯彻执行。尤其是主要负责人要联系实际、从自身做起，以身作则、以上率下，手电筒对着自己照，不能只对着下级说事。一个案例胜过一打纲领，实践中勇于担当是第一位的。

第四节　纪检监察工作的基本要求

纪检监察、纪律监督和问责工作是一项严肃的事情，必须按照党章党纪党规办事，其基本要求是，事实清楚、证据确凿、定性准确、处理恰当、手续完备、程序合法"二十四字"方针。

一是事实清楚。事实清楚是指对违纪问题的结论中所认定的错误事实真实、具体、准确，符合客观实际。在案件审理工作中要求的事实清楚是：所认定的错误事实符合客观实际，必须能真实地再现事物的本来面貌，因为审理人员是通过对卷宗材料的审查来反映事实的本来面目；错误事实发生的时间、地点、情节、后果、本人应负的责任，以及产生错误的主客观原因明了，表述得清楚；每一个事实均有确凿的证据证明；错误事实必须体现违纪行为的实质，必须是能够作为处分依据的事实。这是定案的基础。作为纪检监察机关的领导，在把握事实清楚上应注意掌握这样三个方面：一是要看错误事实是否能作为处理的依据，要把握住所定的错误事实是否具有社会危害性；是否违反了党和国家的路线、方针、政策和法律、法规以及党纪政纪条规的有关规定；是否达到一定的危害程度，是否应追究纪律责任。二是要看所定错误事实发生的全过程是否清楚，是否符合实际。三是要看错误事实中的有关人员应负的责任是否清楚，特别是涉案人员较多的案件，一定要把直接责任（是指在职责范围内，不履行或不正确履行自己的职责，对造成的损失起决定作用的人员）、主要领导责任、重要领导责任分清楚。

二是证据确凿。证据确凿是指据以定案的全部证据真实、准确、充分。案件审理工作要求的证据确凿是：①据以定案的每一个证据是查证属实的。②据以定案的证据与认定的事实之间有着客观的联系，不牵强附会。③证据之间，证据与认定的事实之间的矛盾得到排除，案件的证据构成一个完整的体系，得出的结论确定无疑，足以排除其他的可能性。④认定的每一个事实有相应的一定量的证据予以证明，该收集的证据已收集在案。证据是判断事实的依据，没有确凿的、充分的证据，不能认定错误事实。现在查办案件中感到取证是相当困难，有的不出证，有的出假证或出伪证，卷宗材料里经常出现有的证言没有说到关键地方，有的证言之间不一致等问题。

三是定性准确。定性准确是指对所犯错误事实性质的认定确定无疑，符合错误自身的本质属性。问责不能感情用事，不能有怜悯之心，要"较真""叫板"，发挥震慑效应。《中国共产党问责条例》也明确要求，对于管党治党失职失责行为，各级党组织必须坚持失责必问、问责必严。案件审理工作要求的定性准确是：①集中、准确地概括了错误的本质，是什么错误就定什么性质，不能张冠李戴，移花接木。②符合《党章》、《纪律处分条例》及党的政策和国家的法律、法令，共产主义道德规范等标准。性质对如何处理起决定性作用，认定过程中必须慎重。现在有的定性不准，一是含糊不清，二是名不副实。

四是处理恰当。处理恰当是指根据认定的违纪事实和性质，依据党和国家的方针政策和法律、法规以及党纪政纪条规，对违纪人员所做出的处理合适、妥当、恰如其分。案件审理工作要求处理恰当是：在事实清楚、定性准确的基础上，对犯错误人员的处理与其所犯错误的性质和应负的责任相适应；同一性质、情节相近的错误，应当给予轻重相近的处理。在把握处理恰当时应注意掌握这样几个问题：①要符合党纪政纪的处理标准。最适用的就是《纪律处分条例》，对有些还没有相应的规定作为依据的，按照有关规定可以参照过去处理的、比较恰当的案例进行权衡处理。②要注意综合违纪案件的各种情况，给予正确处理。综合违纪情况就是要根据违纪事实、情节、手段、目的、后果、危害等方面因素，综合起来加以考虑。③要正确运用处分适用条款。这就需要在事实清楚、证据确凿、定性准确的基础上，按照有关规定，根据不同情况，做出恰当处理。恰当处理就是要做到轻重适当，既不要过头，又不要姑息迁就，更不能株连无辜。

五是手续完备。手续完备是指查办违纪案件应履行的程序全部具备。处理案件要严格按照《党章》规定的手续办理，按照处分的批准权限审批。根据《中国共产党纪律检查机关案件检查工作条例》（以下简称《检查工作条例》）规定，正常情况下案件卷宗材料里的手续有：（1）立案手续。《检查工作条例》规定，这部分反映在卷内的手续应该有：①检举或举报材料。这是案件的来源。②有关领导关于进行初步核实的批示。③初步核实情况报告。④立案呈批报告。⑤有立案权的党委或纪委常委会议的决定或批示。⑥立案决定书。（2）调查手续。在案卷材料里的调查手续有：①立案机关组成的调查组名单。②调查组会同被调查人所在单位党组织负责人与被调查人谈话，宣布立案决定书。③调查取证必须两个人以上。所取的证言要注明证人的身份，并由证人签字、盖章或押印；物证、书证不能收取原物原件的要注明保存单位和出处。④调查组应将认定的错误事实写成错误事实材料与被调查人进行核对；被调查人应在事实材料上签署意见。⑤调查结束后，调查组应写出调查报告；调查报告应由调查组成员及负责人签名。⑥被调查人要写出书面检讨。（3）移送审理手续。凡属立案调查需追究党纪政纪责任的案件，调查终结后，都必须移送审理。反映在卷宗内的手续主要应该有：①承办检查监察室的意见。②分管领导同意移送审理的批示。手续完备，是从程序方面保证纪检监察实体性法规的正确实施。在实际工作中，重实体、轻程序忽视程序性规定的重要性的现象比较普遍。有的案件手续不完备，有的缺基层组织的意见，有的没有犯错误本人的检查，有的缺少说明材料，等等。

六是程序合法。为确保纪检监察机关案件检查的程序合法，一般实行分级办理、各负其责的工作制度。案件检查的基本程序一般主要分为案件受理和初步核实、立案检查、调查核实和移送审理四个阶段。纪检机关是通过八种措施来保证程序合法。主要是：①查阅、复制与案件有关的文件、资料、账册、单据、会议记录、工作笔记等书面材料；②要求有关组织提供与案件有关的文件、资料等书面材料以及其他必要的情况；③必要时可以对与案件有关的人员和事项，进行录音、拍照、摄像；④对案件所涉及的专门性问题，提请有关的专门机构或人员作出鉴定结论；⑤经县级以上（含县级）纪检机关负责人批准，暂予扣留、封存可以证明违纪行为的文件、资料、账册、单据、物品和非法所得；⑥经县级以上（含县级）纪检机关负责人批准，可以对被调查对象在银行或其他金融机构的存款进行查核，并可以通知银行或其他金融机构暂停支付；⑦收集其他能够证明案件真实情况的一切证据。

思考题

1. 党纪政纪处分分别有哪些种类？区别在哪里？

2. "反腐倡廉"工作主要有哪几个方面？

3. 纪检监察、纪律监督和问责的基本要求。

阅读文献

1.《中国共产党问责条例》，人民出版社 2019 年版。

2. 王岐山："用担当的行动诠释对党和人民的忠诚"，载《人民日报》2016年7月19日，第2版。

第五章

纪检监察方式

教学目的和要求：

纪律的权威和生命来自执行，学习和掌握纪检监察的方式，把握纪检监察方式的操作方式，通过理解纪检监察方式的原则性，深刻认识巡视、纪律处分和问责制度成为党中央反腐惩贪的治标之举、从严治党的治本之策的重要性和必要性，在实际工作中能够很好运用。

教学要点：

1. 纪检监察方式的内涵
2. 纪检监察方式的种类
3. 纪检监察方式的目标

习近平多次强调，严格执行党的组织纪律，不能搞特殊、有例外；不能让党规党纪成为"纸老虎""稻草人"，造成"破窗效应"。严格执纪作为我党的优良传统和一贯原则，要通过一定方式去督促、去发现违纪行为。纪律的权威和生命来自执行，执行的关键在于人人平等。巡视、纪律处分和问责就是在发现问题，严格落实党规党纪，坚持统一尺度和标准，坚决反对党内特权，做到有纪必执、违纪必查，维护党的纪律的严肃性、权威性的方式方法。只有在巡视中发现问题给予纪律处分，并严格的问责，才能传递压力，在党内形成"严"的政治生态。

第一节　巡视

巡视是《党章》赋予的重要职责，是加强党的建设的重要举措，是从严治党、维护党纪的重要手段，是加强党内监督的重要形式。2015年6月，中共中央政治局审议通过了《中国共产党巡视工作条例（修订稿）》，2017年7月，根据实践中出现的一些新问题与新情况，党中央又对《中国共产党巡视工作条例》（以下简称《巡视工作条例》）进行了适当修改，成为巡视的依据。

一、党内巡视工作制度的内涵及其构成

（一）党内巡视的内涵

"巡视"一词，最早出现于《说文》中："巡，视行也。"《周礼·司谏》将巡视诠释为询问而观察之。古代巡视制度是统治阶级审视自身行为并服务于巩固阶级地位的监察行为统一体，其萌芽于夏商周，形成于秦汉，隋唐时期逐步完善，并于明清时期得以巩固。《现代汉语词典》把巡视解释为"到各处视察"，是上级视察下级工作，进行行政权力制约与监督的重要方式。巡视作为中国古代行政监察的重要形式之一，其在一定程度上对惩恶除奸、监察百官、惩罚儆戒、反腐肃贪和吏治清明等方面起到了积极的作用。现代意义的巡视制度，指的是中央和省、自治区、直辖市党委，通过建立专门巡视机构，按照有关规定对下级党组织领导班子及其成员进行监督的制度。中国共产党成立后，在各个时期根据实际工作需要，开展了实际有效的党内监督和巡视工作，并在实践过程中逐步形成了有着时代特点的制度安排。值得注意的是，古代巡视制度仅在形式上给现代巡视制度一定的思想来源，但其本质与现代的制度截然不同，其理论基础和概念，在不同的社会背景下，表现不同。

作为一种党内监督制度，作为全面从严治党的"利器"，党内巡视制度诞生于党的创立和国民革命时期，形成和成熟于土地革命时期。抗战开始后，巡视制度在无形中被废止，发展于建设时期，创新于改革开放时期，经历了一个较为曲折的发展历程。有学者将1978年以来巡视工作分为以下阶段，即1978~1996年的巡视工作恢复和探索阶段、1997~2003年的巡视工作制度确立阶段以及2004~2011年的巡视工作制度健全和完善阶段。2012年以来巡视制度已成为党中央反腐惩贪的治标之举、从严治党的治本之策。巡视工作基

本包括巡视准备、巡视了解、巡视汇报、巡视反馈和移交督办五个程序。

党内巡视制度是中国共产党为加强党内监督，在借鉴中国古代巡视制度的基础上所建立的一种专门适用于党内的、自上而下的、制度化的巡查监督形式。其实质上是"上级党组织派巡视人员，采用流动的方式，割断监督者与被监督者的利害关系，解决'同体监督'的一些弊端，通过'异体监督'来实现对掌权者的有效监督。"2013 年 6 月，中共中央、中纪委、中组部相继颁布了《中央纪委中央组织部关于进一步加强巡视工作的意见》和《中央巡视工作规划 2013-2017 年》，对巡视工作的进一步完善提出了新的要求，并对今后五年的巡视工作进行了整体规划，在表明中央对反腐工作高度重视的同时，也使巡视工作进一步规范化、制度化。2013 年 11 月，十八届三中全会提出"改进中央和省区市巡视制度，做到对地方、部门、企事业单位全覆盖"的要求，巡视成为最具活力的重要工具，焕发出巨大的威力。

（二）党内巡视制度的构成

1. 主体

巡视主体可分为广义的巡视主体与狭义的巡视主体，广义的巡视主体是指根据《巡视工作条例》的规定，组织实施巡视工作的中央及地方党委，狭义的巡视主体是指承担具体巡视工作的巡视组。党的十七大修改后的《党章》规定，"党的中央和省、自治区、直辖市委员会实行巡视制度"，这表明巡视工作是中央和各省（区、市）党委的职责。《巡视工作条例》作为贯彻落实《党章》的党内法规，在制度设计上应严格以《党章》为依据，第 9 条规定，"党的中央和省、自治区、直辖市委员会设立巡视组，承担巡视任务"。也就是说，只有中央和各省、自治区、直辖市党委可以依据《巡视工作条例》开展巡视工作，省以下党的地方组织不成立巡视机构和开展巡视工作，不搞层层巡视。此项规定，既可以增强巡视工作的权威性，加强上级党组织对下级党组织领导班子及其成员的监督，又符合巡视工作的性质和特点。除上述巡视主体外，中央在印发《巡视工作条例》的通知中还明确"新疆生产建设兵团党委的巡视工作，参照《巡视工作条例》执行"。

党内巡视制度的主体在整个巡视工作中扮演着"千里眼"的角色，承担"两个责任"。很长时期内，由于诸多原因，部分党政领导及主要负责人把党风廉政建设与反腐败斗争工作理所当然地认为是纪委的职责，自己"当个甩手掌柜""只挂帅不出征"。故党的十八届三中全会明确提出，"落实党风廉政建设责任制，党委负主体责任，纪委负监督责任"。"两个责任"的划分，关键点和创新之处在于"党委负主体责任"上，从十八大前部分党委在主体责任上的"失职"，转变到十八大后所有党委在主体责任上的"归位"。巡视主体具体而言（见表1）

表1：巡视主体

巡视模式	巡视主体	人员构成
对地市的巡视	省委巡视工作领导小组 省委巡视办（日常办事机构） 巡视组	1. 人员主要由纪委和组织部两部分抽调干部构成。 2. 从有关部门抽调懂经济、熟悉农村和基层工作的优秀干部，或选派拟任省管干部、后备干部等到巡视工作组。 3. 从所巡视县市所在上级政府机关中抽调。 4. 联合审计、纪检各个部门的精干人员。
对国有企业的巡视	省国资委巡视工作领导小组 省国资委巡视办（日常办事机构，设在同级纪委） 巡视组	1. 国资委主任任组长。 2. 从国资委有关职能部门抽调。 3. 联合监事会有关人员。 4. 从省纪委、省委组织部、监察局、审计局、国资局等单位抽调人员。

巡视机构已经形成一个由中央到省级，由领导到执行比较全面的纵向领导体系。巡视主体呈现出两个特点：一是每个巡视组的组长不再是固定不变的，而是每次出巡前中央巡视工作领导小组根据具体情况从组长库中临时选调的，将"铁帽子"变成了"任务制"，避免了因组长固定而不好开展工作的缺陷。二是巡视工作人员的不固定。巡视工作人员实行授权制，每轮的巡视工作结束后，工作人员的权限自动取消，在人员构成上，既有懂纪检监察工作的，又有人事组织工作的；既有从事所巡视领域经验的人员，又有与所巡视领域相关部门的精干人员。使得人员配备横向拓宽，人员构成多元化，极大促进了巡视工作的顺利开展，保证巡视工作的质量。

2. 对象

巡视对象是指接受巡视主体巡视的党政部门、企事业单位党组（党委）

领导班子及成员。巡视整改是指根据巡视组反馈意见和建议，巡视对象对自身存在的相关问题进行整治改造的过程。中国共产党是一支人员庞大的队伍，而巡视工作人员的数量是有限的，这一矛盾决定了巡视的对象只能放在高级干部这个重点上，特别是党政一把手。《巡视工作条例》本着突出重点、抓根本的原则，规定巡视监督对象的范围是下级党组织领导班子及其成员，主要是省（区、市）市（地、州、盟）县（市、区、旗）党委和同级人大常委会、政府、政协委员会党组领导班子及其成员。

就中央巡视工作来说，重点应放在对（区、市）党委和同级人大常委会、政府、政协委员会党组领导班子及其成员的巡视上。《巡视工作条例》将县（市、区、旗）党委和同级人大常委会、政府、政协委员会党组领导班子及其成员与市（地、州、盟）党委和同级人大常委会、政府、政协委员会党组领导班子及其成员一同纳入省（区、市）党委巡视监督的范围，可以加强对县级领导班子及其成员的监督，及时发现和纠正县级领导班子及其成员存在的问题，进一步密切干群关系，维护党在人民群众心目中的形象，巩固党的执政基础。与此同时，《巡视工作条例》概括性条款规定，中央巡视组还可以对中央要求巡视的其他单位的党组织领导班子及其成员进行巡视，例如国有重要骨干企业、中央金融机构、重点工程项目、高等学校等。目前，相关制度条例对于国有企业的巡视对象规定得较为明确（见表2）。

表2：巡视的对象

巡视模式	巡视客体	巡视重点对象
对地市的巡视	党政领导班子及其成员	1. 市委、县委书记。 2. 市长、县长。 3. 分管人、财、物和工程立项、审批等工作的副职领导。
对国有企业的巡视	企业党委、董事会和经理班子及其成员	1. 突出企业党委书记董事长和总经理。 2. 对职工议论和反映突出的领导班子成员，也要列为重点关注的对象。
对高校的巡视	高校"一把手"、校领导班子及其成员	1. 突出高校领导班子。 2. 教师也是高校巡视对象之一。 3. 招生、基础建设、物资采购等易出现问题的部门领导。

确定这一范围既符合企业法人治理结构的特点，又突出了企业领导班子监督的重点，同时，也兼顾了企业领导班子的整体情况，增强了巡视监督的实效性。如高校巡视也是党内巡视的重要组成部分。自2006年起，教育部发起了对于国内高等院校的巡视工作，《中共教育部党组关于开展直属高校巡视工作的意见》《教育部直属高校巡视专员工作规则》《教育部直属高校巡视工作成果运用暂行办法》等规定不断出台，各省市也掀起了高校巡视的热潮，这不仅使得高校巡视逐渐成为党内巡视工作的重要组成部分，也为党内巡视制度的丰富和发展开辟了又一新领域。

3. 巡视内容

《巡视工作条例》中虽然明确规定了巡视工作的具体内容，但表现出很大的宽泛性。2013年5月17日，王岐山在中央巡视工作动员暨培训会议的讲话中提出了巡视工作的四个重点："一是要围绕党风廉政建设和反腐败斗争，着力发现领导干部是否存在权钱交易、以权谋私、贪污贿赂、腐化堕落等违纪违法问题；二是要在贯彻落实八项规定方面，着力发现是否存在形式主义、官僚主义、享乐主义和奢靡之风等问题，紧紧盯住，防止反弹；三是要着力发现是否存在违反党的政治纪律问题；四是要着力发现是否存在选人用人上的不正之风和腐败问题。"这使巡视工作的内容更为细化和突出。

二、党内巡视工作制度的特征

1. 巡视的权威来自于党中央。党的十八大以来，党中央根据世情国情党情深刻变化，把巡视作为党内监督战略性制度安排，确立巡视工作方针，决定实现一届任期巡视全覆盖。党内巡视制度的主体是党自身，直接主体为中央和地方纪律检查委员会和组织部及其下设的巡视组，而具体巡视人员则是按照任免、组织选调等方式选配出来的。有权必有责，党内巡视制度的主体在行使被党内法规赋予的权限时，也承担着中央寄予的重大责任。中央政治局常委会会议听取每一轮巡视情况汇报，总书记每次都详细审阅巡视报告，发表重要讲话，全面系统阐述巡视任务，对发现的问题有针对性地评判，对落实整改责任、运用巡视成果作出指示，为巡视工作在坚持中深化指明方向。中央巡视工作领导小组牢固树立政治意识、大局意识、核心意识、看齐意识，2012~2017年共计召开95次会议研究工作、听取汇报、部署任务。中央巡视组开展12轮巡视，共巡视277个党组织，对16个省区市进行"回头看"，对

4个中央单位开展"机动式"巡视。巡视的权威是《党章》赋予的。《党章》清楚地表明，巡视组的派出主体是党中央和省区市党委，体现的是党集中统一领导的权威，巡视工作取得实践创新和制度创新双丰收，归其根本在于党中央旗帜鲜明、立场坚定、意志品质顽强、领导坚强有力。党内巡视的权威性、全面性和集中性特征，在一定程度上解决了"上级监督太远、同级监督太软、下级监督太难"的权力制约瓶颈问题，因而能够改善党政部门及其工作人员的作风和态度，督促他们牢记自身的职责与使命，担当起推动全面依法治国的政治责任。

2. 集中发力巡视整改落实。巡视坚持以问题为导向，是发现问题的显微镜、探照灯。2012~2017年在中央12轮巡视中，中央巡视组发现党的领导弱化、党的建设缺失、全面从严治党不力等方面问题8200余个。巡视发现问题不是终点，而是解决问题的前奏。通俗地讲，巡视是体检，那么整改落实就是对症下药，是踏石留印，抓铁有痕般地解决巡视中发现的问题，还是蜻蜓点水形式主义式的应付，直接决定着巡视最终成败。习近平对此强调："对巡视发现的问题和线索，要分类处置、注重统筹，在件件有着落上集中发力。""对敷衍整改、整改不力、拒不整改的，要抓住典型，严肃追责。"这为巡视整改落实提供了行动纲领，使巡视工作的政治定位越来越精准，目标任务越来越清晰。中央巡视工作率先转职能、转方式、转作风，首轮巡视就围绕党风廉政建设和反腐败斗争，聚焦作风、纪律、腐败、选人用人4个方面，解决了巡视内容宽泛、职能发散问题。聚焦全面从严治党，严肃党内政治生活、维护政治生态，抓住根本性、全局性、方向性问题，发挥了标本兼治作用。坚定理想信念宗旨、执行党的路线方针政策是最重要的政治纪律。政治巡视要从厚植党执政的政治基础的高度辨析问题，查找政治偏差。

3. 巡视"回头看"使纪律不流于形式。鉴于现阶段党员干部违法往往是从违反纪律开始，习近平指出："通过加强巡视工作，严明党的纪律，使纪律不流于形式。"巡视是政治体检，"回头看"就是政治复查，是与时俱进的新巡视、围绕政治的再巡视。党中央从第9轮巡视开始，每轮都安排对4个省区市开展"回头看"，延伸放大震慑效果。中央巡视组既查找老问题，检查整改落实情况，更注重发现新问题，对没见底的问题再了解，紧盯党内政治生活，分析把握"树木"和"森林"的状况，重点关注政治立场、政治纪律、政治担当，为党中央掌握该地区政治生态状况提供了重要参考。强化对政治纪律和政治规矩执行情况的检查，查找对中央大政方针口是心非，在重大原则问题上是非不分，搞圈子文化、码头文化、好人主义等问题，着力发现党员领导干部在政治纪律和廉洁纪律上存在的错误，问题反映集中、群众反映强烈的人和事，当好党中央的"啄木鸟"。"回马枪"杀出了威慑力，释放出"巡视不是一阵风"的强烈信号。

4. 准确定位巡视组织制度和方式方法。巡视定位是指党中央根据全面从严治党的战略布局，根据不同阶段党的建设所面临的问题以及巡视组反馈回来的情况，审时度势所做出的巡视中心任务。巡视方法也可称为巡视手段，是巡视主体发现问题。监督执纪的手段方式、巡视方法是否有效可行，直接影响巡视实际效果。利剑作用的发挥、全覆盖的实现、"回头看"成为常态，都离不开改革创新。十八届中央第一轮巡视就打破既有模式，实行巡视组组长、巡视对象、巡视组与巡视对象关系"三个不固定"，一次一授权，不搞"铁帽子王"；不打无准备、无把握之仗，带着问题去，下沉一级了解情况。从常规巡视为主到常规巡视与专项巡视相结合，突出"专"的特点，紧盯重点人、重点事，精准发现。探索"机动式"巡视，针对干部群众反映的一个人、一个具体问题，机动灵活、高效突破。开展政治常识测试，查阅党组织会议记录、领导干部档案和领导干部个人有关事项报告，核查党费收缴情况。把握巡视对象的行业特点和历史文化特征，见微知著、由表及里。巡视监督之所以有效管用，一个重要经验是勇于改革、善于创新，大大增强了针对性和实效性。

5. 确保党中央大政方针落实到位。统筹推进"五位一体"总体布局和协调推进"四个全面"战略布局，是党中央在中华民族走向伟大复兴关键时期作出的战略部署。巡视工作紧扣党中央要求，针对被巡视党组织在党的事业中的职责，查找在发挥党的领导作用、落实党中央决策部署上的差距。对发现的问题抽丝剥茧，透过现象看本质，从个别中见一般，发现共性和规律性问题。2012~2017 年中央巡视机构共形成专题报告 225 份，向党中央和国务院分管领导通报巡视情况 59 次，向中央全面深化改革领导小组办公室报送专题报告 89 份，推动相关部门和领域党组织加强党的领导，坚决贯彻党的路线方针政策。理想信念宗旨是共产党人的"天理"和"王道"。巡视以党章党规为准绳，督促党员领导干部拧紧"总开关"，时刻想着党中央的政治、党中央的大局，从言到行都体现"四个意识"。

三、巡视制度的完善

随着管党治党的不断深化和巡视实践的发展，党中央对加强和改进巡视工作又作出一系列新部署，迫切要求在全面、系统总结实践经验基础上，对现有制度进行增加、补充和完善，梳理、归纳、提炼、总结，把政治巡视、中央和国家机关巡视工作、市县巡察工作、实现一届任期全覆盖等新探索上升为制度成果，既体现党中央精神、又符合实践发展需要，有利于统一思想、深化认识，指导工作、提高实效，推动巡视工作向纵深发展。

第一，通过制度保证建设一支强有力的巡视工作队伍。巡视工作作为保证我们党基业长青的重要工作，就应从制度上赋予巡视组较大的权威性和独立性，使巡视工作人员能够更有力地开展工作。加强对巡视组成员的认真甄选和培训，使他们在年龄、性格、能力等方面形成合理高效的组合，通过建立配套的人事制度来确保巡视工作的顺利开展。巡视工作主要是针对主要领导同志，巡视组成员要来自各个层面和不同部门，以有效避免"官官相护"，调动群众的积极性，提高上级领导对群众工作负责的态度。同时也在制度中强调对巡视工作人员的良好管理和监督，保证巡视组成员在面对地方势力的威逼利诱时能始终保持高度的党性也是关键。

第二，注重制度设计的系统性和涵盖性，强调巡视、问责、审计的互动。我国的巡视工作，是上级视察下级工作、进行行政权力监督的重要形式。我国的官员问责制是针对因失职而造成不良后果的政府官员，克服行政权力可能带来腐败及其他问题的一种政治制度，用以强化和明确政府官员职责，提高行政效率。审计制度则是由专职机构和人员，依法对被审计单位的财务、财务收支及其有关经济活动的真实性、合法性和效益性进行审查，评价经济责任，用以维护财经法纪，改善经营管理，提高经济效益，促进宏观调控的独立性经济监督活动。三者既有区别又存在联系。对党员干部的监督不仅要强调制度化，并要将制度体系化。可以以巡视制度为载体，形成巡视、审计、问责三种监督制度的有机结合，从而形成监督合力，更好地从源头上防范腐败。要充分发挥巡视工作的特点，就必须将当前的各项监督制度融会贯通，在一定程度上填补巡视制度的空白，使制度之间相互得到完善，互促互进。

第三，正确把握政治与业务的关系。巡视发现的所有问题，无不反映出党的领导弱化、党的建设缺失、全面从严治党不力，党的观念淡漠、组织涣散、纪律松弛，根源在于党内政治生活不严肃不健康。有的搞政治虚无，丢掉理想信念宗旨；有的搞空头政治，把党中央的精神当口号，政治和业务"两张皮"问题突出。政党就要讲政治，执政党更要旗帜鲜明讲政治。没有离开业务的政治，更没有离开政治的业务。对于党的组织来说，所有工作都同实现"两个一百年"奋斗目标、中华民族伟大复兴紧密相连，都要全面、准确体现党中央的精神，贯彻中央的大政方针；对于党的领导干部而言，无论分管哪个领域、从事哪项工作，都是受党指派，干的都是政治工作、党的事业。不讲政治，党内政治生活就会失去正确方向，党的领导就会被削弱。政治巡视首先要把好政治关，把政治和业务有机结合起来，善于从政治上发现问题、解决问题，把政治纪律和政治规矩摆在首位，督促被巡视党组织从"四个意识"上找差距，提高政治站位和政治觉悟，纠正落实党中央决策部署不坚决不到位问题，确保在思想和行动上同党中央保持高度一致。

第四，在制度设计中注重将巡视工作的成果转为实效。当前的巡视制度，在巡视成果转化方面的规定是有限的，但就实践而言，应重视在巡视成果转化上下功夫，进一步增强巡视工作的实效。可以考虑在巡视制度中明确巡视成果转化的相关内容，如建立巡视工作档案为组织部门选拔任用干部提供参考；建立巡视工作组与纪委、组织部的定期联席会议机制便于信息交流、针对巡视中发现的制度方面存在的一些薄弱环节来进一步健全党内监督与巡视工作制度等。新时期的巡视监督制度，需牢牢把握党内监督这个主题，以强化对省部级领导班子特别是党政主要负责人的监督为重点，以整改落实为关键，以机制制度建设为保障，在制度化进程中不断发现问题，解决问题，加大巡视成果运用工作的力度，真正做到以巡视工作的实际成效取信于民。

第五，发挥标本兼治战略作用。发现问题是前提，整改落实是目的，必须条条要整改、件件有着落。中央巡视组代表党中央巡视，反馈的意见就是党中央的要求。中央巡视工作领导小组成员参加反馈会议，原原本本向被巡视党组织反馈问题，增强了巡视反馈的权威性。被巡视党组织落实整改责任，召开专题民主生活会，把自己摆进去，开展批评和自我批评，健全整改督查制度，防止把层层传导压力变成层层推卸责任。对照党中央的立场要求，审视政治生活是否严肃、政治生态是否良好、党内监督是否严格，从体制机制上查找原因，推动深化改革，扎紧制度笼子，加强日常监管。对巡视移交的问题线索，综合运用监督执纪"四种形态"分类处置，"四风"问题立行立改；普遍性问题向未被巡视单位党组织打招呼，责其对照检查、即知即改；整改不到位的，要追究党委、纪委一把手的责任。实践证明，责任压给了党委（党组）书记，使整改既有当下改的举措、又有长久立的机制，既有治标之举、也有治本之策，在落实上见了真章。

总之，虽然面对的问题是长期形成的，解决起来必然要经历一个长期过程，政治巡视也将在实践中不断完善。只要保持坚强定力，敢于正视现实、直面矛盾，把党的自我监督和人民群众监督有机结合起来，就有信心跳出"其兴也勃焉，其亡也忽焉"的历史周期率，确保党始终成为中国特色社会主义事业坚强领导核心。

第二节　党纪处分

无数案例证明，党员"破法"，无不始于"破纪"。党员守住了纪律，就不至于滑向违法犯罪的深渊。全面从严治党，把纪律和规矩挺在前面就是治本。《纪律处分条例》于1997年试行，经过修订后于2003年颁布实施，对加强党的建设发挥了极为重要的作用。随着形势的发展，其中不少条款已不能完全适应全面从严治党的实践需要。2015年中国共产党修订《纪律处分条例》体现党纪严于国法、突出党纪特色，使之成为管党治党的尺子、党员不可逾越的底线，2018年中共中央政治局召开会议审议《纪律处分条例》，着力提高党的纪律建设的政治性、时代性和针对性。

一、纪律处分的基本特点

1. 尊崇《党章》，细化纪律。《党章》是党内根本大法，是管党治党的总章程。全面从严治党首先要遵循《党章》，用严明的纪律维护《党章》，把《党章》的权威立起来。修订《纪律处分条例》从全面梳理《党章》开始，把《党章》和其他主要党内法规对党组织和党员的纪律要求细化，明确规定违反《党章》就要依规给予相应党纪处分。将原来以破坏社会主义市场经济秩序等为主的10类违纪行为，整合规范为政治纪律、组织纪律、廉洁纪律、群众纪律、工作纪律和生活纪律等6类，使《纪律处分条例》的内容真正回归党的纪律，为广大党员开列了一份"负面清单"。

2. 突出政治纪律和政治规矩。在党的全部纪律中，政治纪律最重要、最根本、最关键。不管违反哪方面的纪律，最终都会侵蚀党的执政基础，破坏政治纪律。当前，一些党组织和党员干部对政治纪律认识模糊、思想麻木、意识淡漠。加强纪律建设，政治纪律和政治规矩永远排在第一位。要牢固树立"四个意识"，把维护党中央权威和集中统一领导突出出来，严明政治纪律和政治规矩，始终保持党的先进性和纯洁性。因此《纪律处分条例》针对现阶段违纪问题的突出表现，强调政治纪律和政治规矩、组织纪律，对反对党的领导和党的基本理论、基本路线、基本纲领、基本经验、基本要求行为作出处分规定，增加拉帮结派、对抗组织等违纪条款，确保中央政令畅通和党的集中统一。

3. 坚持纪严于法、纪在法前，实现纪法分开。在全面依法治国、依规治党条件下，原《纪律处分条例》最突出问题就是纪法不分，仅这一点就凸显了修规的紧迫性和必要性。修订《纪律处分条例》坚持问题导向，做到纪法分开。凡是国家法律已有的内容，就不再重复规定，共去除 70 余条与《中华人民共和国刑法》《中华人民共和国治安管理处罚法》等法律法规重复的内容。在总则中重申党组织和党员必须自觉接受党的纪律约束，模范遵守国家法律法规；在分则中规定，凡是党员被依法逮捕的，都应中止其表决权、选举权和被选举权等党员权利，凡是党员干部违法犯罪，除过失犯罪外，一律要受到党纪处分，从而实现党纪与国法的衔接。

4. 切实担负起全面从严治党的责任。制度的生命在于执行，执行制度最终靠人。离开了历史责任，没有忠诚干净担当，再好的制度也形同虚设。《廉洁自律准则》和《纪律处分条例》既是对党的各级组织的有力约束，也是全体党员的基本遵循。党委要履行全面从严治党主体责任。党要管党、从严治党是党的建设的根本方针，严明纪律是推进伟大事业的重要保证。《党章》第39 条规定："党组织必须严格执行和维护党的纪律"。党领导一切，总揽全局、协调各方，党的领导本身就包含着管理和监督。各级党委要履行《党章》赋予的职责，在思想认识、责任担当、方法措施上跟上中央部署，真正把纪律严起来、执行到位。要把党的领导融入日常管理监督中，落实中央八项规定精神，必须咬住不放、一抓到底，在坚持和深化中形成习惯。要运用好监督执纪的"四种形态"，让咬耳扯袖、红脸出汗成为常态；党纪轻处分和组织处理成为大多数；对严重违纪的重处分、作出重大职务调整的是少数；而严重违纪涉嫌违法立案审查的只能是极少数，在严明纪律中体现严格要求和关心爱护。党员领导干部要发挥表率作用，敢于负责、敢于较真，同一切违反纪律的行为作斗争，维护纪律的严肃性和权威性。

5. 纪委监督执纪问责永远在路上，只有进行时。打铁还需自身硬，监督执纪的人首先要做遵守纪律的楷模。纪委要发挥带头作用，把纪律挺在前面，转职能、转方式、转作风。坚守《党章》赋予的职责，在全面从严治党中找准定位，既要立足当前，聚焦目标任务，遏制腐败蔓延势头；又要着眼长远，坚持标本兼治，把纪律挺在前面，监督检查《党章》和党的路线方针政策执行情况，维护中央权威、确保政令畅通。克服能力不足的危险，切实转变惯性思维，从线索处置、纪律审查到执纪审理各环节都要以纪律为准绳，真正把监督执纪"四种形态"的运用情况作为检验评价工作的标准，探索建立不敢腐、不能腐、不想腐的有效机制。积极探索党长期执政条件下依靠制度创新、强化党内监督的有效途径，形成发现问题、纠正偏差机制，不断增强党的自我净化、自我完善、自我革新、自我提高能力，使党员干部始终不忘宗旨、保持同人民群众的血肉联系，永葆共产党人的青春。

二、纪律处分的种类

党纪政务，即党的纪律和政务纪律。党纪政务问题，不是只有纪检监察机关"专管"的，但纪检监察机关却是"专管"党纪政务问题的。"党的纪律检查"名称本身已经说明了这一点，《监察法》总则第 1 条就明确规定，"加强对所有行使公权力的公职人员的监督"是监察机关的基本职能，不理解"党纪政务"的含义，就不能真正理解"纪检监察"。

党纪是政党纪律的简称。它是政党为实现党纲和各种决策而制定的约束党组织和党员的行为准则和规范。它是政党维护行动统一，提高党员质量，实现政纲、政策并保持社会信誉的重要条件之一。党纪即党的纪律，是指政党按照一定的原则，根据党的性质、纲领、任务和实现党的路线、方针、政策的需要而确立的各种党规、党法的总称，是党的组织和全体党员必须共同遵守的党内行为规范，是维护党的团结统一、完成党的任务的保证。其中，党的章程是党内的根本法规和制定各项具体纪律规范的基本依据。马克思早就指出，"我们现在必须绝对保持党的纪律，否则将一事无成"。中国共产党1922 年制定的第一个《党章》即规定了党的各项纪律，如少数绝对服从多数，党员必须绝对服从党代表大会和中央执行委员会的决议，下级机关必须完全执行上级机关的命令等；凡党员犯有违背党的决议、泄漏党的秘密等错误，必须开除党籍。1927 年修改《党章》时增加对组织的纪律处分，分为：警告、改组或举行总的重新登记；对个人的纪律处分分为：警告、党内公开警告、临时取消党政工作、留党察看和开除党籍。后来修改的《党章》，对纪律处分又作了一些修改。

十三届全国人大一次会议表决通过的《监察法》，是反腐败国家立法，是一部对国家监察工作起统领性和基础性作用的法律。2020 年 7 月施行的《中华人民共和国公职人员政务处分法》规定，加强对公职人员的监督，依法给予违法的公职人员政务处分。对职务违法的公职人员，监察机关应当依法作出政务处分决定。在统一的公职人员政务处分规定出台以前，对不同的公职人员，监察机关可以参照现行有关处分规定进行政务处分，如公务员有《中华人民共和国公务员法》、行政机关公务员等有《行政机关公务员处分条例》、事业单位工作人员有《事业单位工作人员处分暂行规定》等。监察机关给予公职人员政务处分，应当坚持党管干部、法律面前一律平等，以事实为根据、以法律为准绳原则，坚持惩戒与教育相结合、宽严相济原则；应当做到事实清楚、证据确凿、定性准确、处理恰当、程序合法、手续完备；应当使公职人员所受的政务处分与其职务违法行为的性质、情节、危害程度相适应。

第三节　担责

习近平明确强调："'治'就是从党中央到省市县党委，从中央部委、国家机关部门党组（党委）到基层党支部，都要肩负起主体责任，党委书记要把抓好党建当作分内之事、必须担当的职责；各级纪委要担负起监督责任，敢于瞪眼黑脸，勇于执纪问责。"问责制的运行包括三个环节，即问什么责，向谁问责，如何问责。问责情形就是"问什么责"的问题，就是问责对象某种特定行为或事实结果的发生，导致需要对相关责任主体进行问责，问责情形是问责发起的因由。现实中，针对政府及其公务人员履行职责的过程和结果，可以通过问责情形的设定，来判断是否应该启动问责程序。

一、党内法规制度是依规管党治党建设党的标准

国有国法，党有党规。依法治国、依法执政，既要求党依据宪法法律治国理政，也要求党依据党内法规管党治党。邓小平同志指出："没有党规党法，国法就很难保障。"依规管党治党是依法治国的重要前提和政治保障。只有把党建设好，国家才能治理好。

党规党纪是管党治党建设党的重要法宝。拥有一整套党内法规制度，是中国共产党的一大政治优势。在革命战争年代，我们就是靠严明的党规党纪维护党的集中统一，保持党的凝聚力、战斗力。党取得执政地位后，国家法律和党内法规共同成为党治国理政、管党治党的重器。经过近百年的实践探索，我们党已形成了一整套系统完备、层次清晰、运行有效的党内法规制度。这个制度体系包括《党章》、准则、条例、规则、规定、办法、细则，体现着党的先锋队性质和先进性要求，使管党治党建设党有章可循、有规可依。

依规管党治党建设党，首要的是维护《党章》的严肃性。《党章》规定了党的理想信念、宗旨意识、组织保障、行为规则、纪律约束等基本内容，全党必须一体严格遵行。每一名党员都要无条件地履行《党章》规定的义务，遵守党的纪律。党组织要切实把《党章》作为指导党的工作、党内活动、党的建设的根本依据。党员干部要树立党的观念，学习《党章》、遵守《党章》、贯彻《党章》、维护《党章》，加强党性修养，切实维护《党章》的严肃性和权威性。

党规党纪严于国家法律。党是肩负神圣使命的政治组织，党员是有着特殊政治职责的公民。国家法律是全体公民必须遵循的行为底线。党规党纪对党员的要求严于国家法律对普通公民的要求。申请加入中国共产党，面对党旗宣过誓，就成了有组织的人，就意味着主动放弃一部分普通公民享有的权利和自由，就必须多尽一份义务，就要在政治上讲忠诚、组织上讲服从、行动上讲纪律。党的领导干部尤其是高级干部放弃的要更多，责任和担当要更大。如果执政党连自己的党规党纪都守不住、执行不下去，依法治国、依法执政就是一句空话。党员违反党纪就必须受到纪律审查，接受组织处理，切实做到以严的标准要求党员、严的措施管住干部。

与时俱进加强党内法规制度建设。当前，党内法规制度建设理论研究相对薄弱，对党规党纪的历史渊源、地位作用、体例形式、产生程序等均需系

统研究、予以确定；有的党规党纪与国家法律交叉重复，有的过于原则、缺乏细节支撑，可操作性不强，亟待完善。"要认真总结我们党90多年、无产阶级政党100多年、世界政党几百年来制度建设的理论和实践成果，联系实际、求真务实，探索适合自己的党内法规制度建设途径。要根据《中国共产党党内法规制定条例》和《中央党内法规制定工作五年规划纲要（2013—2017年）》的要求，立足当前、着眼长远、统筹推进，确保到建党100周年时，全面建成内容科学、程序严密、配套完备、运行有效的党内法规制度体系"。

"有权必有责、有责要担当，用权受监督、失责必追究。"厘清权力、责任、担当之间的关系，是领导干部的一门"必修课"。党的十八大以来，在管党治党实践中发现了一些亟待解决的矛盾和问题，其中突出的一条就是使命意识弱化、担当精神缺失：有的领导干部只想要权力，不愿担责任；有的搞好人主义、"鸵鸟政策"，对管辖范围内领导干部出现的问题睁一只眼闭一只眼，不批评不报告不问责，等出问题了还说"没想到"；有的敷衍塞责、装装样子，把管党治党要求写在纸上、挂在墙上、喊在嘴上，就是不往心里去。殊不知，没有离开责任的权力，扛不起责任就辜负了党和人民的信任，被问责肯定是早晚的事情。

二、担责是推进全面从严治党和反腐败斗争的重要手段

治国必先治党，治党就要担责。心中有责、敢于担当是每位党员干部的人生必修课。如果只想当官不想干事，或只想揽权不想担责，何能对得起干部的"干"字？2016年3月7日，习近平在参加黑龙江代表团审议时强调："干部干部，干是当头的，既要想干愿干积极干，又要能干会干善于干，其中积极性又是首要的。"在我们党内，想干事，能干事，也能干成事的干部是绝大多数。但也不可否认，党内也存在部分党员干部责任心不强、担当精神不够，有为官不为、"当一天和尚撞一天钟"、安于现状的人也大有人在，只求忙忙碌碌混日子、安安稳稳过日子的只想守摊子，不想有作为的"太平官"也不在少数。新形势下党面临着"四大考验""四种危险"，面对着各种挑战和风险。党的观念淡漠、组织涣散、纪律松弛、不正之风和腐败问题，都是来自党内的严峻挑战，严重影响着党的凝聚力和战斗力，动摇着党的执政根基，也严重危害法治国家建设。

从严治党关键在严格执纪。习近平总书记强调："党要管党、从严治党，

靠什么管，凭什么治？就要靠严明纪律。"严明二字强调的就是提高执行力，要说到做到，执纪必严，违纪必究。

党风廉政建设和反腐败是一场输不起的斗争。现阶段的工作重点是：惩治腐败要坚决查处十八大后不收敛不收手，问题反映集中、群众反映强烈，现在重要岗位且可能还要提拔使用的领导干部；纠正"四风"要重点查处十八大后、八项规定出台后、群众路线教育实践活动后仍然顶风违纪的行为，越往后执纪越严。要冷静清醒地认识党风廉政建设和反腐败斗争的长期性、复杂性、艰巨性，保持坚强政治定力，坚定必胜信心，坚持不懈地抓下去，让人民群众不断看到实实在在的成效和变化，回应群众期盼、赢得党心民心。

担责使落实责任成为刚性要求。自 2014 年 1 月至 2017 年 8 月，全国共有 6100 余个单位党委（党组）、党总支、党支部，300 余个纪委（纪检组）和 6 万余名党员领导干部被问责。其中，既包括民政部 4 名省部级领导干部，也包括虽对下属违纪行为"不知情"，但也受处分的领导干部，还有已转岗、离职、退休却仍被追责的领导干部等。随着失责必问、问责必严渐成常态，"上面九级风浪，下面纹丝不动"的责任压力逐级递减难题正在改变。2016 年，全国共处分乡科级及以下干部 39.4 万人，同比增长 24%，其中处分村党支部书记、村委会主任 7.4 万人，同比增长 12%。

第四节　党纪建设的目标

党的十八大提出纪律建设的重大任务，要求做到干部清正、政府清廉、政治清明（以下简称"三清"）。廉洁是一种公共的规则，腐败是对这种规则的一种全球性挑战，人类共同努力倡导廉洁，试图根治腐败，但效果并不明显。我国虽重视反腐倡廉工作，构建了多种形式、独具特色的反腐倡廉机制，形成了一道道无形的"高压线"，但腐败问题、腐败丑闻等始终挥之不去。惟其艰难，方显勇毅，惟其磨砺，始得玉成。实现"三清"总目标，全社会要构建严密、有效的治理策略，在治标的同时努力向治本转变。

一、"三清"的提出及其深远意义

党的十八大报告首次提出廉政"三清"，对党风廉政建设和反腐败斗争提出了更高的标准。"三清"中蕴含着秩序、正义、自由、效率等价值追求，在现代社会中，廉洁政治不仅是对官员作风和行为的要求，也是对政府、政制、政策以及政治本身的规定。在新形势下"四大考验"和"四大风险"的存在迫切需要党员干部树立正确的权力观、利益观、地位观，常修为政之德、常怀律己之心、常思贪欲之害，始终保持清正廉洁的政治本色，坚守共产党人的精神家园，用清风正气赢得群众的爱戴、拥护，"三清"的纪律意义主要有：

1. 对马克思廉价政府理论中价值研究起到重要的补充作用。20 世纪 70 年代末 80 年代初开始，我国兴起了价值热。自那以来，在我国价值哲学学术领域中占主导地位的是满足需要论，即以满足需要界定价值，认为能够满足主体需要，即为正价值；反之则是负价值。在干部工作上必然出现利用权力先富起来，以满足需要界定价值，是用使用价值去理解哲学价值，这不是马克思的观点。因为需要并非天然合理，如果我们全面分析和理解马克思廉价政府理论，会发现满足合理的需要是有正价值的，满足不合理的需要则是负价值。"三清"要求广大干部群众工作求真务实，讲求实效，从客观效益、效果、实绩出发理解价值的客观效益论。这种形态的研究将有助于人们更加完善、准确、系统地理解和把握马克思的廉价政府理论，填补当前国内关于马克思廉价政府理论研究的不足，并为今后进一步深入研究该理论提供一定的研究基础。

2. 有助于推进中国特色纪检监察学理论的发展。西方政府管理理论应用于我国的行政改革，实践证明成效并不明显。因为，无论国家性质、意识形态，还是市场经济的性质、发展阶段和成熟程度方面，中国现代社会已不是传统社会，应加强中国特色纪检监察学理论研究，探索出一条适合中国国情的政府改革之路。"三清"正是有中国特色的纪检监察学理论，其核心是反对腐败、建设廉洁政治，其实质是全心全意为人民服务，其要求是为人民掌好权用好权、不以权谋私。在这样的背景下，把"三清"置于现代国家建构的历史发展逻辑之下，促使人们不断地思考：人的价值是什么？我应当怎样实现自己的价值？我应当如何看待公与私、廉与腐、俭与奢、苦与乐？我应当如何处理物质与精神、家庭与尊严、自由与责任、个人与社会的关系？通过明确这些关系达到对中国特色纪检监察体制和功能的认识，也有助于纪检监察学理论自身的发展。

3. 有利于培育社会主义核心价值观。日益复杂的国际形势对世界精神生活格局与秩序的加速调整，使各种思想文化和价值观念相互交融激荡，原有的精神生活治理秩序及其治理功能面临许多挑战，"三清"把"加强反腐倡廉教育和廉政文化建设摆到首要位置，坚持以德育人、以文化人。要围绕社会主义核心价值体系这个兴国之魂，开展理想信念和宗旨教育、党性党风党纪教育、警示教育、法制教育。要增强教育的针对性和实效性，开展形式多样的教育活动"。精简节约、廉洁奉公、透明公开、还权、负责、民主的政府目标表明"三清"理论的先进性和科学性。21 世纪的确是一个"价值多元"的时代，同时这一时期也伴随着民众思考价值多元之"理论范式"的深刻转变：由"公正"本位的文化公共性生存信念转向以"生存伦理关怀"精神为核心的"公共性"价值追求，培育社会主义核心价值观。

4. 有利于"四个全面"战略布局的实现。"四个全面"战略布局从价值目标角度来看就是要实现"三清"。清就是清白干净、洁身自好，不贪慕财货。但一些地方政府奢侈浪费，行政成本长期居高不下，不仅给当地财政以及群众带来很大的负担，也给国家和社会带来巨大的损失；一些政府官员滥用权力，贪污腐败，不仅导致政府的威信下降，也给社会造成了极其恶劣的影响，增添了不稳定的隐患等。习近平总书记曾告诫官员"当官发财两条道"。"三清"从控制政府规模成本，保持工作人员廉洁奉公，保障权力运行公开透明，明确规范政府职能责任，实行民主行政等方面入手，并不断地进行发展创新，把反腐倡廉建设融入经济社会发展的各项工作中。干部要清白做人，自觉抵制拜金主义等不良思想影响；干净做事，增强管理和服务社会的能力，做经济上的"明白人"；廉洁用权，协调各方利益关系，处理好人民内部矛盾，维护社会安定团结等，为政清廉才能取信于民，秉公用权才能赢得人心。

5. 有利于社会主义现代化建设事业的健康发展。习近平总书记曾提出："新型政商关系，概括起来说就是'亲''清'两个字。对领导干部而言，所谓'亲'，就是要坦荡真诚同民营企业接触交往，特别是在民营企业遇到困难和问题情况下更要积极作为、靠前服务，对非公有制经济人士多关注、多谈心、多引导，帮助解决实际困难。所谓'清'，就是同民营企业家的关系要清白、纯洁，不能有贪心私心，不能以权谋私，不能搞权钱交易。""三清"涉及我国社会主义现代化建设事业的各个方面，是一种自我约束，如"政府清廉"意识既存在于各个机关在权力行使中对自己行为的控制上，也存在于权力行使的主体在遵守相应行为规则的意识上。这将引发人们的行为方式、生活方式、价值观念的明显变化，"三清"主张节制，减少不合理的、过分的物欲和感官享受，并非抑制高尚的欲望或正常的生理需求，使得社会整体形成统一的思想和规则，有利于崇廉尚洁的社会文化氛围真正形成。

二、"三清"的纪律价值意蕴

对于廉政与腐败中包含的价值理念及其对社会的益处和危害无疑是一个富有吸引力的研究社会现象。人的发展是人的内在矛盾与外在矛盾的统一发展，是人的意识与人的生命的整体发展，"三清"主要是让整个社会呈现出秩序、正义、自由、效率等，而腐败是其对立面，呈现为对秩序、正义、自由、效率等破坏。秩序、正义、自由、效率既是党风廉政建设和反腐败工作中应该被遵循的普遍原则，也是建设现代文明国家所应该追求的基本价值。其主要价值内涵有：

1. 秩序和无序。秩序是有条理地、有组织地安排各构成部分以求达到正常的运转或良好的外观的状态，无序则是指无条理、混乱的情况。秩序首先是一种规范，意指在自然进程和社会进程中都存在某种程度的一致性、连续性和确定性。"三清"维护权力运行秩序，既是维护"政治统治秩序"的重要组成部分，同时是实现政治、经济、文化、思想、生活甚至家庭等各种秩序的重要保证，是规范实现的实际状态。而腐败则相反，它破坏政治权力的有序状态，在某种程度上，无序意味着破坏社会关系的稳定性、组织结构的一致性、人类行为的规则性、发展进程的连续性、事态变化的可预测性和人身的安全性。回顾党的纪律建设和反腐败工作的历史，我党的事业和国家建设从来没有是因为加强"三清"和反对腐败而受到损害挫折的，严肃"三清"和惩治腐败从来都是党的事业和国家建设的促进力量而非阻碍力量。相反，纪律松弛和贪污受贿、奢侈浪费、滥用职权、官僚主义等腐败现象的严重存在，是危及党的生存、危及党的事业兴衰、危及国家政权长治久安的"祸首"，这已经得到历史和实践反复证明。

2. 正义与邪恶。正义是指人们按一定道德标准所应当做的事，蕴涵着对真理的追求，也指一种道德评价，是人文与科学精神的追求，是人类社会最基本的价值形式。一般来说，正义所表达的是人类追求的一种理想状态和崇高美德，其含义与公正、平等、公平、正当等概念大体相同。民心是最大的政治。权力的合理分解是前提，相互牵制是核心，实现动态的平衡是目的。

党与政府权力的过分集中，不仅使得行政事务处置的拖沓敷衍、施政行为中的质量低下，而且会导致国家和政府的权限渗透至社会生活的各个层面，使得"为官不为"；腐败是对权力的滥用甚至被用来谋取私利，不仅不体现民心、不保护政治，是"正义的敌人"，是社会上最大的"邪恶"。"三清"的正义价值在于强化正义原则，使党政机关及其公职人员对"公"与"私"，"是"与"非"，"善"与"恶"，"主"与"仆"等界限和关系，时刻保持清醒的认识，以弘扬正气、强化正义感；在于建立正义秩序，保证党的方针政策和国家法律法规的贯彻执行，使这些规定由"条文状态"转化为"现实状态"；在于惩处"不义"行为，即通过查处违纪违法行为，维护权力的公正性和纯洁性，保护人民群众的利益；在于救济"不义"侵害，即通过惩处违纪违法者或者诬告陷害者，使受到侵害的人得到物质救济、精神救济和心理救济，恢复其对正义和法律的敬仰之情。

3. 自由与束缚。一般意义上的自由，意指由宪法或根本法所保障的一种权利或自由权，能够确保人民免于遭受某一专制政权的奴役、监禁或控制，或是确保人民能获得解放。包括社会的、政治的、经济的、文化及传统的等外部条件，同时也包括个人体质、欲望、财富、世界观、价值观及理想观的表达欲望等个人因素和内在因素，表现为人类在获得基本生存保障的前提下，渴求实现人生价值，提高生活质量进而提高生命质量的行为取向和行为方式。束缚是不合理的社会制度对自由的禁锢，我国的社会制度和市场逻辑的完美结合，为人们实现自由、摆脱束缚打下了基础，并不断地进行有效的、持续的优化。当领导干部能够尊重廉洁规范、信守廉洁规范时，廉洁用权，规则面前人人平等，就是最大的自由观教育；相反，当领导干部不廉洁从政，会失去权力，失去尊严，甚至失去自由。然而现实中，权力往往被某些领导干部看成是一种自由，而不是一种义务和责任，并且权力往往被滥用。如果权力被滥用，社会就会失去良好的秩序，而一旦这种良好的秩序被打破、被藐视，整个社会就会失去普遍的自由。从"三清"角度来讲，实现廉洁就要求把权力关进制度的笼子，使权力受到一定的约束，看似一定程度上限制了权力的自由，实则最大限度地防止权力被滥用，从真正意义上保障了权力的自由及权力的运用效率。

4. 效率与低能。效率是指在特定时间内，组织的各种投入与产出之间的比率关系。在一般的意义上，"效率"是以最少的资源消耗取得最多的成果，或者同样的资源消耗取得更大的成果，它是过程与结果的统一。对公共部门而言，效率也是一个社会的美德，如果一个社会有秩序、有正义、有自由，但缺乏高的效率和好的效益，这个社会就不是一个有生机的完美的社会。而腐败对效率具有极大的破坏力量，需要"三清"作为保证。"三清"的功能就包含有"增效"的内容。一方面有"保健"功能，即维护法律和纪律、建立权力运行的正常秩序，保障社会正义和人的自由权利；另一方面，还有"激励"功能，即调动人的积极性，促进生产力的发展。正是在这个意义上，近年来基于政治制度安排，建立健全制度性腐败监管机制，遏制腐败寻租空间，"廉政也是一种投资环境？""反腐败也是解放生产力""办案工作要实现政治效益、经济效益和社会效益的统一"等观念，已经成为大家的纪律共识，廉与效的统一始终是"三清"工作不懈追求的价值目标之一。

以上情况表明，"三清"与否，在我国新时代纪律价值观呈现为一种胶着的状态下，直关反腐倡廉是否真正取得成效，直关政治文明能否顺利推进，直关中国特色社会主义事业发展大局。如果引导及时会转为正能量，否则，则成为社会不安定、乃至动荡的思想渊源。价值和精神是一个国家构筑发展的两个本质向度，党的十八大以来，明确把"三清"设定为目标。用"三清"引领政治思潮、凝聚社会共识，实现全社会的秩序、正义、自由、效率。

三、"三清"目标何以可能

我国目前正在基本完成经济转型、社会转型，经济由中高速发展转向高质量发展，必然引起思想观念领域的变化，权力运行机制对"三清"产生显著的正向影响，无数违反纪律的案例表明，"三清"成为我国新时期价值观建构不可或缺的重要内容，成为统一思想的理想信念。要让民众相信"三清"，必须要做到以下几点。

1. "三清"的理论前提：规范合理。"三清"在意识形态的内涵上应当是遵守那些"合理的规范"。当前中国共产党人在新的历史时期以人是"三清"的本体这一前提下，出台的《廉洁自律准则》就"紧扣廉洁自律主题，重申党的理想信念宗旨、优良传统作风，重在立德""为党员和党员领导干部树立了一个看得见、够得着的高标准"，使"三清"的规范不至于过于抽象而显得宽泛，从社会上一般人的能力来拟定相关规则，反映社会上大多数人的愿望和要求，是对纪律构建的进一步具体化。一旦对"规范"保持应有的精神状态，内心一旦拥有那个"道德律令"，就会有足够的定力抵御任何欲望的诱惑。当前对这种"先定力"来说必须消除三个方面的威胁：第一，潜规则对显规则的扭曲。我国社会生活中存在着缺乏公平正义性质的潜规则，这是一种隐性腐败方式，影响经济社会的正常发展，制约政府工作效率的提升。必须有恰当而合理的规则安排，为"三清"的形成奠定制度基础；第二，错综复杂的人情关系网的存在。它渗透在社会活动的各个领域，"三清"必须与人的本性相契合，改变其对社会运行的方方面面；第三，反诚信行为对规则的解构。反诚信行为破坏了"廉洁守约"的社会风尚，"三清"应当以社会上的一般人或普通人作为基准，增强民众对社会规则的信心和信赖感，以行动力来履行遵守廉政准则的义务。

2. "三清"的现实基础：政府清廉。政府清廉是"三清"的现实基础，权力运行机制多是指在政府中，不同层级的机构之间在政策制定、资源保障、执法措施、事务管理等方面的权限划分与配套协调，蕴含静态层面的权力结构体系与形式，以及动态层面的权力资源配置与制约。当前我国并没有成熟经验彻底解决权力运行过程中的突出问题，以及由此产生的责任模糊以及利益冲突，必须实现规范行政权力的行使，建设廉洁政府。首先，廉政建设既是党和政府的本质，又是长期执政的保证。早在1940年陕甘宁边区政府就提出："民主的政府必须是清廉纯洁的政府"，2016年习近平总书记也提出，要以建设法治政府、廉洁政府为目标。如果政府不遵守纪律，动辄行为腐败，民众自然也就没有遵守廉政的必要，因为政府腐败是对"三清"机制的整体破坏，由此社会也必定会陷入无序的状态之中。其次，政府权力的行使必须得到人民群众的认可，国家主导下的廉政建设才具备有效性和合法性。从政府权力的来源与具体行使来说，如果政府模范地遵守廉政的相关规定，民众自然就会积极地投身到党和政府的号召中，反之就只能是背离廉政的规定，在政策环境和制度空间之外寻找所可能会有的利益。最后，政府是国家公共行政权力的象征、承载体和实际行为体，是所有拥有国家权力的统治机关。只有当纪律在政府中被得到严格实施时，民众才会有自觉廉洁的现实需要。在我们的社会主义国家，政府主宰着人民的生活，政府更要引导人向善向上，筑牢拒腐防变思想道德防线。所以，政府的行为无疑会成为一种示范：政府廉洁人们即廉洁；政府腐败人们也必然腐败。政府艰苦奋斗、坚持群众路线，人民自然会尽廉洁的义务。

3. "三清"的社会氛围：政治清明。纪律既包括制度本身的完善与制定，又要包括建立一个长效的制度反应机制，即制度化的一个反映及完善的机制。只有当全社会的人们都具有普遍的纪律时，才可能造就出"三清"的良好氛围。纪律是一种公共的政治生态，是党风、政风和社会风气的综合体现。要让人们从廉洁中获得益处，那就必须让人们整体上对党和政府的廉政感到满意。廉洁自然也就是民众应尽的义务，如果人人以腐败为能事，这必然会导致大众与廉洁的渐行渐远。为此强调要"形成廉洁光荣、腐败可耻的社会氛围"，相应的措施为增强全社会接受"三清"，使纪律规范为民众所掌握、所遵守、所运用，一个健康的廉洁社会才可能得以型构。在这里，必须注意的几个问题是：第一，纪律意识是个人的自主性意识。劳动创造了人本身，是社会实践的基本形式，人的劳动是一种自由自觉的活动过程，人们在劳动中才会出现普遍的廉洁意识，而腐败则把劳动、自己的生命活动、自己的本质变成维持自己生存的手段。第二，纪律意识有利于提高国民素质。民众遵守"一般廉洁规范"的前提是人们的道德素质、科学文化素质和健康素质的提高，纪律制度要在真实的集体和积极的共同体中实现每个人的自由全面发展。第三，纪律意识的功能是为相互生存的人们提供一种互动关系的框架。在制度上有更多可执行的评价系统，为社会关系注入规范的因素。

4. "三清"的榜样力量：干部清廉。人的行为之间是会互相影响的，一般而言，人的模仿行为受一定的动机变量所制约，榜样若与模仿者具有相同或相似的特点，如性别、年龄、态度、价值观等容易使模仿者产生仿效的心理倾向。在当代中国，领导干部的行为方式和处事态度，往往会对其他人产生显著的影响。遵守纪律是我们党一贯倡导的优良传统和作风，折射出领导干部的党性修养、理想信念、作风建设等根本性特征，更能反映出主流的社会道德价值。廉洁属于人的道德操守，是大公无私，舍己为人，以身取义的思想境界。它是一种政治信用，是为官者起码的政德，可以肯定的是，领导干部敬畏"纪律"、敬畏"权力"、敬畏"责任"，是否遵守廉洁准则，往往会影响着人们对廉洁规范的遵守与否态度。若视廉政为无物时，自然也会给人廉洁准则不值得尊重的印象，由此在这种情形下，要造就所谓"三清"的局面，只能是人民群众对准则的丧失与信赖，导致人们对其品质、风格和气度的轻视与反感。领导干部特别是公权力中的"关键少数"作为国家治理的中坚力量以及廉政事业的治理重点群体，手中掌握着人民赋予的巨大权力，他们的榜样行为具有的功能价值起着更大的作用，因而在反腐倡廉的问题上，必须把领导干部带头学习廉洁规范、模范遵守廉洁规范作为治理的主体。实际上，只有领导干部带头学习规范、模范遵守规范，才会使人民群众直接建立起接受廉洁教育后的新行为。

5. "三清"的激励约束：奖惩并举。在实现"三清"的目标时，有些敢作为的官员，反而会触碰不同群体的利益格局，引发各种非议，诱发各类不同形式的"举报""曝光"。在激励约束问题上，有必要保持国家的强制力，"严刑酷法"对各种腐败分子能起到威慑作用，否则，得不到惩罚的腐败将会在社会中出现"破窗效应"。然而，惩罚只是促使人们恪守廉洁的一个方面，还有同样需要从腐败现象发生的经济、政治、文化和社会原因入手，从宏观上、战略上确立奖励机制。一方面，必须依靠法治，借助国家强制力的镇压与制裁，可以形成惩治腐败的高压态势，努力减少腐败存量，当然，使用惩罚方式要严格依法办事，使受惩罚者心服口服，化消极因素为积极因素。另一方面，要依靠纪律和奖励制度，因为民众的行动总是在一定的目标下进行的，让人们能够得到成就和赏识，纪律就拥有被尊崇、被信仰的地位，这有助于使纪律在民众的心目中得到认同。奖惩并举从宏观上说，党和政府对腐败的惩处要使腐败行为成为高风险零收益的行为，是得不偿失的行为，而部分党员干部滋生腐败思想会影响到党的纯洁性，对党产生严重危害，必然受到惩罚。由此让人们觉得廉洁是有道理的，必须尽忠尽职，完成其廉洁之责，不断对国家廉洁的结构原则既熟悉又满意。"安全的环境"、"满意的成绩"以及可取的"廉洁的结构原则"之间的良性互动才是推动人们真正廉洁的动因。总之，只有通过奖惩并举的方式来督促人们廉洁，才能使反腐倡廉成为全体人民共同追求和自觉行动。

思考题

1. "巡视"的内涵是什么？

2. 联系实际，谈谈对领导干部如何实现"问责"？

3. 为什么要用"三清"引领政治思潮、凝聚社会共识，实现全社会的秩序、正义、自由、效率？

阅读文献

1.《中国共产党巡视工作条例》，人民出版社 2017 年版。

2. 中共中央文献研究室编：《十八大以来重要文献选编（上）》，中央文献出版社 2014 年版。

3. 胡冰：《中国共产党巡视制度建设研究》，中国社会出版社 2009 年版。

4. "巡视要发现问题形成震慑　遏制腐败现象蔓延势头"，载 http://politics. people. com. cn/n/2013/0518/c1001-21526322. html.

第六章

纪检监察要素、规律及程序

教学目的和要求：

学习和掌握纪检监察的要素，把握纪检监察的基本规律，通过理解纪检监察工作的程序，既有利于深刻认识纪检监察办案工作的重要意义，而且有利于准确办案，既能发挥警示作用，也可以保障党员的民主权利。

教学要点：

1. 纪检监察的构成要素
2. 纪检监察的基本规律
3. 纪检监察工作的程序及要求

世间的任何事物，其发生、发展和变化都是有规律的。中国共产党在纪检监察工作的长期实践中总结出了一系列正确认识和科学理论，概括出了纪检监察的工作规律和规范。纪检监察办案的过程，说到底是对已经发生的客观事实的发现和再现过程，是人认识客观世界的一种主观活动。所以，办案的规律，既要遵循客观世界的规律，又要遵循主观活动的规律，只有遵循这些规律，才能最终达到再现客观事实之目的。研究办案规律，首先或主要不是理论工作者的任务，而是实践工作者特别是办案人员的任务，因为我们研究办案的规律，首先或主要不是理论的需要，而是办案的需要，是为查办案件服务的。

第一节 纪检监察要素

一、"基本要素"构成

按照词语解释，"要"即重要，"素"即元素，所谓要素，即"构成事物的重要元素"。但是，"构成事物的重要元素"往往很多，其中最基础、最根本的那一部分，就是"基本要素"。作为一个人，只要他在世界上存在，就要具备很多条件，比如自然条件、社会条件、人文条件、物质条件、精神条件，等等，其中最基础、最根本的是物质条件和精神条件。作为人类的任何一项活动，都有许多元素构成，但是，最基本的要素有七个，简称"七何"，即何人、何地、何时、何事、何原因、何方法、何结果。把"七何"理论引申到监督领域，可以提炼归纳出"5W"要素，即"谁监督"（Who）、"监督谁"（Which）、"监督啥"（What）、"靠啥监督"（Whereby）、"咋监督"（How）。具体到纪检领域，"谁监督"是监督主体问题，"监督谁"是监督对象问题，"监督啥"是监督职责问题，"靠啥监督"是监督职权问题，"咋监督"是监督程序问题。由此可以看出，纪检的基本构成要素有五个基本方面，即纪检的主体、纪检的对象、纪检的职责、纪检的权力、纪检的程序。在纪检各类主体中，"纪检监察机关"居于支配和主导地位。

纪检基本要素，是对纪检活动的一种具体分析和微观剖析，在此基础上，如果作进一步的抽象分析和综合，就会发现两个有价值的问题：第一，纪检的五个基本要素，都是围绕着"监督权"这个中心的，比如，纪检主体是拥有监督权的主体，纪检对象是监督权所指向的对象，纪检职责是监督权所承担的责任，纪检职权是监督权的具体体现，纪检程序是监督权的行使所遵循的规程。第二，纪检基本要素问题，实际上涉及的是实体与程序的问题。如果把上述两个问题综合起来考虑，可以把"纪检基本要素问题"置换为另一个问题，即"纪检监督权的实体与程序两个基本要件"问题。

所谓实体问题，是指涉及活动参与者的权利（权力）和履行义务（责任）等基本内容的问题。所谓程序问题，是指涉及活动参与者行使权利（权力）和履行义务（责任）的方式方法等基本形式的问题。任何一种活动，都是由内容与形式组成的，比如，会议都有会议的主题和会议的议程、调研都有调研的主题和调研的方式、检查都有检查的任务和检查的步骤。任何内容，都必须借助一定的形式表现出来，没有内容，形式就没有存在的前提和依据，没有形式，内容就无法体现和表现出来。实体与程序的关系也是如此。

纪检活动，说到底是"主体"与"对象"之间的活动，即纪检机关与纪检对象之间的监督与被监督活动。监督的核心问题是权力。纪检机关的监督权本身是一种权力，同时它又是对权力的监督，所以，监督权本身就体现了"以权制权"的精神。作为一种权力，监督权与其他任何权力一样，都必须具有合法性：一是权力的来源必须合法，没有合法依据的权力就没有存在的前提和基础。二是权力的运行必须合法，不按照法定程序行使的权力必然被滥用或走向歧途。这两个条件不是选择性的，而是必须同时具备的，缺一不可。如果权力来源就不合法，是非法权力，它的行使再符合程序也是错误的；反之，如果权力的行使违反法定程序，即使权力本身是合法的，也仍然是违法行为。所以，实体与程序是权力的两个基本要件，这与纪检的基本要素是一致的。"实体问题"是指涉及纪检监察主体的职责、权力、任务、责任以及纪检对象的义务和权利等方面的问题。"程序问题"，是指涉及纪检主体如何行使职权、如何承担责任以及纪检对象如何履行义务，如何享有权利的方式、方法、步骤等方面的问题。

纪检基本要素，具备三个特征：一是基础性，即各要素都是纪检的基础性要素，是构成纪检的最基本的方面，纪检的其他要素和元素，都是依附于这些基本要素并从这些基本要素引申、演变和衍生出来的。二是联系性，即各要素之间不是彼此孤立的，而是相互依存的。没有监督主体，讨论监督的权力、职责、程序等就没有前提；没有监督权力，监督主体的地位和职责就没有保证；没有监督职责，监督的主体、权力、程序就没有方向；没有监督对象，监督的权力、职责、程序就没有目标；没有监督程序，监督的主体、权力、职责就没有秩序。三是完整性，即各要素综合起来，能够完整地反映纪检的全貌，纪检的基本要素，构成了纪检的基础框架。可以说，纪检中的一切活动都是在基本要素的共同参与下、在基本要素的合作基础上展开的，缺一不可。在纪检各类主体中，基层纪检机构处于基础和前沿地位。

从实践价值说，只要抓住了纪检基本要素，就抓住了纪检所有问题的骨干和脉络，就会在面对纷繁复杂的纪检业务和任务时，多一些提纲挈领之自信，少一些理无头绪之迷茫。从理论价值看，站在"基本要素"的高度，以

"基本要素"的视角，统揽纪检的方方面面，有助于增强对纪检的理性思维，有助于促进对纪检的理论思考，使人们对纪检的理解更深、更宽、更新、更高，同时也使人们对纪检的认识少一些"事务性"，多一些"理论性"，纪检监察是一门学问和专业。

二、纪检主体

纪检主体，即纪检权力的行使者和责任的承担者。我国纪检活动的主体，主要有五类，分为两种情况，一种是独立职能机关，一种属于派出机关：

第一类是纪检机关，即中央和地方各级纪检机关。中央纪委是中国共产党的最高纪律检查机关，是由中国共产党全国代表大会选举产生的中央领导机构之一，在党中央领导下进行工作。国家监察委员会，是国家最高监察机关，由全国人民代表大会选举产生。中央纪委和国家监察委员会合署办公以后，共同履行党的纪律检查和国家行政监察两项职能。县以上地方各级纪检机关，在本级党委和上级纪检机关的双重领导下开展工作。

第二类是地方纪检机构。党的省、自治区、直辖市、设区的市和自治州，县（旗）、自治县、不设区的市和市辖区的纪检监察机构属于地方纪检机构。各级纪律检查机关和监察机关全部合署办公，实行"一套人马，两块牌子"。根据《党章》和相关党内法规规定，地方各级纪律检查机关可向所属党组织派驻纪检机构或纪检人员，并实行统一管理。

第三类是基层纪检机构。根据《党章》第 30 条第 1 款规定，企业、农村、机关、学校、医院、科研院所、街道社区、社会组织、人民解放军连队和其他基层单位，凡是有正式党员三人以上的，都应当成立党的基层组织。《党章》第 45 条第 3 款规定，党的基层委员会是设立纪律检查委员会，还是设立纪律检查委员，由它的上一级党组织根据具体情况决定。党的总支部委员会和支部委员会设纪律检查委员。按照《监察法》及其他有关规定，监察机关一般只设立在县级以上行政区划，但在实践中，有的基层单位也设立了监察机构。纪检监察合署办公后设立监察机构的，与纪检组织合署办公。只有纪检组织没有监察组织的，纪检组织履行纪检监察两项职责，发挥两种职能。

第四类是派驻派出纪检机构。派驻纪检监察机构是各级纪检机关的外部延伸和组成部分。这主要有几种情况：①纪律检查工作委员会。它是上级纪委的派驻机构，在上级纪委和同级党委政府直属机关党的工作委员会领导下进行工作，负责领导所属各部门的机关纪委工作；②纪检双派机构。既派驻党的纪检组或纪检员，又派出监察机构或监察人员，实行合署办公，主要在一些行业人数较多或实行垂直管理的政府所属部门；③单派驻纪检组。主要在党和政府一些直属事业单位和法院、检察院设置，这些单位如果有内设监察机构，派驻纪检组与内设监察机构实行合署办公；④单派出监察机构。主要在一些设有纪委或党组纪检组的政府所属部门设置，该派出监察机构与这些单位的党组（党委）纪检组（纪委）也实行合署办公。

第五类是内设纪检机构。内设纪检监察机构是纪检监察主体的重要补充。对人数较多、实行行业管理的党政机关和直属企业事业单位，没有实行派驻（派出）纪检监察机构的，应设立党组纪检组和行政监察机构。这种内设的具体形式大致有四种情况：在党委或党组设立纪委；设立党组纪检组和内设监察机构；设立党组纪检组；设立监察机构（如监委、室）。

需要指出的是，纪检主体不能是个人而是组织，上述纪检各类主体，不管是"机关""机构"，还是"纪检委员""纪检监察员"，都是作为"组织"的名义设立的，他们开展工作也是以"组织"的名义出现的，而不是以个人的名义。所以，从事纪检工作的人员，都是相应的纪检主体中的一分子，他们在行使职权的时候，是受组织的委托、代表组织进行的，不是以个人身份进行的。

三、纪检对象

纪检对象，是按照《党章》和《监察法》等有关规定，纪检职权所指向的人和事。从比较宽泛的意义上说，纪检对象由两个部分构成：一是"人"，即党的组织和党员，国家行政机关和国家公务员以及国家行政机关任命的其他人员；二是"事"，即纪检事项，包括纪律监督事项、执法执纪情况的检查事项、案件调查事项、纪律处分事项、复查复核事项等。在纪检对象中，"人"和"事"这两个部分是不可分割的，之所以要从"人"和"事"这两个角度对纪检对象作出划分，是因为其具有重要的理论价值和实践意义。

从理论上讲，纪检的活动都是围绕"人"和"事"这"两个方面展开的。""人"离不开"事"，"事"也离不开"人"，有"人"就有"事"，有"事"必有"人"。但在具体实践中，有的是以"人"为主，比如受理检举控告、调查处理违纪违法案件、案件办理等工作，主要是围绕特定的"人"而展开的，大体遵循由"人"到"事"的过程。有的则是以"事"为主，比如党风廉政建设责任制、执法监察、纠风、效能监察、源头治腐等工作，都不是冲着"人"去的，而是围绕特定的"事"展开的，大体遵循由"事"到"人"的过程。

从实践上讲，从"人"和"事"两个方面界定纪检对象，有利于纪检机关行使职权。比如，在监督检查和案件调查活动中，往往涉及党外组织和非党员以及非行政机关和非公务员等，他们显然不是纪检职权所指向的特定的"人"，但是，如果他们涉入纪检监察某个事项，成为其中的组成部分和构成要素，据此就可以把他们纳入纪检机关的监督范围。这一点，在纪检条规和监察法规中均有体现。《检查工作条例》第28条规定，"凡是知道案件情况的组织和个人都有提供证据的义务"，这里所说的"组织和个人"，既包括党组织和党员，也包括党外组织和党外人员，他们不能以"不是党组织和党员"为由拒绝对案件检查事项的配合，否则，纪检机关有权建议相关机关予以追究。《监察法》第23条也规定，"监察机关调查涉嫌贪污贿赂、失职渎职等严重职务违法或者职务犯罪，根据工作需要，可以依照规定查询、冻结涉案单位和个人的存款、汇款、债券、股票、基金份额等财产。有关单位和个人应当配合"。这里的"单位和人员"，既包括"国家行政机关和国家公务员以及国家行政机关任命的其他人员"，也包括上述人员之外的那些单位和人员，后者尽管不是特定的"监察对象"，但却被"监察事项"所囊括，成为"监察事项"的一个构成元素和组成部分，同样要接受监察。与"对象"密切相关的就是"管辖"。"对象"和"管辖"是两个不同的概念。纪检管辖，是按照分级管理的原则，确定哪一级纪检机关管理哪一些纪检对象的权限划分，通俗地说，"管辖"是对"对象"的具体划分，我国目前对纪检对象实行的是"分级管辖"原则。

四、纪检职权

一个机关要履行职责，必须拥有一定的职权。职权以职责为依据，职责以职权为保证。所谓纪检职权，是与职责相适应的权限，或职责范围内的权限，是指纪律检查机关履行法定职责时，对监督对象享有的检查、调查和惩戒等强制性权力，它的落脚点是"权"而不是"责"。按照《党章》和其他党内法规规定，纪检机关有五项职权，即监督权、检查权、调查权、建议权、处分权（或决定权）。这五项职权可以划分为"两级五项"，即监督权、检查权、调查权是一级权力，建议权、决定权是二级权力，共有监督权、检查权、调查权、建议权、决定权五项权力。因为，建议权和决定权必须是在检查和调查的基础上、根据检查和调查的结果才能实施，是检查权和调查权的必然延伸和有力保证，没有检查、不经调查，就无法提出建议、作出决定。

1. 监督权。是指各级党的纪律检查机关对同级党的委员会及其成员行使的《党章》规定范围内的监督权限。监督权主要有两个特征：第一，这里的监督权是狭义的监督，广义的监督包括了检查权、调查权、建议权和处分权等。这里的监督权主要强调对同级党委权力的制约与制衡。按照《党章》规定，纪委负有监督同级党委的职责，而行政监察机关作为政治内设监察机关，不负有监督同级政府的职责。因此这里的监督权主要是针对纪律检查机关。第二，监督权的对象主要是同级党委及其成员。党的十八届三中全会强调："各级纪委要履行协助党委加强党风建设和组织协调反腐败工作的职责，加强对同级党委特别是常委会成员的监督。"这是更好发挥纪委作为党内监督专门机关作用的必然要求。

纪律检查机关行使监督权可以采取以下措施：一是参加、列席和召集有关会议。二是初步核实。即党的地方和部门的纪委（纪检组）发现同级党委（党组）或它的成员有违犯党的纪律的情况，有权进行初步核实，并直接向上级纪委报告，任何组织或个人不得干预和阻挠。三是反映报告。地方（部门）纪委（纪检组）可以不经过同级党委同意，直接向上级纪委反映情况，任何组织和个人不准干预、压制。四是请求复查。党的地方各级纪委如果对同级党的委员会处理案件的决定有不同意见，可以请求上一级纪委予以复查。五是提出申诉。党的地方各级纪委如果发现同级党的委员会或它的成员有违反党的纪律的情况，在同级党的委员会不给予解决或不给予正确解决的情况下，有权向上级纪委提出申诉，请求协助处理。六是对拟提拔任用的领导干部提出审核意见。凡属地方和部门主要领导干部的提拔任用，党的组织部门在提请党委（党组）讨论决定前，应征求同级纪委（纪检组）的意见。

2. 检查权。即纪检监察机关对监督对象贯彻执行《党章》、党规党纪和国家法律法规、党的路线、方针政策和决议、党风政风建设等情况进行检查的权力。检查权有三个特征：一是主动性。纪检监察机关可以就某方面的情况如党的路线、方针政策和决议、党风政风建设等事项，有计划、有步骤、有组织地进行检查。二是全程性。纪检监察机关可以就某方面的情况如高考招生、征兵、抗击疫情物资等进行全过程的跟踪检查，包括事前、事中、事后检查，有防患于未然的作用。三是开放性。纪检监察机关的检查活动一般是公开进行的，有公开方案、有部署安排、有宣传动员、有广泛调研、有社会评议、有结果反馈等。四是"对事"性。纪检监察机关的检查活动一般遵循"对事不对人"原则，目的是弄清某方面的情况，而不是针对某个或某些人的问题，对"人"的追究是作为对"事"追查的客观结果出现的。

纪检监察机关行使检查权，可以采取以下措施：①参加、列席和召集有关的会议；②有权了解。要求被检查的单位和人员提供有关的文件资料和财务账目，并进行查阅或复制，被检查者不得拒绝；③有权询问。要求被检查单位和人员就检查涉及的有关问题作出解释和说明，被检查者不得拒绝；④有权责令。责令被检查单位和人员停止违纪违法的行为；⑤有权要求配合。对检查涉及的纪检监督对象之外的单位和个人进行查询，被查询者不得拒绝等。

3. 调查权。即纪检机关对检举控告的以及检查中发现的监督对象违反《党章》、党规党纪和国家法律法规政纪等问题进行了解、核实，或经初核后发现党组织和党员有违纪行为需要给予一定的党纪处分而决定立案后，实施调查的权力，所以也可叫案件检查权。与检查权相比，调查权有三个明显特征：一是被动性。一般是在有检举控告或者检查发现问题之后，才能进行调查，没有这一前提，纪检监察机关无法进入调查。所以，它具有一定的事后性。二是封闭性。案件调查工作一般是在严格保密、极其隐蔽的情况下进行的，对纪律审查人员来说，保密是贯穿调查始终的一条纪律。三是"对人"性。纪检监察机关的案件调查一般遵循由"人"到"事"的规则，目的是针对反映或发现的某个人或某些人的问题，弄清这些问题是否存在。

纪检监察机关行使调查权，可以采取各项检查措施，但行使检查权，却不能采取各项调查措施。可以这样说，检查措施可以作为案件调查措施使用，但调查措施只能在案件调查中使用，不能在案件之外的检查工作中使用。《检查工作条例》第28条规定，调查措施主要包括："（一）查阅、复制与案件有关的文件、资料、账册、单据、会议记录、工作笔记等书面材料；（二）要求有关组织提供与案件有关的文件、资料等书面材料以及其他必要的情况；（三）要求有关人员在规定的时间、地点就案件所涉及的问题作出说明；（四）必要时可以对与案件有关的人员和事项，进行录音、拍照、摄像；（五）对案件所涉及的专门性问题，提请有关的专门机构或人员作出鉴定结论；（六）经县级以上（含县级）纪检机关负责人批准，暂予扣留、封存可以证明违纪行为的文件、资料、账册、单据、物品和非法所得；（七）经县级以上（含县级）纪检机关负责人批准，可以对被调查对象在银行或其他金融机构的存款进行查核，并可以通知银行或其他金融机构暂停支付；（八）收集其他能够证明案件真实情况的一切证据。"

4. 建议权。即纪检监察机关在检查、调查的基础上，根据检查和调查的结果，向被检查和调查的单位或者有处理权的部门提出处分、表彰、改进工作和法律制裁建议的权力。纪检建议，作为一种权力，与我们通常所说的"工作建议"不同，其明显的特征，是具有一定的强制性和约束力。这种强制性和约束力具体表现在：一是在形式上，纪检建议必须以书面形式提出，并送达有关单位和人员；二是在效力上，有关单位和人员收到建议后，应在30日内向纪检机关通报采纳建议的情况，如果对建议有异议的，也必须在30日内向发出建议的纪检机关提出，纪检监察机关收到异议后，也必须在30日内回复；三是在后果上有关单位和人员对纪检建议没有在规定期限内提出异议，却无正当理由拒不采纳的，按照《中国共产党问责条例》及其他规定，要追究有关单位领导和人员的责任。

纪律检查机关行使建议权的情况主要包括：①有权建议"为"、"不为"或"改正"。纪检机关对被检查对象应该履行而未履行职责的，有权建议其正当履行；对于被检查对象按有关规定不应当作为的，有权建议其"不为"；对于被检查对象的违纪行为尚未构成追究党纪责任程度的，纪检机关有权向被检查机关对象提出改正或纠正的建议。②有权建议移送。党员受到党纪追究，需要给予行政处分或者其他纪律处分的，作出或者批准作出处理决定的党组织应当向有关机关或者组织提出建议；涉嫌犯罪的，应当移送司法机关。③有权建议给予、撤销或改变处分。纪检机关有权建议党外组织对党员或非中共人士给予、撤销或改变非党纪处分。在实践中，纪检机关对检查和调查中发现的涉嫌触犯刑律或非监督对象的违纪违法行为，还有"移送建议权"。比如有权建议移送司法机关处理。因为权力都有其效力范围，它只能指向受其控制的对象，如果乙在甲的监督或管理范围之内，那么，甲就有向乙提出建议的权力。如果乙不在甲的监督或管理范围之内，那么，甲尽管可以向乙提出某些建议，但这种建议不是权力的体现，而是责任的要求。

5. 决定权。即纪检监察机关在检查、调查的基础上，根据检查和调查的结果，向被检查和调查的单位和人员作出党纪处分决定的权力。纪检决定权，有两个明显的特征：一是直接作出。即尽管该决定要按照管理权限进行审批，但最终是以纪检机关自己的名义作出的。二是直接生效。即该决定一旦作出，就具有法律效力，有关单位和人员必须执行，对决定如果不服，可以提出申诉，由纪检监察机关进行复查、复核，但复查、复核期间，不停止决定的执行。纪检机关行使处分权的情况，主要包括：①有权给予处分，即违纪违法需要给予党纪和政纪处分的；②在特殊情况下，有权直接作出处分决定。《党章》第42条规定："在特殊情况下，县级和县级以上各级党的委员会和纪律检查委员会有权直接决定给党员以纪律处分。"③改变或取消处分；《党章》第47条规定："上级纪律检查委员会有权检查下级纪律检查委员会的工作，并且有权批准和改变下级纪律检查委员会对于案件所作的决定。如果所要改变的该下级纪律检查委员会的决定，已经得到它的同级党的委员会的批准，这种改变必须经过它的上一级党的委员会批准。"

第二节　纪检监察规律

规律是事物发展过程中的本质联系和必然趋势。任何事物的发展变化，都有其自身必然遵循的法则，办案工作也是如此。腐败有腐败的规律，反腐败有反腐败的规律，违纪违法行为的发生有其规律，对违法违纪行为的查处也有其规律。古人云"知己知彼，百战不殆"，要掌握查办违纪违法案件的规律，就必须研究违纪违法行为的规律。案件检查工作的规律，一般应由两个层面组成：一是发案规律，二是办案规律。这实际上是一个问题的两个方面，是密切联系的。掌握发案规律是"知彼"，掌握办案规律是"知己"，"知彼"是前提，"知己"是关键，只有两者兼备，才能提高办案能力，保证办案的水平、质量和效率。

所谓"发案规律"，是指违纪违法行为从发生到暴露的过程中存在的规律，这方面的规律，我们通过对那些腐败分子在"自白书""忏悔录""悔罪书"中对自己腐败过程的剖析，就不难发现。总结查办案件实践，违纪违法行为的发案规律，可以说因人而异、因事而异、因时而异、因地而异，比如权力越集中、腐败越易生的"贿随权集"规律，个人越专断、问题越易发的

"权极必反"规律，重大腐败案件最初都是从小节小事开始的"蚁穴管涌"规律，交友不慎而走向邪途的"友忧相伴"规律，经常与不法老板保持不正当密切往来而发案的"近墨者黑"规律，因色而贪、因贪而色的"色贪相涨"规律，以及喜欢插手微观经济活动而身陷囹圄的"伸手被捉"规律，等等。这些规律对查办案件具有重要的指导作用。

所谓"办案规律"就是纪检监察机关查办违纪违法案件过程中具有客观性、必然性和普遍性的内在联系和方法技巧。不遵循办案的规律，就不可能办成案件，更不可能办成高质量案件。总结纪检监察办案的成功经验，查办案件的规律主要有两类：一类是基本规律，也叫一般规律，是指贯穿于一切违纪违法案件和每个案件全过程的具有主导性、指导性和支配性的规律，包括事实再现规律、法的实现规律、程序同步规律、矛盾转化规律；另一类是特殊规律，它是体现在办案工作某一个或某几个方面中的具有特殊性、具体性和局部性的规律，包括突破口规律、取证规律、时空规律、分化规律、协同规律、攻心规律等。

我们做任何工作，都必须掌握正确的方法。纪检监察工作同其他工作一样，也有着自身的特点与规律，需要与之相适应的正确工作方法。总结近年的工作实践，主要有，一是坚持领导抓、抓领导。在反腐倡廉建设中，领导干部既是责任主体，又是重点对象。反腐倡廉各项工作要抓好落实，关键在于领导干部，尤其是党政"一把手"。二是坚持综合抓、抓综合。纪检监察工作是一项综合性很强的工作，包含教育、监督、制度、惩处、保护等各项工作，涉及政治、经济、文化、社会建设等各个领域。坚持综合抓、抓综合，就是要把反腐倡廉各项工作、各个方面和各种要素联结为一个整体来认识，用综合的思维去分析问题，用综合的办法解决问题，取得综合的效果。三是坚持协调抓、抓协调。组织协调是《党章》赋予纪委的重要职责，也是纪委开展工作的基本方法。四是坚持专项抓、抓专项。必须坚持战略性目标与阶段性任务相结合，既有战略上的整体规划，又抓紧一个时期一个地方群众反映强烈、基本具备治理条件、经过努力在短时期内能够取得成果的突出问题，提出具体的、明确的阶段性要求和工作目标，集中力量进行专项治理，确保抓一项成一项，积小胜为大胜，稳步推进反腐败斗争。这就是所谓"专项抓、抓专项"的方法。五是坚持部门抓、抓部门。所谓部门抓、抓部门，就是按照"谁主管、谁负责"的原则，由各主管部门承担主抓责任，抓好本系统各单位的党风廉政建设。

一、事实再现规律

纪律检查机关履行监督职责，不能搞"一阵子""大而全"，必须一个节点一个节点地抓，实现"总"与"面"有效结合，透过一件小事见微知著，看到实实在在的作风转变。党的十八大以来，为了贯彻落实中央八项规定精神，纪检机关加强了日常检查，执纪监督查处曝光，实现了点与面的有效结合。纪检监察机关履行监督职责是具体的，不是抽象的强化。强化监督，必须抓细节抓具体，用问题倒逼，看住一个个节点，以点带面，逐步深入，不断加大典型案件的曝光力度。所以呈现出点面结合特征，办案、查处违纪案件就是要按照这个思维方式思考。

办案过程，都是对已经发生的事件的本来目的进行发现、发掘和再现的过程，这个过程所体现的规律，就是事实再现规律。按照历史唯物主义观点，任何违纪违法行为，一旦发生，就是客观存在的事实，何人、何事、何地、何时、何因、何果等"六要素"共同构成了该事实。不管这一违纪违法行为是否被发现，它都是不依人的主观愿望而转移的客观存在，这好似查办案件工作能够立于不败之地的根本保证。但是，违纪违法行为不会"主动"地暴露出来、"自觉"地呈现在我们面前，它从发生到完成、从被发现到被再现，是一个复杂曲折的过程。

任何一种违纪违法行为，"发生"在前、"发现"在后，原因在前、结果在后，这是一个基本的历史逻辑。违纪违法行为在被发现之前，通常以三种形态存在：① "过去完成形态"，即违纪违法行为的"六要素"在调查之前已经全部具备，行为已经完成。如某厅长于1993年5月16日在自己的家里接受一个企业经理所送的2万元现金，并于当年年底给该企业协调资金100万元。至此，该厅长的受贿行为已经完成，不管他用什么样的手段掩盖，该受贿行为已经成为一种不可动摇的"铁的事实"、无法收回的"倾覆之水"。② "现在进行形态"，即违法违纪行为在过去某个时间已经开始，被发现之前该行为尚未最后完成，还正处于进行之中。比如某局长1997年12月挪用国家拨付的专项资金100万元归自己使用，之后，为了不被发现，就采取"新款还旧账"的办法，达到长期使用的目的，在被检查发现的时候，该资金仍未还上。这样的行为，因为还在进行之中，所以，可以称之为"活的事实"。

③ "混合存在的形态"，即某人在被发现或接受调查的时候，有的违纪违法行为已经完成，有的违纪违法行为还正在实施，或者是违纪违法行为虽已完成，却为掩盖事实而正在实施串供、毁证、销赃等新的活动。办案的过程就是再现事实的过程，就是要把已经发生过的客观情况"还原"出来、"恢复"过来。"再现事实"的过程主要有三个环节：

第一，找"点"，即寻找并取得能够证明违纪违法行为的各种事实材料和蛛丝马迹。任何行为，都是由若干的"点"组成的，行为一旦发生，就会出现一系列有内在联系的"点"。如受贿过程中，行贿者取的钱、装钱的袋子、双方的通信联络、交钱的地点场所、收钱时双方的交谈、钱的存放和去向、给行贿者谋利的过程等，都是实施受贿的重要环节，也是构成受贿行为的若干的"点"。这些"点"，在受贿行为完成之后，有的会消失，如当时送钱的场景已不复存在，送钱的袋子已被销毁等；有的会随着时间的推移而逐渐淡化，如行贿者当时说的话、当时的具体环境等，会被逐渐淡忘；有的已经发生角色转换，参与到了另一个行为，如所收的"贿金"转为银行的存款或消费费用等。

捕捉客观存在的"点"，是办案者的首要任务。一个人即使做了一个虚幻的梦，早晨醒来时还会在脑子中留下点儿印象，何况违纪违法行为中的这些"点"毕竟客观地"存在过"，既然"存在过"就必然会在客观上留下一定的痕迹。比如，伪造的账册和凭据、有关经手人的签字、资金的来源（取款记录）和去向（存款或消费记录）、发生的过程和方式（通话记录、书面记录等）等。只有有可能发生了"证据"转换，比如那些已不复存在或无从查找的书证，可能转换成了当事人的证言，那些已经无法找到的物证（如当时送的那捆儿现金），可能换成了当事人提供的书证（如后来的存款或消费凭证）。总之，这些"点"孤立地看可能是"朽木"，可一旦被放在某一特定的行为过程中使用，就凸显"神奇"，有非常重要的价值，是再现事实真相的"基石"。

第二，连"线"，即把已经取得的证据材料"点"、按照时间的先后顺序和内在的逻辑关系进行各种可能的连接，使之成"线"。"线"都是由许多"点"构成的，"点"的充分性，决定着"线"的确定程度。在调查过程中，我们对某一违纪违法行为中的"点"不可能一下子全部找到，特别是在摸查的初期，人们往往只能找到极少的几个比较零星和零碎的"点"。在"点"

还不充分的情况下，必然带来相互之间连接的断裂性、大胆的猜测、深入的分析、缜密的推理，努力找出全部的各种可能的连接，不能有一个遗漏，然后再通过进一步有针对性地调查取证，对各种可能的连接方案一一进行筛选排除，直到最后确定唯一合理的连接线。比如，甲、乙二人为了求某局长办事，一次在局长家里送出 2 万元现金，当时局长的妻子也在场。但在调查中，甲说"钱由我交给了局长"，乙说"钱由甲交给了局长的妻子"，但局长夫妇拒不承认有此事。在此情况下，甲乙为一方，局长夫妇为一方，证据形式是2：2，且甲、乙的说法不一致，我们无法作出认定。由于"乙经手送钱"缺乏证据支持，该情况可以被排除，所以，就出现了三条可能的连接线：①甲把钱给了局长；②甲把钱给了局长的妻子；③由于局长夫妇不承认，也可能甲、乙说假话，即没有送钱。在此情况下，经过对甲乙二人作深入细致的调查询问，如果能弄清二人说法不一致的原因（是记忆有误，还是有意编造，要弄清其动机，促其说出实情），进而排除二人说法的不一致（甲是把钱给了局长，还是给了局长的妻子），就认定确实送了，排除"没有送钱"的可能。这样，就剩下两种可能：或者给了局长，或者给了局长的妻子，无论哪种情况，局长都难脱责任。在进一步调查中，如果再从局长妻子取得突破，承认是自己收钱或者局长收钱，证据形式就成了3：1，至此，即使局长仍不承认，也是大局已定。

第三，成"链"，即把已经连成的不同的"线"，按照事物发展的内在规律进行对接，形成相互联系、相互支持、相互印证的事实链条。从理论上讲，"线"是由一个"点"开始到另一个"点"结束，两条"线"之间可能交叉、可能相接、可能平行，也可能毫不相干。"链"则是由"线"构成的，而且"线"一旦构成"链"，就必须具备封闭性和循环性。所谓封闭性，就是要环环相扣、证明唯一，排除其他任何可能。所谓循环性，就是要首尾相接、自圆其说，防止任何断档现象。比如，甲为了求某局长乙办事，给局长的妻子丙送现金 2 万元。在这里，就存在三条线：①甲与局长乙之间的"谋取利益"关系；②甲与局长的妻子丙之间"送收现金"关系；③局长的妻子丙与局长乙"意思传递"关系。这三条线如果少了其中任何一条，就会出现断档，受贿就不能认定。只有这三条线首尾相接、环环相扣，形成事实链条，即甲给局长的妻子送了钱、局长的妻子收钱后局长知道，局长给甲谋了利，受贿的性质才能认定。

列宁曾说"神奇的预言是神话，科学的预言却是事实"。办案工作中的再现事实，不是对未来的"预言"，而是对过去的"复原"，尽管如此，列宁的这句话对我们仍有指导意义。只要我们尊重事实，尊重科学，通过"复原"完全可以还历史以本来面目，"臆造的复原是赝品，科学的复原却是真品"。

二、一体化规律

纪检监察机关的一体规律是指纪检监察机关作为一个整体统一行使监督职责，形成整体统筹、上下一体、指挥灵敏、配合密切的运作规律。2020年中央首次把一体推进"不敢腐、不能腐、不想腐"上升到反腐败斗争的基本方针，以及全面从严治党的重要方略的高度，全国纪律检查机关作为一个统一的整体，如何正确处理纪检与监察的关系，上级纪律检查机关如何加强对下级纪律检查机关的领导，各地纪律检查机关之间如何实现协作配合，纪律检查机关如何组织所述内设机构和干部统一有效地行使职权，这既是纪律检查组织的原则问题，也是纪律检查活动的原则问题。一体化原则是世界上很多专门监督机构，特别是监察机关通行的活动原则。它强调，整个监督机构是一个不可分割的整体，应当上下统一、横向协作、内部整合、总体统筹，形成整体工作合力。比如，在法国，检察院有不可分割的性质，检察机关的司法官——至少是属于同一检察院的司法官，在法律上都被看作是组成同一个人。有人说，职责吸收了每一个成员的个人身份。监督机关的这种一体化不仅表现为对整体性的强调，而且上下级之间还有着领导与服从的关系。在西班牙，《宪法》第124条第2款规定，"检察部门通过其自己的机构，根据行动统一、下级服从上级、在任何情况下均服从法治和公正的原则，行使检察权。"在德国，这种一体化还表现为"检察院的各成员始终可以相互替代履行职责，即使是在对某案件进行审判的过程中，本检察院的各成员亦可以相互替代之"。在英国，按照1985年《犯罪起诉法》，监察机构由总监察长为首长的中央法律事务部（刑事检察署以及区检察署构成）。实行全国一体化且分层管理的原则，上下级之间有明确的监管和被监管关系。在我国，纪律检查机关与国家检察机关虽然一个属于党内监督，一个属于国家法律监督，但是两者同属监督机构，在监督的体制机制、程序方法上有很多相同之处。国家检察机关的一体化原则完全可以为纪检监察机关所借鉴。

譬如，长与常相结合方法。反腐倡廉必须常抓不懈，拒腐防变必须警钟长鸣，关键就在"常""长"二字，一个是要经常抓，一个是要长期抓。"常""长"二字深刻揭示了党风廉政建设和反腐败斗争的客观规律，也为纪律检查机关履行监督职责指明了正确的方法。"常"字强调要把党风廉政建设和反腐败斗争作为一项经常性工作来抓，从具体问题抓起，由浅入深，由易到难，由简到繁，循序渐进，一个时间节点一个时间节点地抓，积小胜为大胜。这里要强调的是，纪检机关监督的内容一定要具体，不能空泛。要重点监督所在地方和部门的党委、党组成员党风廉政建设方面存在什么问题，有哪些问题线索，本地区、本部门在党风廉政建设方面总体情况怎么样，哪些干部反映比较多，在执行党的纪律方面有什么需要注意的倾向，在落实中央八项规定精神当中，有哪些值得注意的问题，总之，一定要具体，千万不能大而化之。"长"字强调真除腐败，不可能毕其功于一役，要有惩治腐败的决心、信心和恒心，从源头上有效防治腐败。党的十八届三中全会通过的《中共中央关于全面深化改革若干重大问题的决定》的许多内容实际上都与反腐败工作息息相关，《决定》一共 16 章，有 13 章涉及解决政府、市场、社会三者的关系，通过深化改革，使政府监督、市场调节、社会服务三者的边界更加清晰，市场在资源配置中真正起决定性作用，把权力关进制度的笼子。改革开放的实践证明，市场机制的完善程度与公务人员的廉洁程度成正比，从这个角度来看，三中全会的《决定》实际上也是推进反腐败斗争。

又比如，"惩"与"治"相结合方法。治标有效才能治本有道。严厉惩治是防治腐败的最有效手段。纪律检查机关履行监督职责，不能为监督而监督。必须通过监督，对发现的问题及时进行惩治，惩戒一个、警示一批、防止一片，以"惩"的手段，达到"治"的目的，反腐败的实践证明，惩治是最好的教育，也是最有力的预防。要形成有力震慑，使权力行使者"不敢腐"，关键是做到有腐必惩、有贪必肃，要坚持以零容忍态度惩治腐败，以猛药去疴、重典治乱的决心，以刮骨疗毒、壮士割腕的勇气，始终保持反腐的高压态势。要狠抓执纪监督，以纪律为尺子衡量党员、干部的行为，日常监督中发现了问题要真管严管，真管真严，对违法违纪问题发现一起查处一起。要通过惩治使党的纪律真正成为"带电的高压线"，使每一个领导干部牢固树立有权必有责、用权受监督、违纪受追究理念，始终牢记"手莫伸，伸手必被捉"的道理，做到正确对待权力，谨慎使用权力，不敢滥用权力。

三、程序同步规律

任何办案的过程，都是按照一定的顺序、遵循一定的规则而进行的，这个过程所体现出来的规律性，就是程序同步规律。办案的过程，是内容与形式相统一、实体与程序相统一的过程。如果说，事实再现规律所解决的是从"内容上"弄清客观存在的违纪事实问题，法的实现规律所解决的是从"实体法"上认定违纪的性质特征问题，那么，程序同步规律所解决的，则是给违纪事实的再现提供适当的表现"形式"，给法的实现活动提供"程序法"的保障。比如，我们在办案过程中，已经取得了大量的事实材料，事实的真相也已清楚，但是，如果这些事实和材料，不是按照一定的程序取得的，不能转化为有效的证据形式，那么，这些事实和材料，充其量也只能充当一篇案件通讯或报告文学的素材，而不可能发挥"定案"的作用。

程序同步规律是办案工作中不可缺少、必须遵循的又一基本规律。程序同步规律的主要内容包括：

第一，事实再现的自然过程，与案件检查的基本程序是同步的。对违纪行为的事实再现，是一个自然的"历史"过程。以群众举报的问题为例，如果反映的该问题是事实，那么，对该问题事实再现的自然"历史"过程就是：群众举报的问题线索→经分析初步确定问题线索的可查性→对可查的问题线索进行调查了解并取得证据→对初步认定的问题做进一步核实→经核实作出最终认定……这是一个由虚到实、由浅入深、由表及里的过程。按照历史与逻辑相统一的原则，与事实再现的自然"历史"过程相适应，案件检查工作的"逻辑"发展过程也必然是：受理线索→初步核实→立案调查→案件审理。这个过程，就是案件检查的基本程序。所以，事实再现的"历史"过程与案件检查的基本程序，是同步进行的，在问题线索很不明确的情况下，我们不可能进入初步核实的环节；在没有发现违纪问题事实的情况下，我们不可能进行立案调查；在违纪问题事实不清楚、证据不确凿的情况下，我们不可能进入审理。

第二，案件检查的每个具体步骤，都要依照法定程序进行。如果把案件检查的基本过程叫"大程序"，那么，案件检查中的每个具体步骤都是"小程序"。程序与步骤是相对的，"程序"中有"步骤"，"步骤"中有"程序"。"程序无小事"，无论是"大程序"还是"小程序"，都必须遵守。"调查到哪里，程序到哪里"，这是案件检查工作中的一个不可违反的"铁"的规律，只有"铁"的程序，才能保证"铁"的证据，只有"铁"的证据，才能办成"铁"的案件。比如举报信件如何办理、"两规""两指"如何实施、如何立案、谈话如何进行、非法所得如何暂扣、银行存款如何查询冻结、错误事实如何见面、处分决定如何作出等，这些具体的步骤，都有程序的要求，都必须按规定的程序进行，否则，在"程序违法"的情况下所取得的证据，其合法性和有效性就会受到质疑。

第三，衡量案件质量的标准，包括程序的要求在内。衡量党政纪案件质量的标准，也即办案的基本要求，是"事实清楚、证据确凿、定性准确、处理恰当、手续完备、程序合法，经得起历史检验"，我们通常把它概括为"二十四字"方针。在这一标准中，实际上由四个不同的具体标准组成："事实清楚、证据确凿"是客观法的标准；"定性准确、处理恰当"是适合法的标准；"手续完备、程序合法"是程序法的标准；"经得起历史检验"是自然法的标准。四个方面的标准缺一不可。所以，在衡量一个案件质量的时候，程序要求与实体要求同等重要，程序是否合法，对一个案件的质量有"一票否决"的作用。在程序违法的情况下，不可能办出"事实清楚、证据确凿"的案件，也不可能办成"定性准确、处理恰当"的案件，更不可能办成"经得起历史检验"的案件。

四、矛盾转化规律

办案的过程，就是维护纪律与违反纪律、调查与反调查之间矛盾斗争的过程，也是解决矛盾、化解矛盾的过程。这个过程所体现出来的规律，就是矛盾转化规律。

"维纪"与"违纪"的矛盾，是案件检查乃至整个纪检监察工作中存在的一对基本矛盾。政治上坚定与动摇之间的矛盾、经济上为公与谋私之间的矛盾、道德上高尚与堕落之间的矛盾，以及案件检查中调查与反调查之间的矛盾等，说到底都是"维纪"与"违纪"矛盾的具体表现形态。调查与反调查之间的矛盾斗争，是贯穿于案件检查过程始终的一对矛盾，是"维纪"与"违纪"这一基本矛盾在案件检查中的具体体现。一般来说，作为被调查的违纪者，作案前要精心准备、防范调查，作案时要清除痕迹、防止调查，作案后要隐匿证据、对抗调查，调查中要百般狡辩、阻挠调查。作为调查者，纪检监察机关的案件调查人员，同被调查者作斗争，同来自各方面的权力干涉、金钱诱惑、人情干扰作斗争，是贯穿始终的。

案件是矛盾激化的结果，办案则是解决矛盾的方式。案件检查工作，一开始就面对着已经蕴涵其中的各种矛盾，它既要面对这些矛盾，更要解决这些矛盾。"害怕矛盾的人不可能办案""不善于解决矛盾的人办不好案件"。经过调查，一旦事实清楚、证据确凿、处理恰当，违纪违法者受到应有的制裁，举报者与被举报者的矛盾就得到了化解。但是，如果解决不当，这一矛盾就有可能进一步激化和升级，或者是举报者继续举报，或者是被处理者进一步申诉等，这就可能演变为新的甚至更大的矛盾与冲突，于是，新一轮的调查工作又会重新开始，直至这一矛盾得到最终的合理解决。

查办案件过程中遇到的矛盾是多种多样的，主要有四种形态：①对抗性矛盾，比如调查人员与调查对象之间的矛盾。这是贯穿于整个案件调查过程始终的一对基本矛盾，是针锋相对的，除非调查对象查无问题，否则，这对矛盾也是不可调和的，只有当案件调查工作结束，该矛盾对抗的尖锐程度和表现形态才会发生转化。②冲突性矛盾，比如调查人员与涉案证人之间的矛盾。除受害者外，涉案证人与调查人员均存在着利益上的严重冲突，即使受害者，有时为了其个人私利会与调查人员发生冲突。调查人员与涉案证人之间冲突的程度，一般会随着案件调查工作的深入而发生转化，而且总体上会逐步淡化，许多证人当看到"大势已去"时为了自保而权衡利弊后会采取积极配合的态度，当然也有少数证人为保护自己更大的利益或者性格使然，使冲突升级，进而转化为对抗。③包容性矛盾，比如违纪违法人员相互之间的矛盾。实施违纪违法行为的人员在一定程度上是一个利益共同体，会相互包庇、订立同盟，具有包容性，但这种共同体绝不是坚不可摧的"铁板一块"，而是各怀心事的"同床异梦"，他们之间也存在着难以调和的矛盾，他们订立攻守同盟的根本目的，不是为了他人，而是为了自己，是害怕危及自身利益而被迫寻求的一种保护平台，当这种同盟不能保护甚至损害到自身利益时，同盟就瓦解了。正如哲学观点"矛盾的统一性是相对的、有条件的、暂时的，矛盾的斗争性是绝对的、无条件的、长期的"一样，订立同盟的违纪违法人员之间矛盾的斗争性，也是绝对的、无条件的、长期的。只要我们善于抓住时机、利用矛盾，正确分析利害关系、恰当运用政策策略、有效进行分化瓦解，利益共同体就会被打破。④潜在性矛盾，比如举报者与被调查者之间的矛盾。这种矛盾，在案件调查过程中一般以潜在形态存在，即使是公开的实名举报，通常也不会发生直接的激烈冲突，但这种矛盾在被举报者的问题未彻底查清、被举报者未得到处理之前是不会消失的，即使案件结束后，由于举报者可能对调查和处理结果不满意，这种矛盾也会依然存在甚至会进一步升级。对于这种潜在性矛盾，我们在整个案件的调查和处理过程中都必须始终关注，并促使其转化，以提高案件的整体社会效果。

矛盾转化规律告诉我们一个基本的道理：办案的过程，是弄清事实、追究责任的过程，也是一个思想教育、化解矛盾的过程。在很大程度上，通过思想教育而达到化解矛盾的目的，往往比通过追究责任而达到化解矛盾的目的，显得更加重要。这是因为，办案的最终目的，不是追究少数人的责任，而是对多数人的思想教育。通过办案所体现出来的思想教育，既包括对违纪者本人的教育，即通过教育促使其吸取教训、提高认识、澄清思想、转化态度；也包括对案件涉及人员的教育，即通过教育提高其法纪意识、增强其法纪观念，促其分清是非标准、明确正误的界限；还包括对举报者的教育，即通过教育使其进一步增强与违纪违法行为斗争的信心和决心，使其进一步掌握维护国家集体及个人合法权益的正当途径。总之，查办案件不仅是维护法律纪律严肃性的一个重要手段，而且，还是化解矛盾、消除对立、增强沟通、促进社会稳定、构建和谐社会的一个重要途径。这一点非常重要。

五、组织协同规律

任何一个案件特别是复杂的大要案，都不是靠一个方面的力量所能完成的，而是多方力量协同作战的结果。协同规律，是办案工作在组织协调方面的规律。协同，有外部协同和内部协同。所谓外部协同，是调查人员与外部各方面力量的协同，这些外部力量，包括检察、公安、审计等机关，以及调查工作涉及的各个机关、单位、团体、组织和人员，可以说，一切有利于案件调查工作顺利进行的外部力量，都需要我们协同作战。所谓内部协同，主要是调查组内部人员之间的分工合作、配合作战。

之所以把协同规律单列为办案的一条规律，是因为在当前的新形势下，它对办案工作特别是对纪检监察机关的办案工作非常重要，是纪检监察办案人员必须重视、掌握和运用的规律。

协同办案是适应当前案件形势特点的客观需要。近年来发生的违纪违法案件，呈现出作案的时间较长、作案的手段隐蔽、涉及的领域较广、牵扯的人员较多等特点，"一人多错""一错多人""窝案""串案""伙案""群体性案件""特殊领域案件"比较普遍，这些特点，决定了我们在办案的时候特别是在查办大要案的时候，仅靠单枪匹马、散兵游勇式的方式是不行的，必须依靠多方面力量的参与和配合，进行协同作战。

协同办案是适应信息化发展的时代需要。当前，我们已进入信息化时代，信息化手段的发展异常迅速，这虽然给我们办案工作创造了极为便利的条件，但同时也给作案者提供了快捷、方便、安全的反调查条件，"千里之外一点通"，防止串供、毁证、销赃的难度加大。这就要求办案人员必须"魔高一尺、道高一丈"，调查工作必须迅速、准确、保密，做到这一点，仅靠纪检监察机关现有的手段是不行的，必须借助其他外部力量的先进手段、先进技术甚至高科技配合作战。

协同办案是各方面力量优势互补的需要。办案工作所面对的对象形形色色、所遇到的情况多种多样，有党员干部、工人农民、城乡居民和个体老板，有违纪违规问题、违法犯罪问题、治安管理问题、经济纠纷问题和家庭民事问题，涉及经济、法律、科技、建设、交通、金融、财政、文化、外事等各个专业。在这样的情况下，纪检监察机关必须借助各个有关方面的外部力量，发挥其各自的优势，比如该查账时由审计部门查账、该查税时由税务机关查税、该找人时由公安机关找人、该采取强制措施时由检察机关介入等，形成取长补短、优势互补、形成合力、整体作战的协同办案机制。

协同办案还是发挥纪检监察机关职能作用的需要。纪检监察机关在党风廉政建设和反腐败斗争中发挥着"组织协调"作用。"组织协调"的内容比较广泛，查办案件方面的组织协调是其中的一项重要内容。实践证明，"组织协调"是纪检监察机关查办案件工作中不同于其他办案部门的一个明显优势。所以，协同办案是纪检监察机关职能的应有之义。纪检监察机关办案的最大优势在于它的"组织协调"职能，通过组织协调，把各相关机关和部门的办案资源整合起来、凝聚起来，共同为办案服务，是纪检监察机关查处的重要复杂的大要案，没有一个不是在与检察、公安、审计、税务、工商等机关的通力合作下完成的，没有一个不是纪检监察机关发挥"组织协调"作用的结果。

当前，实践中有人对纪委在查办案件中的组织协调作用存在着偏见和误解。认为近年发生的重要复杂的大要案都是纪委查办的，抢占了查办案件的"风头"，对纪检监察办案总有"微词"。新形势下反腐败体制和格局是"党委统一领导，党政齐抓共管，纪委监察组织协调，其他机关和部门各负其责，依靠群众参与和支持"，反腐败是党的任务，纪委"组织协调反腐败"已经被写入《党章》，作为反腐败的重要组成部分，查办案件特别是查办重要复杂的案件，由纪委组织协调，是体制的要求和反腐败的需要。实践证明，由纪委组织协调大要案的查处，具有很大的政治优势，也符合我国的党情国情，纪检监察机关不但在对领导干部案件的初核启动上有较大的主动权，而且可以最大限度地排除办案工作中的各种"权力干扰"、最大限度地整合各机关单位的资源形成综合优势。这些方面，对成功查办领导干部案件，是至关重要的。

六、攻心规律

攻心为上，是办案中必须始终坚持的一条原则。古人的"不战而屈人之兵""上兵伐谋""空城计""反间计"等，都包括有攻心的内涵。对攻心规律，我们必须有一个正确、全面、深刻的理解，决不能把攻心问题仅仅理解为"教育感化"和"思想政治工作"。加强"教育感化"和"思想政治工作"，是贯穿于办案过程中的一个重要的工作原则和工作方法，也是攻心的一个重要途径和方式，但是，作为一个规律，攻心的内涵要丰富得多。

攻心规律，用句通俗的话说，就是"攻心战""心理战"。要攻心，就必须懂得被调查者的心理。归纳分析起来，违纪违法党员干部的常见心理，有侥幸心理、矛盾心理、懊悔心理、避重心理、仗势心理、依附心理、颓废心理、攀比心理、恐惧心理、抵触心理等多种类型，一个人往往会有其中的一种或者同时有其中的几种心理。攻心战能否取得成效，关键是要弄准不同人的不同心理特征，只有这样，才能抓住其弱点，攻击其要害，收到"四两拨千斤"的效果。一是用政策的感召力，帮助其认清形势、促使其作出选择。二是法纪攻心，利用法律的威慑力和纪律的严肃性，给其造成思想压力，促其产生思想动摇。三是情理攻心，运用人情、亲情和道理，抓住人"两利相权取其重、两害相权取其轻"的心理进行攻心。四是道德攻心，一个理性的人，特别是一个党员和领导干部，在其内心深处，对善与恶、美与丑、是与非、对与错、好与坏、雅与俗、高尚与卑鄙、正义与邪恶等，都有一个界限。在办案中要始终抓住、用好道德的武器，唤回其道德良知，唤醒其迷失的灵魂。五是证据攻心，有利的证据是最有力的武器，掌握证据、利用证据、适时出示证据，是打破侥幸心理、打掉嚣张气焰、打乱防备思路、打开防守阵地、促使态度转化的最有效的手段。六是虚实攻心，运用虚虚实实的策略，扰乱对方的思路，使其对调查者的意图无法作出正确判断或作出错误的判断，以虚引实、以实击虚、避实击虚，达到攻心的目的。七是明暗攻心，利用被调查者在同外界隔离的情况下，与调查者之间出现的"信息极不对称"的有利条件，"明证暗用""暗证明用"，达到攻心的目的。八是进退攻心，在双方对峙的情况下，该进则进，"狭路相逢勇者胜"，该退则退，"退一步海阔天空"，始终掌握主动权，避免盲动和冒险，从心理上、意志上、毅力上压倒对方。九是软硬攻心，运用软硬兼施、刚柔相济的策略，以"软"化其心、以硬慑其心，以柔克其"刚"、以刚制其"柔"、以刚制其"刚"，使对方交代问题。软硬攻心的策略，可以化消极力量为积极因素，避免无谓的争吵和无益的冲突。十是宽严攻心，运用宽严相济、恩威并施的策略，以"宽"给其出路，以"恩"使其感化，以"严"造成其心理恐惧，以"威"打掉其心理依赖。

第三节　纪检程序

　　纪律检查工作是一项政治性、政策性、实践性、程序性很强的工作。在长期实践探索中，纪律检查工作逐步形成了一套符合实际操作的稳定的工作方法、步骤、流程，成为从事纪律检查工作不可绕开的规律、规则和次序。纪检程序，是指纪检机关在行使职权、履行职责的过程中应遵循的顺序、方式、时限和步骤等的总和。纪律检查程序蕴含于纪律检查工作各个方面，并贯穿于各项工作的始终。归纳起来，纪律检查程序具有次序性、过程性、重复性三大基本属性。一是次序性，它是指某一项纪检工作进行的先后次序，引申为当我们接受某项纪检工作任务时，首先必须考虑通盘计划，决定先做什么后做什么，通过合理安排工作秩序和步骤，有效解决怎么做，如何做的问题，确保工作有序，整体推进。二是过程性。它是指纪检工作按照某种特定确定的次序依次进行的动态工作过程，这种工作过程并非简单的一般过程，它具有某种确定的次序，而且这种具有不可逆的特点。三是重复性。它指的是纪检某项工作，在长期的实践当中演变成某种固定的稳定性的工作模式，并且这种工作模式可以多次重复，由此影响和规范此项纪检工作，成为做好此项具体业务工作应当普遍遵循的规律。

程序合法在本质上还要符合程序法定原则，也就是说对违犯党纪政纪的案件进行调查处理时，必须严格依据规定的程序进行。一是程序的法定性。就是说确定的案件办理程序不能任意取舍，必须按照规定的程序办理，《党章》和《检查工作条例》中规定的程序都不能缺。任何法律都是实体和程序的统一，程序是法律的"生命形式"。比如：不能不审就定。马克思也曾说，"审判程序和法律应该具有同样的精神，因为审判程序只是法律的生命形式，因而也是法律的内部生命的表现"。二是程序的不可逆性。就是说案件办理的程序互相衔接有一定的次序，不能随意颠倒或超越。比如说，初核、立案、调查、移送审理、纪委常委会议或监察机关领导办公会议审批，这个次序不能颠倒。三是程序的适时性。就是说案件办理程序必须符合法定时间，要在规定的时限内完成，不能随意中止或搁置。

程序的基本功能，一是保证公正，二是提高效益。一方面，没有程序，自由、权利和公正就没有保证，就容易遭到破坏。美国著名大法官弗兰克福特说，"自由的历史基本上是奉行程序保障的历史"。法国大革命时期的著名政治家罗伯斯庇尔也曾说过，"刑事诉讼程序，一般来说，不过是法律对于法官弱点和私欲所采取的预防措施而已"。另一方面，程序意味着秩序，秩序是效率的保证，如果没有程序，事物的发展就会陷入"无序"和混乱状态，不但人力物力财力难以科学组合、合理配置，难以形成合力、发挥最大优势，还势必浪费资源、降低效率，而且，在法治的社会，违反法定程序的行为即是违法行为，在违法的前提下所做的一切工作，只会给社会造成不良后果，一旦引起争议，"违法"必然导致"无效"，进而会带来经济赔偿和劳动"返工"，效益就会大打折扣。有的人认为，程序是妨碍手脚、降低效率的"绊脚石"和"麻烦事"，似乎不按程序的"个人说了算""不要章法"才能提高效率，这是十分错误和危险的。

纪检程序，主要包括检查程序、案件调查处理程序、申诉处理程序。

1. 检查程序，即纪检机关对《党章》、党内条规和国家法律法规以及党和政府的决定、命令等贯彻执行情况进行检查所遵循的方法和步骤。在纪检工作中，检查程序大体包括两个层次：一是具体检查程序，比如执法监察程序、效能监察程序、纠风程序、巡视程序等；二是一般检查程序，是各项具体检查程序必须遵循的一般规则和要求，比如，按照《监察法》规定，监察机关进行检查活动的一般程序是：①对需要检查的事项予以立项。一般要写出立项报告，由监察机关的负责人审批，重要检查事项的立项，应报本级人民政府和上一级监察机关备案；②制定检查方案并组织实施。检查方案的内容包括检查人员的组成、要检查的事项、检查的目的、步骤、方法、要求等；③提出检查情况报告。即在检查结束后，要向本级人民政府或上级监察机关提出检查情况报告，检查情况报告的内容包括立项依据、检查核实的问题及性质、被检查单位和有关人员的责任、被检查单位和有关人员对检查和责任的态度、处理意见和建议等；④根据检查结果，提出监察决定或提出监察建议。

2. 案件调查处理程序，即纪检机关对违反党纪政纪行为进行调查处理所应遵循的方法和步骤。纪检机关的案件调查处理程序和监察机关的案件调查处理程序，尽管基本要求是一致的，但也存在一些差异。比如，按照《检查工作条例》及其他有关规定，纪检机关的案件调查处理程序通常表述为"纪检机关的案件检查程序"，主要包括：①受理，即纪检机关对检举、控告以及发现的管辖范围内的党组织和党员的违纪问题予以接受并办理。②初步核实，即对已经受理的违纪问题进行了解，看主要问题是否存在，为立案与否提供依据。经过初步核实，反映问题失实的，向被反映人所在单位党组织说明情况，必要时，可在一定范围予以澄清；有违纪事实，但情节轻微，不需追究党纪责任的，应建议有关党组织作出恰当处理；确有违纪事实，需要追究党纪责任的，予以立案。③立案，即对反映党组织和党员的违纪问题，经过初步核实，确有违纪事实，并需要追究党纪责任的，按照规定的权限和批准程序办理立案手续。实行"分级立案"原则，对党的中央委员会委员、中央纪委委员违反党纪的问题，由中央纪委报请中央批准立案；党的中央以下各级党委和纪委常务委员，以及与党委常务委员同职级的党委委员的违反党纪问题，由上一级纪委决定立案，上一级纪委在决定立案前，应征求同级党委意见，其他委员违反党纪问题，由同级纪委报同级党委批准立案；其他党员干部违反党纪问题，均按照干部管理权限，由相应的纪委或纪工委、纪检组决定立案，在决定立案前应征求同级党委或党工委、党组的意见。④调查，即对已经立案的案件，立案机关根据案情组织调查组，进行调查取证。⑤移送审理，即调查结束后，对需要追究党纪责任的案件，应移送纪检机关的案件审理部门进行审理。⑥作出处理，即由纪检机关或者有关单位党组织，对违纪的党组织或党员作出纪律处分或处理决定。

3. 申诉处理程序，即纪检机关对党组织和党员、国家公务员和国家行政机关任命的其他人员提出的不服纪律处分申诉的办理方法和步骤。比如，按照《中国共产党纪律检查机关控告申诉工作条例》及其他有关规定，纪检机关处理申诉的程序包括：①受理，即纪检机关对党组织和党员不服党纪处分决定或审查结论所提出的申诉，经审查符合受理条件的，应予受理。②复议或复查，即对党组织和党员的申诉，需要进行复议或复查的，经批准按照纪检机关的案件审理工作程序进行复议或复查。复议与复查的区别是，复议只就案卷材料进行阅卷审查，复查则是针对原案中存在的问题需要重新进行调查取证。③申诉人对复议、复查结论仍不服的，由承办的纪检机关将复议复查结论及有关材料报上一级纪检机关审查决定。

4. 监察决定和建议的处理程序，即监察机关作出监察决定和提出建议的程序，以及对监察决定不服和对监察建议有异议的处理程序。监察决定和建议的处理程序，主要包括：①作出，即监察机关根据检查、调查的结果，向被检查的有关单位和人员作出监察决定、提出监察建议，对重要的监察决议和监察建议，应报经本级人民政府和上一级监察机关同意。②送达，即监察决定和监察建议应以书面形式送达有关单位和人员。③反馈，即有关单位和人员在收到监察决定或监察建议后，应在 30 日内将执行监察决定或采纳监察建议的情况通报监察机关。④复审或回复，即有关单位和人员对监察决定不服的，可以在收到后 30 日内向监察机关申请复审，监察机关应在 30 日内作出复审决定；对监察建议有异议的，可以在收到后 30 日内向监察机关提出，监察机关应在 30 日内回复。⑤复核或裁决，即有关单位和人员对复审决定仍不服的，可以在收到后 30 日内向上一级监察机关申请复核，上一级监察机关应在 60 日内作出复核决定；对监察机关的回复仍有异议的，由监察机关提请本级人民政府或上一级监察机关裁决。需要说明的是，复审、复核期间，不停止原决定的执行，而且上一级监察机关的复核决定和监察部的复审决定为最终决定。

思考题

1. 纪检监察工作整体由哪几个方面组成？

2. 办理纪检监察案件有哪些基本规律?

3. 请简述纪检监察案件办理的基本程序。

阅读文献

1. 《中国共产党章程》,人民出版社 2017 年版。

2. 王希鹏:《中国共产党纪律检查工作概论》,中国社会科学出版社 2016 年版。

3. 《中国共产党纪律检查机关监督执纪工作规则》,人民出版社 2019 年版。

第七章

纪检监察范畴

教学目的和要求：

学习和掌握纪检监察的范畴，把握纪检监察分类的标准，通过理解纪检监察学科的话语特征，学习和领会纪检监察工作中的文件用语规范和特点，一方面为努力学好纪检监察课程内容打下基础，另一方面为将来做好纪检监察工作打下专业理论基础。

教学要点：

1. 纪检监察范畴的内涵
2. 纪检监察范畴分类
3. 纪检监察语言及党言党语

任何一门科学，都必须有足够的概念和范畴来支撑，形成自己的概念，特别是核心概念，是建立一门学科的前提和基础。"纪检监察"在我国是一个很年轻的学科领域，若要尽快成熟起来，就必须有自己的核心概念和基础范畴。目前，纪检监察已经形成了一系列有自己特色的比较明确、稳定和成熟的科学范畴，随着实践的发展和理论研究的不断深入，更多更新的纪检监察概念正在不断涌现。科学发展的规律告诉我们，有一套自己特有的比较成熟的概念和范畴体系，是建立纪检监察理论体系的重要基础，更是纪检监察作为一门学科形成和成熟的重要标志。同样，理解概念特别是理解核心概念，是理解一门学科的前提和基础。

第一节 "范畴"概述

各门科学都有自己特有的范畴，如化学中的化合、分解，政治经济学中的价值、剩余价值等。一定的范畴，是人类对客观世界的认识发展到一定阶段的产物和标志。在哲学上，范畴是指把事物进行归类所依据的共同性质，它是最一般的概念，是对客观现实本质的概括，这些概念反映着客观现实现象的基本性质、基本内容、思维方式和规律性，规定着一个时代的科学理论，具有比较稳定的特点，各门具体科学都有各自的范畴体系。独立科学范畴的确立是纪检监察学成熟的内在要求，是其进行有效研究的必要条件，也是该学科具有相对独立性的标志之一。

一、范畴的概念

范畴已经经过无数次实践的证明，并已经内化、积淀为人类思维成果，是人类思维成果高级形态中具有高度概括性、结构稳定的基本概念，如单一、特殊、普遍、形式、内容、本质、现象、原因、结果、必然性、偶然性、可能性、现实性等，具有普遍的方法论意义。在哲学中，范畴是反映事物本质属性和普遍联系的基本概念。范畴概念是对所有存在的最广义的分类。比如说时间、空间、数量、质量、关系等都是范畴。在分类学中，范畴是最高层次的类的统称。它既不同于学术界对于学问按照学科的分门别类，又有别于百科全书式的以自然和人类为中心的对知识的分类，范畴论是着眼于存在的本质区别的哲学分类系统，因而范畴论属于形而上学的本体论分支。

与"范畴"比较接近的是"概念"，是思维的基本形式之一，反映客观事物的一般的、本质的特征。人类在认识过程中，把所感觉到的事物的共同特点抽出来，加以概括，就成为概念。它的产生标志着人类思维开始从原始状态进入逻辑思维的阶段。逻辑思维的特点在于运用概念，并进行判断和推理，因而通常又被称为"概念思维"或"理论思维"。如果人类在认识过程中没有产生新的概念，那就意味着对客体的认识还停留在感性阶段，没有进入理性阶段，更谈不上科学的理论活动。毛泽东说："概念这东西已经不是事物的现象，不是事物的各个片面，不是它们的外部联系，而是抓着了事物的本质，事物的全体，事物的内部联系了。概念同感觉，不但是数量上的差别，而且有了性质上的差别。"

唯物辩证法是对人类历史的实践和认识经验的科学概括，是一个严密的范畴体系，是主观与客观的辩证统一。范畴作为思维的形式是主观的；范畴的内容则是客观的，是对现实事物和现象的本质的概括。范畴也是主体和客体联系的纽结。任何范畴都是包含诸种要素的概念系统，范畴的本质表现在构成它的各个要素之间的关系结构中。作为人类认识成果的结晶，范畴与概念之间没有质的不同，只是量的差异。亚里士多德把范畴看作是对客观事物的不同方面进行分析归类而得出的基本概念。列宁把范畴比作人们认识和掌握自然现象之网的"网上纽结"，认为"范畴是区分过程中的一些小阶段，即认识世界的过程中的一些小阶段，是帮助我们认识和掌握自然现象之网的网上纽结"。我国当代著名哲学家高清海先生说得更明确，"范畴是内容更为抽象、概括性也更大的概念。"可见，范畴是那些具有较大抽象性、普遍性和有决定意义的基本概念，范畴和概念没有截然不同的界限，在通常情况下可以不作精确区分。

二、范畴的基本特征

范畴的基本特性是两个"统一"。一是客观性和主观性的统一。范畴是对现实的反映，来源于实践，是人们实践活动的产物。按照认识论的观点，范畴的数量越多、质量越高、更替越快，说明人们实践活动的范围越宽、程度越高，人们的认识能力越强、理论越成熟。范畴的内容是客观的，但范畴作为思维的形式是主观的，"人的概念就其抽象性、隔离性来说是主观的"。二是确定性和相对性的统一。每一个范畴，都是对客体的一定的存在形式、内在联系、发展阶段的反映，因而其含义是确定的，不能作任意增减解释。例如，法律行为，在德国民法典和法国民法典中仅指合法行为，在当代我国则指一切有法律意义、受法律调整的行为，包括合法行为，也包括违法行为，不能用当前自己对"法律行为"的解释去理解德国民法典和法国民法典。但就人类认识的能力和发展过程来看，"范畴也同它们所表现的关系一样，不是永恒的。它们是历史的、暂时的产物"，因而其含义又是相对的。范畴的内涵和外延因时间和场合的变化而处在不断的变化之中。比如"公民"，在古希腊和古罗马时期是指奴隶之外的自由民，在法国大革命时期是指有选举权的国民，在当代中国则指有中华人民共和国国籍的自然人。又如"法治"，在春秋战国时期是指以权力至上和严刑峻法为标志的专制君主统治，在现代民主国家则发展为以法律至上和自由平等为特征的民主政治。

任何一个范畴都不是孤立存在的，都存在于一定的范畴体系之中，具有系统性。同类事物共同的、一般特性的反映构成的概念是抽象概括出共同的本质而形成的认识，是概括起来的概念，是一个概念群，各种形式的概念"超越"了关于客观事物的具体的、生动的、直观的本质和内部联系，揭示事物现象背后的范畴体系，是一系列个别范畴按照其内在联系和相互关系而有机集合的整体。从系统学的理论来看，中国特色反腐倡廉理论体系是一个总系统。其中毛泽东廉政思想、邓小平廉政理论、江泽民反腐倡廉重要思想、胡锦涛保持纯洁性观、习近平纪检监察思想，又分别是子系统，有各自的思想体系，子系统中各自的思想体系之间，以及与整个理论体系的关系是密切相联系的"科学的内在统一"，每一门科学，都有其相互联系的"概念群"和有机统一的范畴体系，构建范畴体系是一门科学走向成熟的必由之路。

范畴体系不是静止不变的，而是不断变化发展的。中国特色社会主义事业是改革创新的事业，围绕坚持和发展中国特色社会主义这一主题，形成了许多子系统和子概念。纪检监察范畴是构成纪检监察理论的细胞和基本单位。在《范畴篇》里，亚里士多德首先使用了范畴这个术语，他规定出十个范畴，作为基本概念，它们是实体、数量、关系、性质、活动、遭受、姿态、时间、地点、状态。他认为最重要的是前面四个范畴，特别是性质作为最为重要的划分类别。范畴与范畴之间不是孤立的，而是相互联系的，既有纵向联系也有横向联系，既有内在联系又有外在联系，既有直接联系也有间接联系，它们共同构成了一个统一的纪检监察范畴体系。研究范畴就是试图以"公理化"的方法抓住在各种相关联的"数学结构"中的共同特性，并以结构间的"结构保持函数"将这些结构相关起来。因此，对范畴系统化的研究将会使任何一个此类"数学结构"的普遍结论由范畴的公理中证出，能开拓学科建设的崭新视野。

从理论上看，范畴创新通常有 4 种情况：①取代。时代的发展，社会的进步，有的缺乏观念上提炼和理论上活力的话语就会退出纪律体系，对过时的、晦涩的、对应的社会现象已经消失的概念应当抛弃，进而创造出新概念自然取代原有概念。如"自然法""宫刑""等级制度""君权神授""双规"等，就被"民主""法治""留置"取代。②创新。在改造旧概念的基础上被赋予新的内容、形成新的概念。如在"法制国家"基础上提出的"法治国家"概念，在"管党治党""从严治党"基础上提出的"全面从严治党"概念。③更新。在旧概念不变的情况下丰富和更新其内涵。如"人权"，资产阶级革命中最初提出的"人权"含义主要是迁徙权，目前它已发展为包括生存权、发展权、环境权、隐私权、知情权等在内的权利体系。④补缺。随着人们实践领域的扩大和认识的深入，已有的概念已不能说明实践中出现的新情况和新现象，人们根据需要就创造出新的概念，如"共产党的初心""洗钱""干股""色相贿赂""电脑黑客""网络犯罪"等。子系统之间独立存在、发挥作用，但相互联系、相互配套、相互支撑。

三、纪检监察范畴体系的独立性

纪检监察范畴体系的独立性表现在，规范与行为是纪检监察的基本范畴。

任何成熟的学科，都必须有自己的理论基石。其他各种纪检监察理念、观念、学说甚至价值取向都是由它产生和引申出来的。实际上，纪检监察的范畴很多，但理论界一般认为，正义是纪检监察之核心概念，从纪检监察的社会作用看，纪检监察学的基本价值旨归在于体现和实现正义。纪检监察的正义分为制度正义和行为正义两种，分别都有各自的具体构成。制度正义是指党和政府给每个成员的发展提供公平的机会，使社会资源和主体的权利义务得到公平的分配，能够提供均等的机制。它有三个要素：一是规范，即与社会事实相分离的纪检监察依据，是指公平、正义的要求或其他道德层面的要求，是把好的实践经验上升并以党内法规的形式固化下来的制度规定；二是程序，是指通过一套完善的规范和制度实现对纪检监察机关在行使职权、履行职责的过程中应遵循的顺序、方式、时限和步骤的控制，是属于方式方法等基本形式的问题；三是专业，纪检监察的专业性及其职业思维有明确的准入条件，从职业主体、职业对象来看，需要有特殊的专业要求和岗位培训。行为正义是指纪检监察主体的行为要有正当性，保障每个党员的合法权益，保证每个党员行使权利的平等，它也有三个方面：一是社会事实，如纪检监察面临的政治、经济、社会形势与整个廉政状况；二是主体权利义务内容，如规范下具体制度的制定；三是民众的情感判断，如对抽象的纪检监察规范的个人好恶等。制度正义与行为正义各自的三方面要素，都汇聚指向纪检监察规范、主体与行为，这恰恰是纪检监察的关键要素。

在以纪检监察的制度正义和行为正义的价值目标之下，以总体为背景，对纪检监察基本方面、基本联系、基本过程进行抽象，可梳理并筛选出中国特色的纪检监察学三对并存的基本范畴：

1. 规范至上与结果导向。规范是用以规范党组织工作、活动和党员行为的党内各类规章制度的综合。既注重规范惩戒，严明纪律底线，更引导人向善向上，筑牢拒腐防变的思想防线。它体现的是纪检监察规范的总目标及判断衡量标准问题。有的学者强调经验比逻辑更重要更可靠，因为结果比规范逻辑更重要。有的学者强调纪检监察规范的优先性和确定性，而不是结果的合目的性。一般来说，规范是相对稳定的，结果具有多样性，需要把它们放在具体的场景下有机地融合起来认识，才能得到合理的解释。规范目标强调规范的普遍性、优先性和制度反腐，但目前我们国家的反腐败离真正的制度反腐还有一定的距离；结果目标强调具体违纪案件结果的合理性和合目的性，纪检监察通过"抓早""抓小"等制度的合理设计，着力推进各项反腐倡廉制度建设，控制系统性的违纪，从而减少违纪情形。

2. 纪委主体与民主参与。纪检监察合署以来，纪委的工作任务定位是"党风廉政建设和反腐败"，这需要处理好"权力内部制约的角度下进行的权力反腐"和"相应的民众权利中展开的反腐"的关系。纪委要组织协调，依靠群众参与支持，"纪委主体"与"民主参与"就必然成为纪检监察学的基本范畴，因为"纪委主体"体现了纪检监察主体的特性和出发点，是反映纪检监察权力的行使者和责任的承担者的立场、思维和方法等问题的基本范畴。从纪委职责来看，"监督""执纪""问责"等都体现出纪检监察主体的专业性、过程的程序性、根据的规范性或先定性。人民大众的民主参与表现为人们敢于举报腐败，而不是向腐败低头、容忍腐败，人们对腐败行为的唾弃将使得它难以存在滋生和发展的土壤。所以纪检监察需要向民众进行信息传递，积极回应民众的呼声，把民众当作平等沟通的主体。

3. 纪检监察与廉政建设。2002年党的十六大修改通过的《党章》在新形势下赋予纪委履行党内和政府内部的反腐败、组织协调职能，这显然要比单纯以监察机关名义的组织协调力度更大一些，权威性更高一些，因为它体现的是纪检监察行为，包括行为态度、行为方式和纪检监察方法等。转型期中国社会要求从维护社会公平正义的层面上考虑纪检监察的功能。有学者对纪委在媒体上出现的"反腐败选择论"、"反腐败赦论"和"反腐败适度论"等观点的分析与驳斥进行了梳理，认为纪检监察不能对腐败事实听之任之，对网络或现实社会中反映的问题不能一概称之为"谣言""虚假信息"等，也不能回避案件，要积极处理案件。因为"反腐"不是目的，"倡廉"才是目标，"纪检监察"是达到目的的手段，为的是实现廉政建设的"三清"（干部清正、政府清廉、政治清明）目标。

以上三对范畴的辩证关系最终都指向或归结到纪检监察的正义观，即怎样处理三对关系才符合纪检监察的正义。在这三对范畴的逻辑顺序关系中，纪检监察活动的规范标准是第一位的，其次是纪检监察行为程序，再次是纪检监察主体及其思维方式。同时，还应注意以下几点：第一，规范是一种义务，在党员的行为之前就存在着，党员处理问题时的基本原则是遵循规范。良好的结果是党员行为及党和国家制定规范的真正目的。遵守规范是纪检监察的理想目标，行为结果是纪检监察的现实目标，由于二者可以分离，所以常常会出现不对称的情况，规范目标与结果目标的两种观念由此应运而生。第二，当规范与事实不对称导致职业者和党员个人有截然不同的态度和判断，党员根据生活逻辑进行思维，注重结果与实体内容，而纪委的专业思维本质上是规范思维，是比较复杂的。因而，随之出现专业逻辑与党员个人逻辑两种纪检监察观念。第三，对规范目标与结果目标。专业逻辑与违纪腐败者之间逻辑关系的看法，专业人员对待违纪案件中的规范与事实选择并坚守，遵从规范的态度和立场，违纪腐败者则认为，为了保障权利、实现正义等所谓正当目的，根据"经验"可以突破规范以谋取私利，因为违纪腐败者对公共政策的直觉经验比专业纪检监察更直接，主张以经验超越规范。

总之，中国特色社会主义反腐倡廉不是一个封闭的理论体系，它在形成和发展中，以继承为基础，以创新为动力，每个阶段的探索都是在继承前人的基础上实现了理论上的新突破，体现了理论体系强烈的自我开放的特性。既没有丢掉"老祖宗"，又实事求是说"新话"，既一脉相承又与时俱进，开创了马克思主义廉政思想中国化的新境界。

第二节　纪检监察范畴及其体系

中国特色反腐倡廉理论体系形成和发展于改革开放的伟大实践，具有显著的向实践开放的特性，虽然其理论框架是一个动态的、发展的、与时俱进的系统，但任何成熟的理论体系，都必须有理论本体，而理论本体的主要表现形态就是本体范畴。本体范畴是理论体系的逻辑起点和奠基之石，理论体系的其他所有范畴，都是由它产生和引申出来的。比如实践论是辩证唯物主义的理论本体，"剩余价值"是《资本论》的本体范畴；实事求是是马克思主义认识论的理论本体，"实践"就是本体范畴；权利本位论是现代法哲学的理论本体，"权利"就是本体范畴。

一、纪检监察的本体范畴

"有限权力论""权力异化论"是纪检监察的理论基石，"权力"是纪检监察的本体范畴。

1. 权力从其产生的那天起，就是有限的而不是无限的

马克思、恩格斯认为，在人类无阶级的历史阶段，并不存在国家和国家权力，这时的公权力只是一种社会权力，公权力与社会利益是完全一致的。"国家是社会在一定发展阶段上的产物，国家是承认：这个社会陷入了不可自我解决的自我矛盾，分裂为不可调和的对立面而又无力摆脱这些对立面。而为了使这些对立面、这些经济利益互相冲突的阶级，不致在无谓的斗争中把自己和社会消灭，就需要有一种表面上凌驾于社会之上的力量，这种力量应当缓和冲突，把冲突保持在'秩序'的范围以内；这种从社会中产生但又自居于社会之上并且日益同社会相异化的力量，就是国家"。

国家权力是指统治阶级运用国家机器来实现其意志和巩固其统治的支配力量。在国家产生之前，公权力只是为了社会需要和履行纯粹的社会管理职能，并不具有政治属性。但是，一旦国家产生，权力的性质就发生了根本变化，它无法以物质的或精神的方式在人的肌体内沉淀下来，转化为人类的一种机能而世代遗传，这种能力是人们在认识世界和改造世界的活动中所借助的一种手段，权力成为主体的一种外在型能力，它的实现常常需要外部力量的援助。外力资源的稀有及其分配的不平等，增加了权力实现的难度，出现权力的不平等。权力一般以"命令—服从"的轨迹运行，它意味着一方对另一方的支配。这里，服从具有特别重要的意义，它既是权力的构成要素之一，又是权力现实存在的重要条件。没有服从就没有现实的权力。没有服从，权力只能停留在观念和形式的层面上。

公权力与公共利益联系在一起。公权力的公共性质决定了公权力的主体

具有双重身份。一方面，权力主体是个人，因具体职责而生的权力由从事该职业或职位的个人所拥有；另一方面，个人作为权力主体，其权力具有代理性或代表性，他只是该权力的形式主体，真正的权力主体是具体群体（如企事业单位、国家及其机关）。这里，个人因其职业或职务而存在的权力并不真正属于个人，他的职权只是群体权力或者国家权力的一部分，他只有相对的使用权或履行权，而没有占有、处置或放弃的权力，一旦他与该职位或职务分离（如退休、免职或撤职），他便不再拥有这一权力。比如，工商管理人员对市场的管理属于工商管理部门的权力，工商管理权力的实质主体是工商管理部门，某个工商管理人员只是负责某方面具体权力的形式主体，他代表的是国家在市场管理方面的行政执法权，他离开工商管理部门后，这一具体权力的形式主体便发生变更，即由他转为新任者，而实质主体不变，仍是工商管理部门。这样，任何一种公权力主体都包含两个方面：①形式主体，即具体行使它的任职者；②实质主体，即它所代表的对象，如社会、国家或群体。公权力本质上的非个体性决定了任何将公权力"私有化"的行为都是对公权力所代表的集团利益或国家利益的否定。在现代民主制国家中，对于公权力（尤其是国家公职权力）的限制始终是权力限制的主体。

马克思主义认为，国家的权力来源于人民，一切权力属于人民，权力必须服务于人民。资产阶级启蒙思想家认为，国家权力来源于人们为了维护自己的利益而签订的"社会契约"，按照该契约，人们把本属于自己的一部分权力委托给国家，由国家代行权力，国家和国家权力由此产生。所以，权力从其产生的那天起，就不是无限的而是有限的，这就是"有限权力论"，与此相应的政府就是"有限政府"和"责任政府"。权力有限性的根源，在于它的从属性。尽管马克思主义者和西方资产阶级思想家的说法不同，但有一个基本点是相通的，即国家权力尽管是"高居社会之上的力量"，但是，它不是也不能是"无限高、无边宽、无穷大"的，必须服从于社会、服务于社会、从属于社会，如果掌握权力的集团脱离了社会、背叛了社会，成为社会的异化力量，就必然会被社会力量所推翻。

2. 国家权力的交换与权力的蜕变，决定了权力是监督的逻辑起点

在原始社会，处于萌芽状态的监督，只是一种社会成员自我管理的方式，没有强制性，古希腊的亚里士多德首次提出了分权思想，"一切政体都有三个要素"，即议事机构、行政机构、审判机构。随着国家和国家权力的产生，现

代意义的监督才真正产生，其基本含义就是"以权力制约权力"。法国孟德斯鸠提出的"三权分立"理论说得更加明确，"从事物的性质来说，要防止滥用权力，就必须以权力约束权力"，因为在任何国家体制下，"有权力的人们使用权力一直到遇到界限的地方才休止"。所以，一切权力，都必须有相应的另一种权力对其形成制约。权力本身所具有的可交换性使得在现实生活中权力有可能被用于交换。抽象的公权力本身是不可被分割的，如行政权的实施主体是行政机构。这一权力是完整的和统一的，一般而言，不允许发生权物（钱）交换现象，但是就每一个具体的权力而言，它随实施主体的多样化而被分化，通过一个一个具体职权的形式存在，在特定的条件下这些具体的权力完全可能被用于交换。公权力不是物，它所表征的是特定群体、国家或社会的意志，意志本身是不可用于交换或作为物物交换媒介的。但是在市场上，公权力被作为一种稀有之物在商品交换者手中传递，公权力转化成一种商品。公权力向商品的转化，是公权力蜕变的开始。公权力进入市场并被交换，造成了社会资源分配的极其不公正。特定的公权力一旦与职务、主体、客体、职能这些基本构成要素相分离，并分裂成两个各自独立的部分，它便失去了原先的性质和特定的价值，而成为一种背离了实质主体的意志，并为实质主体难以控制的凌驾于主体之上的异己力量，这就是权力的蜕变。

在我国社会主义制度下，权力的本质属性是阶级性和人民性的统一、政治性和社会性的统一。社会主义宪法是在一种新型的国家理念下，来规划国家权力的所属和运行以及与公民权利之间的关系。因此，它力图克服资本主义国家因实行三权分立而产生的诸多弊端，更强调国家权力行使中的互相配合，更强调国家权力的统一与行使效率。可见，权力一旦产生，就必须受到制约，这种制约的具体表现形态，就是监督。权力一产生，对权力的制约和监督就随之产生了。无论是从社会历史发展的进程、人类思想演进的过程看，还是从马克思主义关于国家权力的基本理论看，权力是监督的历史起点，也是监督的逻辑起点，这正是在权力监督问题上的历史与逻辑相统一的观点。

社会主义宪法并未因此而放弃权力制约原则，我国现行宪法就比较全面地体现了权力的分工与制约原则，表现在：第一，在人民代表和国家机关及其工作人员的关系上，规定人民代表要由人民选举产生，对人民负责，接受人民监督。人民有权对国家机关及其工作人员提出批评、建议、控告、检举等，重在以人民权利的势能控制国家权力的动能。第二，宪法规定全国人大是最高国家权力机关，全国人大及其常委会行使立法权；国家主席是国家最高代表；国务院是最高国家权力机关的执行机关，是最高行政机关；中央军委是领导全国武装力量的机关；人民法院是国家的审判机关，人民检察院是法律监督机关，这样我国宪法实际上也遵循了现代国家关于权力分工的基本原理和基本范式。第三，宪法规定国家行政机关、审判机关、检察机关都由人民代表大会产生，对它负责，受它监督，因此我国人大及其常委会有权制约由它选举产生的国家机关，但我国宪法并不像资本主义国家的宪法那样在赋予立法机关制约权的同时，又赋予行政机关和司法机关反制立法机关的权力。第四，我国宪法为充分保证执法机关正确执法，充分保障人民的民主权利，明确规定，行政机关和司法机关在本系统内实行监督和制约。

3. 从权力和权利的关系来看，监督与权力更具有直接和内在的关联性

权力制约原则是资本主义国家的分权与制衡原则和社会主义国家的权力监督原则的总称，其存在的历史基础和现实前提是国家与社会的分离，导致出现了一个不依附于土地、国家、教会，以商品经济为主的私人自治的领域。社会成员本身获得了私人意义上的"市民"和"公"意义上的国家公民两种身份。为了保证公共权力的行使不脱离人民的掌控，必然要寻求制约公权力的机制。按照法理学的原理，权利是法学的基石范畴，法律的根本目的是调整和保护权利，是"权利本位"而不是"义务本位"。要保护权利，就必须制约权力，而监督的实质就是为了"制约权力"。从权力与权利的关系看，监督的直接指向是权力。权力与权利的关系是手段与目的、"流"与"源"的关系。"公民的权利是国家权力的源泉，也是国家权力配置和运作的目的和界限，即国家权力的配置和运作，只有为了保障主体权利的实现，协调权利之间的冲突，制止权利之间的相互侵犯，维护和促进权利平衡""从实质上看问题就不难发现，权力乃是权利的一种衍生形态，国家权力的存在是以维护一定阶级、集团和人们的权利为前提的"。

公权力是权利在国家形态上的确认和体现，权力是为权利服务的。公权力的形式主体是特定的，在公权力游离于公职职务时，公权力与行使主体所代表的实质主体发生了分离，它不再是群体、社会或国家意志的表达，而成为形式主体自己的权力，一种代表个人利益的私权力。此时，权力主体发生了变更，实施主体消失了。形式主体剥夺了自己原先代表的那个实质主体的意志，以个人意志将权力变为自己的消费物或交换物，随着权力与原先的实

质主体脱离及继而因它被作为交换物出售或转让而发生的与形式主体的脱离，权力摆脱了原先主体的控制，成为一种独立的可以自由买卖、转让、赠与的物，一种索取他物的手段。权力的目的发生了变化，本来是调整权利、保护权利，但它也会限制权利、侵害权利。权力运行的界限是不能侵犯权利，权利是对权力的制约，监督就是对权力制约的重要形式。从权力与责任的关系看，责任是没有履行或没有正确履行法律赋予的权力而带来的不利后果。监督的目的，不仅仅在于对"责任"进行追究，如果那样，监督就会陷入"惩办主义"，监督的根本目的也在于保证权力的正确行使，最终维护的是权利。

二、纪检监察范畴体系

亚里士多德的《范畴篇》是一本关于逻辑学的书，但是他在该书中讲述的是关于思维的形式和方法。他谈到概念的划分，一般性和普遍性，本质属性和偶然属性，他以为属比种更加真实地是实体，也就是说种概念具有较高的普遍性，相对而言，属概念较为狭义而具体。在《范畴篇》里，亚里士多德首先使用了范畴这个术语。单个纪检监察的基本概念，是构成纪检监察理论的细胞和基本单位。范畴是由基本概念构成的，而且范畴与范畴之间不是孤立的，而是相互联系的，既有纵向联系也有横向联系，既有内在联系又有外在联系，既有直接联系也有间接联系，它们共同构成了一个统一的纪检监察范畴体系。

1. 纪检监察基本概念

一是执政。执政是实施纪检监察的前提和基础，是纪检监察学的核心概念。中国共产党的执政地位由历史选择，但并非一劳永逸，关键在牢牢坚持党的宗旨、把握党的方针路线。纪检监察工作是贯彻落实党的宗旨和方针路线的有力保障。党行使权力要尊重执政规律，尊重人民意愿，要实现制度化、程序化执政。尊重执政规律就是按照科学而不是长官意志，按照经济、政治、社会运行规律而不是独断专行执政，实际上就是科学执政；尊重人民意愿就是将人民当家作主作为党决策的前提，集人民之意志为党的意志，集人民之利益为党的利益，实际上就是民主执政。依法执政与科学执政、民主执政是辩证统一的。现阶段，党必须适应新的世情、社情、党情、民情，增强公仆意识、忧患意识、民主意识、法纪意识、节俭意识、大局意识，不断反思新时期的执政得失，总结执政经验，提高执政能力，实现执政合法性的理论与实践的双重转型；必须深入思考人民主权的本质，真正把握"我是谁、为了谁、依靠谁"，以及谁该掌权、谁在掌权、为谁掌权等问题，探讨如何更好代表人民意志，维护人民利益，实现人民愿望，必须思考如何形成净化机制，纯洁党的组织和集体，形成以法控权、用法管人、依法办事的执政党权力监督机制。

二是纪律。只有用制度管权、按制度办事、靠制度管人，才具有根本性和长效性。政党作为共同体应当有共同遵循的行为规范，从政行为应当受到一定的约束。从严治党、制度管党是建党的重要历史经验，制度集中体现为纪律，包括党纪和政纪。党自建立以来一直非常重视党的制度建设，建立健全党内各项规章制度，以《党章》为基础构建了较为完善的党内法规体系，为党要管党、全面从严治党奠定了制度基础。政纪主要是对公职人员高效廉洁依法行政的要求和规范，集中体现为《监察法》《公务员法》等法律法规。党纪政纪不仅规范监督对象的公务行为，而且将个人的经济行为、生活作风等都纳入其中，不仅关心"八小时内"，也关心"八小时外"。

三是监督。健全权力制约监督机制，已经成为执政党和全社会的共识。监督分为事前监督、事中监督与事后监督。事前监督与事中监督实际上是着眼于预防，预防违纪违法行为的产生，而事后监督主要是出于惩治的目的，即对产生违纪违法行为人进行处理，实现党和政府的净化，不断增强自我净化、自我完善、自我革新、自我提高能力。监督包括专门机关监督和群众监督等，因此，扩大公民有序政治参与，保障人民知情权、参与权、表达权、监督权，对保证权力在阳光下运行、保证政党的先进性和纯洁性意义深远。

2. 纪检监察范畴体系分类

纪检监察范畴体系可以从不同的角度进行不同的划分。

（1）从范畴的归属来看，纪检监察范畴体系主要由纪检范畴、监察范畴、纪检与监察共有范畴三部分构成。

纪检范畴，是指在党的建设特别是党的纪律检查活动中所特有的范畴。如党的章程、党的作风、党的纪律、党的民主集中制、党的纪律处分、党内严重警告、开除党籍、党内监督、党员权利保障、党内条规、党纪面前人人平等、纪检条规、纪检信访、纪检案件检查、纪检案件审理、纪律审查等。十八大以后，中央纪委把"办案"改叫"纪律审查"，把"案件室"改称"纪检监察室"，把"案件线索"规范为"反映领导干部问题线索"。其中，纪律审查是指要审查违纪行为尤其是违反政治纪律和政治规矩、组织纪律行为的一种党内审查措施。

监察范畴，是指在行政管理特别是行政监察活动中所特有的范畴。如政务纪律、政风行风、行政法规、公务员、行政执法、行政责任、政务处分、开除公职、监察调查、监察对象、监察事项、监察建议、监察决定、执法监察、效能监察、监察信访、监察审理、监察权、监察程序、留置等。其中，留置是指对于涉嫌严重职务违法或职务犯罪的被调查人，以及涉嫌行贿犯罪或共同职务犯罪的涉案人员，监察机关在经过审批之后可将其留置在特定的场所，以便进一步调查的审查措施。

纪检与监察共有范畴，是指党的纪律检查和行政监察共用或通用的范畴。如纪律、监督、廉政建设、反腐败、惩防体系、惩防并举、"组织协调"、反腐败、廉洁自律、不正之风、"保护伞"、信访举报、案件审理、违纪行为、违纪案件、责任追究、纪律处分、依纪依法办案和党风廉政建设责任制等。

（2）从范畴的类型来看，纪检监察范畴体系主要有本体论范畴、主体论范畴、客体论范畴、运行论范畴和价值论范畴5类。

本体论范畴，是对纪检监察的性质及其功能的认识和概括，说明"是什么"的问题。比如监督、党政监督、党内监督、党的监督、行政监督、监督检查、纪律、廉政、腐败的存量、反腐倡廉、纪检监察职责、纪检监察职能、纪检监察原则、纪律面前人人平等。

主体论范畴，是对纪检监察活动的实践主体的认识和概括，说明"谁参与"的问题。既包括监督主体及其成员，也包括监督对象。比如纪检机关、监察机关、派驻纪检监察机构、纪检组长、纪委书记、纪委常委、监委主任、纪检监察员、企业纪检监察机构、党政机关、党组织、党员、国家行政机关、国家公务员、党员领导干部等。

客体论范畴，是对纪检监察活动所指向的、为法律法规和纪律所保护的客体对象的认识和概括，说明"保护谁"的问题。主要有三种：①物，它可以是自然物，如法律所保护的国有土地、矿产资源、自然环境、森林河道等，也可以是人造物，如违纪涉及的交通工具、住宅房屋、通信工具、高档饰品等；可以是财产，如国有财产、集体财产、公共财产、私人财产及其表现形式信用卡、有价证券、提货凭证等，也可以是权力，如决策权、干部任免权、财务审批权、司法权、物资采购权等。②非物质财富，它既包括智力成果，如注册商标、工程设计、书画作品、工艺制品等，也包括机关形象，如党的威信、党员形象、国家机关的作风、党群干群关系等，还包括与公民人身相联系的各种权利，如人身权、劳动权、健康权、休息权、名誉权、隐私权等，也可以是规则，如"明规矩""潜规则"。③行为，如决策、规划、服务、审批、提拔、管理、考核、检测、出国、检查、执法、处罚等活动。

运行论范畴，是对纪检监察活动的运行过程和操作程序的认识和概括，说明"怎么做"的问题。比如猛药去疴、重典治乱、刮骨疗毒、壮士断腕、纪检条规、监察法规、压倒性胜利、办案程序、信访举报、案件检查、案件审理、案件管理、微腐败、行风评议、案件回访、廉洁自律、执法监察、效能监察、监督检查、违纪行为、违纪事实、纪律责任、纪律处分等。

价值论范畴，是纪检监察活动追求的价值取向，它所反映的是纪检监察活动的主体对社会的意义和贡献，以及社会对纪检监察活动的需要和评价，说明"为了啥"的问题。比如公正、公平、正义、"三清"、法治、秩序稳定以及政治效果、法律效果、经济效果、社会效果等。

（3）从范畴的层次来看，纪检监察范畴体系主要由本体范畴、基本范畴、一般范畴等构成。

当前国内外在范畴理论和基本层次范畴理论的研究方面有相关研究成果，纪检监察要通过大量翔实的例证，分析基本层次范畴在许多方面的应用并得出相应结论，所以现阶段要较全面探讨基本层次范畴。所谓本体范畴，是纪检监察范畴中的主导范畴，是整个纪检监察的逻辑起点，是纪检监察其他范畴形成的本原（始基）。所谓基本范畴，是以纪检监察的总体为背景，对纪检监察基本方面、基本联系、基本过程的抽象，是其他范畴形成的基石。所谓一般范畴，是对纪检监察某个具体侧面、某个具体联系、某个具体过程的比较简单的抽象，属于初级范畴。

第三节　纪检监察的一般范畴

纪检监察一般范畴可以看作是党言党语，反映着客观现实现象的基本性质和规律性以及规定着一个时代的科学理论思维的特点，是纪检监察学科自有的"概念"或"术语"。纪检监察的一般范畴大致可以分为8大类：

一是职能类范畴，即反映纪检监察具体职能的范畴。职能类范畴主要包括三个部分：①关于纪检监察职责的范畴，如"全面从严治党"、"国家监察"、"四个意识"、"四个自信"、"两个维护"、主体责任、监督责任、"两个责任""无禁区、全覆盖、零容忍"、"三转"、维护纪律、执法检查、"组织协调"、违纪行为调查、监察对象、监察事项、受理举报申诉等；②关于纪检监察原则的范畴，如实事求是原则，重证据、重调查研究原则，行使职权不受干涉原则，纪律面前人人平等原则，教育与惩处相结合原则，监督检查与改进工作相结合原则，依靠群众原则等；③关于纪检监察职能的范畴，如揭示职能、防范职能、保护职能、纠偏职能、惩处职能等。

二是理念和权力类范畴，即反映纪检监察工作认识和纪检监察机关权力和措施的范畴。就理念而言，如共产党的初心、精神上的"钙""软骨病""把权力关进制度的笼子里""政治生态""忠诚""干净""担当""守土有责、守土负责、守土尽责""有权不可任性""破窗效应""不收手、不收敛"；就权力而言，纪检监察权力有检查权、调查权、建议权、处分权、决定权等。就措施而言，纪检监察机关为行使权力可以采取的措施，如留置、红色通缉令、培训腐败、塌方式腐败、暂予扣留和封存、查核存款和暂停支付、查阅账册材料、录音录像、提请鉴定、没收和追缴违法所得等。

三是程序类范畴，即反映纪检监察工作具体程序的范畴。纪检监察程序类范畴，如纪在法前、"关键少数"、"绝大多数"、检查程序、执法监察程序、党风廉政建设责任制考核程序、纠风工作程序、巡视工作程序、效能监察程序、信访程序、案件检查程序、案件审理程序、处分决定执行程序、申诉程序、案件管理程序，以及纪检监察机关的领导决策程序、报告审批程序、公文运转程序、干部管理程序等。

四是检查类范畴，即反映纪检监察机关监督检查作的具体范畴。包括以下几个方面：

纪检监察范畴。如"负面清单""从严治吏"、政治纪律、政治规矩、工作惯例、专项巡视、行政执法、依法行政、政令畅通、执法监察、执法监察机构、执法监察的选题、执法监察的立项、执法监察实施方案、执法监察步骤、执法监察措施、执法监察方式、事前检查和事后检查、事故调查和平时检查、全面检查和专项检查、自查互查和抽查、"执法监察报告"、执法监察建议、执法监察责任追究等。

效能监察范畴。如"四个着力"、"不敢腐、不能腐、不想腐"、"标本兼治，综合治理"、行政效能、行政效能建设、行政效能监察、行政效能监察机构、行政效能监察的职责、行政许可、"服务型政府"、行政效能监察措施、行政效能监察的立项、行政效能监察实施方案、行政效能监察步骤、行政效能监察方法、"行政效能监察通知书"、行政效能考评制度、行政效能投诉制度、行政效能过错、行政效能过错追究等。

纠风范畴。如"照镜子、正衣冠、洗洗澡、治治病"、"官僚主义"、"形式主义"、"享乐主义"、"奢靡之风"、"反腐红利"、铁的纪律、顶风违纪、整治漠视侵害群众利益问题、损害群众利益的不正之风、纠风工作原则、纠风工作方法、正风反腐、刀刃向内、基层减负年、"会所歪风"、行风评议、行风问卷调查、纠风长效机制、行风建设等。

源头治理范畴。如"抓早抓小"、"依规管党治党建设党"、"牛栏关猫"、干部人事制度改革、离任审计、竞争上岗、干部提拔任用票决制，行政审批制度改革、行政许可、行政服务中心、问责制、限时办结制，财政管理体制改革、国库集中支付、"收支两条线"、票款分离，投资体制改革、重大投资项目审批制、审管用"三权分开"、大额资金跟踪审计，产权交易制度、产权交易中心、产权交易大厅，政府采购制度、财政与采购分离、采购招标，工程建设项目招标投标制度、经营性土地使用权出让制度，政务公开、事务公开、厂务公开、村务公开等。

廉洁自律范畴。如廉洁自律、廉洁自律规定、"学思践悟"、党风廉政建设责任制、党政领导干部廉洁从政、国有企业领导干部廉洁从业、廉洁自律情况检查、"廉政承诺"、党风廉政建设责任制考核、小汽车配备标准、公车私用、有价证券、职务消费、商业保险费、"四大纪律八项要求"、"八项规定"。

巡视工作范畴。如巡视、巡视组、巡视组长、巡视工作职责、巡视范围、巡视对象、巡视制度、巡视工作方式、巡视工作纪律、巡视报告、巡视成果、巡视成果的使用、巡视长效机制等。

五是信访类范畴，即反映纪检监察信访的具体范畴。信访类范畴主要包括：①信访一般工作范畴，如信访、举报、检举、控告、匿名举报、署名举报、联名举报、集体访、信访工作原则、信访分级管理、信访受理、接访、信访办理程序等；②信访信息工作范畴，如信访信息工作、信访信息渠道、信访信息统计、信访信息分析、信访信息质量等；③信访案件工作范畴，如信访案件、信访案件的督办、信访案件的直接查办、信访案件的审核等；④信访监督工作范畴，如信访监督、信访监督方法、信访谈话、信访通知书、信访监督程序、信访监督质量等；⑤信访管理工作范畴，如信访公文、信访档案、信访目标管理等。

六是案件类范畴，即反映纪检监察案件检查工作的具体范畴。主要的案件检查一般范畴有如踏石留印、抓铁有痕，老虎、苍蝇一起打，追逃防逃追赃、主动投案、案件线索、违纪案件、案件检查、案件检查工作原则、案件检查的管辖、案件检查程序、案件检查方式、案件检查措施、案件检查的"二十四字"方针等。

案件调查范畴。①在案件线索受理方面，如"灯下黑"、案件线索受理条件、案件线索受理范围、案件线索受理程序、案件线索的管辖、案件线索的办理、案件线索移送等；②在初核（查）方面，如初核（查）、初核（查）标准、初核（查）程序、初核（查）方案、初核（查）措施、初核（查）报告、初核（查）建议等；③在立案方面，如立案条件、立案程序、立案权限、立案报告、立案决定、立案通知书等；④在案件调查方面，如案件调查程序、案件主办人制度、案件调查方案、案件调查提纲、案件调查谈话、案件调查纪律、调查措施、调查取证、调查协助、错误事实见面材料、案件调查报告、"一案两报告"（调查报告和整改报告）等；⑤在案件移送方面，如移送审理、移送司法、移送主管部门、移送上级机关等。

案件审理范畴。如特权思想、特权现象、为官不为、小官巨贪、纪律审查、违纪案件审理、申诉案件的审理、审理工作的职责、审理工作原则、审理回避制度、查审分离、审理工作的基本要求、复审、复查、复核、审理程序、主审、协审、审理监督、审理报告、审理公文、处分决定书等。

案件管理范畴。如"四种形态"、断崖式降级、案件线索集中管理、案件管理机构、案件管理工作职责、案件管理的综合服务、案件统计、案件分析、案件管理的组织协调、案件督查督办、办案监督、案件回访、案管档案等。

申诉复议范畴。如申诉人、申诉事项、申诉时限、申诉受理、党员申诉、党内复查、党内复议、公务员申请复核、公务员申诉、监察复查、监察复核、申诉处理程序、复查复议决定、处分变更或撤销等。

七是法规类范畴，即反映纪检监察条规工作的具体范畴。法规类范畴主要包括：①"党内法规"范畴，如《党章》《关于新形势下党内政治生活的若干准则》《中国共产党党内监督条例》《中国共产党廉洁自律准则》《中国共产党纪律处分条例》《中国共产党问责条例》《中央八项规定》等；②国家监察类范畴，如宪法、法律（《中华人民共和国行政复议法》《中华人民共和国行政诉讼法》《中华人民共和国公务员法》）、行政法规、地方性法规、部门规章、地方政府规章、行政规范性文件，以及立法解释、司法解释、行政解释等；③"纪检监察法规"范畴，如《检查工作条例》《监察法》、中央纪委答复、监察部答复，以及各级纪检监察机关制发的规范性文件等；④"纪检监察法规工作"范畴，如纪检监察法规工作中的法规工作原则、法规规划、法规起草、法规调研、法规审议、法规指导、法规咨询、法规协调、法规备案、法规清理、法规解释、法规编纂、法规宣传等。

八是组织类范畴，即反映纪检监察组织建设的具体范畴。组织类范畴主要包括：①纪检监察机构设置方面，如纪委、监委、内设纪检监察机构、派驻纪检监察机构、纪检组、监察室、企业纪检监察机构，分级管理以及历史上的监察御史、御史台、都察院、监察院等；②纪检监察人员配备方面，如纪检监察人员、纪委书记、纪委常委、纪委委员、监委主任、纪检组长、纪检检查员、监察专员、"辞职"、"免职"、"降职"等；③纪检监察领导体制方面，如双重领导、纪检监察机关合署办公、对派驻纪检监察机构的统一管理、双派驻纪检监察机构、单派驻纪检或监察机构、纪委全会、纪委常委会、监委办公会、监委主任负责制等。

第四节　党纪范畴的语言

范畴是用语言表达出来的，纪言纪语是中国共产党在全面从严治党语境中创立的具有专门语言的范畴。由于纪言纪语本身的特殊要求，因而具有特殊的语言材料或完全独立的语法体系，形成了一些自身的语体和文体特点。长期以来我国纪法不分，纪言纪语更多地套用法言法语。随着全面从严治党的不断深入，涌现出大量的新词新语，呈现出自身特征。

一、纪言纪语的意识形态性与非意识形态性

习近平总书记指出，能否做好意识形态工作，事关党的前途命运，事关国家的长治久安，事关民族的凝聚力和向心力。就政党来说，意识形态是精

神旗帜，决定着举什么旗，走什么路，立什么制等重大政治方向问题。党的十八大以来，党中央通过纪言纪语使意识形态领域呈现了旗帜更鲜明、底线更清晰、价值观更响亮的积极健康的态势，话语权得到很好的控制。

所谓话语是指能说出来或写出来表达思想、意思的语言，在当代社会思潮中话语权作为国家主体自由表达话语的权利，具有影响社会发展方向的能力。首先是自由话语表达的资质和权利，这涉及一系列可以识别的、多样的、但有限的共同话语问题。其次是话语表达的效果，这体现在以一整套技巧、一种实践理性的方式提升话语的影响力。意识形态代表一个国家对社会和政治生活的一种整体的视角、价值承载者和行动指南，争夺话语权是不同国家和地区社会整合的重要行动。所谓中国共产党的话语权，是纪言纪语面对纷繁的社会现实和重大的理论问题所展现的权威性与解释力，是指中国共产党从严治党理论在中华优秀传统文化涵养的理论话语被重构、被转化、被书写和被传承，而更为主要的是其内含的基本理论助力中国社会深入发展和中华民族伟大复兴的能力。

纪言纪语要有实效性必须分析其发话者、受话者、语境、信息或文本、目的和欲望等，因此通篇贯穿着"全面"与"从严"两个关键词的《廉洁自律准则》和《纪律处分条例》等把自己的解释加于许多新概念之上，很注意表达话语的能力、话语的影响力等实践上的效果，在文体立意上则把理想信念贯穿其中，因为"革命理想高于天"是中国共产党人的精神基因。由于语言是一种社会制度，是一种社会控制力量，所以从文体角度上来看，它是一种社会意识形态，一旦确定，任何个体或群体都无法改变语言的一般性规则。以中共中央印发的《党章》《廉洁自律准则》为肇始，形成了以《党章》为遵循，以责任为导向的"制度群"，使依规治党成为常态，纪言纪语有了丰富内涵。习近平曾指出，"我们党的党内规矩是党的各级组织和全体党员必须遵守的行为规范和规则。党的规矩总的包括什么呢？其一，《党章》是全党必须遵守的总章程，也是总规矩。其二，党的纪律是刚性约束，政治纪律更是全党在政治方向、政治立场、政治言论、政治行动方面必须遵守的刚性约束。其三，国家法律是党员、干部必须遵守的规矩，法律是党领导人民制定的，全党必须模范执行。其四，党在长期实践中形成的优良传统和工作惯例"。语言的规约、惯例使社会群体自觉地接受，习近平的重要讲话催生和创设了全面从严治党话语权的理论语境，因此推进纪言纪语的理论提升，促进纪言纪语的快速发展就成为全面从严治党实践的时代召唤。

首先，在话语内容上应当建立一种理论框架、一种理解系统。在坚持中国共产党从严治党原则即基本的立场、观点和方法的前提下，纪言纪语要哲理明，辨析透，实现对认识成果的哲学概括和自身完善。其次，必须搞清楚理论背景和话语表征的方式和策略。纪言纪语研究要准确理解、全面把握其科学内涵和精神实质，应特别注意把官方话语转变为大众话语；还要讲究话语的理性化和信仰化，通过现代化的传播手段在民众心里落地生根。第三，在当代的政治实践中，守纪律讲规矩，核心就是要对党忠诚、立场坚定，必须坚持统一标准，防止变通。正如习近平在十八届六中全会上指出的："条例没有对中央部委和地方党委制定实施细则作出授权规定，体现全党必须一体执行，防止搞变通、打折扣。"这次制定的准则、条例不允许各省市制定自己的实施细则，防止变味。

"掌握思想领导是掌握一切领导的第一位。"对《廉洁自律准则》《纪律处分条例》等纪律条文的语义进行分析，是新时期意识形态建设的关键节点、重要阶段和必要步骤，也能有效防止纪言纪语的贫乏和表达的无力。语义分析是对语言的所指、能指、含义、意义进行的分析，通过分析语言的要素、结构，考察词语、概念的语源和语境，确认、选择语义。作为哲学方法的语义分析具有普适性、理想性和指导性，对于研究党的纪律学具有独特的作用和优势。在党的纪律范畴，语言的功能不是一般的交流思想，党的组织借助于语言来表现、传播、推崇和执行党的意志，给党的各级组织和全体党员规定权利和义务。党的每个纪律规范都是一种行为模式，都是用以指引、评价纪律行为的标准，预测纪律后果的依据。纪言纪语从分类层次看，首先应该是书面语体，接着是实用语体，再下来是政论语体，最后必然是纪律语体。它通常是对党纪严肃性的概括，使用一种不带有感情色彩的、不加夸张和比喻手法的大众词汇，如"忠于党""忠诚人民"，同时也包含曾经的岁月里那些丰富的时代和政治意涵，如"两个务必""两手抓，两手都要硬"，语言使用要朴实无华、明确精准、含义统一，不能使用口语、俗语和双关语，便于党员理解和遵循，便于执纪者运用和操作。

在党的纪律建设中，强化语言意识，自觉地把语义分析方法运用于党的纪律的制定、实施和党的纪律学的研究，有助于增强党纪党规的逻辑性和严谨性，有助于维护党的纪律的统一性和严肃性，有助于对概念生成、概念系统及语言表征的互动机制产生更深层次的理解和把握。在治党实践中，"党规党纪""党的纪律""党的规矩""党内法规"是具有同等意义的概念，是指广义的"党的纪律"或狭义的"党的规矩"，即纪言纪语。语言作为一种符号，是具有生命的东西，在不断地与时俱进。纪言纪语要用现代语言把规范的根基、源由等揭示、呈现和展示出来，营造出一种规规矩矩、求真务实的氛围。《廉洁自律准则》提出的"原则要求和规范，展现共产党人的高尚道德追求，体现古今中外道德规范从高不从低的共性要求"，在修辞上是有生机、有活力、接地气的实用性语言，代表着党的声音和风向。其目的在于使人清清楚楚、明白无误地懂得纪言纪语表达的可领会性、陈述的形象直观性、言中有规、语中有纪的正当性及其行为的真实信念。

二、纪言纪语的专业性与大众性

纪法分开以来，为了把丰富多彩的党纪党规表达既"明"又"确"，必须创设纪律术语。文本由词句构成，理论由概念构成。立纪语言中必须有足够的专门概念和范畴，纪律思维和纪律理念的核心内容都是以这些专门术语和概念本义来呈现，立纪过程中就只有客观实际地将它们表述出来。它是纪检监察人员之间的一种身份语言，是专业人士之间共同的一种语言使用习惯，某些专业性语言是纪检监察职业团体在语词上因行业的性质而创制的，具有逻辑推演性，无法用大众语言来替代。民众之间不仅有对于纪言纪语的接受，而且有对于纪言纪语的分析、选择、运用、重组、整合、建构和虚拟，专业术语的存在须使用严格的专业语言来分解和标注，以一定的标准进行解释和明确。单一的纪律术语不能描述一个社会现象，一个命题才能表达一个社会现象，一段有联系的论述才能把集合组织起来的事实表达清楚，反映这个复杂事实的表征必然涉及许多已知概念之间的关系，所以在立纪中专业术语和大众语言要相容相通。大众语言作为反映日常生活观念的一面镜子，进行交流时词义相当丰富，其词汇往往包含有共同的记忆和共同的历史，以及对于共同生活形式的重要性的意识，在纪检监察实践活动中使用的任何语言都兼具专业语言和大众语言的双重品性，专业术语可以称之为中心话语，是文本的核心，决定文本的主旨意蕴，需要大众语言进行解释，但在一个具体文本中，大众语言和专业语言等多重话语的存在与混合是一种常态，它们二者所指和能指之间涵蕴着较大的张力，只是在其中所占的比例不同罢了。

1. 大众化语言是纪言纪语的基础

纪言纪语的形成遵循着一定的模式，不是杂乱无章的。一是由大众语言转化而来，赋以大众语言特定的内涵。如礼品，新形势下"礼品"的内涵越来越丰富，近年来把逢年过节和特殊场合的"有价证券""购物卡""红包""消费卡""商业保险"等包含其中。二是由领导、专家和纪律工作者创设，如"老虎""苍蝇"等。三是通过移植的方式引进。主要有两种途径：一种是从法律中移植，由于党的纪律体现了国家的法治精神，诸多纪律条文、概念、名词和术语都是从国家法律条文中直接移植，如纪律的创设、违纪的构成要素等，另一种是从国外引进。在中国，外来语是纪律术语的重要来源之一。由于反腐倡廉是世界各国的共同任务，体现文明成果和成功经验的术语可以大量共同存在。

纪律术语建立在大众现实生活用语的基础上，社会生活的变化是纪言纪语产生的源泉。这首先是因为纪律条文虽然是党和国家制定和认可的，面向普通党员就应尽量保持大众语言的风格以便为普通党员所理解和遵循。绝大多数党员干部对纪律语言的知晓和信赖程度较高，而主动关注纪律文本的程度偏低。其次，纪律应该使用普通语言，发现"话题本身"的核心概念、范畴，把握好时代精神，以清晰性、精确性、常见性言语来表露其感情、爱憎。纪律写出来就是让所有人都理解，为具有一般理解力的人们制定的，它不是一种逻辑学的艺术，而是要有利于以简单平易的推理强化新知识的学习和吸收热情。最后，纪检监察的专业术语和大众语言必须视界融合。无论在纪检监察领域还是其他领域，大众语言始终是党员领导干部和人民群众交流的最基础平台，有调查结果显示，纪律语言要发挥其社会功能，社会认知度是一项非常重要的指标。基于工作、交流和实践，筛选日常生活中既为人们普遍接受、又在一定程度上反映现实和党员群众心理的语言，提升这些语言的内涵，使之成为一种专业语言，进而成为一种成熟语体。

2. 纪言纪语建设具有现实合理性

一个行业的专业化程度高低，是衡量该行业发展水平的一个重要标准，而该行业人员的职业化程度，则是评价其专业化管理水平和成熟程度的一个明显尺度。遗憾的是纪检监察工作专业化问题至今没有引起人们的重视，甚至许多人对纪检监察工作还存有偏见，似乎没有业务性和专业性，也不需要特殊的专业要求和岗位培训，这是十分错误的。其原因固然是多方面的，但与没有用纪言纪语系统地概括和提炼专业语言直接相关。社会任何变化都会在语言中反映出来，纪言纪语代表一类享有共同特性的人物、事件或观念的符号，是用语词句子来定义其本质属性。只有具有专业性的语言，才能形成丰富的思想内涵，进行国家意识形态的建构，才会得到社会的高度认同和认可。

首先，从纪检监察工作的构成来看，包括监督对象、监督者、监督机关等。监督对象涉及各个机关单位、各个行业部门、各个管理领域，监督者从事的诸如信访举报、案件检查、案件审理、廉洁自律等，每个方面都有其特殊的工作内容和工作方法，有多方面的基本知识，有专门的表达和表述（即纪言纪语），这是全面从严治党的先导性、基础性、战略性举措，认真总结有利于纪检监察事业的健康深入发展。其次，纪言纪语有自身的内在结构，需要用专门的、特定的词汇准确地表述纪言纪语的本意，就难于保证纪律处分的统一和合理。如果无法用日常语言来替代、或者有时纪律规范即便采用日常化的语言，但人们对以"文字表述"的概念、术语及范畴的"精神实质"并不一定理解到位。这需要对纪言纪语创造性转化和创新性发展，如习近平总书记把"政治规矩"从传统的大众文化心理的规矩意识中分离出来，成为独立的一个种类。再次，专业术语必不可少，乃是指在一些情况下，离开了这些选定与大众用语的用法有很大区别的术语，被大众语言替代后会出现行文意义模糊、缺乏确定性的情况，也给纪检监察工作者的对话和交流带来困难。最后，纪言纪语因行文中理论内涵、表现方式、实现方式、价值效果不同，而呈现出不同的样式。虽然纪言纪语对总体方位、目标定位、阶段任务等重大问题有定性要求，但对各个不同层级干部来说，目标、任务和重点缺乏针对性的具体要求。需要不断创新方式方法，把普遍性要求和特殊性要求结合起来。

三、纪言纪语的准确性与模糊性

（一）纪言纪语的准确性

准确是纪言纪语的灵魂，是纪检监察本质的内在要求。语言"准确"是指规则的制定者所使用的术语与其试图传递的特定目的高度吻合，能对受众造成最为特殊的影响，实现对个体行为甚至群体行为的预期引导。要严格选择词义相近和差别细微的语词，必须把意思分明地显现在语言文字上，力求内容本身与表述方式的明确。要达到纪言纪语准确性之目标，必须坚持以下原则：

1. 明确科学。在新时期，人们的交流表达经历了分别以文字、图文和宽频为主的时代，现在进入并存时代，词义越来越丰富，要仔细辨别词语的含义、性质、适用范围。一方面，为了实现语言的准确和理解上的统一，无论宣传、研究、论坛、博客都要广泛使用专业术语。在语体上，纪律使用的词汇、专业术语都包含了党和政府关于全面从严治党的思想和规范，地位独特，是纪言纪语区别于其他语体的重要特征之一。必须使用含义确切的词语，要清楚科学，材料详实，不能遗漏缺项。另一方面，文风要朴实，不能轻浮华丽，注意同义词语或近义词语的选择与规范。在图文和宽频时代，在应用弹幕、语音、图像等载体时，不能望文生义，不能虚假猜测，要用纪言纪语描述违纪行为，如违纪事实要按照"六项纪律"排序分类表述。审理报告、处分决定一定要严加甄别，合理使用。

2. 逻辑严谨。纪言纪语遵循语言的一般语法规则，具有特殊的逻辑构成，结构要完整严谨，词语搭配要合理，不能颠倒混乱，不能片面臆断。例如，开除党籍适用于严重违反党的纪律，造成很坏影响，严重损害党和国家的利益，给党的形象和工作带来重大损失，或者犯了错误不改正，抵制党组织的教育，背离党的路线、方针、政策，完全丧失共产党员条件或严重触犯刑律的党员。"很坏""损害""损失"等语言表述必须实证化。同时体现全面从严治党新方略"四种形态"中的"常态""少数""极少数""极极少数"等明显不是数理逻辑关系的规定，需要以纪律解释等进一步明确其界限。

3. 统一规范。构成一个纪律的要素有纪律原则、纪律概念和纪律规范。每一个纪律规范，纪言纪语在描述行为模式和违纪后果时应当使用同一术语，不能模棱两可，避免使用词汇的混乱。纪言纪语的文体要求违纪中现象和事实相同，用相同的词汇描写或者表述，提高语言表达的概括性，表达同一意思或者描述同一现象时应用同一个词来表达，增强语言表达的规范性，这既会有效提高语言表达的概括能力与准确程度，又会使人们和从事纪检监察的人熟悉和掌握。如《纪律处分条例》中"立案报告"、"案件调查报告"、"案件审理报告"和"处分决定"就在言辞上差异很大，如果立纪、执纪时所用词语表义不统一或不规范，必然会出现"同样的情况不同样对待"，影响纪律的权威性与公正性。

4. 简明精准。纪律作为制度不在多，在于务实管用，简洁的语言表达尤为重要。抓住最根本的东西用最精练的语言"把中央要求、群众期盼、实际需要、新鲜经验结合起来"准确表达，化繁为简，简明扼要，一目了然，易懂易记，如新《廉洁自律准则》共 8 条、每条都只有 14 个字。纪言纪语要以多种指代形式体现丰富内涵，但为求得纪言纪语准确的效果，应尽可能减少歧义与避免时过境迁。据统计，2012 至 2014 年中央共废止党内法规和规范性文件 322 件，宣布失效 369 件，出台或修订党内法规 55 部以上，实现制度的"瘦身"和"精准"，通过制度优化实现对问题治理的"全覆盖"。

（二）纪言纪语的模糊性

纪言纪语的模糊性是语言自身的本质特征在纪律上的表现。纪言纪语的模糊性的语用功能表现为语言的动态性和灵活性，有意识地正确使用模糊语言，最终目的是达到表意准确的手段，以便于纪律规则的普遍性实施。如《纪律处分条例》第 14 条规定中的"有违纪事实，但情节轻微"等这些模糊词语为纪检监察工作留有较大弹性和张力，不允许有纪律规定之外的特殊情形，"同样情况同样对待"，在不确定中相对公平、正义地接近确定。

1. 纪言纪语存在模糊性的原因：一方面，从语言学角度来看，模糊性是因新事物、新现象、新观念产生出来的新词新语的基本属性。首先，作为一种经常使用的话语系统，词语和范畴纷繁多样，有多种实践上说明的可能，具有意义上的选择空间，以至于实际交叉而错综复杂地存在着。词义模糊的结果之一便是，有预测性语言的存在，如《党内监督条例》中发现"苗头性、倾向性问题"。从准确性的要求来看，纪言纪语对纪律事实、纪律行为的叙述说明和对具有纪律意义的内容要用最能表达其本意的词，这样的条文可以"反复适用"。其次，从词汇变动和语境角度看，作为表达生活事实的一种逻辑形式，语言要描述无限的客观事实的能力是有限的，纪律表达形式的语词受语境的影响颇大。另外，语言将党的意志转化为纪律规范的过程中要受到各种社会文化因素的制约，具有主观性的一面，普遍性、概括性和抽象性的规定是人们认识和利用规律的一种主观创造，不可避免地具有模糊性。另一方面，从纪律调整的类型化的方式来看，任何实际问题都涉及大量现代信息的"再结构"，而且这些现代信息的"再结构"大部分不能基于符号逻辑推理获得。这一定程度上是建立在语言的模糊性基础上的。"如果深入研究人类的认识过程，我们将会发现人类能运用模糊概念是一个巨大的财富而不是负担。"我们决不能把纪言纪语的模糊性等同于随意性。虽然要找到准确反映纪言纪语意图的语言，精确描述一个类型是非常繁杂的，但要努力不断地接近客观事实。

2. 模糊性纪言纪语的类型。模糊性纪言纪语可分为绝对模糊和相对模糊。纪律中有些词语的含义界限不清，缺少针对性和可操作性，属于绝对模糊。如《纪律处分条例》中的党纪处分5档的自由裁量权。还有一类是相对模糊，如《廉洁自律准则》当中提倡的"四个必须"的判断标准。模糊性纪言纪语也可再分为显性模糊和隐性模糊。所谓显性模糊，主要指因为制定主体和执行主体对纪律现象的认识有一定的局限性，如在实际生活中还未认识到其危害，有待于进一步把握的东西；所谓隐性模糊，主要指因缺乏主体之间的一致性、协调性和整合性而产生对规范中语言的理解差异。如新词新语因时代不断变化而产生和流行，昔日曾流行的词语又受到逐渐冷遇。模糊性纪言纪语还可分为词语模糊（如《纪律处分条例》中的"与他人发生不正当关系"等）和规则模糊（如全面从严治党的"两条线"："高线"和"底线"等）。从语义学的角度看，词语模糊必然导致规则模糊，未来可以通过进一步对一些概念框架结构模型的严谨性和条文的言语逻辑性上打磨和完善，但从语用学的角度看，词语模糊并不必然导致规则模糊，从纪言纪语模糊的成因看，既有被动模糊，或称消极模糊，源于语言的属性，消除方法主要是营造语言氛围，因为语境在一定程度上可以消除模糊，同时从更多的维度测量模型的变量，把指标予以清晰化；也有主动模糊，或称积极模糊，源于立纪的需求。消除方式有两种：一是增加自由裁量度，通过纪律集注等方法把模糊性进一步明确和具体，二是增加弹性词语，防止随意性、多义性和歧义性。

总之，一定时期的"纪言纪语"迅速而忠实地记录了党内生活变化，反映了一种文化心态，深入研究以语言为标志的"一般理论"来引导全面从严治党这样一个时代主题，源源不断地为"纪言纪语"注入新的形式和内涵，提炼出更科学、更合理的"纪言纪语"，能够进一步使党员干部该讲什么，不该讲什么，都有严格的自律，切实言党、护党，使"纪言纪语"不会成为流行一时的口号，而成为一种话语权，让人们讲在嘴上、烙在心上、落在行上。

 思考题

1. 纪检监察范畴的内涵是什么？

2. 纪检监察范畴可以分为几类？

3. 纪检监察语言有什么特点？

阅读文献

1. 亚里士多德著，吴寿彭译：《政治学》，商务印书馆 1997 年版。

2. 习近平："在第十八届中央纪律检查委员会第五次全体会议上的讲话"，载《人民日报》，2015 年 1 月 14 日，第 2 版。

3. 刘应明、任平：《模糊性：精确性的另一半》，清华大学出版社 2000 年版。

第八章

纪检监察体制

教学目的和要求：

性质决定体制。学习和掌握纪检的性质是"党"，属于"党"的范畴，各级监察委员会在党直接领导下，代表党和国家对所有行使公权力的公职人员进行监督，理解纪检监察性质确定之后，如何体现其性质、实现其性质的问题，即体制问题。深刻认识性质是必须稳定的，体制却是可变的。党对纪检监察工作的领导，是纪检监察机关的性质决定的，是不可动摇的，党实现这种领导体制，在不同的历史时期，是有所不同的。

教学要点：

1. 纪检监察体制的历史变迁
2. 新时代纪检监察体制
3. 合署办公体制优点
4. 党风廉政建设责任制

性质决定体制。纪检的性质是"党"，属于"党"的范畴，是党内监督，各级监察委员会在党直接领导下，代表党和国家对所有行使公权力的公职人员进行监督。这决定了纪检监察只能在党的领导之下开展工作。性质确定之后，还有一个如何体现其性质、实现其性质的问题，即体制问题。一般而言，性质必须是稳定的，体制却是可变的。党对纪检监察工作的领导，是纪检监察机关的性质决定的，是不可动摇的，但是，党如何实现这种领导，采取何种体制才能领导好、发挥好纪检监察机关的作用，在不同的历史时期，是有所不同的。

第一节 纪检监察体制的演变

一、我国纪检监察体制经历的阶段

1. 分级管理的领导体制。这是我国 20 世纪 50 年代初监察系统的一种占主导地位的领导体制，主要是在县以上各级人民政府中的监察机关实行。根据《中华人民共和国地方各级人民代表大会和地方各级人民政府组织法》规定，地方人民政府的各个工作部门受人民政府的统一领导。按照国家的这一行政体制，大行政区、省（市）、县（市）人民政府人民监察委员会的"试行组织通则"作出明确规定：县（市）、省（市）、大行政区监委分别受同级人民政府的领导，并受上级监委的领导。在行政关系方面，地方各级监委列入同级人民政府的行政机构和行政人员编制序列；在组织关系方面，地方监察机构的领导则由同级人民政府和党委的组织部门任免管理。由于地方各级人民政府的监察机关均受上级监察机关的指导，因此在工作方面，全监察系统有着密切的联系。

2. 双重或垂直领导的管理体制。双重领导的管理体制是省（市）以上各级人民政府财经机关与国营财经企业部门设置监察机构后，形成的一种新的领导体制。1951 年政务院决定在政务院经济委员会所属的财政部、贸易部等 7 个部门先行设置监察机关—监察室，之后于 1952 年 12 月决定在省（市）以上各级人民政府财经机关与国营财经部门设立监察室，并规定凡省（市）以上各级人民政府财经机关及国营财经企业部门均设立监察室，接受各该机关、部门首长及上级机关监察室的双重领导，并受其主管机关的同级人民监察委员会指导。因此，监察室既是各财经机关及国营财经企业部门的监察职能机关，又是国家的监察机关，它既具有内部监察的性质，同时还具有国家监察的性质。

1955 年 10 月，国务院决定对中央和地方财经部门国家监察机关组织设置进行调整，主要内容为：第一，在国务院所属的 13 个部，设立国家监察局。这 13 个国家监察局，可以有重点地向各该部所属管理局和企业派驻监察机构。其中铁道部国家监察局，受监察部的垂直领导，在工作上受铁道部的指导；其他 12 个国家监察局，受监察部和各该部的双重领导；这 13 个国家监察局所属各级监察机关改为由上而下的垂直领导。第二，财政部监察局和商业部监察局均受监察部的垂直领导。

3. 向县（市）派遣监察组。1954 年 12 月，监察部就调整地方各级监察机构作出指示，指出："在省、直辖市、设区的市的人民委员会中设置监察机关，县和不设区的市和市辖区的人民委员会中不设置监察机关"，但在"工作特别需要的县和不设区的市，由专署或者省的监察机关重点派遣监察组（不设专署的，由省派遣），并且受各该监察机关垂直领导"。

二、纪检监察系统的领导体制

1. "指导体制"。1945 年 4 月，党的七大通过的《党章》规定，"中央监察委员会，由中央全体会议选举之，各地方监察委员会，由各地方党委全体会议选举"，"党的各级监察委员会，在各级党的委员会指导下进行工作"，这种体制是在抗日战争的关键时刻所采取的一种特殊体制，存在时间较短，而且在实践中也没有很好地付诸实施。

2. "领导加指导体制"。1950 年 2 月 24 日，中共中央发出《关于党的各级纪律检查委员会领导关系问题的指示》，明确指出："各级党的纪律检查委员会直接在各级党委领导下进行工作，上级党的纪律检查委员会在工作上、业务上对下级党的纪律检查委员会有指导关系，但指示或决定同下级党委意见不同时，应提请同级党委做决定。"这一体制，在 1956 年 9 月召开的党的八大上写进了《党章》："各级监察委员会在各级党的委员会领导下进行工作"，"上级监察委员会有权检查下级监察委员会的工作，并且有权批准和改变下级监察委员会对于案件所做的决定，下级监察委员会应当向上级监察委员会报告工作"。

3. "双重领导、同级为主体制"。1980 年 2 月，中央纪委向党中央请示并经中央批准，省、市、自治区和省、市、自治区以下各级党委和纪委双重领导，以同级党委领导为主。国务院各部、委、局党组纪律检查组或纪律检查委员会的领导关系亦采用上述双重领导的原则。

4. "双重领导体制"。1982 年 9 月，党的十二大通过的《党章》，把七大、八大、十一大《党章》关于党的监察委员会或纪律检查委员会由同级党的委员会全体会议选举产生的规定，改变为由党的全国和地方各级代表大会选举产生，提高了纪委的政治地位。同时规定，"党的中央纪律检查委员会在党的中央委员会领导下进行工作"，"党的地方各级纪律检查委员会在同级党的委员会和上级纪律检查委员会的双重领导下进行工作"，不再强调"以同级党委领导为主"。现行的党的纪律检查领导体制是双重领导体制，按照2002年党的十六大修改通过的新《党章》，党的中央纪律检查委员会在党的中央委员会领导下进行工作，党的地方各级纪律检查委员会和基层纪律检查委员会在同级党委和上级纪委的双重领导下进行工作。

三、派驻监察机构和统一领导体制

自组建以来，实行的是由监察部和驻在部门双重领导、双重管理的体制。在这种体制下，派驻机构在推进部门及其系统的反腐倡廉方面做了大量工作，发挥了重要作用。但是，随着党风廉政建设和反腐败工作的不断深入，派驻机构的领导体制和工作机制也需要不断改革和创新，以适应新形势、新任务的要求。党的十五届六中全会决定："纪律检查机关对派出机构实行统一管理。"十六届四中全会从加强党的执政能力建设的战略高度，再次强调要"改革和完善党的纪律检查体制，全面实行对派驻机构的统一管理"。2002年以来，中央纪委监察部按照中央的部署，积极稳妥地开展派驻机构统一管理工作。派驻机构实行统一管理后，将派驻监察机构由监察部与驻在部门双重领导改为由监察部直接领导，派驻机构的工作直接对监察部负责，干部由监察部管理。这就为派驻机构更好地履行职责提供了组织保证。

经党中央、国务院批准，中央纪委监察部从2004年开始全面实行对派驻机构的统一管理，将派驻机构由过去的中央纪委监察部和驻在部门党组双重领导，改为中央纪委、监察部统一管理和直接领导。这是改革开放以来继1993年实行纪检监察合署办公体制后的又一次重大的纪检监察体制变革，也是在合署办公体制的框架下所进行的一次历史性变革。

对派驻机构的统一管理，不是"突发奇想"的一时冲动之举，而是多年实践探索的必然选择。对派驻机构实行统一管理，最先是从党内开始的，早在1962年党的八届十中全会《关于加强党的监察机关的决定》中就首次提出"中央监察委员会可以派出监察组常驻国务院各部门，由中央监察委员会直接领导"。1982年党的十二大《党章》将派驻机构的领导体制进一步完善为中央一级党和国家机关派驻党的纪律检查组检查员，在中央纪委直接领导和驻在部门党组指导下进行工作。2000 年 1 月召开的中纪委四次全会中强调："纪检监察机关要把纪检监察派驻机构的组织建设和干部管理工作统一规划，加强和改进派驻机构的工作。……省级党和国家机关纪检监察派驻机构的编制单列，由省（区、市）纪检监察机关统一管理"。同年 9 月，中央纪委、中央组织部、中央编办、监察部联合下发《关于加强中央纪委、监察部派驻纪检监察机构管理的意见》指出"中央纪委、监察部派驻纪检、监察机构是中央纪委、监察部的组成部分，受中央纪委、监察部和驻在部门党组（党委）、行政的双重领导，以中央纪委、监察部领导为主。……派驻纪检、监察机构编制单列，由中央纪委、监察部提出具体分配方案，经中央编办审核，上报批准"。2001 年 9 月召开的党的十五届六中全会决定明确提出要改革派驻机构体制，指出要"改革和完善党的纪律检查体制，纪律检查机关对派驻机构实行统一管理"。从 2002 年开始，中央启动了对派驻机构统一管理的试点工作，卫生部、国家工商总局等 8 个单位为试点单位，积累了经验。2003 年 12 月颁布的《中国共产党党内监督条例（试行）》首次以党内条规形式规定"纪委对派驻纪检组实行统一管理"。2004 年 4 月中央办公厅、国务院办公厅转发中央纪委、中央组织部、中央编办、监察部《关于对中央纪委、监察部派驻机构实行统一管理的实施意见》，对派驻机构实行统一管理的工作正式启动。2004 年 9 月国务院发布的《中华人民共和国行政监察法实施条例》第 6 条以法规形式规定："监察机关派出的监察机构或者监察人员对派出它的监察机关负责并报告工作，并由派出它的监察机关实行统一管理。"2005 年底，中央纪委、监察部和全国 31 个省（区、市）完成了对派驻纪检监察机构统一管理工作。

实行统一管理后，派驻纪检监察机构在许多方面发生了变化。这种变化主要表现在五个层面，这可以归纳为"五转"：一是领导体制转型，由原来的双重领导体制，转为单一领导体制。原来的派驻机构领导体制，是接受派出它的纪检监察机关和驻在部门双重领导，统一管理后，转为受派出它的纪检监察机关直接领导。派驻机构与驻在部门之间的关系，由原来的"被领导与领导"的关系，变为"监督与被监督"的新型关系；派驻机构由原来"驻在部门的内设机构"，变为派出它的"纪检监察机关的内设机构"；派驻机构的人员由原来"驻在部门人员"身份，变为派出它的"纪检监察机关人员"身份，"派驻人员"是"机关人员"的重要组成部分；在提拔使用、岗位轮换、交流培训、教育管理等方面，"派驻人员"不但享有与派出它的纪检监察"机关人员"同样的权利，而且享有与驻在部门人员同样的权利，可以参加驻在部门的干部使用、交流、培训和教育等活动。

二是职责结构转变，由原来的"检查与协助"型职责，转为"监督与办案"型职责。统一管理之前，派驻机构的职责结构，主要是"检查与协助"型，即检查所在部门及所属系统执行党的路线、方针、政策以及国家法律、法规、决定等情况，协助所在部门党政领导班子抓好党风廉政建设。统一管理之后，派驻机构原来的"检查与协助"的内容基本未变，职责结构转为"监督与办案"型，集中表现在两个方面：①强化监督，除了要对驻在部门及其所属系统党政组织及其党员干部进行监督外，特别要对驻在部门党组和行政领导班子及其成员进行监督。加强对驻在部门党政领导干部特别是主要领导干部的监督，是派驻机构的第一职责。②强化办案，除了要查处驻在部门中层以下干部的违纪案件外，经派出机关批准，可以初步核实、参与调查驻在部门党组和行政领导班子及其成员的违纪案件，这是派驻机构的重要职责。

三是监督层级转移，由原来的主要监督"中层"，转为重点监督"高层"。统一管理之前，派驻机构由于要接受驻在部门党组（党委）和行政领导班子的领导，所以，其监督的层级范围主要是驻在部门中层及其以下党员干部。统一管理后，派驻机构监督的重点在"高层"，即对驻在部门党组和行政领导班子及其成员特别是驻在部门党政主要领导干部进行监督，包括可以查办这些领导干部的违纪案件。

四是位置角色转换，由原来主要处于"运动场"、充当"运动员"角色，转为主要位于"裁判席"、承担"监督员"角色。统一管理之前，派驻机构实行的是接受派出它的纪检监察机关和驻在部门党政班子双重领导，在该体制下，由于派驻机构事实上是驻在部门的"内设机构"，派驻机构工作的后勤保障、派驻机构人员的考核使用等均由驻在部门管理，造成了"一头硬、一头软"，派出机关的领导基本处于有名无实状态，派驻机构人员成为在驻在部门领导下忙忙碌碌的"办事员"、为驻在部门利益拼抢冲杀的"运动员"、替驻在部门看家护院的"保安员"。统一管理之后，派驻机构只对派出它的机关负责，其位置从"运动场"走上了"裁判席"，其角色由驻在部门的"运动员"，变为对驻在部门进行监督的"观察员""监督员""裁判员"。

五是人员管理转轨，由原来的"驻在部门管"，转到"派出机关管"。统一管理之前，派驻机构人员的配备、调整、考核、交流、轮岗和决定，派出机关几乎没有发言权，更无控制力，在这样的情况下，派驻机构人员处于"干着得罪人的工作，又不愿得罪人"的两难境地，他们的处境是：或者认真履行监督职责、严肃查处违纪问题，致使个人"得罪"同事、受到排挤、丢掉选票、影响升迁，"顶得住的站不住"，这是多年来派驻机构人员之所以普遍存在得票少、升迁慢、不被重用等现象的根本原因；或者搞一团和气、谁也不得罪、维持"好人缘"，有问题不纠、有线索不办、有案件不查，致使派驻机构因失去其存在的价值而沦为"不管部门""三流处室"，"站得住的顶不住"，这是多年来派驻机构之所以普遍存在有案不查、压案不办甚至从来不办案等问题的根本原因。统一管理之后，派驻机构人员在编制、任命、交流、培训、使用等方面，均由派出机关决定，派驻机构的纪检组长和监察室主任的人选由派出机关独立提名、组织部门考核、由派出机关任命，派驻机构人员由派出机关考核、交流、培训、轮岗、使用，同时也可参加驻在部门交流、培训、轮岗、使用。

第二节　纪检监察合署办公体制

《辞源》解释，"署"是"办理公务的机关"。顾名思义，"合署"是指两个或两个以上机关合在一起办理公务。两个机关既然能合署，就必须有其"合"的基础，这个基础，就是两个机关之间在性质、职能和任务等基本方面，存在相似、相通甚至相同之处。同时，"合署"不是"合并"，说明两个机关在合署之后仍保留各自的基本特征。1993 年 1 月，党中央、国务院决定中央纪委、监察部合署办公，实行一套工作机构、两个机构名称，履行两种职能的体制，这就是现行的纪检监察合署办公的体制。"合署办公"在建国初期的政法部门中已经有过实践。根据 1993 年 1 月中共中央《关于中央纪委、监察部机关合署办公机构设置方案和有关问题的请示报告》，"合署后的中央纪委履行党的纪律检查和政府行政监察两种职能，对党中央全面负责；监察部按照宪法规定，仍属于国务院序列，接受国务院领导；地方各级监察机关与党的纪委合署后，实行由所在政府和上级纪检监察机关双重领导的体制"。合署后纪检监察机关的领导体制，主要由三个部分组成：

中央纪检监察机关的"单一领导"体制，这是体制的"最高形态"。合署后的中央纪委，在党中央领导下工作的领导关系不变，只是中央纪委要履行党的纪律检查和政府行政监察两种职能，对党中央全面负责；合署后的监察部，仍属国务院序列，其接受国务院领导的领导关系也不变，只是监察部领导班子中的党员进入中央纪委常委会的，要在中央纪委常委会统一分工下工作。

地方各级纪检监察机关的"双重领导"体制，这是体制的"基本形态"。合署后的党的地方各级纪委和基层纪委，按照《党章》规定，仍然受同级党委和上级纪委的双重领导；合署后的县以上地方各级行政监察机关，按照《行政监察法》的规定，仍然受本级政府和上一级监察机关的双重领导，监察业务以上级监察机关领导为主；合署后的地方各级纪检监察机关，按照党中央、国务院关于合署办公的要求，受同级党委政府和上级纪检监察机关的双重领导。

派驻纪检监察机构的"统一管理"体制，这是体制的"特殊形态"。按照 2000 年 6 月《中共中央纪委、监察部派驻纪检、监察机构职能配置、机构调整和编制配备方案》及其他有关规定，中央纪委监察部和地方各级纪检监察机关的派驻纪检监察机构，在设置上大体有三种类型：一是纪检、监察"双派驻"机构，主要在一些行业人数较多或实行行业管理的政府所属部门实行；二是"单派驻"纪检组，主要在党和政府的一些直属事业单位和人民法院、人民检察院等实行；三是"单派出"监察机构，主要在一些已设有纪委或党组纪检组的政府所属部门实行。派驻纪检组与派出监察机构，均实行合署办公。根据党中央、国务院的决定，从 2005 年开始，中央纪委监察部和地方各级纪检监察机关对派驻纪检监察机构，逐步实行"统一管理"的体制。实行"统一管理"后，派驻纪检监察机构不再是驻在部门的内设机构，其领导关系由原来的受派出它的纪检监察机关和驻在部门双重领导，变为受派出它的纪检监察机关直接领导，其职责是对驻在部门的党组成员和行政负责人进行监督。

1998 年，党中央、国务院颁布了《关于实行党风廉政建设责任制的规定》，初步明确了党委"统一领导"和"负全面领导责任"，纪委"组织协调"和"监督检查"等基本原则。其后，根据党的十七大的部署，2010 年中央修订出台的《关于实行党风廉政建设责任制的规定》，明确了各级党委领导班子的政治责任、领导责任和党风廉政建设的"第一责任"，同时对纪委在党风廉政建设中的具体责任和职能进行了细化。

党的十八大以来，以习近平同志为核心的党中央进一步强调党风廉政建设责任制，将全面从严治党提升到了一个新的高度。党的十八届三中全会明确要求"落实党风廉政建设责任制，党委负主体责任，纪委负监督责任"，这成为党风廉政建设责任制的准确表述。十九大以来国家监察体制改革明确要求改变同级党委领导为主，同时在业务上接受上级纪检监察机关指导的领导体制，变为以"垂直领导"为主，"同级领导"为辅的新体制。党的十九届三中全会审议通过《中共中央关于深化党和国家机构改革的决定》要求："深化党的纪律检查体制改革，推进纪检工作双重领导体制具体化、程序化、制度化，强化上级纪委对下级纪委的领导。"明确要求上级纪委对于下级纪委的领导要做到具体化。将国家权力架构由"一府两院"改为"一府一委两院"，监察权直接由人民代表大会授予，体现了监察委员会作为党的意志和人民的意志相统一的产物，集中体现国家的意志。

监察委员会从组织架构、产生方式、职权范围、职权行使程序、与党委纪检关系、与司法机关职权分配和衔接、监察委员会自身的监督制约等各方面都明确以人民代表大会制度为基点，监察委员会的领导体制，是在宪法和法律的框架内，实行双重领导体制，各级监察机关对国家权力机关负责，受其监督。国家监察委员会对全国人民代表大会和全国人民代表大会常务委员会负责，并接受其监督。地方各级监察委员会对产生它的国家权力机关负责，并接受其监督。在检察机关内部，国家监察委员会是最高监察机关，领导地方各级监察委员会的工作，上级监察委员会领导下级监察委员会的工作。各级地方各级监察委员会对上一级监察委员会负责，并接受其监督。

新的"合署办公体制"包括工作体制和领导体制两个部分。合署后的工作体制，可概括为"一二三体制"，即一套工作机构，两个机关名称，纪委履行监督、执纪、问责三项职能，监委履行监督、调查、处置三项职权，二者都契合党的领导体制，融入国家治理体系，推动制度优势更好转化为治理效能；把党委（党组）全面监督、纪委监委专责监督、党的工作部门职能监督、党的基层组织日常监督、党员民主监督等结合起来，融为一体；以党内监督为主导，推动人大监督、民主监督、行政监督、司法监督、审计监督、财会监督、统计监督、群众监督、舆论监督有机贯通，相互协调；纪委监委发挥好在党和国家监督体系中的作用，一体推动、落实纪检监察体制改革各项任务。这种体制实现了党内监督与人民监督的有机结合，既是对人民代表大会制度的内生性改革，也是对人民民主专政国体的内涵式优化，优化了国家权力结构，从而更好地适应国家治理能力与治理体系现代化的要求。

第三节 合署体制的理论逻辑和现实技术

习近平总书记在党的十九大报告中指出，"深化国家监察体制改革，将试点工作在全国推开，组建国家、省、市、县监察委员会，同党的纪律检查机关合署办公，实现对所有行使公权力的公职人员监察全覆盖。"我国社会主义市场经济发展需要把"法治"延伸、扩展，大约自 1993 年起，"纪检监察"概念开始以"市场经济就是法治（法制）经济"的方式呈现。2018 年成立各级监委，和纪委一起设置为监督的专门机关，从组织上形成落实纪律的体制，纪律的架构日益科学和规范。中国共产党作为领导党，纪检监察是实现党的领导的一种政治形式，必须首先从理论逻辑、中国问题的现实表达出发，进一步明确纪检监察理论和实践层面的多方面问题，才能实现国家机构、党和国家监督体系重大创制，形成中国特色国家监督体制。

一、我国监督体制的必备纪检监察要素

中国共产党成立以来，就把监督体制建设列入党的建设内容，在新民主主义革命时期一直把纪律建设看作保证党的团结统一的方法，直接用于党的自身建设。党在全国执政以后，纪律也得到充分运用，但往往纪法不分，20世纪七八十年代之交的中国，改革开放开始成为主旋律。党的十四大确立社会主义市场经济体制改革目标，党的十八大以来中央提出"纪法分开、纪在法前、纪严于法"的命题，为"法治"和"纪治"梳理了边界，纪委和监委合署办公则为法治与纪治之间架起了最为便捷的转介通道。

1. 以政治秩序为目标，纪律规则和规范的确定

从大法学角度思考，建设中国特色社会主义的一个首要问题是，"政理"对党内法规有哪些基本需求，或者说中国治党体制包含了哪些必备的规则要素。围绕这些问题，中国学界进行了比较广泛的讨论。目前比较一致的共识是：①纪律是确保统一意志不可缺少的；②纪律中首要的是政治纪律；③纪严于法。同时据学者研究，党内法规的"政理"蕴含着理想和目标、性质和

宗旨、建设和发展、治国理政以及从严治党等维度。2016 年开始实施的《中国共产党廉洁自律若干准则》和《中国共产党纪律处分条例》从正面和负面两个方面确定了纪律规则和规范。党的十九大报告提出"健全党和国家监督体系",工作目标是"构建党统一指挥、全面覆盖、权威高效的监督体系,把党内监督同国家机关监督、民主监督、司法监督、群众监督、舆论监督贯通起来,增强监督合力"。2014 年 10 月《中共中央关于全面推进依法治国若干重大问题的决定》对"社会主义市场经济本质上是法治经济"的重申,可视为纪检监察为法治经济服务的新起点。

2. 公共性规范和个人道德的划分及其个人道德的相对独立

如果说"纪检监察"一词的出现,最初有寻求法治的政治认同的考虑,随着依法治国被列入《国民经济和社会发展"九五"计划和 2010 年远景目标纲要》,进而写入《宪法》,后来又制定了《监察法》,成为主流意识形态的重要组成部分,纪检监察不再是市场的参与者,而是市场的监督者。中国特色社会主义进入新时代,纪检监察活动围绕"纪律"展开,一方面源于"不受约束的权力必然导致腐败",另一方面在于在整个社会树立正义价值。就现阶段来看,纪律作为公共性规范,它是要让每个党员、干部感受公平正义,正义是法治的价值追求,也是人民对纪检监察的期望。纪检监察在个人道德问题上既有程序正义,也有实体正义,尊重与保障党员人权,但党员的作风问题,特别是个人贪占公家财物,这不单是违纪问题,更是品德问题,要"公德"和"私德"明晰,把公德与私德要求融入制度建设之中,许多地方实施"清单制+责任制",在监察机关内部设立道德操守监督机制,呈现出个人道德的相对独立。

3. 党员的纪律要求和理想信念宗旨

中国共产党是一个有理想信仰的党,党把人民放在心中最高位置,坚持全心全意为人民服务的根本宗旨。20 世纪 80 年代以来,随着改革开放的深入,有的领导干部对诸如毫不利己专门利人、艰苦奋斗等价值取向产生了怀疑,封建腐朽道德文化沉渣泛起,宗旨意识淡漠,利益至上倾向迅速发展,腐败现象也逐渐增多,在大是大非面前旗帜不鲜明,在各种诱惑面前立场不坚定,自我约束和自我控制的意识和能力不强。用纪律塑造理想信念过程中,要防止空想社会主义和利益至上的实用主义等两种极端倾向。一方面,我们党用《党章》等党内法规把为人民服务的承诺确认下来、表达出来,作为党意识形态的内涵成为人们应当遵守的"合理的规范";另一方面,通过严格执纪、依规治党、从严治党、全面实施党内法规等途径和方式,把我们党对人民的承诺变为行动,用党的制度和法规的足够定力抵御任何欲望的诱惑,以行动履行遵循准则。

4. 完整统一的纪律体系和党言党语

赋予纪律概念以表达中国政党治理理论话语功能,创立党言党语,形成完整统一的纪律体系,既在整体上大致符合中国纪检监察体制建设现状,明确了未来中国纪检监察体制发展完善的方向,又在理论上开放出纪律治理研究的巨大空间。第一,用纪律标准衡量问题,按照纪律要求研究中国问题,做好中国文章,把全面从严治党新实践制度化;第二,仅仅运用常规的法治理论和监察理论不足以解释新旧体制更替的理由和需求,要不断用新时代中国特色社会主义思想总结中国纪检监察实践,并升华为理论;第三,认真合理吸取中国法律文化的精华,做到纪法分开的同时,积极借鉴法律的成功做法,实现纪法有效衔接;第四,合理借鉴世界各国和政党治理文明成果,将中华民族传统文化精华与世界现代文明有机结合,转变自身习惯的思维方式。

5. 纪律遵守的自觉性和党员纪律权利保障的制度维护

制度是对权利的规范、确认,所以纪律遵守具有自觉性。建立完善反腐倡廉各项制度和领导干部从政规范,用制度管人、管权、管钱、办事,使制度建设贯穿于反腐倡廉的全过程、体现在反腐倡廉的各个方面,解决"不能腐"的制度问题,筑起拒腐防变的制度防线;把监督的关口前移,把监督工作贯穿于决策、执行、管理等各个环节之中,对发现的问题及时纠正、对违纪违法者实施严惩,解决"不敢腐"的监督问题,筑起拒腐防变的监督防线。严明的纪律和规矩既是中国共产党治理的基本逻辑和重要凭借,又是维护党员和党组织自身权利的依据和保障,检查和处理党的组织与党员是《党章》赋予纪检监察机关的重要职责和经常性的主要工作,但权利是制度维护的重心,是纪律正当性的基础,正所谓"把权力关进制度的笼子里",以保障权利,从管理和机制的源头上铲除滋生腐败的土壤和条件及机制问题,构筑拒腐防变的机制防线。

上述观念或制度及其背后的支持性理论是发展变化的。现有研究成果从多个视角对纪检监察体制改革进行了阐释和论证,但在不同时期,政治介入经济系统或政府加入市场的必要性等有关理性不断刷新,人们关于经济、政治和纪检运行规律的认识也日益丰富，纪检监察体制需要基础理论，从内涵提炼、法理依据、动力集成、绩效评价到法治和反腐之间的联动关系等，研究者应该以解决上述基础理论问题为契机，发挥事理认知、理论探析、工作指导的作用，筑牢科学研究的根基。

二、我国必备纪检监察要素的分阶段、有步骤确立

我国构建纪检监察是分阶段、有步骤地逐步实现的，实践上已经有几次尝试。中华人民共和国成立初期设立政务院的监察委员会，其地位介于政务院与各个部委之间。当时设立的背景是学习苏联的国家机构体系模式，建立大检察和大监察并存的大监督体制，实行联合办公。董必武在 1953 年 4 月《论加强人民司法工作》一文中说，在"三反"运动中的时候，"中央就号召我们能够合署办公的就合署办公……我们中央政法五个机关——政法委员会、司法部、法制委员会、最高人民法院、最高人民检察署，经过大家考虑就联合起来办公"，"中央政法五个机关合署办公，力量就比较集中了"。1954 年按照《宪法》规定的国家机构新框架，在国务院下设立了监察部，原来的监察委员会直接转为监察部，地位上降低至与其他部委平级。1982 年的《宪法》施行以后，国务院机构体系中没有监察机构，但是于 1986 年以"恢复"的名义设立了监察部。1988 年 7 月，中央纪委发布《关于逐步撤销国务院各部门党组纪检组和中央纪委派驻纪检组有关问题的意见》，8 月，中央纪委和监察部又发布"撤销省级政府工作部门党的纪检组和组建行政监察机构"的通知。此后，纪委部门和监察部门实际上一直是分而治之，不存在合署办公。1993 年 1 月中共中央指出，"合署后的中央纪委履行党的纪律检查和政府行政监察两项职能，对党中央全面负责"，保持了原来各自的"双重领导"体制。包括三个方面，一是中央纪检监察机关的"单一领导"体制，这是体制的"最高形态"；二是地方各级纪检监察机关的"双重领导"体制，这是体制的"基本形态"；三是派驻纪检监察机构的"统一管理"体制，这是体制的"特殊形态"。

根据当时的国家管理体制来判断，违反党纪者有党的纪律检查委员会管，违反国法者有公安、检察、法院等政法部门管，违反政纪者却没有一个机关专司监察职能。这在依据宪法健全国家行政体制，充分发挥国家效能方面，是一个缺陷。2016 年中央在《关于在北京市、山西省、浙江省开展国家监察体制改革试点方案》（以下简称《试点方案》）中表述为："党的纪律检查委

员会、监察委员会合署办公"。虽然这种做法还需要改进,但在我国这种关系下是符合实际情况,有利于当前反腐倡廉工作需要,自觉建构"一元主导、二基和谐"、自主创新格局。前者主要实施法律监督;后者主要实施纪律监督。在此过程中,尽管实践中一直存在诸多需要不断研究和解决的深层次问题,但对公权力监督都基本上得到了保证,避免了国家凭借公权力对社会经济秩序的过分干预,乃至腐败对公平公正的扭曲。因为中国十分重视对行政机关行使权力的规范,依法加强对行政权力行使的监督,确保行政机关依法正确行使权力。

2017 年在部署"健全党和国家监督体系"时,习近平提出:"在省市县对职能相近的党政机关探索合并设立或合署办公。"2018 年,《中共中央关于深化党和国家机构改革的决定》进一步明确:"党的有关机构可以同职能相近、联系紧密的其他部门统筹设置,实行合并设立或合署办公。"根据十九大设计和要求,为解决纪检机关与监察机关合署的体制无法有效覆盖所有党政机构,以及对尚不构成犯罪而无法由检察机关处理的违法行为进行调查和预防的手段合法性问题,到 2018 年 12 月底全国所有省市县都建立了四级监委,和纪委合署办公,监委与纪委机关运行机制相适应,纪检监察合署办公体制正式确立,填补反腐败工作机制的缺陷。至于"一个机构,两块牌子",还是"两个机构,合署办公",他们在职责上仍有所分工,根据法定职责,二者依法依纪对不同监督对象开展工作,监察行为与纪检行为相互分工,纪检人员与监察人员理顺问题线索与案件查办的衔接,各有侧重。

单纯从理论上讲,党的纪律检查机关是中国共产党的机关,其实施的纪律监督应该是对中国共产党自己党员的监督,对其他民主党派党员和其他非党员公职人员党内监督不到或者不适用于执行党的纪律的监督应由国家监察机关实施。从工作便利上讲,二者不加区分、不分彼此,二者完全可以融为一体,其监督更有效率,能够强化党和国家的监督效能和治理效能。我国执政党和国家(以及社会)之间的关系极为特殊,不同于绝大多数国家。在中国,执政党是国家和社会各项事业的领导集团,可以简称为"党领导下的国家体制"。给定这个核心特色,在未来相当长的一个时期内,中国的监督体系都将是党内监督(或执政党权力监督)和国家监察(或国家权力监督)并行分设的情形。

历史上不管是重大的还是小型的,是全局的还是局部的,是深层的还是表层的，在一定意义上可以说，体制上的改革能否顺利进行、改革后的体制能否发挥其应有的作用，关键是取决于人的思想。基于中国特色社会主义建设注重民众参与，尊重合理诉求和关注民生的根本价值取向这种实践创新，其发展的趋向就是在行使公权力的人中形成必备的相关支撑性理论或观念，进一步建构秩序。据统计，我国公务员队伍中党员比例高达82%，县处级以上领导干部中党员比例高达90%，提出、分析和解决"合署办公体制"问题，包括工作体制和领导体制两个部分，"合署"不只是一个体制问题，而且是一个思想问题。确定中国特色社会主义的发展目标、发展路径和发展思路需要理论引领。与"合署体制"相适应，必须树立"合署思想"、增强"合署意识"、提高"合署观念"，能否做到这一点，不但关系着合署体制本身的建立完善，而且关系着合署体制的实际运行效果。因为他们在具体实践中磨合、协调，才能达成共识。

21世纪初以来，建立纪检监察是党和政府的中心工作之一。党内监督和国家监察具有高度内在一致性和互补性，国家监察机关与党的纪律检查机关合署办公，不仅仅是单纯的、简单的一个体制的问题，而是涉及管理制度、运行机制、操作流程，以及人的思想观念、思维方式、工作方法、能力素质等在内的一个系统性的"合署工程"。从中国纪检监察的实践系统梳理中国纪检监察的目标、原则、政策、手段和途径，可以发现十八大以来中国已经形成一整套独具中国特色、风格和气派的纪检监察制度。

三、中央纪委和国家监委合署体制的基本特征

中央纪委和国家监委合署办公体制属于一种执政党的执政权与国家机构的国家治理权相混合的产物，把"一《党章》两准则四条例"等构成的党内核心规章制度得以实施，是党在长期执政实践中创造的一种执政方式，是我国党政合一的传统行政监察体制向国家治理领域的合理延伸，用"干部清正、政府清廉、政治清明"引领政治思潮、凝聚社会共识，实现全社会的秩序、正义、自由和效率，是全面依法治国和全面从严治党的有机统一。

首先，这种体制显现了党的领导在纪委和监委上的契合。党的统一领导是一个综合体系，从宪法、国家性质和执政党宗旨等角度来看，中国共产党领导反腐败工作是通过纪委与监委合署办公这一政治制度安排来保障和实现的。一方面，从党的纪委与国家监察的领导体制、组织结构等方面来看，将

监委置于纪委与监委合署办公体制之下，规定监委是党统一领导下的国家反腐败工作机构，党对国家监察体制的统一领导，是保证国家监察机关同党的方针政策保持一致的必然选择。从表面上看，国家监察体制改革限于现行的人大、行政和司法领域，但在实质上属于党的领导领域。监委的领导体制和工作机制就是根据加强党的统一领导这一原则确定的。一方面纪委监委合署办公是实行党的领导的方式，重要事项由同级党委批准；国家监委领导地方各级监委工作，上级监委领导下级监委工作，地方各级监委要对上一级监委负责。另一方面，纪委和监委同处于具有符合性、对应性的关系结构中。全面从严治党是刀刃向内的自我革命，使我们党经历了革命性锻造，能让执政党作出的决策符合国家和民族的根本利益，党对国家的全面领导能充分发挥我们国家统一决策、一体化运行政治体制的优点。

其次，这种体制保证了监委作为政治机关独立行使职能。党和国家机关面对的改革发展稳定任务之重前所未有、矛盾风险挑战之多前所未有，纪检监察合署办公为适应新时代新任务从根本上保证了监察的独立性问题，但纪委与监委的工作对象、具体工作要求、监督重点等有差异，《监察法》规定的"各级监察委员会是行使国家监察职能的专责机关"解决了监察机关的附属性，确立了独立性地位和作用。依据"把权力关进制度的笼子"的反腐败原则进行创造性构造，监委依法行使监察权，是实现党和国家自我监督的政治机关，不是行政机关、司法机关，在注重监督的基础上，着重调查职务违法行为。有学者认为，国家监察体制改革的逻辑起点在于现行反腐体制所存在的结构性和功能性双重压力。国家监察体制改革的重大决策是对当前现实问题和时代需要的适应性反应。监委在履行职责过程中，既要加强日常监督，极力遏制腐败的增量，重点治标，还要开展理想信念纪律教育，进行严肃的思想政治工作，着力治本。党和国家分别实行各自的监督体系。实践表明，合署办公精简了机构，人力资源得到统筹使用，从而降低了监督成本，提高了党纪和政纪的执行效率。

再次，这种体制做到了履行监督调查处置职责有法律依据。《监察法》的通过和实施涉及国家机构设置的改革，充分体现的是我国政体这一根本政治制度。在法治反腐的语境下，党纪反腐严于司法反腐、司法反腐强化党纪反腐、党的执纪与国家司法在腐败治理中共同实现"把权力关进制度的笼子里"的预防价值。它"依托纪检、拓展监察、衔接司法"，规定监委依法履行 3 项职责，监察的对象将全部公权力及其运作置于监察的范围之内，又正视纪法的限度。在法律限度内恪守审判独立的宪法原则，在纪律监察领域内遵守6种纪律类型的界限、边界和适用。反腐败监察和合法规范运营的督促，科学配置纪检监察资源，准确把握纪检监察力度，根据公共职位的高低和权力的大小以及权力行使的形态，有针对性地运用12项措施，一方面将《监察法》规定的措施细化完善，另一方面将纪检监察实践中运用的谈话、询问等措施确定为法定权限。一是依据《监督条例》，区分政治、组织、廉洁、群众、工作和生活6类违纪行为，针对不同主体，明确监督职责，规定具体监督措施，建立衔接机制；二是进一步明确党委、党组、纪委之间日常监督管理的权限，明确党内监督8类方式；三是将《监督条例》等相关法规、规定上升为《监察法》监督程序的具体规定。

最后，这种体制在决策和执行过程具有鲜明的实践特征。十八届中央纪委六次全会提出，"要健全国家监察组织架构，形成全面覆盖国家机关及其公务员的国家监察体系"。七次全会强调，"要积极稳妥推进国家监察体制改革，加强统筹协调，做好政策把握和工作衔接"。在中国政治改革过程中，执政党是核心的政治权威力量，经过法定程序，使党的主张变成国家意志，是强化党的领导的内在要求，也是实现政治改革的重要途径。政治权威的政治立场和价值取向决定了纪检监察体制改革方向和顶层设计。从改革内容来看，纪检监察体制改革涉及监察权力结构、检察权力结构、预防腐败权力结构的调整，与此相关，涉及这些部门工作人员的根本利益。党纪反腐是社会公平正义的示范和引领，是反腐败斗争的第一道防线。党纪反腐是从严治党的基本形式。如党纪责任的实现方式是一种限制、剥夺违纪人的权益以及对违纪人的荣誉产生不利影响的措施。纪律处分是实现党纪责任的主要方式。同时，为了区分危害的程度，纪检监察机关实践"四种形态"（"批评教育、谈话函询和红脸出汗""纪律轻处分、组织调整""纪律重处分、重大职务调整""严重违纪涉嫌违法立案审查"），把政治权威作为纪检监察体制改革的第一行动主体，主导了整个改革决策、目标设定和政策选择，纪检监察体制改革是政治权威主导的成果。

四、纪检监察合署办公体制的技术策略及其实践价值

在全面推进依法治国的新时代，实行纪检监察合署办公，不断完善纪检

监察合署办公体制，用权威、严密、高效的监督体系达成我国新时期廉政建设的总体目标。到 2018 年 2 月底在全国全部建立的三级纪检监察体制，经过创制、磨合、转变，以更加合理的方式乃至存在（表现）形态出场，形成了一整套合署的技术策略，在我国表现出理论价值和实践价值。

1. 既执纪又执法，《党章》党规和宪法法律部门无缝对接。纪委监委是党内监督、国家监察专责机关，特别监委是集党纪监督、行政监督及法律监督于一体，具有综合性、混合性和独立性的国家机关，合署办公，既执纪、又执法，承担着维护《党章》党规、维护宪法法律的重要任务和职能，形成反腐败一体化的格局。一是赋予监委以充分的手段。纪检监察机关工作内容在体制改革后涉及查处违纪、职务违法、职务犯罪三个层面，履行监督、调查、处置三大职责。二是纪检和监督相互贯通。执纪监督以维护良好的政治生态为工作目标，《监督条例》第 37 条规定首次正式将"监察机关"与"人大、政府、司法机关"并列，纪委监督执纪问责和监委监督调查处置共同开展党风廉政建设和反腐败斗争的生动实践，从根本上达到全面从严治党的效果和目的。三是"两把尺子"同步执行。以《党章》党规党纪和宪法法律法规相统一，既合规又合法，客观上使纪律和法律的同步执行成为轻而易举的事情。对于一个涉嫌违纪或违法的人员而言，其所存在的不当行为是给定的，调查所需要的专业能力也是相同的，完全可以同步进行调查。至于这些不当行为是不是违纪或违法、如何处置，则可在调查完成之后，分别依照纪律和法律规定予以裁量。

2. 既盯住"关键少数"又管住"绝大多数"，做到监督全覆盖。全面地、系统地和长久地使用国家机器和强制手段应对严重腐败，就必须考虑应对腐败的制度再安排并提高到宪制的高度。一方面，盯住"关键少数"。我国的关键少数从级别上看是"县处级以上领导干部"，特别是"各级主要领导干部"，以及处于"关键领域、重要岗位"的领导干部，他们掌握国家的权力，有为人民服务和个人谋私利的双重可能性，合署体制能防止领导干部用国家的权力窃取人民的财富，督促正确行使权力。另一方面，管住"绝大多数"。长期以来在我国运行着"压力型体制"，纪检监察机关也不例外，层层落实主体责任，层层传导压力，包括任务分解机制、共同参与的问题解决机制和以否决为核心的评价体系的主要方式，监督全体党员和所有行使公权力的公职人员。同时，由于微腐败和小官大贪的存在，这种合署体制能推进社会层面多主体参与，使纪检监察职能向基层、村居延伸，营造社会对腐败零容忍的环境，建立反腐败共同体，消除监督空白和死角。这次重新建立国家监察机关的重要特点，分别是对象上的全面覆盖和监察监督权限的集中整合，对有腐败嫌疑的公职人员集中地使用国家的监督、调查和处置手段，适应这种"全面"和"集中"的需要，优化领导方式，规范管理行为，建立方便人民群众有效监督的体制机制。

3. 既搞好纪法贯通又实现纪法衔接，做到合力惩治腐败。在政府长期依靠行政手段管理社会形成的体制性惯性下，必须率先明确纪检监察体制改革的主基调。有学者认为，反腐败是构建新国家监察体制的主基调。我认为，预防腐败才真正体现了构建新的国家监察体制的政治基础、现实需求和时代特点。因为这次监察体制改革显然是政治性改革措施，是基于预防腐败需要对相关国家政权力量的再组合，并以此建立齐头并进的新反腐败制度性动力机制。改革的中心环节是提升预防腐败的合法性和协调性，纪检机关内设机构的调整合并，建立完善司法人员分类管理制度、检察官员额制改革等，是国家监察体制改革的外部制度变革，但却表明纪检监察在改变既有体制惯性中通过协同配合实现纪法贯通。纪检监察机关合署办公，共同实现反腐败和预防腐败的目标，由此必然产生二者共同行使监察权的问题。既要依据《党章》党规党纪履行协助党委全面从严治党职责、又要依据《宪法》《监察法》加强监察工作，既要审查违纪问题、又要调查违法犯罪问题，既要考虑纪律要求，又要兼顾法律规定，健全惩治腐败与激励廉洁的执纪执法运行机制，执纪审查和依法调查有序对接，实现"监察"和"纪委派驻"的融合，执纪执法同向发力、精准发力，形成监察机关与司法执法机关既相互衔接又相互配合的有效管理体制。

4. 既强化自我监督又加强外部监督，整体性效果得到提升。纪委监委合署办公，开启了党内监督和国家监察的新篇章。监委的监督调查处置职责与纪委的监督执纪问责职责具有高度的匹配性。合署体制推动纪委监委职能、人员、工作深度融合，做到"形"的重塑和"神"的重铸，实现纪检监察工作整体性提升。强化对权力的监督与制约，既是法治中国建设的关键所在，也是党风廉政建设和反腐败斗争要解决的核心问题，更是廉洁用权、协调各方利益关系，维护社会安定团结的需要。目前学界对国家监察体制改革的研究虽然内容丰富，但对纪委与监委合署办公的研究相对薄弱。特别是从权力监督视角出发，对他们合署办公的理论内涵体现的两者在监督主体、监督对象、监督内容和监督手段四个方面的分工与融合极其缺乏，而纪委与监委合署办公具有加强和改善党对反腐败工作的领导、优化中国特色社会主义权力监督体系的主体结构与内容结构、提升我国治理腐败的有效性和合法性等现实意义。通过自我监督在内部形成相互制约机制，把"人大监督、民主监督、司法监督、社会监督、舆论监督"五大监督主体进行细化，分层分类，确保党和人民赋予的权力不被滥用、惩恶扬善的利剑永不蒙尘。

总之，构建简约的纪检监察体制和"合署办公"跳出了"党政合一""党政分开"的窠臼，赋予党政关系以新的内涵，是全面加强党的建设、加强党长期执政能力建设的内在要求，也是推进国家治理体系和治理能力现代化的基础所在。中国因时代侧重的纪检和监察问题的层次不同，"合署体制"可有不同的判断、组合和阐述。而在实践中，纪检和监察的关系也不是一揽子解决的，本文仅着眼于新时代中国形成风清气正的党内新格局而纲要式探讨中央纪委和国家监察体制合署的理论逻辑和现实技术。

第四节　党风廉政建设责任制

党风廉政建设多年来一直是我党思想政治教育的重点任务，是我国任何时期都需要面临的重要政治问题。党的十八届三中全会和中共中央印发的《建立健全惩治和预防腐败体系 2013–2017 年工作规划》明确指出，落实党风廉政建设责任制，党委负主体责任，纪委负监督责任。对各级党委提出了要将党风廉政建设主体责任作为政治责任，进一步落实党风廉政建设责任制的严格要求。

一、党风廉政建设责任制的含义

党风廉政建设责任制的基本含义是，按照党委统一领导、党政齐抓共管、纪检监察组织协调、部门各负其责、依靠群众支持和参与的领导体制和工作机制的要求，把党风廉政建设作为党的建设和政权建设的重要内容，纳入党政领导班子和领导干部的目标管理，使党风廉政建设与经济建设、精神文明建设和其他业务工作紧密结合，做到一起部署、一起落实、一起检查、一起考核。党风廉政建设责任制追究的实质，是基于领导责任制而对有过错的

"领导者"的追究，或者说是基于管理关系而对有过错的"管理者"的追究，这也正是"谁主管、谁负责"原则的真义。按照管理学一般原理，领导者就是管理者，责任是对管理者和领导者的内在要求，也就是说，履行职责是管理者和领导者的"特定义务"。只要是不履行或者不正确履行自己的职责，就是一种过错，就要承担责任后果。党风廉政建设责任制由三个要素构成：

（一）责任制的主体

党风廉政建设责任制的主体，是党政机关（党的机关、人大机关、行政机关、政协机关、审判机关、检察机关等）、人民团体、国有企业和事业单位的党政领导班子和领导干部。党风廉政建设是全党的任务，但必须具体落实到每一个机关、单位、部门和团体，在每个机关、单位、部门和团体，党风廉政建设任务则要进一步落实到其领导班子和领导干部：党委政府和党委政府的职能部门领导班子，对职责范围内的党风廉政建设负全面领导责任；党委政府和党委政府的职能部门领导班子的正职，对职责范围内的党风廉政建设负总责；领导班子其他成员，根据工作分工对职责范围内的党风廉政建设负直接领导责任。党风廉政建设搞得好不好，"责任"在于各个机关、团体和单位的领导班子和领导干部，这就把党风廉政建设的一般号召与具体领导结合了起来。因此，人们通常也把党风廉政建设责任制称为"一把手"工程。

"党风廉政建设责任制"主体与"党风廉政建设"主体，是两个不同的概念。"党风廉政建设"的主体，是一般主体，是所有的党政机关、人民团体、企业和事业单位及其人员，包括领导班子和领导干部，也包括一般的机关组织和普通的党员干部。而"党风廉政建设责任制"的主体，则是特定主体，即党政领导班子和领导干部，它们只是"党风廉政建设"主体中的一部分。

（二）责任制的内容

党风廉政建设责任制的内容，是指责任制主体所承担的任务。责任制主体的任务，可以划分为一般性任务和具体性任务两个层次。所谓一般性任务，是责任主体按照责任制的一般要求，在反腐倡廉建设中必须承担的具有指导性、稳定性和总括性的任务。这方面的任务大体包括预防和惩处 2 类，进一步可分为教育防范、制度规范、监督约束、惩处威慑、改革治理 5 项，只要责任制存在，这些任务就不会改变。所谓具体性任务，是责任主体按照责任制的具体要求，在反腐倡廉建设中必须承担的具有操作性、机动性和针对性的任务。这方面的任务就是我们通常所说的《关于实行党风廉政建设责任制的规定》中的7项内容：贯彻落实中央、国务院关于党风廉政建设的部署，分析研究职责范围内的党风廉政建设状况，制订规划并组织实施；完善管理和监督机制，从源头上防治腐败；组织党员、干部学习党风廉政建设法规，进行党性党风党纪和廉政教育；结合本部门、本系统、本行业实际，制定党风廉政建设制度并组织实施；对所辖部门、系统、地区党风廉政建设情况和领导班子、领导干部廉洁从政情况进行监督检查；按规定选拔任用干部，防止和纠正用人上的不正之风；领导、组织和支持执法执纪机关履行职责。

可见，我们通常所说的责任制的内容，是指具体性任务。具体性任务不是抽象的、而是具体的，不是固定的、而是可变的，不是静态的、而是动态的，也就是说，《关于实行党风廉政建设责任制的规定》中列举的7项内容不可能一成不变，必然随着形势的发展变化而不断修改、充实、更新和完善。从近年来的实践情况看，党风廉政建设工作任务很多，无论是廉洁自律还是查办案件、无论是纠风还是源头治理、无论是执法监察还是效能监察，几乎每年都要补充新的内容、增添新的任务，这些新的内容和任务，都要纳入党风廉政建设责任制进行管理，其完成情况还要通过党风廉政建设责任制进行考核。正是由于责任制的这种包容性和总括性，中央纪委每年在部署党风廉政建设和反腐败工作任务时，尽管都要把认真落实党风廉政建设责任制作为一项重要任务进行部署，但是都没有把它与廉洁自律、查办案件、纠风、源头治腐、执法监察、效能监察等具体工作任务等量齐观，而是强调要用党风廉政建设责任制"统领"各项具体工作，把责任制作为落实反腐倡廉各项具体任务的"总抓手"。

（三）责任制的形式

党风廉政建设责任制的实现形式是"责任制"。"责任制"是落实党风廉政建设的一个很好的载体和平台，又是落实党风廉政建设的制度保证。通过责任制的形式，可以把主体与内容有力地结合起来、把任务与责任有机地统一起来，做到"谁主管、谁负责"，实现主体任务化、任务责任化、责任制度化。

作为一种形式的"责任制"，绝不仅仅是一种"形式"，而是具有纪律的严肃性。这种严肃性表现在：①签订形式的严肃性。它一般要纳入党委政府和各部门单位的"年度目标管理"，并签订"目标责任书"，用书面形式载明各机关、单位、团体领导班子特别是"一把手"的党风廉政建设责任，然后，再由该机关、单位、团体"一把手"与领导班子其他成员和下属单位层层签订责任书，明确各自的责任。②考核形式的严肃性。从考核标准的设定，到考核活动的组织实施，是党委政府的一项非常严肃的年度任务，一般都是由党委政府的领导同志带队、由纪检监察机关具体组织实施、由相关机关单位参加、依靠群众积极参与进行的。考核工作要采取多种方式，比如被考核单位主要领导述职、民主测评、问卷调查、重点谈话、随机抽查、材料审查、实地考察、个别问题核查等。③追究形式的严肃性。经过考核，一旦责任制明确的党风廉政建设任务没有完成，按照"谁主管、谁负责"的原则，就要对相关机关单位的党政领导班子和领导成员实施责任追究，给予组织处理甚至给予纪律处分，并要在"年度达标先进"和"文明单位评比"等工作中起到"一票否决"的作用。

二、党风廉政建设责任制的实践价值

党风廉政建设责任制问题不是一个纯粹的理论探讨和学术研究问题，它作为实践中创造的一个极具科学性、极有生命力的鲜活经验，其真正的价值，在于服务实践、推动实践、指导实践。实践，说到底是人的一种自觉能动的活动。实行责任制，作为反腐倡廉实践活动的一个重要组成部分，它的实践价值表现在多个方面：

（一）党风廉政建设责任制的方法价值

党风廉政建设责任制是一项制度，更是一种行之有效的方法。我们注意到，近年来，中央纪委历次全会在部署党风廉政建设和反腐败工作任务的时候，不管是原来的"三项工作格局"（领导干部廉洁自律、查办违法违纪案件、纠正不正之风），还是后来的"六项工作格局"（再从源头上治理腐败、党内监督、国有企业反腐倡廉），乃至当前的"五项工作格局"（教育、制度、监督、惩处、改革），在谈到党风廉政建设责任制问题时，都没有把它看作一项具体任务进行部署，而是把它作为完成各项具体任务的一个"管总"要求而提出来的。把党风廉政建设责任制作为推进反腐倡廉建设的"龙头"和"总抓手"，作为完成反腐倡廉建设各项任务的一个有效的工作平台，是多年来被实践反复证明的一条成功经验。可以说，党风廉政建设责任制，是我们确保反腐倡廉建设各项任务顺利完成的一种有效的管理方法，是我们推进

反腐倡廉建设的一个很好的工作平台，反腐倡廉建设任务不管有多少项，不管涉及多少部门，都可以纳入责任制进行管理。

实行党风廉政建设责任制是一个涉及方方面面的系统工程。在责任制的具体实施过程中，从任务的分解、标准的制定，到考核的实施、责任的追究，其中的每一步都必须运用科学、系统、缜密的工作方法才能完成。比如，对每年几十项甚至上百项的反腐倡廉具体工作任务，如何分解、如何分工才更恰当；对数十个甚至数百个单位反腐倡廉情况的考核标准，如何定位、如何设置才更科学；对不同行业特点，不同管理模式、不同人员规模的单位的反腐倡廉工作中种种原因造成这样或那样的问题涉及的领导人员，如何划分责任、如何实施追究才更准确等。这些是对我们工作方法的检验，同时也是推动我们改进和创新工作方法的动力。

（二）党风廉政建设责任制的思想价值

多年来，"以经济建设为中心""发展才是硬道理"的理念已经深入人心，这无疑是正确的，但是，在具体落实的过程中，由于思想认识上的偏差，加之主客观因素的影响，一些党员领导干部甚至主要领导干部，往往有一种形而上学式的思维定式，认为"发展"就是"发展经济"，要发展经济，就要纪律松绑，甚至认为腐败是促进经济发展的"润滑剂"，在思想深处并没有把"腐败"看作阻碍发展的破坏力量，自觉或不自觉地对腐败抱以宽容。近年来多次出现的"双边"现象（"一边抓发展，一边搞腐败"）、"双突出"现象（"哪个地方经济发展快，哪个地方腐败问题多"）、"双强干部"现象（能干事的人也往往能出事）等，究其原因，还是"一手硬，一手软"的问题，没有从思想上得到根本解决，"两手抓"方针没有在思想上得到真正落实。

要解决"一手硬、一手软"问题，需要靠思想教育，更要靠制度约束，党风廉政建设责任制就是一种很好地制度性约束。党风廉政建设责任制的基本要求是"一岗双责"，它从制度层面上要求我们的领导干部，光抓经济是不行的，经济建设搞得再好，如果党风廉政建设搞不好甚至出现严重问题，"功"是不能抵"过"的，要进行责任追究。这样，就通过责任制这个平台，使"两手抓"的方针进一步深化和体现为"一岗双责"的制度保证，可以说，责任制是"两手抓"方针与"一岗双责"要求之间的最佳结合点，为从思想上解决"一手硬，一手软"问题提供了制度上的保证。

（三）党风廉政建设责任制的效能价值

反腐倡廉工作本身也有一个如何提高效能、增强效果、降低成本的问题，实行责任制是使反腐倡廉工作能够"减本增效"的很好途径。首先，通过责任制可以使反腐倡廉各项任务"一揽子"解决。通过实行党风廉政建设责任制，使我们的各级党政主要领导干部，不仅对自己、对班子、对下属，而且对本系统、对本单位、对本地区；不仅对人员、对财务、对权力，而且对思想教育、对制度建设、对监督检查；不仅对"八小时以内"的廉洁行政、规范从业、公正处事，而且对"八小时以外"的慎友、慎微、慎情、慎独等，都要全面承担起管理和监督的责任，这种责任的集约化必然减少管理的层次和成本。其次，通过责任制可以使反腐倡廉各项任务与业务工作"一体化"解决。党风廉政建设责任制要求，党风廉政建设必须与各单位部门的业务工作结合起来，一并部署、一并检查、一并考核、一并落实，而不是脱离业务工作孤立进行，更不是"另搞一套"，如果把这两个方面有机结合和融合起来，必然提高效能、增强效果，大大降低党风廉政建设和反腐败工作的成本，"一举两得"。

（四）党风廉政建设责任制的防范价值

党风廉政建设工作，要坚持标本兼治、综合治理、惩防并举、注重预防的方针。"惩"是手段，"防"是目的。党风廉政建设责任制的防范价值，首先表现为一种工作防范。党风廉政建设责任制不是应急之策，而是长远之计，必须走经常化、常规化之路，把党风廉政建设责任制自觉地融入决策、执行、管理等工作的全过程。要像坚持党内民主集中制、行政首长负责制一样，在党政机关坚持党风廉政建设责任制，使"抓业务必须抓廉政""不抓廉政是失职"的观念，成为党政机关的一种执著的精神追求，成为党政领导干部的一种牢固的执政理念。形成这种"两手抓"格局，是实行党风廉政建设责任制所需要的，这种割据所体现的就是工作防范。

党风廉政建设责任制的防范价值还表现为一种机制防范。《刑法》的目的是预防犯罪，但是，没有刑罚就没有《刑法》，预防犯罪的目的就无法实现，这就是一种机制防范。党风廉政建设责任制也是如此，它是一种"有言在先""责任在先"的制度。"责任制"的核心内容有2项：一是设置责任，二是追究责任。无论是责任设置，还是追究责任，其最终目的都是责任的履行。不能把责任制片面理解为"责任追究制"，责任制不以追究责任为目的，正如合同，违约处罚不是签订合同的目的而是履行合同的保证，"履行合同"才是签订合同的目的一样，"履行责任"才是党风廉政建设责任制追求的最终目的。

（五）党风廉政建设责任制的评价价值

党风廉政建设责任制的评价价值通过两个方面体现出来：一是褒扬，包括考核为"优秀或良好"档次、考核结果作为奖励和提拔的重要依据等；二是贬责，包括批评教育、责令检查、辞职免职、纪律处分或刑事处罚等。从实践情况看，通过责任考核，评价为"优秀或良好"档次的是绝大多数，评价为"一般或差"档次的是极其少数，受到责任追究特别是受到纪律处分的更少。应该说，责任制的褒扬作用发挥得非常充分，激发出了争先争优的巨大动力，与此相比，贬责作用欠缺，值得注意。

贬责的实质内容是责任追究，责任追究的关键环节在于如何追究。责任追究的效果，不是追究的人数越多越好、追究的幅度越重越好，也不是越少越好、越轻越好，而是要错责相适应，做到客观、公正、准确、恰当。从目前全国部分省市落实责任制的情况看，普遍存在着"部署时大张旗鼓、考核时轰轰烈烈、追究时轻描淡写"的现象，对责任制权威的破坏力很大。追究的多与少、轻与重，当然没有一个绝对标准，但是，有一个标准是绝对的：不追究绝对不行。没有追究就没有责任制，增强"追究"意识，是责任制自身的要求，也是责任制实施的保证。但是，在责任追究的时候，往往会遇到来自各个方面的阻力和压力，为被追究者求情和开脱责任的现象非常普遍，"责任追究案件"的说情特点，不但理由很多，而且几乎是公开说情，甚至有的以组织名义"堂而皇之"说情，干扰很大。这是我们在实施责任追究时必须克服的障碍。

（六）党风廉政建设责任制的社会价值

在党风廉政建设责任制工作中，无论是责任分解、评价标准，还是责任考核、责任追究，都不是秘密进行的，而是有计划、有组织、有步骤地公开进行的。要大力宣传发动、广泛征求意见、协调多方力量、吸收群众参与、依靠社会监督，被考核单位以及相关的单位和人员对考核结果和责任追究都很关注，社会影响大、社会效果好。它在实现对党政机关及其领导履行廉政建设责任情况进行监督的同时，也提高了人民群众和社会各界对党政机关及其领导履职情况的参与度和知情度。

思考题

1. 新时代我国的纪检监察体制是什么？

2. 合署办公的优点是什么？

3. 联系实际阐述党风廉政建设责任制的实践价值。

阅读文献

1. "习近平在十九届中央纪委四次全会上发表重要讲话强调 一以贯之全面从严治党强化对权力运行的制约和监督 为决胜全面建成小康社会决战脱贫攻坚提供坚强保障"，http://cpc. people. com. cn/n1/2020/0114/c64094_ 3154 6722. html.

2. 中央纪委："永远在路上"，https://www. le. com/ptv/vplay/2865308. html? ch＝360_ kan.

第九章

党风廉政建设和反腐败斗争

教学目的和要求：

党风廉政建设和反腐败斗争是中国共产党进行自身建设的两个方面，通过学习和掌握这两个的内容，充分认识反腐败斗争的长期性、复杂性、艰巨性，深刻理解"两手抓、两手都要硬"，更加自觉地学习我党丰富的廉政建设思想和理论，投身到中国特色社会主义事业中。

教学要点：

1. 党风廉政建设和反腐败斗争的关系
2. 腐败的分类
3. 我党历史上丰富的廉政思想和资源
4. 消除反腐败斗争胜利的举措

党风廉政建设和反腐败斗争是中国共产党进行自身建设的两个方面，党风廉政建设必须继承党廉政思想和宗旨，必须同各种消极腐败现象做斗争。坚持党风廉政建设和坚决惩治和有效预防腐败，关系人心向背和党的生死存亡，是党始终必须抓好的重大政治任务。一个执政党如果染上了腐败顽疾，不去及时治疗，就会病入膏肓，最终人亡政息。一个国家如果任其官员滥用职权、大搞腐败，最终也会葬送官员的政治生命和个人前途，也会动摇中国国家的执政根基。习近平总书记指出："全党同志一定要充分认识反腐败斗争的长期性、复杂性、艰巨性，把反腐倡廉建设放在更加突出的位置，旗帜鲜明地反对腐败。"

第一节　党风廉政建设

党风廉政建设多年来一直是我党思想政治教育的重点任务，是我国任何时期都需要面临的重要政治问题。党的十八大以来，习近平总书记多次在中央重要会议中发表讲话，强调全党开展党风廉政建设和反腐败斗争的重要性，要求全党应该"猛药去疴，刮骨疗毒"，改革党的纪律检查体制，完善反腐败机制。我党必须要坚持推进党风廉政建设，不断深化改革路线，坚持从严管党、治党，杜绝一切腐败体制机制，才能够有效地维护执政党的地位，才能够坚守自身职责和任务，为祖国和人民服务到底。

一、党风廉政建设的历史内涵及其意义

2013 年，党的十八届三中全会决定提出党风廉政建设以来，以历史责任感、使命忧患感、顽强的意志品质推进党风廉政建设和反腐败斗争，坚持无禁区、全覆盖、零容忍，严肃查处腐败分子，营造不敢腐、不能腐、不想腐的政治氛围。廉政能力建设是当前我国国家治理亟需解决的重大问题。传统廉洁文化是中国传统文化的优秀遗产，包含个人修身、廉洁从政和治国理政三个不同层面。这三个层面由内而外、由认知到践行、由个人历练到国家治理逐步递进，对提升领导干部的廉政能力具有重要的启示价值：通过正心、节欲、慎独、自省不断砥砺，可以提高廉政自律能力；遵循"公、清、谨、勤"行为准则，可以强化廉政践行能力；秉承政贵廉、吏崇正、法从严、防在先的理念，可以增强廉政治理能力。传统廉洁文化精髓总体上体现在个人修身、廉洁从政和治国理政三个不同层面，蕴含了从廉政思想的内化认同到个人行为的正身自律，再到廉洁从政、治国安民，这样一个由认知到践行、由个体到组织的实现过程。其一，个人修身层面，中华文化历来把修身作为治国理政的基础性工程。在儒家看来，从天子到庶人"皆以修身为本"，修身是齐家治国平天下的逻辑起点。其二，廉洁从政层面，传统廉洁文化的廉洁从政层面，是指官吏秉持廉洁理念而在做官、为吏、从政中表现出来的工作方式、生活习惯、行为举止等。其三，治国理政层面，传统廉洁文化的治国理政层面，是指在国家政体、政治治理方面的廉政理念、法纪制度以及治理路径等。习近平指出："中华民族有着五千年的文明史，传统文化中的许多优秀文化典

籍蕴涵着做人做事和治国理政的大道理。"传统廉洁文化是中华民族宝贵的精神财富，历经各个朝代的丰富完善和儒法道佛各派思想的激荡交融而发展，尽管时代不同，蕴含价值观念和宗旨目的各异，但其中的许多宝贵思想不断衍化、历久弥新，至今仍然具有积极意义。它是社会主义廉洁政治建设的重要文化源泉，对领导干部廉政能力提升、精神滋养、价值支撑、典型垂范和制度借鉴等方面仍具有独特作用。

（一）传统廉洁文化是当代廉政能力建设的文化基因

文化的核心是一种观念，对人的思想意识具有潜移默化的塑造作用。传统廉洁文化所包含的精神理念根植在中国人的思想意识中，渗透在心灵深处，从思维方式、认知模式、情感认同等精神层面，以润物细无声的潜在形式深深地影响着人们对廉洁的认知及相关价值的认同，推动着廉政能力的滋养和塑造。如儒家强调"仁爱"，即要"推己及人"，"其身正，不令而行；其身不正，虽令不从"，从而形成了"正人先正己"的廉政建设观念。这就要求为政者要有"自省""见贤思齐"的精神，在廉政管理过程中必须正身律己、以身作则、率先垂范，用自身的表率和楷模作用引导廉洁风气的形成，否则就会出现"上梁不正下梁歪"。十八大以来，党中央以上率下，带头落实中央八项规定精神，坚决纠正"四风"，正是对这些传统思想的传承和体现。同时，作为文化基因，道家主张的"无为而治""清心寡欲"，法家倡导的"俭节则昌""法礼并重"，佛家强调的"戒恶扬善""戒贪戒嗔"等廉政思想，在中华大地千古流传，渗透在人们的思想上，体现在人们的意识中，像血液一样滋养着当代中国人的精神世界，对新时期人们崇廉尚俭理念的形成无疑具有举足轻重的支撑作用。

（二）传统廉洁文化是当代廉政能力建设的重要基础

传统廉洁文化中所蕴含的诸多价值观念是廉政能力的价值基础，具有导向性作用。如"廉为政本""廉为官宝""礼义廉耻，国之四维"等观点，奠定了我们对廉政能力建设重要性的认知深度；"民为邦本""天下为公""以义制利"等价值准则，构成了为政者的核心价值体系和从政道德评价标准；"克己修身""廉荣贪耻""以不贪为宝""临大利而不易其义"等古代廉洁智慧，时刻暗示领导干部要尚廉拒贪，处处警示"什么该做，什么不该做"。传统廉洁文化提醒我们：在修养上，培养淡泊寡欲、宁静致远的情趣，造就"先天下之忧而忧，后天下之乐而乐"的高尚情怀，追求简朴生活与远大理想相结合的人生；在为政上，践行鞠躬尽瘁、死而后已和公私分明的工作作风；在用人上，坚持尚贤用能、求贤若渴，强调德才并重、以德为先的原则。

（三）传统廉洁文化是当代廉政能力建设的典范之源

传统廉洁文化的仁政爱民思想和清官廉吏典型，为领导干部提升廉政能力提供了学习的典范、效仿的楷模。中国历史上以不贪为宝的子罕、拒收甲鱼的公孙仪、悬鱼于庭的羊续、"一钱太守"刘宠、清正爱民的狄仁杰、敢唱"黑脸"的包公、清贫一生的于成龙等许许多多至今仍受人传颂的清官廉吏，其廉洁人格典范充满现实的感召力。他们的思想与言行，已经成为当下人们识别清浊邪正的镜子、判断是非善恶的尺度和举止行为的楷模。同时，东汉的梁冀、西晋的石崇、宋代的蔡京、明代的严嵩、清代的和珅等大贪官，也成为历史上为官从政者的反面典型，遗臭万年，为历代历世的人们所不齿、所唾弃。以历史为镜，学习古代清官廉吏的廉洁之风，发挥廉政能力建设的正能量，可以营造以贪为耻、以廉为荣的良好社会风尚。

（四）传统廉洁文化是当代廉政能力建设的制度之鉴

传统廉洁文化蕴含着大量的各朝各代廉政制度建设的经验和教训。早在西周初年，周公制礼作乐，建构了一整套包含勤政廉政精神的礼乐制度，从而开启了中国廉政制度建设的先河。自秦至清，反腐倡廉的制度设计越来越受到国家治理者的重视，经过历朝不断的实践创新，逐步形成了中国历史上颇具特色而又较为严密、系统的反腐倡廉体制机制，使反腐倡廉的思想观念、实践经验浩如烟海，体现了中华民族长期发展中在国家治理方面的政治智慧和历史经验。借鉴学习古代以廉为本、以廉课吏、德主刑辅、严刑峻法、监察纠举等一系列廉政治理举措，深化反腐倡廉体制机制改革，完善反腐败法规制度，将以德治国和依法治国有机统一起来，建立健全不敢腐、不能腐、不想腐的有效机制，推进廉政治理体系和治理能力现代化。

二、党风廉政建设的当代思想资源

从世界现代化的历史过程来看，腐败的大量滋生是许多国家从传统社会向现代社会转型中都曾出现过的现象。就此而言，中国的腐败似乎合乎历史发展的规律，可称之为转型腐败。然而，中国共产党成立以来始终高度重视廉政教育和反腐败斗争，从战略高度建构廉政教育，边实践边总结，注重以发展的科学理论指导廉政教育和反腐败的实践，在反腐倡廉理论方面取得了许多成果，积累了丰富的廉政教育思想资源。

1. 预防为主，思想先行。在以儒学为主体的中国文化传统中，廉德自守问题不仅是个人的从政之本，更是关系政权巩固、国家兴衰的根本问题，希望从政者从内心产生清廉的个体良心需求，变成一种发自内心的价值追求。儒学的价值系统是建立在对人的本性或在人性的特定认识基础上的，人性善论是儒家之道的基础，在青少年时代受以儒家思想为主干的经史文化的影响很深的毛泽东认为，"资产阶级糖衣炮弹"的进攻可使共产党员的思想由"善"变"恶"，共产主义的思想道德教育也可以使他们的思想由"恶"变"善"。这是毛泽东注意廉政教育的认识根源，为我党反腐倡廉教育奠定了重要的理论基础和策略基础。腐败是剥削阶级思想在党内和政府内的反映，反腐败关系执政党的前途和命运，是"全党的一件大事"。腐败的根源是人自身，人有贪欲，贪图享乐，从而贪图那些可以带来享乐的金钱，进而贪图最容易带来金钱的权力。关于怎样反腐倡廉，毛泽东指出，以预防为主，加强教育思想乃行动之先导，从思想上解决问题最牢靠。在一个长期处于殖民地和半殖民地、文盲半文盲占人口绝大多数的国度里，要始终重视道德劝诫方式，认为对党员干部的许多原则性要求和规范都必须依赖于党员干部的觉悟。他十分重视思想教育，强调思想建党，努力从人的内心深处解决好反腐败的问题，一贯强调加强马列主义教育，用马列主义武装人民的头脑。只要我们能够掌握马克思列宁主义的科学，我们是能够超越任何障碍和任何困难的，我们的力量是无敌的。新中国成立前夕，毛泽东在党的七届二中全会上要求全党在胜利面前保持清醒头脑，在夺取全国政权后要经受住执政的考验，务必使同志们继续保持谦虚、谨慎、不骄、不躁的作风，务必使同志们继续地保持艰苦奋斗的作风。

2. "两手抓，两手都要硬"。在由计划经济向社会主义市场经济转变过程中，社会上蔓延着急功近利的风气：市场上的投机倒把、假冒伪劣、官商勾结加深；官场上以权谋私、腐败与作秀盛行；生活中贫富差距拉大。针对现实向理想发出的挑战，邓小平认为，廉政教育是提高在职人员思想素质和强化行为规范的重要方法，也是一种威力强大的思想武器，提出解决腐败问题"我们主要通过两个手段来解决，一个是教育，一个是法律"，要一手抓经济建设，一手打击经济领域里的严重犯罪，"两手抓，两手都要硬"，并指出凡是能够通过教育解决的都要教育，对那些破坏社会秩序的人要先采用教育的方法，但他又认为，还要"靠法制，搞法制靠得住些"。早在 1978 年他就指出，"高级干部能不能以身作则，影响是很大的。现在，不正之风很突出，要先从领导干部纠正起"，纠正不正之风和铲除腐败现象的"根本问题是教育人"。关于如何教育人，邓小平认为，首先应当进一步加强党的思想政治教育。1980 年 12 月，他在中共中央工作会议上指出，必须要采取思想政治教育的方式来对全党同志进行教育、引导。要使全党充分发扬廉洁奉公、艰苦奋斗、大公无私、服务大局等精神，继续坚持共产主义的理想和道德。1983 年 10 月在党的第十二届中央委员会第二次会议上，他再次强调要在新时期加强思想工作，防止出现埋头经济工作，而忽视思想工作的现象。另外，邓小平还强调要进行党的优良传统教育，尤其是艰苦奋斗教育。1989 年 3 月，他在《保持艰苦奋斗的传统》的讲话中说："应该保持艰苦奋斗的传统。坚持这个传统，才能抗住腐败现象。"因为艰苦奋斗是我们的传统，提倡艰苦奋斗精神，也有助于克服腐败现象。

3. "标本兼治，综合治理"。20 世纪末东欧剧变使广大社会主义国家面临着前所未有的挑战，腐败正是重要原因之一，在我国，伴随着市场经济的快速发展，党员干部中的腐败事件层出不穷，在 1996 年前后出现了道德"滑坡论"和"爬坡论"的争论，江泽民为了防止和惩治党员干部道德滑坡以及腐败堕落，在前人的基础上，创造性地提出了"标本兼治"的反腐败斗争方针，构筑思想道德和党纪国法两道防线。他认为，反腐败不仅要"治标"，即同已经出现的腐败现象进行积极的斗争，更要"治本"，即铲除腐败赖以滋生的土壤。他认为，忽视对干部的思想教育是导致腐败蔓延的一个重要原因，应该特别重视对干部进行思想教育工作，让他们加强学习，在十五届中纪委五次全体会议上江泽民提出要提高干部和党员队伍的思想政治素质，对党风廉政建设和反腐败斗争具有基础性的作用。"治标"和"治本"是反腐败斗争相辅相成、相互促进的两个方面，只有将这两方面相结合才能有效地遏制腐败。他说，教育是基础，法制是保证，并提出坚持预防与惩治相结合，对绝大多数党员和干部要立足于教育，着眼于防范，对极少数腐败分子必须严厉惩处，不断铲除滋生腐败的土壤，使反腐倡廉工作不断取得新的更大成效。在党的十六大报告中，江泽民明确地提出要"坚持标本兼治、综合治理的方针，逐步加大治本的力度"。随后，党和政府将反腐败斗争的重心逐渐转向"治本"，彰显了党和政府从源头上治理腐败的决心。

4. "制度优先，建设廉政文化"。进入新世纪，多元主体权益、主体层次的存在，使人们认识到，道德理想主义难以摆脱道德与经济社会发展之间二元对立的"怪圈"，针对一些领导干部存在的以权谋私、贪污腐败、官僚主义、铺张浪费、贪图享受、骄奢淫逸等问题，胡锦涛认为，要建立健全与社会主义市场经济体制相适应的"教育、制度、监督并重的惩治和预防腐败体系"建设，注重思想道德教育，加强廉政法治建设，"推进反腐倡廉制度创新""完善防治腐败体制机制"，把"反腐倡廉建设"作为党的建设的内容之一，深刻论述了"教育、制度、监督、改革、纠风、惩治"等工具如何发挥综合效能，以及它们之间的关系，制度优先，建设廉政文化。在党的十六届四中全会上进一步提出，"用制度规范从政行为，按制度办事，靠制度管人"，因为制度问题更带有根本性、全局性、稳定性和长期性，教育需要制度来保证，监督需要制度来落实，改革需要制度来巩固，纠风需要制度来深化，惩治需要制度来规范。胡锦涛提出，加强廉政文化建设是拒腐防变教育的"长效机制"，把"查办各类违纪违法案件，惩处腐败分子，严肃党的纪律"看成广大党员、干部受到深刻教育，进一步治本的"前提条件"。因为"教育的说服力"和"改革的推动力、制度的约束力、监督的制衡力、惩治的威慑力"相结合，整合各方面资源和力量，增强反腐倡廉建设的整体性、协调性、系统性，是"从源头上不断铲除腐败滋生蔓延的土壤"，"能巩固和发展反腐败取得的成果"。

5. "党纪严于国法"。人类虽然在短期内不能彻底消灭或铲除腐败，但却完全可以控制腐败，甚至可以取得反腐败的成功，达到廉洁。我国如果任凭腐败问题愈演愈烈，最终必然亡党亡国。习近平在深刻总结古今中外历史教训的基础上，结合我国经济社会转型期的特征，把党风廉政建设和反腐败斗争提到关系党和国家生死存亡的高度来认识，他针对有的在涉及党的领导和中国特色社会主义道路等原则性问题的政治挑衅面前态度暧昧、消极躲避、不敢亮剑，甚至故意模糊立场、耍滑头，强调思想建设，突出强调"补足'精神之钙'、坚定理想信念"。他说："思想纯洁是马克思主义政党保持纯洁性的根本，道德高尚是领导干部做到清正廉洁的基础。"要把加强理想信念教育与党性修养作为干部成长的基本路径与必修课；广大党员干部要"牢固树立正确的世界观、权力观、事业观，模范践行社会主义荣辱观，以理论上的坚定保证行动上的坚定，以思想上的清醒保证用权上的清醒，不断增强宗旨意识，始终保持共产党人的高尚品格和廉洁操守"；对"四风"与腐败问题奉行"零容忍"，克服"腐败心理"、反对"特权思想"、肃清"腐败文化"，如此方能树新风、正人心、得民心；"党纪严于国法"。党的十八届四中全会《中共中央全面推进依法治国重大问题的决定》强调指出，"党规党纪严于国家法律，党的各级组织和广大党员干部不仅要模范遵守国家法律，而且要按照党规党纪以更高标准严格要求自己"。国法的遵守主体是全体公民，国法是人民意志的体现，所以法律效力最高。而党纪的约束对象是全体党员，党纪是全体党员意志的体现。其法律效力仅限于党内。党性是中华民族、中国人民的先锋队，是工人阶级的先锋队组织，党员是先进分子，对其纪律标准当然要更高。

以上情况表明，习近平总书记在反腐倡廉建设的方面有着丰富内涵：一是一定要彻底解决腐败问题，以猛药去疴、重典治乱的决心，以刮骨疗毒、壮士断腕的勇气，深入推进党风廉政建设和反腐败斗争，而不是把反腐倡廉当作权宜之计；二是一定要把反腐倡廉当作目的，超越传统的工具性理念，不仅出于政治上保持党员先进性的考量，更是出于坚守人生信仰及弘扬人文精神的诉求，而不是手段和工具；三是反腐倡廉要以身作则，从本人、自己身边的人、家属配偶开始，特别是反腐败要坚持高度的原则性和公正性，而不是有选择性的；四是反腐倡廉决心应当主要体现在制度性措施上，包括坚定地推进法治，建立科学有效的反腐倡廉制度，而不是查办几个有影响的大案要案；五是建设社会主义廉洁政治是腐败治理的目标，根本目的在于探索一种政治发展模式，而不是把腐败治理仅仅视为服务于经济发展或其他任务的途径。这五条中把教育看成始终贯穿的一条红线，未雨绸缪，教育在先、预防在先、提醒在先，抓早抓小，强调反腐倡廉永远在路上，而不是就事论事的说教。

第二节　腐败现象产生的原因及其特点

所谓腐败，原意是指物质的一种化学运动状态，即事物由原初的纯粹状态而腐烂、变质。在现代社会生活领域中，腐败一般来说是指权力腐败，也即指权力职能的转变。凡是公共权力被滥用而使社会公共利益受到损害的，就是腐败。在我们人民当家作主的社会主义国家，一切权力属于人民。凡是正确行使人民赋予的权力，全心全意为人民服务的，就是廉政的和勤政的；凡是人民赋予的权力被滥用，使国家和人民的利益受到损害的，就是腐败的。腐败是一种严重的违纪违法行为，中国共产党的性质和宗旨，决定了党同各种消极腐败现象是水火不相容的，而腐败不除，党的章程和其他党内法规就得不到有效维护，党的优良作风就得不到坚持和发扬，党的路线方针政策的贯彻执行也得不到保证。《党章》明确指出，党要坚持不懈地反对腐败，加强党风建设和廉政建设。开展反腐败工作，既是各级党委和政府的重大政治任务，也是纪检监察机关的重要任务。党的各级纪检机关只有集中力量做好反腐败工作，才能深入推进党风廉政建设和反腐败工作，不断适应党的建设的需要，为党的建设作出应有的贡献。

一、腐败产生的原因

1. 腐败作为一种特殊的社会现象，从本质上说是私有制和剥削阶级的产物

腐败并非特定时期或特定的社会制度所独有的现象，也不是特定民族文化的产物。凡权力存在之处，都存在着权力腐败的可能。在私有制社会里，由于政治权力掌握在经济上占统治地位的剥削阶级手中，因而它实质上是属于少数人的，并且用于少数人对多数人的经济剥削和政治压迫。从这个意义上说，私有制本身就是产生政治腐败的土壤。社会主义国家一切权力属于人民，社会主义条件下一定范围内存在腐败的现象则是同社会主义制度根本不相容的，因此，社会主义制度能够从根本上克服腐败现象。但也要看到，社会主义制度毕竟很年轻，还存在许多不完善的地方，因此反腐败斗争也就必然成为社会主义国家一个较长历史时期内无法回避的问题。

我国经历了漫长的封建时期，封建残余思想和其他残留的剥削思想始终影响着人们，它们在经济社会生活中根深蒂固，对人们的思想进行侵蚀，潜移默化地影响着人们的工作、生活和思考、处理问题的方式。这些思想对我国的人民群众来说，影响要小于对我国党员干部的影响，特别是"官本位"思想，至今仍影响着我国的官员的思想和行为，最终成为官员产生腐败行为的思想基础。而官僚主义、等级制度、裙带关系等封建思想具有相对独立性，不会随着封建阶级和剥削阶级的灭亡而灭亡，它们将会对政治、经济、文化以及社会生活产生深远的影响，促使腐败的滋生。

2. 不受监督和制约的权力必然导致腐致

世界反腐专家和思想家都认为，一切有权力的人都有可能会滥用权力，而滥用权力必然会导致腐败，有权力的人们使用权力一直到遇到界限的地方才会休止。因此，要防止滥用权力，就必须以严密的制度来制约权力。"国家的一切权力属于人民""为人民服务是我党的一贯宗旨"，让人民来监督权力，是因为我们党来自人民、植根于人民、服务于人民。党员干部的权力容易出现过于集中，权力不能相互制衡，或者"权权联合"类似垄断而出现权力过大，难以被干涉的现象。此外，权利的运行超出了监督和制衡的范围，导致一些官员行事不透明，没有将自己的工作和作为公之于众，缺乏社会舆论监督，这样就会给人民群众造成官员的工作做的很好、没有出现腐败行为的错觉，最后就会导致官员的腐败更加猖獗。

习近平总书记一直强调，"各级领导干部都要牢记，任何人都没有法律之外的绝对权力，任何人行使权力都必须为人民服务、对人民负责并自觉接受人民监督"。一般来说，在监督和制约机制比较完善的情况下，腐败现象就有可能在一定限度内得到有效的控制；反之，则不仅难以控制在可能的最低限度，甚至会在更大的范围内衍生开去。因此，监督和制约机制的完善程度，将在相当程度上决定着腐败现象的范围大小。

3. 腐败现象往往是社会变革过程中的伴生物和制度流于形式所造成的

从人类社会发展的历史来看，当一个国家处在经济结构转型、经济快速增长的社会变革时期往往是腐败现象的高发期。当前，我国正处在政治、经济、教育和文化等体制转型的关键时期，在这些体制改革过程中，改革调整不适应社会发展的旧体制，逐步建立和完善适应社会发展的新体制，在新旧体制交换的过程中，还可能存在这样的问题：旧的体制已经废除而新的体制还没有建立，这样就导致新旧体制衔接过程中出现缝隙，20 世纪 80 年代我们国家推行价格体制改革、双轨制，在商品紧缺的情况下"官倒"盛行。新的体制的完善需要一定的时间，这样就导致制度和制度之间不能很好的衔接和配套，在不衔接、不配套的地方就出现了大量的体制缝隙和漏洞，这样就致使许多官员"精心研究"并发现漏洞，钻空子。从这个历史的角度来看，我国市场化改革比较当年西方国家的进程要快得多，时间要短得多，所以各种矛盾和问题势必暴露得更加集中。新建立的制度往往流于形式，出现严重的形式主义，主要表现在：一是不习惯制度，这是由我国几千年的封建思想决

227

定的；二是不相信制度，有些地方、有些单位乃至有些部门的领导干部对制度的作用敬谢不敏，而是更加强调人的作用，认为人的作用要大于制度的作用，在使用权力时，滥用职权，漠视制度，践踏制度，不按制度办事，执行制度失之于软，存在有法不依、执法不严、违法不究的现象，这样就导致了贪污受贿、挪用公款等腐败行为频发；三是不制定好制度，这是因为有些人自认为制度会对其权力的使用形成限制，会限制自己的行为，所以对于有利于自己的制度就制定，不利于自己利益的制度就放弃，这样就会导致我国的制度不能很好的建立和完善，没有好的制度约束，腐败行为就会不受控制。

4. 思想道德文化领域中的金钱拜物教和权力拜物教是现阶段腐败现象滋生的特殊原因

金钱拜物教（亦称拜金主义）是一种迷信金钱万能，把追求金钱视为人生第一要义的思想和行为。权力拜物教是一种把权力当作神明一样顶礼膜拜的思想和行为，它本质上是封建社会的产物。前者认为钱能通神，甚至把金钱看成是权力的象征；后者认为权能通神，甚至把权力看成是"一般等价物"。当二者相互结合共同作用于公共领域中的规范，并共同渗透于公共伦理精神时，便诱发了诸如以权换钱、以钱买权的权钱交易等腐败现象。

对于我国现阶段腐败现象滋生蔓延的原因，一般认为，我国有几千年封建社会的历史，封建主义残余影响在党内和社会生活中至今仍然存在；在实行对外开放的条件下，西方资本主义的腐朽思想和生活方式乘隙而入，侵蚀了一些党员干部的思想；我国正处在由计划经济体制向社会主义市场经济体制转变的过程中，由于制度和机制的不健全、不完善，管理和监督工作中存在一些漏洞和薄弱环节，客观上给腐败现象的滋生蔓延留下了可乘之机；有些地方和单位对党员干部的思想政治工作抓得不紧，拜金主义、享乐主义和极端个人主义在一部分党员干部中滋长。这些都是我国现阶段腐败现象滋生的特殊原因。

二、全面深化改革时期的腐败现象

美国政治学家阿诺德·J·海登海姆在《对腐败性质的分析》一文中将腐败界定为三种，一是以公共职位为中心的腐败，二是以市场为中心的腐败，三是以公共利益为中心的腐败。海登海姆概述的这三种对于腐败的认识，为人们认识腐败的特征提供了多种可以进行比较的角度。事实上，我们通过观察可以发现，所有的腐败行为都是具有第一和第三种腐败的特征，即以公职为中心，以公共利益为损害对象。当然需要指出的是，这里的公共利益可能是直接的公共利益也有可能是间接的公共利益，比如对于公共形象、公定力、公信力等的损害。而是否是以市场为中心，则是区别腐败性质的一个重要指标。在反腐败实践中，习近平总书记在十八届中央纪委五次全会上的讲话中指出："减少腐败存量、遏制腐败增量、重构政治生态的工作艰巨繁重。"还阐明了官方的具体政策主张，即减少存量、遏制增量，由此有学者使用"腐败增量"和"腐败存量"动态地进行腐败问题研究。

对于腐败的认识可以从多个角度进行比较分析，基于对腐败本质的认识，可以将腐败划分为本源性腐败和非本源性腐败。本源性腐败（或者内因性腐败）指的是基于制度的安排而导致的权力异化而产生的腐败。非本源性腐败指的是并非基于制度安排使得权力异化而导致的腐败现象，比如公务人员的道德堕落而产生的腐败等。

根据腐败行为的结果指向可以把腐败行为划分为权利损害型腐败行为和权力损害型腐败行为。前者指的是腐败行为的直接损害对象是公民的权利，比如，滥用职权对于公民进行打击报复等行为；而后者指的是腐败行为的直接损害对象是国家的公权力，比如大量的交易性腐败行为就属于此类行为。

根据腐败行为的产生方式，可以分为"交易型"的腐败行为和"非交易型"的腐败行为，这一类对于腐败行为的划分是最为常见的一种划分方式。交易型的腐败行为是指政府官员把手中的权力与别人的东西进行了交换，主要包括权权交易行为、权钱交易行为、权色交易行为、权情交易行为、权势交易行为。这里面又可以分为政治型的交易行为和经济型的交易行为。政治型的交易行为包括权权交易行为、权势交易行为、权情交易行为等；而经济型的交易行为主要包括权钱交易行为，当然也不排除以政治型的交易行为实现经济型的交易行为，这是间接的交易行为。经济型的交易行为根据其交易的规模可以分为一般性质的交易行为和市场化的交易行为。一般性质的交易行为主要指的是这些权钱交易行为尽管客观存在，但是在整个行业或者整个社会还是零散的、非普遍性现象。市场化的交易行为指的是这样的交易行为成为一种普遍性的现象。

根据以上分类，我国的腐败现象存在社会的各个领域，对我国社会经济发展产生了严重影响的类型主要包括：

1. 权钱交易。权钱交易是我国腐败最常用的表现形式，其通常一方是掌握有一定权力的人，另一方则是想通过对方手中的权力为自己谋取利益的人，行贿方为了得到更大的利益愿意送钱给权力所有者，而受贿方为了钱则愿意出售手中的权力，虽然表面是看来这是"一个愿打一个愿挨"双方自愿的事情，但是由于权力所有者所拥有的权力是人民群众赋予的行使公共管理职责，服务于人民的权力，是不能用来为个人谋取私利的，权钱交易表面上看是双赢的，但是实际上则损害了国家的利益、人民的利益，违背了为人民服务这一宗旨，是非法的。权钱交易主要通过以下几种方式来进行：超低价买房；少投资多分利；"借条"掩盖；权力期权化，使得腐败行为具有很大的隐蔽性；委托理财；合伙开办公司等。"买官卖官"的实质也是权钱交易。

2. 权色交易。权色交易也是我国官员腐败的主要形式之一，其主要是指行贿方为了谋取不当或者不法利益，向国家工作人员提供性服务以满足受贿方的欲望，从而换取受贿人以其职权实现行贿人谋取的利益和权力。权色交易主要有以下四个方面的特征：交易对象是性服务；行贿者的特殊性；隐蔽性，披着感情的外衣；多发性和持续性。近年来查处的腐败案件中，有90%以上的腐败官员有"养情妇"的现象，色情服务的消费数逐步增加，如铁道部原部长刘志军、山东省原副省长黄胜、湖北省"五毒书记"张二江等贪污腐败案件中，仅用于进行色情服务方面的数额就让人瞠目。因此，贪污受贿与"女色"之间形成了循环，这个循环的怪圈如果不能从根源处解决腐败问题，则会继续循环下去，损害党员干部，危害国家。

3. 权权交易。当今社会权权交易开始凸显，权权交易不是直接的经济利益交易，也不是直接的不正当的男女关系，而是进行的一种权力的交易，因此比权钱交易、权色交易更具有隐蔽性，这种交易主要是某个部门的官员利用自己手中的权力帮助或提拔与另一个部门的官员有关系的人，当在另一个部门与自己有关系的人需要帮助和提拔时，另一部门的领导者在其部门进行帮助的行为。权权交易一旦形成，整个社会就会板结化，下层的人员就很难向上层流动，"官二代""富二代"就此产生。权权交易表面上来看对社会没有危害，但实际上与权钱交易、权色交易相比，对社会的长远危害更大，如果权权交易不能得到有效的治理，则可能会导致政府无能。

随着社会的进步和经济的发展，腐败现象呈现多元化发展，党员干部腐败并不仅限于以上任意一种腐败形式，而是多种腐败形式并存。

三、新形势下腐败现象的主要特点

一般来说，腐败作为一种历史现象，具有利己性、损他性、隐蔽性、传染性、顽固性和可控性等共同特征。在我国，腐败现象既是一种历史现象，又是经济体制和社会经济结构双重转换时期的特有现象。党的十八大之后，党中央启动了一场持续的"高压反腐"行动。该行动首先将治理腐败的重点任务聚焦于惩治或治标上。在坚持问题导向的理念下，反腐败战略和政策的制定者将治标问题分解为腐败增量和存量两个子问题。此后，直到十九大以来，相关政策主张一直是"遏增量"和"减存量"。由此显现出以下主要特点：

1. 由于处于新旧体制转换时期，许多社会行为尚未通过法制形式得以严密规范，腐败现象具有某种易发性。我们现在面临的最大困难，就在于缺乏一整套既适应社会主义市场经济发展，又能有效防范和遏制腐败的严密可行的行为规范体系；而要建立和完善这套行为规范体系，客观上需要有一段较长时间的逐步积累的过程。在新旧体制转化时期腐败现象大量出现绝不是偶然的，而是同这一时期的经济、政治、社会特点相联系的一种特殊现象。也就是说，要在短时间内迅速解决确实也是比较困难的。如果国家社会经济结构和经济体制不能及时适应新的财富和权力关系而迅速调整，并用法律和制度确立起来，那就会为权钱交易等腐败活动的发生和蔓延造成契机。这种腐败现象由于是同社会变革相伴而生的，因此它的消长趋势在一定程度上有赖于社会经济结构和经济体制双重转换的客观进程。

2. 在改革时期，腐败活动往往借改革之名滋生蔓延，具有很大的迷惑性。各种以权谋私的人，正是利用人民群众拥护改革的心情，变换着各种手法，借改革之名，为个人或小团体谋取特殊利益。他们或者打着"转变政府职能"的旗号，或者以"发展第三产业"的名义，或者打出"改善干部福利待遇"的幌子，损人利己，损公肥私。可见，千方百计以改革之名行腐败之实，这是改革时期我国一定范围内腐败活动的一个重要特点和规律。由于（十八大前）一些党组织管党治党不严，失之于宽、松、软，腐败现象没有得到及时有效地遏制和治理，导致长期下来积累了大量腐败问题。可以说，党的十八大之前中国的腐败存量就已经达到了一个较高的水平。虽然十八大以来的反腐败工作已经有效减少很多腐败存量，但从总量上来说，中国的腐败程度仍然较高，腐败存量仍然较大，当前官员的腐败问题主要集中在矿产资源、土地出让、房地产开发、工程项目、惠民资金和专项经费管理6个方面，其中房地产领域的腐败问题最严重。2013年，中央在21个省进行了第一轮巡视工作，有20个省涉及了房地产腐败，占巡视省份的95%；2014年，中央对34个地区、单位进行了巡视工作，有19名省部级官员因房落马。房地产领域的腐败主要表现在官员权力商品化、开发商被动行贿、官商勾结成利益联盟3个方面。拥有多套房产成为"小官巨贪"的突出标志，如秦皇岛市北戴河供水总公司原总经理马超群就有68套房产，级别较低的村支书也拥有十几套房产，甚至是村干部和其他领域的"小官"的腐败行为也与房地产脱不了关系，这就说明不管是"大官"还是"小官"的腐败行为都与房地产有关，房地产领域的腐败问题跟其他领域相比更为严重，需要加大反腐力度，集中惩治房地产领域的腐败行为。

3. 腐败活动往往选择经济领域中供需矛盾突出的环节作为其钻营舞弊的场所，带有一定的聚集性。由于我国生产力总体水平比较低，社会所能提供的资源及服务，还不能完全满足全社会日益增长的消费需求。如果主管部门在管理上没有严密的监督和制约机制，如果主管人员在道德上失去应有的自我约束，权钱交易活动就不仅难免会产生，而且有可能会在一定范围内趋于频繁，成为腐败分子投机钻营的集中地带。全面深化改革时期，"苍蝇式腐败多发"，从高校、国企到党政机关各行各业都有。腐败现象呈现出点多、线长、面广、多发的特点，2013年以来，全国各地公开"村干部"违纪违法案件171起，其中涉案金额超过千万的案件有12起，涉案金额高达22亿元，从中央第一轮巡视工作开展以来，就发现一些地方乡村干部腐败问题凸显，"苍蝇式腐败"突出，超过被巡视地区的50%。近年来，高校由于权力集中，出现腐败问题，成为腐败现象的高发区，如北京、武汉、南京、大连、陕西和重庆等地的高校也频频出现腐败问题。国企腐败问题一直存在，但是十八大以后的国企腐败更加严峻，中央纪委网站数据显示，十八大至2014年9月底的所查处的案件中有79例为国企高管腐败案例，平均每个月有4.6起，且国企腐败官员位高权重，6起腐败案件涉及副部级以上官员，主要涉及基础设施领域和经济命脉产业。腐败涉及单位范围广使得我国的反腐败工作难度加大，为了更好地进行反腐斗争，需要针对各个行业的腐败行为建立专门的监察小组，加强我国反腐工作的针对性，力往一处使，争取更加全面地解决各行各业的腐败行为。

4. 腐败现象滋生蔓延的领域及表现形式，会随着客观情况的发展变化而不断转换和变化，具有多变性。当在某一方面或环节上强化反腐败力度时，腐败活动会暂时收敛，而将其重心迅速向其他相对薄弱的方面或环节转移；当某一方面或环节的反腐败力度出现弱化，一度收敛的腐败活动又会反弹过来，肆虐成风。经营方式的变化、生活方式的变化、技术手段的变化等，也会影响腐败活动的方式和手段的变化。中央实行八项规定精神以来，腐败现象依然严峻，产生腐败行为的官员级别从下到上依次包括乡科级、县处级、地厅级、省部级和副国级。中央纪律监察部网站的数据显示，从中央八项规定实施以来，截止到 2015 年 3 月，共查处乡科级官员 103 902 人，县处级官员 4774 人，地厅级官员 367 人，省部级官员 63 人，副国级官员 3 人。从这些大案要案看，各级"一把手"所占的比重较高，"一把手"违纪违法案件不仅数量多，危害大，而且呈上升趋势，这些"一把手"利用手中的权力涉租寻租谋取私利，或者利用职务之便侵占国有资产，或在干部选拔任用中受贿卖官，在《中国创新报告 2014——国家治理现代化元年》中指出，从 2000 年到 2014 年 3 月底公布的 367 名厅局级以上官员腐败案例中，担任"一把手"职务的有 219 名，占总人数的 60%，这些数据显示"一把手"腐败问题成为我国的反腐难题，需要我国加大力度对其进行斗争。

总之，研究和探讨新形势下腐败现象的成因及其特点，有助于了解改革开放和发展社会主义市场经济条件下腐败活动的消长规律，以便为科学地指导反腐败斗争提供正确决策，为改革开放和社会主义市场经济的健康发展提供可靠的政治保证。

四、反腐败斗争的性质

如何认识我国社会主义条件下反腐败斗争的性质，这不仅仅是一个理论问题，而且是一个关系我们对这场斗争采取什么样的态度、方针和政策的重大实践问题。我国社会主义条件下的反腐败斗争，实质上是一场严肃的政治斗争。如果用马克思主义观点看问题，当前中国发生的这场"反腐"斗争，就是一场无产阶级反对资产阶级攫取社会主义国家全民财富的斗争，就是一场无产阶级反对资产阶级复辟资本主义的你死我活的阶级斗争。习近平总书记一上任就指出，"科学社会主义基本原则不能丢，丢了就不是社会主义"。

又说："马克思主义政治立场，首先就是阶级立场，进行阶级分析"。丢了马克思主义和毛泽东思想，我们的事业就必然迷失方向，必然会遭到失败。离开阶级与阶级分析法，就不可能有科学正确的对社会现象的分析。这一性质是由 2 个相互联系的基本因素所决定的：一是由执政党的性质、宗旨和社会主义本质决定的，二是由腐败的实质决定的。腐败现象是同我们党及其领导的人民政权的性质相对立的，是同全体人民的根本利益相对立的。因此，社会主义条件下的反腐败斗争，是一场严肃的政治斗争，直接关系党的执政地位的巩固，关系社会主义政权的巩固，关系现代化大业的成败。

正确认识我国社会主义条件下反腐败斗争的性质，关键是如何看待我们党同腐败分子之间的矛盾，而党同极少数腐败分子的矛盾，是对抗性的矛盾。这是因为，腐败行为是同党的性质和党的宗旨根本对立的，腐败分子是有着严重腐败行为、对党的事业造成严重恶果的蜕化变质分子。它同党的对立，不是一般的思想认识上是与非的对立，更不是在党的根本利益一致的基础上思想方法和工作方法上的矛盾，而是党员个人同党的性质和党的宗旨的根本对立。

在 2005 年年初颁布的《建立健全教育、制度、监督并重的惩治和预防腐败体系实施纲要》（以下简称《惩防体系实施纲要》）中首度提出了一个"面向全党全社会"的廉政或廉洁教育战略计划，即"廉政文化建设"计划。遗憾的是，十八大之后，随着党的纪检体制和国家监察制度改革，预防机构实际上被取消。另外，全员教育战略一直不落实。各级纪委的宣教室（十八大之后调整为宣传部）主要是在做本部门的工作宣传，而不是面向全员的廉政或廉洁教育工作。迄今为止，官方组织的廉政教育，除了警示教育之外，基本上就是思想政治教育和理想信念教育。真正的廉政教育或廉洁教育是缺位的。一位共产党的高级领导干部，一名原本有革命理想的共产党人，在社会主义社会的条件下，怎么会堕落成为一名腐败分子的呢？归根到底，因为受剥削阶级思想的腐蚀，放弃了对资产阶级世界观的改造，抛弃了崇高的革命理想，被逐步地"和平演变"——听任私欲膨胀、滥用权力、谋取私利，最后滑向违法犯罪的深渊。既然"反腐"斗争是一场政治斗争，这场斗争必然会具有阶级斗争的特性——尖锐性与复杂性的属性，这是剥削阶级垂死前的必然挣扎与反抗。因此，斗争绝不会是一帆风顺的。随着"反腐"斗争的不断深入，"腐败"与"反腐败"的斗争也将越来越剧烈。习近平总书记最近在一次讲话中，对反腐败形势有一个新提法，就是腐败和反腐败两军对垒，呈"胶着状态"。"与腐败作斗争，个人生死，个人毁誉，无所谓。既然党和国家的前途命运交给了我们，就要担当起这个责任。"王岐山也指出，反腐败形势"依然严峻复杂"。如何对待"反腐"问题，"这是一个立场问题、态度问题、站队问题、定力问题，也反映了背后是对党、对中国特色社会主义道路的决心问题。"习近平总书记与王岐山的讲话，充分说明"反腐"斗争的尖锐性与复杂性。反腐败，原本就是党纪国法所明文规定了的东西。发现腐败分子，不就是出现"过街老鼠"，必然是人人喊打的吗？有腐必反，这场斗争关系到中国共产党的生死存亡，关系到中国的社会主义事业成败，关系到中华民族能否实现伟大复兴的中国梦！

第三节　中国共产党反腐倡廉理论的发展历程

一、革命、建设时期和改革开放初期党关于反腐倡廉的基本思想

革命战争时期，以理论联系实际、密切联系群众、批评与自我批评"三大作风"为主要内容的党的优良作风和以"三大纪律八项注意"为主要内容的党的纪律，是党的反腐倡廉理论的重要内容。新中国成立后，我们党把廉洁从政作为党的建设特别是党的作风建设的重要内容。以毛泽东为核心的第一代中央领导集体提出了全党要警惕敌人糖衣炮弹的攻击，务必保持谦虚、谨慎、不骄、不躁的作风，务必保持艰苦奋斗的作风等论述，这些论述丰富了党的反腐倡廉理论。

改革开放以来，以邓小平为核心的第二代中央领导集体作出了"执政党的党风问题是有关党的生死存亡的问题"这一重要论断，提出和阐明了关于党风廉政建设和反腐败的一系列重要思想，主要是：紧紧围绕经济建设这个中心，把反腐败贯穿于改革开放的全过程；坚持"两手抓，两手都要硬"的方针，一手抓改革开放，一手抓惩治腐败；反腐败要靠制度、靠法制，搞法制靠得住些，制度问题更带有根本性、全局性、稳定性和长期性；反腐败必须依靠和发动群众，但不能搞运动；为了促进社会风气的好转，首先必须搞好党风，要从党内抓起，从高级干部抓起，从具体事件抓起；要加强思想教育，保持艰苦奋斗的传统，坚持这个传统，才能抗住腐败现象；党要接受监

督，要有专门机构铁面无私的监督检查；严格维护党的纪律，对违纪违法案件不管牵涉到谁，都要按照党纪国法查处等。这些重要思想回答了在新的历史条件下我们党开展反腐败斗争的基本问题，是邓小平理论的重要组成部分。

十三届四中全会以来，以江泽民为核心的第三代中央领导集体，从新时期如何全面加强和改进党的建设的政治高度，对社会主义市场经济条件下的党风廉政建设和反腐败问题进行了深入思考，确立了反腐败斗争的指导思想、基本原则、工作格局和领导体制，全面科学地分析了我国现阶段腐败现象滋生蔓延的原因，作出了反腐败斗争具有长期性、艰巨性和复杂性的正确论断；制定了标本兼治、综合治理的方针，明确了教育是基础，法制是保证，监督是关键，通过深化改革，不断铲除腐败现象滋生蔓延的土壤这一预防和治理腐败的基本思路。强调反腐败是全党的大事，必须坚持全党抓；要认真落实党风廉政建设责任制，严格实行责任追究，强化领导干部反腐败的政治责任；要依靠发展民主、健全法制来预防和治理腐败，逐步实现反腐倡廉工作的法制化；要坚持依法治国和以德治国，筑牢思想道德和党纪国法两道防线；要加大监督力度，建立有效的监督管理制度和机制；加强党风廉政建设，关键是各级领导干部特别是高级干部要以身作则等。这些重要思想有力地指导了党风廉政建设和反腐败斗争的深入开展，是"三个代表"重要思想的重要组成部分。

党的十六大以来，我们党提出全面落实科学发展观、构建社会主义和谐社会等重大战略思想，开辟了马克思主义中国化的新境界。面对深刻变化的国内外形势以及党的建设出现的新情况，在科学判断形势、深刻总结经验、准确把握规律的基础上，胡锦涛提出了党在改革开放、完善社会主义市场经济体制和长期执政条件下继续推进反腐倡廉的一系列重要思想，强调坚决惩治腐败是我们党执政能力的重要体现，有效预防腐败更是我们党执政能力的重要标志，确立标本兼治、综合治理、惩防并举、注重预防的方针，颁布惩治和预防腐败体系实施纲要，提出拓展从源头上防治腐败的工作领域，标志着我国反腐倡廉工作进入了新的发展阶段。

（一）关于反腐倡廉工作的战略地位

十六大以来，随着中国特色社会主义事业不断发展、党的建设新的伟大工程全面推进，反腐倡廉工作的战略地位更加重要。十六届四中全会《中共中央关于加强党的执政能力建设的决定》指出，"要把党风廉政建设和反腐败斗争作为提高党的执政能力、巩固党的执政地位的一项重大政治任务抓紧抓实"。十六届六中全会《中共中央关于构建社会主义和谐社会若干重大问题的决定》进一步指出，"反腐倡廉是加强党的执政能力建设和先进性建设的重大任务，也是维护社会公平正义和促进社会和谐的紧迫任务"。党的十七大强调，"坚决惩治和有效预防腐败，关系人心向背和党的生死存亡，是党必须始终抓好的重大政治任务"，要求"把反腐倡廉建设放在更加突出的位置，旗帜鲜明地反对腐败"。这些重要论断，表明了反腐倡廉工作地位和作用的不断发展。

（二）关于反腐倡廉工作的主要任务

十六大以前，领导干部廉洁自律、查办违纪违法案件、纠正部门和行业不正之风三项工作格局基本涵盖了当时反腐倡廉工作的主要内容。近几年，我们在反腐倡廉工作的主要任务方面有了更加深入的认识。各级纪委履行《党章》赋予的各项职责和任务，一方面，是要通过维护《党章》和其他党内法规，检查党的路线方针政策和决议的执行情况，维护党的团结统一，保证党的政治路线的贯彻执行。另一方面，是通过协助党的委员会加强党风建设和组织协调反腐败工作，纯洁党的组织和队伍，保证党的队伍坚强有力。胡锦涛指出，"党的纪律检查机关是担负维护党的纪律、实行党内监督重任的专门机关"，强调"《党章》是坚持从严治党方针的根本依据"，要求"通过学习贯彻《党章》推进党风廉政建设、进一步加大防治腐败的力度"。十六大以前的三项工作概括起来其实是两个方面，一是坚决惩处腐败分子，二是解决风气问题。这些都属于协助党委抓党风建设和反腐败斗争的范畴。现在我们强调全面履行《党章》赋予的职责和任务，加大维护《党章》和其他党内法规以及检查党的路线方针政策和决议执行情况的力度，体现了反腐倡廉主要任务的继承和发展。

（三）关于反腐倡廉制度建设

依靠制度惩治和预防腐败，是我党坚持依法执政、依法治国的必然要求，也是做好反腐倡廉工作的重要保证。党的十六大以来，党中央高度重视制度建设，强调要把实际情况摸清楚，把存在的问题研究透，努力使所制定的法规制度符合事物发展的客观规律，避免主观随意性，提高建章立制的质量和水平，注意抓好法规制度的系统配套，既制定好总体方案和长远规划，又设计好每一项具体的法规制度，使各项法规制度相互衔接、相互照应。制定法规制度要充分走群众路线，广泛听取方方面面的意见和建议，有些还要先行试点，在取得经验的基础上再加以推广。抓紧对现有法规制度进行梳理，已经过时的要停止执行，有明显缺陷的要抓紧修订完善，需要细化的要尽快制定实施细则，特别要根据时代发展和实践需要及时制定新的法规制度，实现制度建设的与时俱进。要在狠抓落实上下功夫，对反腐倡廉各项法规制度的行为，做到令行禁止、违者必究，努力使法规制度成为党员干部必须遵守的行为准则。

这些重要思想阐明了新时期反腐倡廉的一系列基本问题和重大原则，是科学发展观这一马克思主义中国化最新成果的重要组成部分，是对邓小平党风廉政建设理论和江泽民反腐倡廉重要思想的继承和发展，对于我们进一步做好反腐倡廉工作具有重要意义。

第四节　习近平关于开展反腐倡廉工作的新思想

我国社会正处于并将长期处于社会主义初级阶段。在改革发展的关键时期，经济体制深刻变革，社会结构深刻变动，利益格局深刻调整，思想观念深刻变化，面临的发展机遇前所未有，面对的挑战也前所未有。在经济体制深刻变革过程中，一些领域制度和体制机制还不完善，尤其是新形势下反腐倡廉要求的相适应法律法规体系还不健全。在社会结构深刻变动过程中，在教育、引导、促进、规范新兴组织发展、管理新兴行业人员等方面缺乏经验，少数党员领导干部容易利用职权和影响谋取私利。在利益格局深刻调整过程中，利益主体多元化，利益关系多样化，不少利益关系和矛盾交织在一起，容易诱发不规范、不正当竞争，引发行贿受贿等行为。在社会思想观念发生深刻变化过程中，不同思想观念碰撞、融合，受资产阶级腐朽思想文化的侵袭，一些党员干部诚信缺失、道德失范，拜金主义、享乐主义、极端个人主义滋长。面对这样的形势，党的十八大以来，习近平总书记站在一个新的历史方位和起点上，就深化改革反腐倡廉工作发表了一系列重要讲话，为新形势下的反腐倡廉工作提出了新的要求、指明了新的方向。

一、习近平关于开展反腐倡廉工作的思路

1. 反腐倡廉立场更加坚定鲜明

我国古代治国理政的经验和教训表明，廉洁兴邦，腐败丧权。历史一步步走到今天，为实现中华民族伟大复兴的中国梦，必须要充分准备进行具有许多新的历史特点的伟大斗争，其中反腐败就是这场斗争的重要组成部分。2012年11月17日，习近平总书记在中央政治局第一次集体学习时的讲话中就明确指出："反对腐败、建设廉洁政治，保持党的肌体健康，始终是我们党一贯坚持的鲜明政治立场。"这一论述，进一步表明了反对腐败、建设廉洁政治，这既不是空洞的口号，更不是虚无缥缈的幻想，而是要旗帜鲜明，坚定地站稳政治立场，"以猛药去疴、重典治乱的决心，以刮骨疗毒、壮士断腕的勇气"抓紧抓好，对于腐败分子，不管职位高低，发现一个就要坚决查处一个。真正做到毫不懈怠、毫不手软、毫不留情，以反腐倡廉的实际行动取信于民。

2. 反腐倡廉观点更加深刻理性

习近平总书记在推进反腐倡廉建设上，提出一系列新的观点，其中主要的有以下几点。

一是第一次提出"只要我们始终坚持党的性质和宗旨，不变色，不变质，就一定能够跳出这个历史周期率"的新命题。2013年4月19日，习近平在十八届中央政治局第五次集体学习时的讲话中指出："我们党是中国人民和中华民族的先锋队，我们党的宗旨是全心全意为人民服务。只要我们始终坚持党的性质和宗旨，不变色，不变质，就一定能够跳出这个历史周期率。"这一论述，充满着忧党忧国忧民的忧患意识，是习近平借鉴毛泽东在1945年"回答黄炎培提出中国共产党如何跳出中国历代王朝兴亡的历史周期率"的著名论断，是对中国共产党在新的历史条件下如何确保执政合法性和执政规律的进一步的深刻揭示。这就告诫我们，鉴于往事，有资于治道，要深刻认识腐败导致人亡政息的历史规律及其警示意义。

二是第一次提出"反腐倡廉必须坚持依法治国和以德治国相结合"的新命题。习近平指出，推进反腐倡廉建设，必须坚持依法治国和以德治国相结合。规范人们的行为，规范社会秩序，不仅要确立与之相适应的法律体系，而且要形成与之相适应的思想道德体系。这一论述，进一步提出了要用法治思维和法治精神反腐败，强调了反腐倡廉要坚持法治体系与德治体系建设相

结合的新理念，道德高尚是领导干部做到清正廉洁的基础。反腐倡廉是一个复杂的系统工程，需要多管齐下，从思想道德抓起更具有基础性作用，从加快"反腐败立法"更具有实质性。因此，从德治与法治结合上，对于加强和改进反腐倡廉更具有根本性和实质性意义。

三是第一次提出惩治腐败要"零容忍"的新命题。对腐败现象的"零容忍"，表明了反腐败没有"特区"、反腐败没有"禁区"。2014年1月7日，习近平在中央政法工作会议上针对反腐倡廉理论的创新发展的讲话中指出："做到对群众深恶痛绝的事零容忍、对群众急需急盼的事零懈怠。"后来，在十八届中央纪委三次全会上的讲话中又指出："反腐败高压态势必须继续保持，坚持以零容忍态度惩治腐败。""以零容忍态度惩治腐败"是新的反腐"动员令"，既是对我们党多年来反腐败斗争规律认识的深化和科学总结，更是我们党不可动摇的底线，也是我们党有力量的集中表现。

3. 反腐倡廉方法更加科学规范

巴甫洛夫说："科学是随着研究方法所获得的成就而前进的。研究方法每前进一步，我们就更提高一步，随之在我们面前也就开拓了一个充满着种种新鲜事物、更辽阔的远景。"十八大以来，习近平总书记在反腐倡廉建设上，提出了很多新的方法，其中主要的有以下几点：一是"经常抓、长期抓"的持久论。2013年1月22日，习近平在第十八届中央纪律检查委员会第二次全体会议上的讲话中指出，"反腐倡廉必须常抓不懈，拒腐防变必须警钟长鸣，关键就在'常''长'二字，一个是要经常抓，一个是要长期抓。"这一论述，揭示了腐败问题的自然属性，它是一个长期的社会历史现象，是一个执政党执政过程中不断面临的新考验、新课题，必须要有"经常抓、长期抓"的准备，只有抓住"常""长"二字不放松，我们党才能不断加强执政的主动权。

二是"老虎""苍蝇"一起打的同惩论。"老虎""苍蝇"一起打，极大地鼓舞了全党全国人民的信心。2013年1月22日，习近平在第十八届中央纪律检查委员会第二次全体会议上的讲话中指出："从严治党，惩治这一手决不能放松。要'老虎''苍蝇'一起打，既坚决查处领导干部违纪违法案件，又切实解决发生在群众身边的不正之风和腐败问题。"在一定意义上讲，"苍蝇""老虎"的性质是一样的。从数量讲，小案比大案多，而且事物是发展变化的，小案子不及时查处，会成为大案，"苍蝇"不打，会变成"老虎"。只有坚持"老虎""苍蝇"一起打，才能体现党"踏石留印、抓铁有痕"的态度，保持对腐败的高压态势，以反腐倡廉不断取得的新成效取信于民。

三是"权力关进制度笼子"的机制论。习近平多次强调："把权力关进制度的笼子里，形成不敢腐的惩戒机制、不能腐的防范机制、不易腐的保障机制。""把权力关进制度的笼子里，任何时候都不搞特权、不以权谋私。"这一论述，进一步彰显了要通过制度惩治权力腐败的决心和信心，使老百姓看到了希望。"不敢、不能、不易"的三不机制是目的，制度、机制是方法论。随着制度机制建设的体系化推进，各项制度之间的"无缝对接"，"把权力关进制度的笼子里，任何时候都不搞特权、不以权谋私"将会成为现实。

四是"特权思想、特权现象"的坚决反对论。新形势下的特权现象，严重损害了社会公平正义，引起群众极大不满。2013年1月22日，习近平在第十八届中央纪律检查委员会第二次全体会议上的讲话中指出："所有共产党员都不得谋求任何私利和特权""要采取得力措施，坚决反对和克服特权思想、特权现象。"我们要清醒地意识到，特权思想的存在，特权现象的肆虐，必然会使干部队伍发生腐化，必然会导致国家法律秩序的失衡和废弛，也必然会最终动摇党的执政基础和执政地位。习近平总书记的这一重要论断，是深刻总结反腐倡廉建设经验的科学结论，也指明了当前和今后反腐倡廉建设的基本方向。

二、扎实推进惩治和预防腐败体系建设

（一）坚持方针，构建体系，要坚持改革和创新的精神

解放思想，是党的思想路线的本质要求，是我们应对前进道路上各种新情况新问题、不断开创事业新局面的一大法宝。回顾党的奋斗历程，我们党在实践上的每一个重大发展，理论上的每一个重大突破，工作上的每一个重大进步，都是坚持解放思想的结果。贯彻落实反腐倡廉战略方针，建立健全惩治和预防腐败体系，同样需要继续解放思想，坚持改革和创新的精神。

1. 坚持与社会主义市场经济体制相适应。在社会主义条件下发展市场经济，是改革开放以来我国最重要的改革。反腐倡廉工作要自觉树立为社会主义市场经济体制服务的理念，了解和掌握社会主义市场经济的规律，认真研究建立社会主义市场经济体制以来反腐倡廉建设面临的新情况新问题，有针对性地提出不断加强反腐倡廉建设的新措施新办法，促进社会主义市场经济

体制不断完善。

2. 坚持与中国特色社会主义事业总体布局的发展相适应。既要通过惩治和预防腐败体系的建立健全，服务、保障和促进经济建设、政治建设、文化建设和社会建设，又要在开展经济建设、政治建设、文化建设和社会建设中，推动惩治和预防腐败体系的不断完善和发展。

3. 坚持围绕解决重点领域、重点环节的腐败问题来进行。当前工程建设、房地产、土地批租、金融、司法等领域和拥有行政审批权、行政执法权、司法权的部门腐败现象易发多发。惩治和预防腐败体系建设，必须紧紧抓住这些重点领域、重点环节的腐败问题来进行。要深入实际，调查研究，找出容易产生腐败现象的根源，制定推进惩治和预防腐败体系建设的具体方案。

4. 坚持与经济体制改革、政治体制改革等各方面改革步伐相协调。继续深化行政审批制度、财政管理制度、干部人事制度、司法体制和工作机制、金融体制、投资体制、国有资产监管等方面的改革。在深化各项改革中推进惩治和预防腐败体系建设，同时通过深入开展反腐败斗争保障各项改革健康发展和顺利进行。

（二）坚持方针，构建体系，要注意处理好"五个关系"

1. 惩治与预防的关系。坚决惩治腐败是我们党执政能力的重要体现，有效预防腐败更是我们党执政能力的重要标志，惩治和预防是反腐倡廉建设相辅相成、相互促进的两个方面。进行有效预防本身就要求实行严肃惩治，而实行严肃惩治本身又有利于进行有效预防。"更加注重治本，更加注重预防，更加注重制度建设"是以惩治腐败为前提和条件的，不能离开惩治去搞预防。在坚决惩治腐败的同时，要进一步加大预防腐败工作力度，通过深化改革、创新制度，努力从源头上预防和解决腐败问题。

2. 教育、制度、监督之间的关系。从实践上看，教育不扎实，制度不完善，监督不得力，仍然是腐败现象滋生蔓延的重要原因。教育、制度、监督三者相互依存，相互促进，缺一不可。反腐倡廉教育是基础性工作，反腐倡廉法规制度需要规范，权力运行的制约和监督需要权威，只有全面考虑教育、制度、监督之间的紧密关系，既在每个方面突出特点、反映工作性质，又注重三者相互配套，充分发挥教育、制度、监督三者的综合效应，使之统一于惩治和预防腐败体系之中。

3. 反腐倡廉建设与思想建设、组织建设、作风建设和制度建设的关系。

党的建设包括思想建设、组织建设、作风建设、制度建设和反腐倡廉建设。在"五个建设"中，反腐倡廉建设与其他"四个建设"是相辅相成的关系。反腐倡廉建设既是其他"四个建设"的基本内涵和重要内容，又对其他"四个建设"起着十分重要的保证作用。把反腐倡廉建设同其他"四个建设"有机结合起来，全党重视，狠抓落实，就能够抓好党的自身建设这个关键。

4. 认真履行党的纪律检查机关的职责和发挥好党委、政府及有关部门作用的关系。建立健全惩治和预防腐败体系，是全党的一件大事，必须全党共同努力，齐抓共管，形成整体合力。如果仅仅靠纪律检查机关去抓，是抓不了也抓不好的。各级党委（党组）要按照党风廉政建设责任制的要求，切实加强组织领导，主要领导要负总责。纪律检查机关要按照《党章》赋予的职责，在做好本职工作的同时，充分发挥组织协调作用，协助党委抓好各项工作。各职能部门要结合各自职能和业务特点，找准部门和行业党风政风方面存在问题的源头，有针对性地研究并提出预防和治理的措施。

5. 立足当前与着眼长远的关系。随着反腐倡廉工作的深入，极少数腐败分子作案的目标手段和形式出现新的变化。反调查意识和能力逐渐增强，这也增加了工作的难度。腐败期权化时间较长、时间跨度较大的特点造成查案难取证难。还有诸如在腐败案件的规模上，从个体腐败向群体性腐败的方向发展。作案的目标上，从生活资料的占有向资本积累的目标转移。违纪违法性质上，从过去单一违纪（犯罪）向多种违纪（犯罪）发展，并又是党纪、政纪、法纪交叉违反。所有这些都给办案工作增加了新的难度，建立健全惩治和预防腐败体系是一项系统工程，是一个动态的、发展的过程，是一项长期的历史任务。既要有战略思考，又要有具体要求；既要有长期性目标，又要有近期工作安排，分阶段有步骤地向前推进。

（三）坚持方针，构建体系，要拓展从源头上防治腐败的领域

与中国特色社会主义事业总体布局相适应，必须把反腐倡廉工作融入经济建设、政治建设、文化建设、社会建设和党的建设之中，拓展从源头上防治腐败工作领域。抓住正确行使权力这个关键，规范领导干部从政行为，加强对权力运行的制约和监督。抓住防止谋取非法利益这个重点，禁止领导干部违反规定插手市场交易活动，发挥市场配置资源的基础性作用。抓住思想道德教育这个基础，建设社会主义核心价值体系，加强面向全社会的廉政文化建设。抓住维护群众利益这个根本，解决人民群众最关心、最直接、最现

实的利益问题，建立健全利益协调、诉求表达、矛盾调处、权益保障的长效机制。

思考题

1. 我国现阶段腐败现象的主要原因和特点是什么？

2. 我党历史上廉政建设的思想资源有哪些？

3. 习近平关于现阶段开展反腐败斗争的对策、思路有哪些？

阅读文献

1. 中共中央纪律检查委员会、中共中央文献研究室：《习近平关于党风廉政建设和反腐败斗争论述摘编》，中国文献出版社、中国方正出版社 2019 年版。

2. ［美］魏德安著，蒋宗强译：《双重悖论》，中信出版社 2013 年版。

3. 本书编写组：《永远在路上：严于律己做人，清正廉洁做事》，人民日报出版社 2017 年版。

第十章

新中国反腐倡廉历史进程

教学目的和要求：

学习和掌握中国共产党反腐倡廉历史，既有利于理解党成立的历史，又利于明确作为领导国家建设的执政党，治国必先治党。中共成立之初就开始探索运用法规建设推进党的建设。改革开放以来，党内法规建设迅速发展，党内法规制度体系初步形成。明确中共十八大以来，党内法规建设深入创新发展，取得了突出成就。要治理好这样一个大党，必须依规治党，推动法治国家建设，最终实现依法治国的总目标。

教学要点：

1. 新中国反腐倡廉的历史阶段
2. 两个 30 年历史对比的经验教训
3. 十八大以来反腐倡廉的思想体系

党风廉政建设和反腐败斗争关系到党和国家的性质和面貌，关系到党和国家的生死存亡，一部中国共产党的历史就是一部反腐倡廉的历史。新中国成立以来反腐倡廉的历史进程，总体上可以分为三个阶段，即 1949 年到 1978 年和 1979 年到 2012 年，可以概括为前后"两个 30 年"。第一个 30 年既有显著成就，又有失误和曲折，第二个 30 年则逐步走上了一条具有中国特色的反腐倡廉道路。第三个阶段是党的十八大以来，以习近平同志为核心的党中央从理论上和实践上不断深化。三个阶段的反腐倡廉建设，随着执政地位、执政环境、执政理念的发展变化，既有历史的延续性和传承性，又各自具有明显的特色。

第一节 新中国成立后30年反腐倡廉历史进程

1949年中华人民共和国的成立，标志着我们党成为了全国范围的执政党。执政党的地位与和平建设环境，一方面为我们党提供了更好地为人民服务成党的执政使命的条件，另一方面也使得我们党面临脱离群众乃至腐化变质的危险。前30年反腐倡廉的主要特点是运动反腐，大体可划分为两个阶段：一是新中国成立之初到生产资料公有制的社会主义改造基本完成（1949—1956），主要是针对执政之后一些党员干部开始憧憬执政给个人带来的种种好处，经受不住权力、金钱、美色的考验滑向腐败的泥潭开展反腐败斗争；二是社会主义建设在探索中曲折发展时期以及十年"文化大革命"时期，主要是针对反修防修开展反腐败斗争（1957—1978）。打倒"四人帮"之后开始拨乱反正的几年里，主要是从恢复党的优良传统和作风入手推进反腐倡廉建设。

（一）新中国成立后30年反腐倡廉建设的具体措施为经受住执政的考验，保持无产阶级先锋队性质、践行全心全意为人民服务的宗旨，大力推进社会主义革命和建设事业，我们党采取的反腐败措施

1. 建立反腐败的专门机构

（1）成立党的纪律检查机关。1949年11月9日，中共中央作出《关于成立中央及各级党的纪律检查委员会的决定》，成立了由朱德任书记的中共中央纪律检查委员会，专司党的纪律检查工作。到1950年底，全国大部分县以上党委都建立了纪律检查委员会，各级纪委均建立了相应的办事机构。在党执政初期，纪委对于加强党的纪律，纯洁和巩固党的组织，保证党的路线和方针政策的正确执行，起了积极作用。1955年3月31日，党的全国代表会议通过了《中国共产党全国代表会议关于成立党的中央和地方监察委员会的决定》，将纪律检查委员会更改为监察委员会。同纪律检查委员会比，监察委员会有以下三个变化：一是机构成员增加，由1955年的7500人增加到1956年的14 000人；二是监察职能增加，有权检查和处理下级党组织和党员一切违法违纪案件；三是领导体制的变化，党的监察委员会在同级党委领导下进行工作，明确上下级监察机关的领导与被领导关系。

（2）成立国家检察机关和行政监察机关。在党的中央和地方各级机关设

立纪律监督和监察机构的同时，中央政府和地方各级政府也设立了人民监察机关，负责监督各级国家机关和公务人员是否履行职责，并检举违法失职人员。自 1949 年 10 月中央人民监察委员会成立至 1953 年 6 月，全国共建立 439 个人民检察机关，专职和兼职监察干部达 17 000 人。1954 年 9 月 15 日，中华人民共和国第一届全国人民代表大会第一次会议举行。根据大会通过的《中华人民共和国宪法》和相关法律规定，全国人大决定成立监察部。各级国家监察机关对不少弄虚作假、贪污盗窃以及其他违法乱纪事件和一些重大事故进行了检查和处理。

2. 开展声势浩大的反腐败运动

（1）开展"三反"运动。1951 年 12 月 1 日，党中央发出《关于实行精兵简政、增产节约、反对贪污、反对浪费和反对官僚主义的决定》，要求自上而下、自下而上相结合的方法，检查和清除贪污、浪费和官僚主义现象，由此拉开"三反"运动的序幕。

（2）开展"五反"运动和"新三反"运动。为了配合"三反"运动的深入开展，1952 年 1 月 26 日，中共中央发出了《关于在城市中限期开展大规模的坚决彻底的"五反"斗争的指示》，要求在全国一切城市向违法的资产阶级开展"五反"斗争，即反行贿、反偷税漏税、反盗窃国家财产、反偷工减料、反盗窃国家经济情报。1952 年全国性的"三反"运动刚刚结束，中共中央紧接着于 1953 年又发动了以反对官僚主义、反对命令主义、反对违法乱纪为主要内容的"新三反"运动。

（3）农村的"三反运动"和"四清"运动。1960 年 5 月 15 日，中共中央正式发出《关于在农村中开展"三反运动"的指示》。"三反运动"即反对贪污、反对官僚主义、反对铺张浪费。1962 年 9 月党的八届四中全会后，党中央决定在全国城乡开展一场普遍的社会主义教育活动。1963 年 2 月的中央工作会议上，决定在农村进行以"四清"（清理账目、清理仓库、清理财务、清理分工）为主要内容的社会主义教育运动；在城市开展"五反"（反对贪污盗窃、反对投机倒把、反对铺张浪费、反对分散主义、反对官僚主义）运动。1965 年 1 月，在毛泽东主持下，中央下发了《农村社会主义教育运动中目前提出的一些问题》即"二十三条"，正式规定城乡社会主义教育运动一律简称"四清"运动，即清政治、清经济、清组织、清思想运动。

3. 加强廉洁从政教育和领导干部廉洁自律

开展整风、整党运动。一是 1950 年下半年的整风运动，重点是解决各级干部的作风问题。1950 年 5 月，党中央发出《关于在全党全军开展整风运动的指示》，要求全党同志特别是领导干部，要克服骄傲自满的情绪、官僚主义和命令主义的作风，以及查处贪污腐化、政治堕落、违法乱纪等一些不良现象，改善党和群众的关系。这次党内的整风运动直到 1950 年底结束。二是 1951 年下半年到 1954 年春的整党运动，重点是解决包括贪污腐化在内的基层党组织存在的各种问题。1951 年 2 月，中央政治局扩大会议决定，从 1951 年下半年开始，用 3 年的时间，对党的基层组织进行一次普遍的整顿，对每一个党员进行一次党纲《党章》的教育和认真的审查。三是 1957 年的全党整风运动。1957 年 4 月 27 日，中共中央发出《关于整风运动的指示》，对整风运动的目的、要求、方针、方法作出了详细的阐述和明确的规定。党内的这次整风运动，党确实诚心诚意希望通过整风运动正确处理人民内部矛盾包括人民群众同领导者之间的矛盾，克服党内的不良倾向，加强党同人民群众的联系，但遗憾的是犯了扩大化的错误，没有达到整风运动的预期目标。

4. 倡导领导干部做廉洁奉公的模范

新中国成立初期，以毛泽东为代表的党中央领导人艰苦奋斗，廉洁奉公，为全党树立了光辉榜样。毛泽东、刘少奇、周恩来等党和国家领导人身先士卒，凡是要求全党干部做到的，他们首先做到。特别是在三年困难时期，他们坚持与人民群众共渡难关，在一段时间内不吃肉，降低工资标准和生活标准，减少日常食品供应。这对带动广大党员干部改进作风、推进反腐倡廉建设发挥了重要作用。

5. 高度重视廉政制度和法规建设

第一，惩治腐败的法规。1952 年 3 月 11 日政务院发布了《关于处理贪污、浪费及克服官僚主义错误的若干规定》，对个人、集体贪污浪费和官僚主义行为的处理作出了规定。1952 年 4 月 18 日，中央人民政府通过了《中华人民共和国惩治贪污条例》，对贪污罪的惩治作了明确规定。

第二，建立财经审计制度。1950 年 4 月，政务院财经委员会发出《关于禁止机关部队从事商业经营的批示》，政务院颁布了《关于实行国家机关现金管理的决定》。同时，新中国第一部审计条例《中华人民共和国暂行审计条例（草案）》出台，1951 年 12 月又颁布了《中央人民政府政务院为加强国家财政管理严格执行财政纪律令》，1952 年 8 月，党中央作出《关于财经部门增加专司政治工作的副职的决定》。1952 年政务院发布《统一管理机关生产的决定》。有了这些制度极大地方便了监督、审计等各项工作。

第三，干部管理和待遇制度。为了防止领导干部脱离群众搞特权，1953 年 10 月 15 日，中央人民政府、政务院作出《关于党政军群负责人视察、参观、休养、旅行时地方负责人不许接送、宴会和送礼的规定》。1959 年 2 月 7 日，中共中央发出《关于降低国家机关三级以上领导干部工资标准的决定》，1960 年 10 月 12 日，中共中央下达《关于整顿对负责干部的特需供应、禁止商品供应"走后门"的指示》。

第四，建立人民监督制度。1950 年 4 月，中共中央发出《关于在报纸刊物上开展批评与自我批评的决定》，倡导"在一切公开的场合，在人民群众中，特别在报纸刊物上展开对于我们工作中一切错误和缺点的批评与自我批评。"这一决定，把党和政府的各项工作置于广大人民群众的监督和批评之下，有利于促使党员干部廉洁从政。

（二）新中国成立后 30 年反腐倡廉的主要成效

20 世纪五六十年代，是中国共产党人廉洁从政的光荣岁月。江泽民指出："建国初期，我们党在扫除旧社会的污泥浊水、保持党和国家机关清正廉洁方面，取得了举世公认的成就。"那时，中国共产党取得的反腐倡廉成就，与世界反腐倡廉史上任何一个成功范例比起来，都毫不逊色。以毛泽东为代表的第一代中国共产党人为新中国的廉政建设打下了坚实的基础。

1. 提高了对反腐败斗争重要性与必要性的认识，防止重演"人亡政息"的历史悲剧

1949 年 3 月 5 日至 13 日，中国共产党在河北省平山县西柏坡村召开了七届二中全会。在这个历史转折关头，毛泽东向全会人员做了重要报告，并向全党发出警告："可能有这样一些共产党人，他们是不曾被拿枪的敌人征服过的，他们在这些敌人面前不愧英雄的称号；但是经不起人们用糖衣裹着的炮弹的攻击，他们在糖弹面前要打败仗。我们必须预防这种情况。"报告号召全党必须警惕党内的骄傲自满情绪，必须警惕资产阶级糖衣炮弹的进攻，必须继续保持谦虚、谨慎、不骄、不躁和艰苦奋斗的作风。毛泽东从对党和国家、人民利益极端负责任的高度上，及早提醒大家并谆谆叮嘱"赴京赶考""不学李自成""我们要考出一个好成绩"。党执政以后，以毛泽东为核心的第一代

中央领导集体高度重视廉政建设和反腐败斗争。毛泽东认为，腐败分子是"钻到我们队伍里面的坏分子，蜕化变质分子，这些人，骑在人民的头上拉屎拉尿，穷凶极恶，严重地违法乱纪"。在毛泽东看来，政治思想上的蜕化变质、经济上的贪污受贿、生活上的挥霍享受，均属腐败的范畴。腐败是剥削阶级思想在党内和政府内的反映，反腐败是"一场无产阶级和资产阶级之间的大战争"，关系执政党的前途和命运，"是全党一件大事"。邓小平在八大作修改《党章》的报告中指出，党必须经常注意进行反对主观主义、官僚主义和宗派主义的斗争，经常警戒脱离实际和脱离群众的危险。党除了应该加强对党员的思想教育之外，更重要的还在于从各个方面加强党的领导作用，并且从国家制度和党的制度上作出适当的规定，以便对于党的组织和党员实行严格的监督。

党的八大之后，毛泽东在 1956 年 11 月召开的八届二中全会上提出，一定要警惕，不要滋长官僚主义作风，不要在党内形成一个脱离人民群众的贵族阶层。刘少奇在八届二中全会上指出，为了防止国家的领导人员有可能成为一种特殊的阶层，特殊的"经济阶层"，除了注意在党内、在人民中间进行教育外，要加强人民群众对领导机关的监督，制定出一些群众监督的制度，使我们的领导机关和领导人员接近人民群众。1962 年召开的"七千人大会"在全面总结社会主义建设的经验的同时，对党的作风方面存在的问题进行了深刻分析。从"七千人大会"开始，党重视局部反思和纠正自己的错误，廉政建设在一定范围内得到了加强。

2. 严惩了腐败分子，教育了党员干部，净化了社会风气，开创了弊绝风清的局面

新中国成立后不久进行的"三反""五反"运动，是一场以反对党和国家机关工作人员的贪污受贿现象为突破口，解决惩治奸商、消除官僚主义、恢复党的优良传统、保证国家计划经济健康发展的持续时间较长的群众性反腐败运动。鉴于在增产节约运动中揭发出大量贪污浪费现象，1951 年 12 月 1 日，中共中央作出《关于实行精兵简政、增产节约、反对贪污、反对浪费和反对官僚主义的决定》，由此，"三反"运动便在全国展开。1952 年 1 月 26 日，中共中央发出《关于在城市中限期展开大规模的坚决彻底的"五反"斗争的指示》，要求在全国大中城市，向违法的资本家开展反对行贿、反对偷税漏税、反对盗窃国家财产、反对偷工减料和反对盗窃国家经济情报的斗争。2

月上旬，"五反"运动首先在各大城市展开。到 1952 年 10 月，"三反""五反"运动宣告结束。在"三反"运动中被判处有期徒刑的贪污犯 9942 人，判处无期徒刑的 67 人，判处死刑的 42 人。这场斗争惩处了大量贪污分子，纯洁了党和政府机关，奠定了 20 世纪 50 年代良好社会风气的基础。新中国成立之初腐败现象多发的局面得到有效控制，腐败现象大大减少，党风政风进一步端正，社会风气得到净化。

（三）新中国成立后 30 年反腐倡廉的基本经验

尽管在党的七届二中全会上，毛泽东向全党发出了防止"糖衣炮弹"和保持"两个务必"的告诫。但是全国解放后，由于经济建设面临的压力较大，党在一定程度上忽视了自身的建设，党内先后出现了一些新问题，如命令主义、官僚主义盛行，骄傲自满、恃功挟赏思想滋生，贪污腐化现象蔓延。毛泽东曾在一批示中指出，"各阶层人民相当普遍地不满意我们许多干部的强迫命令主义的恶劣作风。""全党应……进行一次大规模的整风运动，……克服工作中所犯的错误，克服以功臣自居的骄傲自满情绪，克服官僚主义和命令主义，改善党和人民的关系。"在毛泽东的指示下，全国解放后不久，先后开展了审查干部运动、整党运动、整风运动、批评与自我批评运动、"三反"运动，这些运动以惩治贪污腐败为切入点，对党的思想和作风进行全面整顿。

1. "搜寻大老虎，穷追务获，不要停留"

1951 年底，"三反"运动正式开始。毛泽东指示：必须"注意干部被资产阶级腐蚀发生严重贪污行为这一事实，注意发现、揭露和惩处，并须当作一场大斗争来处理"。"在每一部门、每一地区'三反'斗争激烈展开之后，就要将同志们的注意力引向搜寻'大老虎'，穷追务获，不要停留，不要松劲，不要满足于已得成绩。"为使运动有序推进，有章节可循，达到预期目标，中央先后颁布了一系列关于处理贪污浪费行为的文件。如《关于处理贪污浪费问题的若干规定》《中华人民共和国惩治贪污条例》。1952 年 2 月中央要求：在"三反"运动的基础上，开展整党活动，把整党与"三反"结合起来，加强了合格共产党员的教育，清理了党员队伍中的异己分子。这一期间对刘青山、张子善的惩处，教育和影响了几代共产党人。

2. "党要管党，一管党员，二管干部"

20 世纪 60 年代，国民经济建设遇到了许多困难，中央在总结经验教训时，提出要恢复和继承党的三大优良作风。1962 年 11 月，邓小平在接见组织工作会议和全国监察工作会议代表时提出："党要管党，一管党员，二管干部。对执政党来说，党要管党，最关键的是干部问题。" 1963 年 1 月，中央在对《组织工作会议纪要》的批示中写道："党不管党，党的路线和方针政策就不可能贯彻实现，党的组织就有蜕化变质的危险。……管理党员和管理干部，是党的建设中两项主要工作。其中，管好干部，对于党的建设，关系尤为重大。"

3. 主要领导依靠人民亲自抓，对腐败分子严加惩处

为把"三反"运动引向深入，毛泽东制定了"首长负责，亲自动手"的方针，进行层层发动，督促领导带头。毛泽东主张对投机分子和蜕化变质分子坚决清除，对犯罪的党员干部要加重惩处。任何腐败行为损害的都是人民群众的利益，反腐败的伟力之最浓厚的根源存在于民众之中。人民群众最痛恨腐败，也最积极和最有智慧反对腐败。毛泽东反腐倡廉思想和实践证明，群众路线是党反腐败斗争取得胜利的根本工作路线和政治优势。

4. 正确处理教育、惩治、监督三者的关系，围绕党的中心任务和其他各项工作反对腐败

教育是基础，惩治是重点，监督是保障，三者相得益彰。对于反腐败，毛泽东历来强调教育在先，对人不能"不教而诛"；对腐败分子的态度是严惩不贷，决不心慈手软、姑息养奸。重视监督，首先是党内监督，其次是群众监督，再次是民主党派监督，最后是新闻监督。毛泽东重视反腐败斗争，但从来没有把反腐败斗争置于高于一切的地位，而是强调反腐败斗争要与党的中心工作及其他各项工作的有机结合。

回顾总结新中国成立后 30 年反腐倡廉的历史经验，所采取的措施是有力的，所收到的成效是显著的，所获取的经验是宝贵的，但也有其历史局限性和一些教训。例如，在毛泽东反腐倡廉思想中，对腐败过于强调阶级的原因，而对经济的、体制的原因注意不够；反腐败要依靠群众，但运用"大民主"和"群众运动"的方式，产生了许多负面效果。这些教训启示我们：反腐败斗争，一是不能"运动化"，二是不能"扩大化"，三是不能"无序化"。以上教训值得后人牢牢记取。但是，对这些"不是和缺陷"要把它放在当时的历史条件下进行具体分析。

第二节　改革开放后30年反腐倡廉的历史

1978年党的十一届三中全会以后，邓小平号召全党"要搞好我们的党风、军风、民风，关键是要搞好党风"，掀开了廉政建设的新篇章。我国进入改革开放和社会主义现代化建设新时期以来，随着执政方位的历史性变化，我们党面临着执政的考验、改革开放的考验、市场经济的考验、外部环境的考验，几代领导集体从全党全国工作大局和人民群众的期望出发，不断深化对反腐倡廉建设重要性的认识，不断探索新时期反腐倡廉的特点与规律，不断加大党风廉政建设和反腐败斗争的力度，逐步形成了一套具有中国特色的反腐倡廉建设新理念、新思路、新模式。反腐败的斗争方式由改革开放前的"大搞群众运动、政治运动"向"依靠民主法制、制度建设"转变，改革开放时期反腐倡廉的主要特点是制度反腐。

（一）改革开放以来反腐倡廉的具体措施

1. 恢复和建立健全反腐倡廉专门机构

（1）重建党的纪律检查机关。在中国共产党执政的历史上，1978年12月举行的十一届三中全会具有划时代的意义。这次会议作出两项重大决策：一是在政治上，确定把全党工作的重点转移到以经济建设为中心上来，实行改革开放；二是在组织上重新组建中央纪律检查委员会，加强党内监督。恢复重建党的纪律检查委员会，是坚持从严治党、加强反腐败斗争的重大举措。

（2）组建审计机关和恢复监察机关。根据1982年《中华人民共和国宪法》第91条的有关规定，中华人民共和国审计署1983年9月15日正式成立。1986年12月，第六届全国人大常委会第十八次会议决定，恢复并确立国家行政监察体制，设立中华人民共和国监察部，随后全国县以上各级人民政府先后成立了监察机构，国家行政监察机构的建制得以恢复。

（3）成立检察机关的专门反腐败机构。1989年8月18日，广东省人民检察院反贪污贿赂工作局挂牌，全国其他省区市的反贪局也相继成立。

（4）中央纪委、监察部合署办公。根据中共中央、国务院决定，中央纪委、监察部从1993年1月1日开始合署办公，实行一套工作机构，履行党的纪律检查和行政监督两种职能的体制。

（5）建立专门的巡视机构。2002年11月，十六大作出了"改革和完善党的纪律检查体制，建立和完善巡视制度”的重大决策。2009 年 7 月，中共中央印发了《中国共产党巡视工作条例（试行）》。

（6）完善纪检监察派驻制度。2004 年 4 月，中央办公厅、国务院办公厅转发了《关于对派驻机构实行统一管理的实施意见》，将派驻机构由中央纪委、监察部和驻在部门双重领导改为由中央纪委、监察部直接领导。

（7）设立国家预防腐败局。2007 年 5 月 31 日，中共中央、国务院决定设立国家预防腐败局。

2. 完善反腐倡廉法律法规体系

（1）完善国家廉政立法。1979 年，国家颁布实施了《中华人民共和国刑法》（以下简称《刑法》），在第 5 章第 155 条中规定了贪污罪。1982 年 3 月，全国人大常委会通过了《关于严惩严重破坏经济的犯罪的决定》，是一部惩腐的专项法律。1988 年 1 月 21 日，全国人大常委会又通过了《关于惩治贪污罪贿赂罪的补充规定》，以单行刑法的形式对腐败犯罪加以规定。1997 修订《刑法》时，将此规定与最高人民检察院起草的《反贪污贿赂法》结合并编为刑法典的一章“贪污受贿罪”，这标志着反腐败刑事立法的成熟。随后，多次修订、制定了《刑法》《刑事诉讼法》《公务员法》《行政处罚法》等法律法规。1995 年全国人大常委会通过的《关于惩治违反公司法的犯罪的决定》，将公司或者其他企业的董事、监事、职工利用职务上的便利，索取或者收受贿赂，数额较大的行为规定为“商业受贿罪”。2006 年 2 月 28 日，全国人大常委会审议修订的《审计法》，正式写入了经济责任审计的内容，明确了经济责任审计的法律地位。针对经济责任审计文书不规范的问题，审计署制定了《中央企业领导人员经济责任审计〈审计报告〉格式及要求（试行）》。与《政府采购法》相配套、涉及政府采购操作和监管各个环节的采购公告和招标、协议供货、集中采购、专家管理等制度不断完善。2009 年 2 月 28 日，十一届全国人大常委会第七次会议通过了《中华人民共和国刑法修正案（七）》，确定一条腐败新罪名，即利用影响力受贿罪，并提高了巨额财产不明罪的法定最高刑。这标志着我国肃贪法律的完善化。

（2）完善党规党纪。党中央制定了一系列加强自身建设的条例和规定，如《关于高级干部生活待遇的若干规定》（1979）、《关于党内政治生活的若干准则》（1980）、《关于严禁党政机关和党政干部经商、办企业的决定》（1984）、《中国共产党党员领导干部廉洁从政若干准则（试行）》（1997）、《中华人民共和国行政监察法》（1997）、《关于实行党风廉政建设责任制的规定》（1998）、《中国共产党党内监督条例（试行）》（2003）、《中国共产党纪律处分条例》（2003）、《中国共产党党员权利保障条例》（2004）、《建立健全教育、制度、监督并重的惩治和预防腐败体系实施纲要》（2005）、《关于对党员领导干部进行诫勉谈话和函询的暂行办法》（2005）、加入《联合国反腐败公约》（2005）、《关于党员领导干部报告个人有关事项的规定》（2006）、《关于党员领导干部述职述廉的暂行规定》（2005）、《关于严格禁止利用职务上的便利谋取不正当利益的若干规定》（2007）、《行政机关公务员处分条例》（2007）、《建立健全惩治和预防腐败体系 2008-2012 年工作规划》（2008）、《中国共产党巡视工作条例（试行）》（2009）、《关于实行党政领导干部问责的暂行规定》（2009）、《国有企业领导人员廉洁从业若干规定》（2009）、《领导干部廉洁从政若干准则》（2010）、《关于对配偶子女均已移居国（境）外的国家工作人员加强管理的暂行规定》（2010），等等。此外，全国省（部）级以上机关还制定党内廉政方面的法规制度及其他规范性文件 3000 余件。

3. 保持查办腐败案件的强劲势头

坚决查办违纪违法案件，是我们党深入开展反腐败斗争的重要突破口，是惩治腐败最有效的手段，也是衡量反腐败是否取得成效的一个重要标志。改革开放以来，党中央以"党内决不允许腐败分子有藏身之地"的坚强决心查办腐败案件。各级纪检监察机关加强信访工作，拓宽举报渠道，重视网络反腐，注重挖掘案源，排查案件线索，始终保持查办案件的强劲势头。"改革开放反腐第一案"：曾担任广东省海丰县委书记的王仲，是改革开放后第一个因贪污腐败被枪毙的县委书记。

20 世纪 80 年代后，查处省部级高官的帷幕拉开，第一个被查处的是商业部长王磊。进入新世纪，一些高官被处以极刑。成克杰、胡长清、王怀忠、郑筱萸、段义和等如此多的高官被枪决，是世界上哪个国家都没有过的。改革开放以来，先后开展了多次规模较大的惩治腐败的专项斗争，包括 20 世纪 80 时代开展的打击经济领域中严重犯罪活动的斗争、集中打击贪污受贿等犯罪分子的斗争，20 世纪 90 年代后开展的以反走私和打击骗汇为重点的专项斗争，近些年开展的治理商业贿赂专项斗争等，为国家挽回了大量经济损失。2005 年 8 月至 2007 年 7 月，全国共查结商业贿赂案件 2.8 万件，涉案总金额 66 亿元。

4. 开展整党整风和多种专题教育活动，推进领导干部廉洁自律

1983 年 10 月十二届二中全会作出整党的决定。邓小平在会上发表了题为《党在组织战线和思想战线上的迫切任务》的讲话，强调加强党的建设，端正执政党的党风。这次整党从 1983 年冬季开始，分期分批进行，历时 3 年半，1987 年 5 月基本结束。从 1992 年以来，党内教育活动不断，先后开展了以《党章》、准则和党纪为主要内容的党规党纪教育，以"讲学习、讲政治、讲正气"为主要内容的党性党风党纪教育，邓小平理论和"三个代表"重要思想的学习教育活动和反腐倡廉的形势教育、警示教育，保持共产党员先进性教育活动，以坚定理想信念、树立正确权力观和遵纪守法为主要内容的反腐倡廉教育，社会主义荣辱观教育。从 2008 年下半年开始，又在全党声势浩大、扎实有效地开展了学习实践科学发展观活动。此外，在中纪委的组织安排下，每年都在全党开展反腐倡廉宣传教育活动，重点突出了反腐倡廉重要性与必要性的教育，突出了领导干部廉洁自律教育，突出了廉政文化建设。

5. 从深化改革和完善制度入手抓源头治理

通过深化改革，形成有效防范腐败的体制机制制度，加大从源头上治理腐败的力度，是加强党风廉政建设和反腐败工作的重要任务。十五大到十六大，开始标本兼治、综合治理，逐步加大从源头上治理腐败的工作力度。1998 年 7 月，党中央审时度势，作出军队、武警部队、政法机关不再从事经商活动的重大决策。此后，大力推进行政审批制度、财政制度、干部人事制度改革，推行工程招投标制度、商业用地招标拍卖挂牌出让制度、政府采购制度、产权交易制度，实行村务公开、厂务公开、政务公开。

十六大以后，更加注重预防，着重加强惩治和预防腐败体系建设。党的十六届四中全会提出"标本兼治、综合治理、惩防并举、注重预防"的方针，中央下发的《建立健全教育、制度、监督并重的惩治和预防腐败体系实施纲要》和《建立健全惩治和预防腐败体系 2008—2012 年工作规划》，强调标本兼治、综合治理、惩防并举，实质上是要构建预防腐败体系。其主要措施是，在推进行政审批制度改革、财政制度改革、干部人事制度改革的同时，大力推行金融体制、司法体制、行政管理体制、社会体制、现代企业制度以及领导职务消费等方面的制度政策，并不断完善建设工程招投标、商业用地招标拍卖挂牌出让、政府采购、产权交易等四项制度，大力实行党务公开、政务公开、厂务公开、村务公开和事业单位办事公开。同时，对领导干部经济责

任审计不断加强。2016 年，《中国共产党监督条例》终于应运而生。这是我党第一部自我约束自我监督的十分重要的党内监督法规，具有很强的突破意义和昭示作用。它看起来只是党风廉政法规制度建设的一小步，实际则是发展党内民主、强化党内监督的一大步。同时出台的《纪律处分条例》则对党员的知情权、参与权、选择权、监督权和对党员权利的保障措施等各项权利作了更加规范、完善的规定。

（二）改革开放以来反腐倡廉建设的主要成效

改革开放谱写了中华民族实现伟大复兴的历史新篇章，也使反腐倡廉建设取得了扎扎实实的成效。这些成绩不仅体现在清除了一批腐败分子和改进干部作风、加强效能建设等具体问题上，更为重要的是形成了一整套反腐倡廉的新理念，形成了与改革开放和社会主义现代化建设相适应的反腐倡廉的基本思路，为在新的历史起点上进行反腐倡廉建设提供了宝贵经验。

1. 极大丰富和发展了反腐倡廉建设的理论宝库

邓小平一直高度重视反腐败问题，立足于实现中国特色社会主义现代化和中华民族伟大复兴的历史任务，围绕提高党的领导水平和执政水平，增强拒腐防变能力和抵御风险能力这两大历史性课题，运用辩证唯物主义和历史唯物主义的立场、观点、方法，科学地揭示了在新的历史条件下为什么必须反腐倡廉和怎样反腐倡廉的问题，分析了党风廉政建设和反腐败斗争的地位、作用、特点和任务，阐明了党内腐败现象滋生蔓延的根源，指出了反腐败的方针、原则、途径和基本方法，他的反腐倡廉思想内容丰富，见解精辟，观点鲜明。其要点是：①执政党的党风和廉政问题，关系党和国家的生死存亡；②在整个改革开放过程中都要坚持反腐败，"两手抓，两手都要硬"；③反腐败不搞群众运动但必须紧紧依靠群众；④坚持不懈地纠正各种不正之风，坚决制止和取缔严重危害社会风气的腐败现象；⑤党风廉政建设和反腐败要以领导干部为重点；⑥反腐败要靠教育，更要靠法制；⑦坚持从严治党，严肃纪律，在法律和纪律面前人人平等；⑧坚持和发扬党的优良作风，保持艰苦奋斗的传统才能抗得住腐败；⑨党要接受监督，要加强党内监督，要有专门机构进行铁面无私的监督检查；⑩只有社会主义才能消除腐败，党和国家有能力逐步克服并最终消除腐败。

江泽民从保证改革开放和现代化建设顺利进行，不断密切党同人民群众血肉联系，巩固党的执政基础和执政地位，不断深入推进以发展着的马克思主义解决反腐倡廉进程中新的理论和实践问题，围绕在建立和完善社会主义市场经济体制进程中，党为什么必须坚决反腐倡廉以及怎样反腐倡廉这个主题，从理论上进行深刻阐述，形成了一系列新时期反腐倡廉重要思想，把反腐倡廉理论提高到一个新的水平。其要点是：①坚决反对和防止腐败，是全党一项重大的政治任务；②治国必先治党，治党务必从严；③充分认识反腐败斗争的紧迫性、长期性，既要持久作战，又要不断取得阶段成果；④进一步抓好领导干部廉洁自律、查处大案要案、纠正部门和行业不正之风的工作；⑤坚持标本兼治、综合治理的方针，逐步加大治本的力度，从源头上预防和解决腐败问题；⑥推进党的作风建设，艰苦奋斗，保持党同人民群众的血肉联系；⑦坚持和完善反腐败领导体制和工作机制，认真落实党风廉政建设责任制，形成预防和惩治腐败的合力。

十六大以来，党中央和胡锦涛对加强和改进党的建设提出了一系列新的更高要求，坚持反腐倡廉理论的发展与创新，提出了一系列重要思想和观点，有力地指导了反腐倡廉建设的实践。其要点是：①从中国特色社会主义事业兴衰成败、党的生死存亡和国家长治久安的战略高度，进一步认识做好反腐倡廉工作的重要性；②坚持标本兼治、综合治理、惩防并举、注重预防的方针，抓紧建立健全与社会主义市场经济体制相适应的惩治和预防腐败体系；③反腐倡廉要坚持改革创新、惩防并举、统筹推进、重在建设四项基本要求；④在反腐倡廉工作中注意把握和处理好若干重要关系（坚持加强思想道德建设与加强制度建设相结合，坚持严肃查办大案要案与切实解决群众切身利益的问题相结合，坚持廉政建设与勤政建设相结合，坚持加强对干部的监督与发挥干部主观能动性相结合）；⑤认真学习和贯彻《党章》，坚决防止和纠正违背科学发展观和影响构建社会主义和谐社会的错误行为；⑥把解决损害群众利益的突出问题作为党风政风建设的工作重点；⑦以保持党同人民群众的血肉联系为重点加强党的作风建设，党员领导干部要模范地实践以"八荣八耻"为主要内容的社会主义荣辱观，弘扬八个方面的良好风气；⑧采取切实有效措施，从源头上预防和解决腐败问题；⑨紧紧围绕加强党的执政能力建设这个主题，深入研究新形势下反腐倡廉的特点、规律和发展趋势，牢牢把握反腐倡廉工作的主动权。

2. 深化了对反腐倡廉建设指导思想和战略方针的认识

改革开放以来，随着中国特色社会主义事业进程的不断加快和反腐倡廉工作的不断深入，反腐倡廉的指导思想也在不断深化。在坚持以邓小平理论、"三个代表"重要思想统领反腐倡廉工作这个根本指导思想的前提下，党中央根据实践的发展，先后提出了"围绕发展这个执政兴国的第一要务开展反腐倡廉工作"；"各级纪律检查机关要树立以人为本、全面协调可持续的科学发展观"，"把服务于全面贯彻落实科学发展观作为纪检监察工作的重要指导思想"；"必须把维护和发展人民群众的根本利益作为党风廉政建设的出发点和落脚点"；"为全面建设小康社会、构建社会主义和谐社会提供有力保障"；"认真学习《党章》，自觉遵守《党章》，切实贯彻《党章》，坚决维护《党章》，努力促进党的执政能力建设和先进性建设"等反腐倡廉工作的重要指导思想。这些指导思想与时俱进，使反腐倡廉工作更加体现全局性、具有时代性。党的十六届三中全会通过的《中共中央关于完善社会主义市场经济体制若干问题的决定》，第一次正式提出了建立健全与社会主义市场经济体制相适应的教育、制度、监督并重的惩治和预防腐败体系的崭新命题。2005 年 1 月，中共中央颁布《建立健全教育、制度、监督并重的惩治和预防腐败体系实施纲要》，提出了建立健全惩治和预防腐败体系的指导思想、主要目标、工作原则和基本要求。党的十七大报告强调："坚持标本兼治、综合治理、惩防并举、注重预防的方针，扎实推进惩治和预防腐败体系建设，在坚决惩治腐败的同时，更加注重治本，更加注重预防，更加注重制度建设，拓展从源头上防治腐败工作领域。"2008 年 6 月，中央颁发了《建立健全惩治和预防腐败体系 2008—2012 年工作规划》，强调以改革统领预防腐败的各项工作，通过深化改革创新体制，从源头上预防和解决腐败问题，从而把惩防腐败体系的要求细化实化了。至此，我们党最终形成了系统的反腐倡廉建设的总体思路。这个总体思路的确立，是我们党反腐倡廉理论和工作思路的重大发展，标志着我们党对新的历史条件下反腐倡廉规律认识上的进一步深化，以及战略上的重大调整和方式上的根本转变。

3. 纯洁了党的组织和队伍，维护了党纪国法的严肃性，确保了中央政令的畅通

从 1983 年冬季开始分期分批进行的整党，历时 3 年半，到 1987 年 5 月基本结束。经过整党，总的说来，全党在思想、作风、组织、纪律四个方面，都有了进步，党内存在的思想、作风、组织上的严重不纯状况有了改变，同时也积累了正确处理党内矛盾和问题的重要经验。据统计，在 4000 多万党员

中，通过党员登记和组织处理，开除党籍的有 33 896 人，不予登记的有 90 069 人，缓期登记的有 145 454 人，受留党察看、撤销党内职务和向党外组织建议撤销党外职务、党内受严重警告、警告等党纪处分的共有 184 071 人。

从党的十一届三中全会以来，各级纪委历年都查处了一批大案要案，持续打击严重经济犯罪活动，坚决维护改革、发展、稳定的大局。特别是认真查处在招生、招工、提干、农村户口转为城镇户口、建房分房中以权谋私和用公款请客送礼、挥霍浪费、公费旅游、行贿受贿，以及失职渎职、商业贿赂、小金库等违法乱纪案件。改革开放以来的 30 年中，全国纪检机关共查处党内各类违纪案件 300 多万件，处分党员 350 多万人，有效地维护了党的纪律的严肃性和党组织的纯洁性。十六大以来，反腐倡廉的宣传教育始终与领导干部廉洁自律工作紧密结合，取得了较为明显的成效。领导干部廉洁从政准则和道德规范逐步完善。大多数领导干部自觉遵守民主生活会、述职述廉、廉政谈话、个人有关事项报告等制度，接受监督的意识增强。十六大至十七大的 5 年间，全国乡科级以上领导干部在不同范围内述职述廉 522.5 万人次，向组织报告个人有关事项 149.8 万人次，721 435 名领导干部在职务变动后及时申报了配偶、子女从业情况，并对违规问题进行了自查自纠。近些年来，各级纪检监察机关围绕贯彻落实科学发展观、完善社会主义市场经济体制、构建社会主义和谐社会等重大决策，全国有关部门加强对宏观调控、调整经济结构、转变发展方式、节约资源、保护环境以及地方各级党委换届等工作开展督促检查，坚决查处安全生产、环境保护、涉农食品安全等方面的案件，加强对抗灾救灾资金和物资拨付、使用情况的监督，确保中央应对金融危机、扩大内需、促进调整经济结构、转变发展方式的政策措施落到实处。

4. 创新了反腐倡廉建设的领导机制和工作机制

1996 年 1 月，中央纪委召开的六次全会明确确立了反腐败领导体制和工作机制。这一机制是："党委统一领导，党政齐抓共管，纪委组织协调，部门各负其责，依靠群众的支持和参与。"这种机制有两个鲜明特点：一是突出坚持党的领导；二是参与反腐败斗争的主体极为广泛，最大限度地把党、政、专职监督机构和人民群众的作用整合起来。根据这一机制，"各级纪委在党委的统一领导下，充分发挥组织协调作用，加强对查办大案要案的直接指挥和督促检查；在系统内部统一调配人员，保证足够力量，快速突破大案要案；纪委、法院、检察院、公安、监察、审计等部门之间在不打乱各自分工的前提下，加强协调配合，优势互补，综合运用多种手段。"与此同时，严格实行党风廉政建设责任制，按照"谁主管，谁负责"的原则，严格实行责任追究，强化了各级领导干部反腐败的政治责任。从 1998 年底至 2003 年 10 月底，因反腐倡廉工作失职或不力而被追究责任的干部共有 5.8 万余人，其中受到党纪政纪处分的 4.4 万余人，受到组织处理的 1.4 万余人。实践表明，反腐败领导体制和工作机制，是加强党的领导、发挥政治优势、形成反腐倡廉建设合力的有效机制，为反腐败斗争的顺利进行提供了有力的组织保证。

（三）改革开放以来反腐倡廉建设的基本经验

在改革开放和现代建设实践中，针对党内出现的新问题，为适应新时期的新情况，邓小平提出党的建设目标，就是要使党能够担负起领导社会主义建设和改革开放的重大历史重任。"党要管党，从严治党"，要从领导干部做起，要严肃党纪，坚决惩治腐败。

1. "执政党的党风问题是有关党的生死存亡的问题"

"文革"结束以后，中央虽然采取了许多措施狠抓党的作风建设，如重新设立中央纪律检查委员会，制定《关于党内政治生活的若干准则》，但十年内乱的负面影响一时难以肃清，党风尚未实现根本好转，一些基层组织软弱涣散，党内的个人主义、官僚主义、特权思想严重，以权谋私、贪污腐化、营私舞弊问题蔓延。针对这些问题，1980 年 11 月中纪委第一书记陈云首次提出了"执政党的党风问题是有关党的生死存亡的问题"的著名论断。提出社会主义建设必须"两手抓，两手都要硬"，而"抓社会主义精神文明建设，关键是搞好执政党的党风，提高共产党员的党性觉悟，坚定地保持共产主义的纯洁性"。随后十一届六中全会通过的《关于建国以来党的若干历史问题的决议》及党的十二大报告用了大量篇幅阐述党风建设的重要性。陈云的重要论断为以后的"八十年代整党"提供了思想和舆论准备。

2. "从严治党"

在上述大背景下，1983 年 10 月党的十二届二中全会决定用 3 年的时间在全党范围内开展整党活动，以"统一思想、整顿作风、加强纪律、纯洁组织"。由于整党与机构改革同步进行，故在实践过程中，整党活动是分批次进行的。从 1985 年冬开始，重点整顿县以下农村基层组织。11 月，中央发出《关于农村整党工作部署的通知》，提出"要从严治党，坚决反对那种讲面子不讲真理，讲人情不讲原则，讲派性不惜牺牲党性的腐朽作风"。"从严治党"

一词首次出现在中央文件之中，开启了新时期党建工作的历史起点。1987年10月党的十三大召开，大会报告指出，从严治党，既要加强教育，又要严肃执行党的纪律，对腐败分子必须采取坚决清除的方针。党的十三大之后，"从严治党"一词开始成为党建工作的高频用词，标志着从严治党已成为改革开放初期全党的呼声。

3. "治国必先治党，治党务必从严"

20世纪90年代，由于在经济建设过程中"一手硬，一手软"，少数党员干部的理想信念开始动摇，拜金主义思想滋生，不正之风和腐败问题开始蔓延，严重地败坏了党的形象，影响了改革开放的进程。党的十四大报告不仅提出党的建设要从新的实际出发，遵循党的基本路线，坚持党要管党和从严治党的原则，而且把"从严治党"写入《党章》修正案，推进了从严治党的制度化建设。党的十五大报告进一步阐述了从严治党的重要性，并强调"把从严治党的方针贯彻到党的建设的各项工作中去，坚决改变党内存在的纪律松弛和软弱涣散的现象"。2000年1月，江泽民在十五届中央纪委四次全会上强调，党的性质、核心地位、历史使命要求治国必先治党，治党务必从严。2002年他强调要提高党的领导水平和执政水平、提高拒腐防变和抵御风险能力，保持党与人民的血肉联系，首次把从严治党与党的两大历史性课题结合起来，进一步明确了新的历史条件下从严治党的目标和方向。

党的十六大以后，党中央提出了思想建设、组织建设、作风建设、制度建设和反腐倡廉建设"五位一体"的党建新布局，丰富和完善了管党治党的理论内涵。把从严治党的重点放在着力解决党的作风问题上，作出了"党要管党、从严治党"的任务比历史任何时期更为繁重、更为紧迫的形势判断，要求从党的生死存亡高度来认识从严治党的重要性，来加快解决党内存在的问题。

改革开放以来，我党以发展着的中国化马克思主义为指导，紧密结合实际，坚定不移地开展党风廉政建设和反腐败斗争，积累了丰富经验，逐步走出了一条中国特色反腐倡廉道路。

第一，必须坚持以中国特色社会主义理论体系为指导，保证党风廉政建设和反腐败斗争的正确方向。改革开放以来，我们高举中国特色社会主义伟大旗帜，认真学习和自觉运用中国特色社会主义理论体系关于反腐倡廉的一系列重要论述，不断探索符合我国现阶段基本国情的反腐倡廉新措施新办法，坚定不移地走中国特色反腐倡廉道路。

第二，必须坚持党要管党、从严治党，始终把党风廉政建设和反腐败斗争放在突出位置来抓。改革开放以来，我们党对腐败现象的极端危害性和危险性始终保持高度警觉，始终坚持党要管党、从严治党的方针，始终把反腐败作为一场严肃的政治斗争来抓，保持惩治腐败的强劲势头，坚决查处腐败案件。坚决惩治和有效预防腐败，关系人心向背和党的生死存亡，是党必须始终抓好的重大政治任务。

第三，必须坚持党的基本路线，始终把党风廉政建设和反腐败斗争置于党和国家工作大局中来开展。面对不断发展变化的国际国内形势，党风廉政建设和反腐败斗争始终保持健康平稳发展的良好态势，很重要的一条就是坚持在大局中谋划、在大局下推进，坚持和实践了服从服务于党和国家中心工作的根本要求。只有始终坚持围绕中心、服务大局，党风廉政建设和反腐败斗争才能找准突破口和切入点，增强工作针对性和实效性，为推动经济社会又好又快发展提供有力保证。

第四，必须坚持以人为本，切实维护人民群众的根本利益和党员干部的合法权益。始终坚持把实现好、维护好、发展好最广大人民的根本利益作为一切工作的出发点和落脚点，只有坚持以人为本，才能使纪检监察工作更好地维护人民群众的根本利益，才能更好地保护和激励广大党员干部干事创业的积极性。

第五，必须坚持标本兼治、综合治理、惩防并举、注重预防的方针。以完善惩治和预防腐败体系为重点加强反腐倡廉建设，更加注重治本，更加注重预防，更加注重制度建设，拓宽从源头上防治腐败工作领域。只有全面贯彻反腐倡廉战略方针，坚持解放思想，实事求是，与时俱进，以改革创新精神积极推进惩治和预防腐败体系建设，才能明晰思路，突出重点，抓住关键，增强反腐倡廉建设的整体性、协调性、系统性、实效性。

第六，必须坚持党的领导，建立和完善反腐败领导体制和工作机制。强化党对反腐倡廉工作领导，确立正确的反腐败指导思想、基本原则、领导体制；切实建立和落实党风廉政建设责任制，坚持和完善反腐败领导体制和工作机制，形成全党动手反腐败的良好局面；加强纪检监察干部队伍建设，加强检察、司法干部队伍建设，提高素质和工作水平，确保履行职责和使命。

第三节　十八大以来的反腐倡廉思想

习近平总书记紧紧围绕党的建设新的伟大工程，先后提出了一系列管党治党的新思想新观点新论断，深刻回答了如何应对党所面临的"四大考验"与"四大危险"的挑战，形成了以全面从严治党为主要特点的党的建设学说及其思想，进一步推动了21世纪党的建设新的伟大工程。在其全面从严治党思想中，反腐倡廉思想无疑独具特色、最受关注、影响最大。

一、反腐倡廉制度渐成体系

中国特色社会主义进入新时代以来，党中央根据形势发展需要，建立了一系列行之有效的反腐倡廉党内法规。一是制定和执行思想教育方面的反腐倡廉党内法规。习近平认为，有些领导干部之所以走向违纪违法、腐化堕落的深渊，从根本上讲是世界观、人生观这个"总开关"出了问题，丧失了拒腐防变的能力。改革开放以来，我们党高度重视廉政思想教育工作，把思想教育与制度建设融为一体，努力建立反腐倡廉宣传教育工作长效机制。一是强化思想教育学习制度，比如修订印发《中共中央关于进一步加强和改进党委（党组）中心组学习的意见》等文件。二是探索廉政文化制度建设。各地把廉政文化建设作为建设社会主义先进文化的重要内容。结合当地实际，积极探索廉政文化制度建设，搭建形式多样的廉政文化建设载体平台，寓教于文，以文化人，寓教于理，以理服人，形成了廉政思想教育的整体合力。三是出台专门的党内思想教育法规。修订和继续执行我们党的第一个系统规范领导干部反腐倡廉教育的指导性文件《中央纪委、中央组织部、中央宣传部关于加强领导干部反腐倡廉教育的意见》。四是以考核制度促思想教育。修订执行中组部制定的《关于加强对干部德的考核意见》，要求把德的考核结果运用到干部培养教育中去，根据干部德的状况，采取有针对性的措施，加强思想信念教育、忠诚教育、宗旨教育、纪律教育和道德情操教育。在政治教育纪律方面，我们党建立了比较系统的以《党章》为根本，以《关于新形势下党内政治生活的若干准则》为主干的政治纪律法规体系。在组织纪律方面，我们党在民主集中制原则的指导下对正确处理党组织与党组织、党组织与党员以及党员与党员之间关系，制定了一系列纪律法规。比如2015年出台《中国共产党党组工作条例（试行）》《推进领导干部能上能下若干规定（试行）》《中国共产党地方委员会工作条例》等等。在廉洁纪律方面，党的十八大后，2012年中央印发了《十八届中央政治局关于改进工作作风、密切联系群众的八项规定》及其实施细则，2015年中央将《中国共产党党员领导干部廉洁从政若干准则》修订为《中国共产党廉洁自律准则》。在强化监督方面，十八大后，中央颁布了《关于加强中央纪委派驻机构建设的意见》、《中央纪委派驻纪检组组长、副组长提名考察办法（试行）》和《省（自治区、直辖市）纪委书记、副书记提名考察办法（试行）》等3个提名考察办法，2015年出台了《中国共产党巡视工作条例》。

这些法规制度经过修订和实施，尤其是党的十八大以来，党中央开展了一系列监督执纪问责实践活动，为加强党内监督提供了制度依据和实现路径。

1. "八项规定"和"六项禁令"的贯彻执行

2012年12月4日，中共中央政治局审议通过了《十八届中央政治局关于改进工作作风、密切联系群众的八项规定》，后来又公布了《党风廉政建设"六项禁令"》。"八项规定"和"六项禁令"目的在于切实改进工作作风、密切联系群众；方式是抓"领导干部"，尤其是高级干部的作风建设，发挥领导干部的以身作则、率先垂范作用；落实途径首先从中央政治局做起，逐层向下推行，要求各地方各部门结合实际制定贯彻落实办法，狠抓落实抓出成效，纪检监察机关把监督执行本规定情况作为一项经常性工作来抓，目标是实现以优良党风凝聚党心民心、带动政风民风。从纪律角度来看，"八项规定"和"六项禁令"的内容既蕴含了党的优良传统，也充满纪律刚性约束，是党员干部不能触碰的"纪律红线"和"规矩底线"。据中央纪委通报的数据显示，自"八项规定"和"六项禁令"实施以来，截止2016年10月，全国已累计查处违反中央"八项规定"精神问题14.6万起，约19.7万名干部被处理，其中9.8万人受到党纪政纪处分。

2. 开展党的群众路线教育实践活动

党的群众路线教育实践活动，以贯彻落实中央"八项规定"为切入点，以"为民、务实、清廉"为教育主题，以"照镜子、正衣冠、洗洗澡、治治病"为总要求，坚持"正面教育为主、批评和自我批评、讲求实效、分类指导和领导带头"的基本原则，以"县处级以上领导机关、领导班子和领导干部"为重点教育对象，重点反对"形式主义、官僚主义、享乐主义、奢靡之风"等突出问题。2013年6月18日，第一批党的群众路线教育实践活动以问题整改开局亮相。活动主要在省部级领导机关和副省级城市机关及其直属单位、中管金融企业、中管企业、中管高等学校开展，共有274个中管单位和100多万个党组织、1700多万名党员参加。

3. 开展"三严三实"专题教育

2015年4月起，中央从培育党员理想信念入手，决定在县处级以上领导干部中开展"三严三实"（"既严以修身、严以用权、严以律己；又谋事要实、创业要实、做人要实"）专题教育。这项专题教育是对党员干部思想精神层面的一个经常性教育实践，"不分批次、不划阶段、不设环节"，通过集中学习、专题党课、专题研讨、查摆整改等形式，对改进作风建设再添把火、再加把力，引导激励党员干部加强党性修养，坚定理想信念，领悟共产党员的修身之本和为政之道。从"三严三实"落实进程来看，落实进程中思想建党与纪律治党紧密结合起来，突出"严"字当头，把党纪党规挺在前，用党纪衡量党员干部的行为规范，坚定理想信念，增强宗旨意识，强化责任担当，创造经得起实践、人民、历史检验的实绩。

4. "两学一做"学习教育

2016年2月，中共中央办公厅印发《关于在全体党员中开展"学党章党规、学系列讲话，做合格党员"学习教育方案》。此次学习教育接力党的群众路线教育活动和"三严三实"专题教育，仍突出问题导向，推动全面从严治党向基层延伸，进一步解决党员队伍在思想、组织、作风、纪律等方面存在的问题。它不是一次活动，而是坚持正面教育的经常性教育，把思想教育放在首位，抓住"关键少数"，抓实基层支部，突出日常教育，把"四个合格"党员标尺立起来，以党支部为基本单位，以"三会一课"等党的组织生活为基本形式，注重思想建党和纪律治党严在日常。坚持分类指导，针对领导机关、领导班子和党员干部、普通党员的不同情况作出安排。"学"是前提，"做"是关键和目的，通过学习和落实《党章》关于加强党员教育管理要求，以知促行，做到知行统一。

党的十八大以来，以习近平同志为核心的党中央，从党和国家的命运、民族前途和人民幸福的高度，强调了新时代从严治党的必要性和紧迫性，提出了"四个全面"战略布局，把从严治党摆在更加突显的战略地位，以严的作风、实的精神，把党的建设新的伟大工程推向了新的高度，开辟了马克思主义政党从严治党新境界，烙上了鲜明的时代印迹，党的建设实现了从"宽松软"向"严紧实"转变。

第一，作风建设永远在路上。习近平总书记先后就作风建设发表了一系列重要讲话。2014年3月，他在参加安徽代表团审议时，第一次指出"作风建设永远在路上"。同年10月，他在党的群众路线教育实践活动总结大会上指出，作风建设"永远没有休止符，必须抓常、抓细、抓长、持续努力、久久为功"。2018年3月又指出作风建设要"从各级领导干部做起，从一件件小事抓起，坚决防止不良风气反弹回潮，不断巩固和拓展落实中央八项规定精神成果"。党的十八大召开后不久，中央就把作风建设作为新时代从严治党的切入点，从"八项规定"入手，聚焦党内存在的"四风"问题，狠抓党的作风建设，以非凡的勇气着力祛除党内多年积弊，先后开展了"为民、务实、清廉"的群众路线教育实践活动、"三严三实"专题教育、"两学一做"学习教育，党风政风为之一新。

第二，抓住"关键少数"。习近平总书记认为，全面从严治党，关键是从严治吏，必须紧紧抓住领导干部这个"关键少数"，尤其是高级干部。他曾在不同场合对此进行强调，如"要突出领导干部这个关键，教育引导各级领导干部立正身、讲原则、守纪律、拒腐蚀，形成一级带一级、一级抓一级的示范效应，积极营造风清气正的从政环境"。"抓住'关键少数'，推动各级领导干部自觉担当领导责任和示范责任。"党的十八大以来，以习近平同志为核心的党中央，按照"好干部标准"严把选人用人关，建章立制、严明纪律、对各级领导干部严格要求，严格监督。充分发挥各级党员领导干部的以身作则、以上率下的示范作用，通过"关键少数"这个重点，引领和带动党风政风及社会风气的根本好转，推动了从严治党向纵深方向发展。

第三，思想建党和制度治党同向发力。思想建党和制度治党是我党从严治党的优良传统和重要经验。在总结党的建设经验基础上，结合时代特点，习近平总书记提出"思想建党和制度治党紧密结合"的党建思想。习近平总书记指出，"从严治党靠教育，也靠制度，二者一柔一刚，要同向发力、同时发力"。"要坚持思想建党和制度治党相统一，既要解决思想问题，也要解决制度问题，把坚定理想信念作为根本任务，把制度建设贯穿到党的各项建设之中。"思想建党和制度治党相结合，在本质上是自律与他律、内因与外因的结合，思想建党是全面从严治党的基础和前提；制度治党是解决党员干部行为规范、约束监督问题，是从严治党的根本保证。近年来，积极推进党的制度建设，织密制度的笼子，把权力关进制度的笼子里面，把纪律挺在前面。制定或修订了《关于新形势下党内政治生活的若干准则》《廉洁自律准则》《纪律处分条例》《党内监督条例》《巡视工作条例》等党内法规，健全了权力运行制约和监督体系，推动依规管党治党。

第四，坚持纪严于法、纪法分开，注重与国家法律相衔接。党员同时也是公民，党员的严重违纪行为可能已经构成违法犯罪，在党纪处分之后还要移送司法机关接受国家法律的制裁。若党纪与国法存在界限不清晰的地方，则有可能出现以党纪代替国法，有损党纪和国家法律威严。这一时期，中央为落实全面从严治党的总要求，坚持党纪严于国法，并在具体党规党法的制定上，通过中央党内法规联席会议酝酿协商，做到纪法分开并与国家法律相协调。以《纪律处分条例》为例，1997 年和 2003 年通过的《纪律处分条例》内容上存在纪法不分的问题，《纪律处分条例》的一些规定与国家法律重合。2015 年 10 月修订的《纪律处分条例》去除了与国家法律重合的部分，实现了纪法分开，体现了法治精神。然而，在党纪与国法的衔接上仍存在一些问题，如对既违纪又违法需要移送司法机关处理的，仍没有作出明确的程序和规范要求，存在对接制度的缺失。2018 年 8 月最新修订的《纪律处分条例》注重纪法衔接。如规定党员严重违纪涉嫌违法犯罪的，原则上先作出党纪处分，再移送有关国家机关依法处理，还规定了党的纪律检查机关、监察机关和司法机关对党员的违纪违法处理上的衔接协调。

二、反腐倡廉思想体系的成熟

习近平担任总书记以来，在反腐倡廉方面提出了一系列颇具特色又富有成效的措施。他强调指出如何有效抵制消极腐败现象侵蚀党的健康肌体，是我们党长期面对的重大课题，在长期执政的背景下，"消极腐败现象滋长蔓延的问题，会比以往任何时候都更加突出地表现出来"，因此，要坚持不懈地反对和防止腐败。

1. 打铁还需自身硬。习近平担任总书记以来，站在党中央的高度俯瞰全党，从全党的大局出发，对反腐倡廉进行全方位的深入思考。腐败是侵蚀党和国家肌体健康的毒瘤，与党的纯洁性和先进性水火不容。他明确指出："腐败是社会毒瘤。如果任凭腐败问题愈演愈烈，最终必然亡党亡国。"习近平在担任总书记后的首次中外记者见面会上明确指出，为实现"人民对美好生活的向往"这个奋斗目标，我们党就要下大力气解决人民群众反映比较强烈的各种消极腐败现象等突出问题，破解党内存在的许多亟待解决的各种风险和挑战。这既昭示了我们党的初心和使命，也是我们党向广大人民群众作出的庄严承诺，彰显了从严管党治党的坚强决心和坚定信念。这就要求全党上下必须警醒，唯有消除党内各种消极腐败现象，才能实现自我净化，赢得人民群众的支持、信赖和拥护，才能始终走在时代前列，成为中国人民的主心骨和坚强领导核心。习近平总书记在十九大报告中提出"打铁必须自身硬"，是对党的建设向高质量发展的新要求，凸显了从大党走向强党的坚强决心和政治自信，发出了新时代全面从严治党再出发的冲锋号。

2. 以人民利益为重。我们党的宗旨是全心全意为人民服务，习近平总书记提出了以人民为中心的执政理念，决定了反腐倡廉就要以人民利益为中心。一方面，要坚决维护人民群众利益，着力解决群众反映强烈的突出问题，有力惩治群众身边的腐败行为；另一方面，要发挥人民群众的主力军作用，依靠人民群众进行批评监督，厚植反腐败斗争的群众基础。面对反腐败斗争的复杂性、严峻性，以及反腐败遇到的阻力、风险和挑战，态度坚决地表示："人民把权力交给我们，我们就必须以身许党许国、报党报国，该做的事就要做，该得罪的人就得得罪。不得罪腐败分子，就必然会辜负党、得罪人民。是怕得罪成百上千的腐败分子，还是怕得罪十三亿人民？不得罪成百上千的腐败分子，就要得罪十三亿人民。这是一笔再明白不过的政治账、人心向背的账！"放过腐败分子就是"对人民的犯罪、对党不负责任！""千百人"和"十三亿"看似一道比较简单的政治账，二者的轻重分量不言自明，但真正完成让人民群众满意的答卷并非易事。唯有将人民群众的利益始终放在首位，才能从根本上与腐败分子水火不容，构建起清正廉明的政治生态。为了人民群众，这种高压强力反腐、零容忍的目的是赢得党心民心。"得罪千百人，不负十三亿"，凸显了习近平总书记反腐倡廉的决心，也是向全国人民作出的承诺，更是激励和鞭策，以此赢得党心民心的思想一脉相承而又与时俱进。

3. 制度反腐。反腐败是为了纯洁党的队伍、巩固党的执政根基，那么，如何建立起长效机制来确保人民群众的利益呢？这就要靠制度来提供保障，制度事关根本，关乎长远。制度建设是反腐败斗争的长远之策、根本之策。以习近平同志为核心的党中央对如何跳出中国历史上"其兴也勃焉，其亡也忽焉"的"政治周期率"有深入的思考。他指出党风廉政建设和反腐败斗争任务艰巨，唯有"坚定决心，有腐必反、有贪必肃，不断铲除腐败现象滋生蔓延的土壤"，才能"以实际成效取信于民"。不断完善制度体系建设，"最大限度减少体制缺陷和制度漏洞，通过深化改革不断铲除腐败现象滋生蔓延的土壤"。党的十八大以来，党中央先后修订修改 90 多部党内法规，管党治党的"螺栓"越拧越紧，制度治党成为全面从严治党的根本之举。在国内"打虎""拍蝇"的同时，在国际上加强与西方国家的反腐败合作，启动"天网行动"，进行"猎狐"，在全球发布百名"红色通缉令"，运用外交、金融等手段，将逃往海外的腐败分子引渡回国，绳之以法，阻断西方国家是腐败分子逃避惩罚的天堂和"最后一根救命稻草"。"不管腐败分子逃到哪里，都要缉拿归案、绳之以法。"

4. 反腐败斗争未有穷期。习近平总书记主政后，清醒地认识到我们党面临的严峻形势，党风廉政建设和反腐败斗争不可能一蹴而就、毕其功于一役，因此多次提出我们党要居安思危，保持"赶考"心态，党风廉政建设永远在路上，反腐败斗争未有穷期。反腐败是民心所向，惩治腐败是为了赢得党心民心，"我们党横下一条心来反腐败，绝非一时兴起，也不是和谁过不去，而是要承担起历史和人民赋予的责任"。否则就会失去执政的根基和血脉，丧失力量之源。"时代是出卷人，我们是答卷人，人民是阅卷人。"全国所有省、自治区、直辖市均有副省级以上干部落马，十八大到十九大 5 年期间查处 44 名省军级以上干部；十九大以来，又查处中管干部 80 余名。"党内从来没有'丹书铁券'，谁也当不成'铁帽子王'！这样的高压反腐，群众怎会不欢迎？这样的铁腕惩贪，百姓焉能不支持？"在"打虎不停歇"的同时，"拍蝇不手软"，查处厅局级、县处级、科级及以下干部 100 多万人，表明我们党对"小官巨贪"现象绝不手软。反腐败斗争激荡全党，腐败分子纷纷落马，而广大人民群众欢呼雀跃，叫好声此起彼伏。党风廉政建设和反腐败斗争成效显著，成为十八大以来"党和国家工作中最大的亮点、最深得人心的"事情，人民群众对反腐败工作成效的满意度"由 2012 年的 75.0% 增长至 2016 年的 92.9%"。我们要坚持问题导向，保持战略定力，反腐败斗争未有穷期、永远在路上。

5. 全面从严治党导向的反腐。十八大以来，党的反腐倡廉建设以全面从严治党导向的反腐为主。通过治理方式和覆盖主体的全面性体现了反腐败深刻彻底的特征，也彰显了以习近平同志为核心的党中央坚定不移惩治腐败的决心。在治理方式上，从思想教育、严明纪律、制度革新等方面统筹推进预防和惩治腐败体系的构建，增强了反腐倡廉建设的系统性和整体性。党中央立足于党的建设全局，坚持多管齐下、综合施策，从贯彻落实中央"八项规定"，到"打虎""拍蝇""猎狐"全面推进，通过严明纪律、加大惩处力度初步实现了不敢腐的目标；从开展党的群众路线教育实践活动到"不忘初心，牢记使命"主题教育活动，通过思想教育逐步构筑起不想腐的堤坝；从强化日常管理和监督到推进行政审批、完善监督问责等制度改革，建立了不能腐的机制。另一方面，在覆盖范围上实现了主体全覆盖。在全面从严治党的大背景下，以习近平同志为核心的党中央通过深化党和国家监督体制改革，实现了巡视监督与群众监督相结合，使得党政、高校、国企巡视全覆盖。同时，按照全面依法治国的要求，坚持在党纪国法面前无例外，从主要抓大要案转向全面清查违纪线索。

纵观十八大以来反腐倡廉思想脉络发展演变的历史进程，在继承党的反腐倡廉历史经验的基础上，经过多年的艰辛探索、深思熟虑和丰富实践，习近平反腐倡廉思想并非一时形成的，而是在长期从政实践中逐渐探索、积累、形成、发展、完善起来的，有其深厚的历史基础、长期的实践基础和丰富的现实基础，既是厚积薄发，又有历史必然性。他的反腐倡廉思想既有厚重的历史实践，又有鲜明的时代特色；既对党的廉政建设充满自信，又有对严峻形势的忧患意识；既有对廉政建设成功经验的继承和发展，又有他个人独特思考和不断创新。这充分表明习近平反腐倡廉思想已经形成一个较为完整的理论体系，也必然会将党的建设伟大工程推向新的历史高度。

思考题

1. 新中国反腐倡廉历史进程可以划分为几个阶段？为什么？
2. 改革开放以来我党反腐倡廉的措施有哪些？
3. 联系实际阐述改革开放以来我党反腐倡廉建设的基本经验。
4. 简述习近平反腐倡廉思想的基本内容。

阅读文献

1. 陈志强："新中国反腐倡廉历史进程的回顾"，载中央纪委研究室编：

《中国反腐倡廉建设理论文选》，中国方正出版社 2011 年版。

2. 习近平：《决胜全面建成小康社会 夺取新时代中国特色社会主义伟大胜利——在中国共产党第十九次全国代表大会上的报告》，载《人民日报》2017 年 10 月 28 日，第 1 版。

3. 霍贺："习近平反腐倡廉思想的历史考察"，载《华北水利水电大学学报（社会科学版）》2019 年第 6 期。

第十一章

违纪的构成及其纪律处分

教学目的和要求：

学习和掌握违纪的构成，把握纪律处分实质，很好地分析违纪的性质；违纪构成包括主体、客体、主观方面和客观方面等四个要件；正确的利用纪律处分这把利器，运用纪律处分手段管党治党有十分重要的价值和意义。

教学要点：

1. 违纪行为的性质
2. 违纪行为的构成要件
3. 违纪主体和主观方面
4. 违纪客体和客观方面

党的纪律是用以调整党内关系和特定社会关系的，既要正面引导，又要发挥纪律的利剑作用。纪律既是中国共产党进行自身建设、治国理政的重要举措，又是维护党员和党组织自身权利的依据，检查和处理党的组织与党员违反《党章》和党的纪律案件、决定和取消对党员的处分、受理党员的控告和申诉既是《党章》赋予纪检监察机关的重要职责，也是纪检监察机关经常性的主要工作。纪检监察学指向违反纪律行为及对其的惩治和防范，它是一门关于违纪行为认定与处理、违纪行为惩治与预防的学问，体现"纪法分开、纪在法前、纪严于法"的《纪律处分条例》的施行，使监督执纪问责常态化，能够使纪律真正成为管党治党的利器。

第一节　违纪行为的构成

一、违纪行为

1. 基本概念

违纪，即违反纪律，意指违犯了中国共产党纪律、违反了中国共产党党内有关规则等有约束力的行为，或是违反了有关章程。凡是其行为与中国共产党有关组织、团体、单位等对相关人员行为纪律要求相抵触的，都属于"违纪"。

违纪、违法、违规不同。违法与违规有交叉，违规和违纪有交叉。弄清这三者的概念，关键在于区别法、规、纪的外延。法分为"狭义上的法"和"广义上的法"。广义上的法指法律和行政法规、部门规章、地方性法规。狭义上的法仅指法律。事实上，法是具有国家权威的规范体系。规有规则、规范的意思。规的范围很广泛，也包括了广义和狭义的区分。广义的规，指除了法律之外的一切社会规则、规范，既可以是国家制定的强制性规则，也可以是一个民间团体制定的规范等。狭义的规，即法规，指除了法律之外的行政法规、部门规章、地方性法规。纪，则为纪律的意思，而纪律一般是存在于政党或者一般带有政治性的社会团体中的内部行为规则。现在泛指任何组织、社团的规章制度。因此，广义上的纪，指任何社团、组织的内部行为规章。狭义上的纪，仅指政党、带有政治性社会组织的内部规章。如果区分了上面三个概念各自广义和狭义的概念的话，我们就不难发现，如果各自只取狭义概念的话，三者并没有任何交叉。但是，如果是各自取各自的广义的概念，那么就有了一定的交叉，如违法和违规中都包括了违反行政法规的内容，违纪和违规中也都包括了违反社团规则的内容。

2. 违纪行为分类

把错综复杂、千差万别的事物理顺，确定类别的精要之处正是在于相同的事实相同对待，不同的情况不同处理，归类的思维是人类认识和处理问题的基本要求。《纪律处分条例》规定违纪行为有违反政治纪律、组织纪律、廉洁纪律、群众纪律、工作纪律和生活纪律行为6类，列举出各种现象，规定了6种类型的核心特征，构出一种秩序井然的违纪形态，明确了把握违纪的观测点，有利于准确地把握不同违纪行为的不同本质（见表1）。

表1：党纪处理中6种类型的表现

类型	表现	特征
违反政治纪律	共有 18 种情形	主要规定党员和党组织的政治活动和政治行为
违反组织纪律	共有 17 种情形	主要规定贯彻民主集中制、维护团结统一的行为
违反廉洁纪律	共有 25 种情形	主要规定要处理好"四对"基本关系的行为
违反群众纪律	共有 13 种情形	主要规定侵犯和损坏群众利益和权利的行为
违反工作纪律	共有 8 种情形	主要规定贯彻"八项规定"的行为
违反生活纪律	共有 4 种情形	主要规定日常生活和社会交往的行为

二、违纪认定的基本原则

党对违反党的纪律的党员和党的组织适用党纪处分的根本目的，就在于教育党员，预防党内违纪行为的发生。为了实现这一目的，在适用党纪处分过程中，认定违纪构成应遵循以下基本原则。

1. 客观性原则。它是各级党的组织对违纪党员和党组织适用党纪处分时必须遵守的一项首要原则。主要表现在以事实为依据，以党纪为准绳两个方面。以事实为依据，就是说各级党组织对一切严重违纪行为适用党纪处分，都只能是根据构成违纪行为的客观事实，不能以任何形式的主观想象、猜测、分析作为依据。在现实生活中，任何一种违反党的纪律的行为，都是由一系列具有内在联系的主观要件和客观要件所构成的，都是一种不以人的主观意志为转移的客观存在着的事实。党组织在适用党纪处分的过程中，对构成违反党的纪律行为的事实，既不能扩大，也不能缩小，更不允许虚构，而是要坚持以实事求是的科学态度，查明违纪行为的事实，准确地区分各种违纪行为的性质，全面分析违纪行为发生过程中的各种情节，实事求是地判断某一违纪行为对党和人民利益危害性的大小，正确地适用党纪处分，提供可靠的客观依据。以党纪为准绳中所说的准绳，是指一种标准、规格和尺度。以党的纪律为准绳，是指各级党的纪律检查机关及其具体办案人员在查处党内违纪行为，适用党纪处分的时候，对违纪行为的定性和量级都只能以党的纪律为标准，而不能离开党的纪律规定，更不能以个人好恶和主观倾向随意另立其他标准代替党的纪律的规定。具体地说，纪检机关及其具体办案人员在查处具体违纪行为时，必须根据党的纪律规范明文规定的标准、规格和尺度。严格区分党的组织和党员个人的某一行为是否违反党的纪律，违反了党的什么纪律以及应当给予什么样的纪律处分。还应当区分清楚从重、加重、从轻、减轻、主动交代和对抗纪律审查的各种情节，真正做到重错重处、轻错轻处，做到违纪行为和纪律处分相适应。决不能为了从重、加重或者为了从轻、减轻而任意改变违纪行为的性质，更不允许离开党的纪律规范的具体规定而无限上纲，滥施处分。

2. 党的领导原则。坚持党的领导是实施党纪处分的一项重要原则，也是行使违纪行为认定的重要原则。习近平总书记指出，坚持全面从严治党，事关党和人民事业成败，事关党和国家的生死存亡。党要管党，才能管好党；从严治党，才能治好党。如果管党不力、治党不严，人民群众反映强烈的党内突出问题得不到解决，那我们党迟早会失去执政资格，不可避免地要被历史淘汰。当今中国处于深化改革阶段，正经历经济增长速度换挡期、结构调整阵痛期、前期刺激政策消化期"三期叠加"时期，面临着"四大危险""四大考验""利益固化藩篱"等"命运性问题"。办好中国的事情，关键在党。中国共产党作为执政党，担负着带领人民全面建成小康社会、推进中国特色社会主义现代化、实现中华民族伟大复兴的重任。因此，在改革开放新时期必须坚持从严治党，只有从严治党才能维护党的集中统一、稳固党的执政根基，才能把党的十九大提出的关于党的建设的目标落到实处，才能更好地实现经济社会发展、民族团结进步、国家长治久安。

3. 公平公正原则。它是违纪行为的一项基本原则，它要求认定违纪行为的组织应以社会正义、公平的观念指导认定行为，维护党的利益，要求以社会正义、公平的观念来处理违纪主体的行为。公平原则强调在违纪行为认定中，对任何党员或党组织都只能以党纪、党规为准则，享受公平合理的对待，既不享有任何特权，也不履行任何不公平的义务，权利与义务相一致。任何党员的权利都受纪律的保护，任何党员的行为都受纪律的约束，任何党员的违纪错误都必须受到纪律的追究。党内没有凌驾于纪律之上的特殊党员。党的纪律又是公正的、平等的，同样的违纪错误应受到同样的处理，不同的违纪错误应给予不同的纪律处分。处理违纪案件必须以违纪事实为根据，以党纪处分规定为准绳，该重则重，宜轻则轻。党纪面前一律平等，绝不能因领导人的主观意志随意处理，绝不能搞上宽下严或亲者宽疏者严。

4. "惩前毖后，治病救人"原则。它是毛泽东同志在深刻总结党内斗争历史经验的基础上提出来的，是正确对待犯错误党员的方针，也是实施党纪处分必须坚持的一项重要原则。在执纪工作中，要把理论与实践相结合。"惩前毖后"，就是指对违犯了党纪的党员，一定要不讲情面地指出其错误，一定要按照党纪的规定给予恰当的纪律处分，以便使后来的人工作慎重些，做得好些。"治病"的目的，是为了"救人"；我们揭发错误批判缺点的目的，惩处的目的，是为了教育，好像医生治病一样，完全是为了救人，而不是为了把人整死。任何犯错误的党员，只要他不讳疾忌医，不坚持错误，积极改正错误，就是好同志。"惩前毖后，治病救人"，可以更好地保护广大干部，否则那些风险更高、吃力难讨好、处在基层一线与群众打交道的一线干部的积极性就难以受到保护，会使之产生被遗弃、不被爱护的感觉，这也不利于调动其积极性、主动性和创造性。

三、违纪行为构成

党内违纪行为对党和人民的利益具有很现实的危害性，违纪行为构成是违纪行为概念的具体化。什么是违纪行为？违纪行为有哪些基本特征？首先需要明确违纪行为的概念，因为违纪行为构成与违纪行为的概念有着十分密切的联系，它是我们对违纪行为这一存在于我们党内的特殊现象的更进一步的认识。违纪构成的研究既有保障党纪有效行使的作用，又有维护党员、党员领导干部及党组织合法权利的作用。两个作用是有机统一、不可分割的。

所谓违纪行为的构成，指由党的纪律所规定的，构成某种违纪行为或者确定某一违纪行为危害性程度所必需的一切主观条件和客观条件的总和，也就是认定某一行为是否构成违纪行为和构成何种违纪行为的规格和标准。进一步是指危害党、国家和人民利益，违反党纪处分条例规定应当受到处罚的行为。违反党纪概念有四层含义。一是违纪主体，是党的组织或者党员；二是违纪主体必须实施了违反《党章》和其他党内法规，违反国家法律法规，违反党和国家政策，违反中国特色社会主义道德，危害党、国家和人民利益的行为，即行为具有违纪性；三是违纪主体的违纪行为危害了党、国家和人民的利益，即行为具有社会危害性，这是违犯党的纪律行为的本质特征；四是违纪主体的行为是依照《纪律处分条例》的规定应当受到党的纪律追究的行为，即行为具有受罚性。

（1）违纪行为构成，不是某一项简单的事实，而是一系列主观条件和客观条件的总和。违纪构成要素是指依照《纪律处分条例》的规定，决定党员某一具体行为是否违纪，是何种违纪行为所必须具备的一切主观条件和客观条件的有机统一。简单的说，违纪构成就是构成违纪行为的标准和尺度，必须同时具备违纪客体、违纪主体、违纪客观方面、违纪主观方面这4个共同因素的行为才能认定为违纪行为。同时，违纪行为有多种表现情况，如《纪律处分条例》第7章第70条规定违反"民主集中制原则"的种类有4种：（一）拒不执行或者擅自改变党组织作出的重大决定的；（二）违反议事规则，个人或者少数人决定重大问题的；（三）故意规避集体决策，决定重大事项、重要干部任免、重要项目安排和大额资金使用的；（四）借集体决策名义集体违规的。总之，任何违反党的纪律行为的成立，都包括必须具备的要件，都离不开这些要件的结合，没有这些要件的结合，也就没有了违纪行为。

（2）违纪行为构成要件是对违纪行为有决定意义的事实。违反党的纪律的行为，是由一系列的违纪事实组合、联系而形成的，但并不是违纪行为发生过程中出现的任何事实都能够成为违纪行为构成的要件，只有那些对认定某一具体的违纪行为具有决定意义，除此违纪行为便不能成立，才能成为该违纪行为构成的必备条件。例如，党员张某是某国营企业的采购员，他利用为本单位购买建筑材料的机会，舍近求远，不顾产品质量有无保证，与距本单位100多公里以外的某乡镇建材厂签订了一份建筑材料购销合同，并在 x 月 x 日与建材厂负责人、党员李某一起喝酒的时候，共同商定了以加大贷款的手段共同贪污的计划。尔后，张某向建材厂多付款1万余元。李某通过关系将这1万余元从银行提出现金，并用一黑色人造革手提包装面值为100元的人民币140张，共计14 000元，送到张某家，李某自己得到赃款6000余元。在这一违纪案件中，能够证明张某和李某共同贪污公共财物这一违纪行为的事实是很多的，但是，对于认定构成贪污公共财物的违纪行为来说，只有以下几个方面的事实才具有决定意义：（一）张某、李某均为受单位委托从事公务的党员；（二）张某、李某共同贪污的是公共财物，从而侵犯了国家公共财产的所有权；（三）张某、李某实施的共同贪污行为均利用了自身职务上的便利；（四）张某、李某在实施共同贪污的行为时，主观上都是出于故意。

（3）违纪行为构成要件是由党的纪律所规定。任何违纪行为都是违反了党的纪律规范的行为，而所谓违反了党的纪律规范，就是指某一行为具备了党的纪律规范所规定的构成某一特定违纪行为所必需的诸般条件。因此，某一行为是否具备违纪行为构成的要件，与该行为是否违反了党的纪律规范是一致的。违反党的纪律规范，也是违纪行为构成的基本属性。如果某一行为不具备违反党的纪律规范的属性，也就不具备违纪行为的构成，该行为就不能成立为违反党的纪律的行为。

由党的纪律所规定的，构成违纪行为所必需的要件种类是多种多样的，其性质和危害程度也是纷繁复杂的，不同种类、不同性质和不同危害程度的党内违纪行为所必需的构成要件也是各不相同的，很难一概而论。但是，如果将各种各样的党内违纪行为的成立所必要的具体条件加以抽象和概括，就会从中找出规律性的东西。这就是说，透过种类繁多、形式各异的党内违纪行为的各种表面现象，我们就会发现，任何违反党的纪律行为的成立，都必须同时具备以下四个方面的基本要件。

四、违纪行为构成的条件

违纪既是一种责任之说，那它必须具备一定的条件要素才能构成。一般来讲，有以下几项：

第一，违反党纪是违纪行为产生的前提条件。依照党纪规定党员或党组织在行使权力和履行职责时，应遵守权力不越权，履行职务不失职，符合党的要求，遵守工作流程，合理而避免失当。一旦党员或党组织违反这些职责，则构成违纪，就应承担后果，即违纪处分。违反党纪的具体情况较为复杂，一般情况下2种及2种以上情节会出现在违纪行为中，甚至与行政权力合理、合法使用会交织在一起。具体来说主要表现在以下几个方面：实施党员权利时依据不够充分，缺乏行为的充分性；超越党纪规定的范围；缺乏真实有力的理由拒不履行党员义务的；违反党的宗旨的等。作为一种责任说，只有党员及党组织行为违反党纪规定才会承担责任，接受处分。

第二，违纪主体必须是党员及党组织。具有党规赋予的权利及义务，是违纪行为产生的条件之一。同样，接受违纪处分，必须是具有党规中享有权利和承担义务的组织及成员，才能承担责任：一是中国共产党是一个组织，组织有着自己庞大而系统的组织职能划分，大到中央，小到基层党组织，机构内部设置较为复杂，只有党规中认定的具有党员及党组织的资格才能享有党规中的权利，承担义务，并承担违纪后的责任。二是党的事业在客观上是由具体实施者来完成，可能是一名党员，也可能是某个党组织，从责任说的角度来讲，违纪的主体就是承担责任的主体，从根本上来讲，该责任主体应为中国共产党，但政党是一个抽象概念，无法承担具体责任，也无法落实党规。所以，违纪主体必须具体化，由具体实施者来承担，而具体实施者必须是党规承认并赋予权利和义务的，才具备承担责任的条件。如若不对责任人按照党规赋予一定的资格条件，也就失去了违纪处分的意义，也就使违纪失去了实际载体。

第三，违纪行为必须发生在党纪规定行为或者与党纪有关的行为中。前面说过，违纪主体是具有资格的主体，承担违纪责任的前提条件是违纪行为，但违纪行为又多是通过其他人员或者受委托者实施的。因此，必须严格区分党员及党组织违纪行为与其他社会组织违法行为的性质。只有违纪主体在行使权利和履行义务的行为中发生的违反党规行为，以及其他受委托者在委托情况下发生的违纪行为，才能引起违纪主体的违纪责任。如党员及党组织在该特殊身份之外所为的行为不能引起违纪主体的违纪责任。

第四，违纪责任须为党纪所确认。首先，承担违纪责任的依据和方式须为党纪所确认。违纪主体在什么情形下承担什么样具体形式的违纪责任，是依据党纪进行的。其次，违纪责任的内容须为党纪所确认。没有党纪对责任内容的规定，违纪责任的承担也将无法落实。违纪行为在多数情况下是会给其他非党员或组织造成一定程度的侵犯，结果为客观事实。但是，这种情况只能成为某些包含有特定内容的责任方式的个别构成要件，不能作为违纪构成的一般或普遍条件。因为，违纪处分的责任是违纪行为的必然法律后果，它不因是否造成一定程度的损害或侵犯为必须具备的普遍要件。再有，主体的主观恶性程度或过错不是违纪的构成要件。当然，主体的主观恶性或过错与违纪后果的严重与否有着密切关系。但是，违纪的构成是以违反党规为前提条件的，而违纪主体的主观恶性程度或过错是认定行为后果程度的构成要件。

五、违纪构成要件

1. 违纪行为客体。它是指受党的纪律（包括国家法律）所保护的，而违反党的纪律的行为所侵犯的党内外各种正常关系。例如，扣压党员向上级党组织直至中央提出的请求、申诉、控告的违纪行为，侵犯的是党员的党内民主权利；贪污公共财物的违纪行为，侵犯的是公共财物的所有权；猥亵、侮辱妇女的违纪行为，侵犯的是妇女的人身权利等等。违纪行为的客体是任何违纪行为成立都必不可少的构成要件。违纪行为所具有的对党和人民利益的危害性，首先是来自于违纪行为对某种体现党和人民利益的客体的侵犯。不侵犯任何客体的行为就不会对党和人民的利益发生任何危害，也就不能成立违反党的纪律的行为。

2. 违纪行为客观方面。这个要件又可以分为两个方面的内容：其一，是指党的组织或党员个人实施的某种特定的危害党和人民利益的行为。例如，《纪律处分条例》第 6 章第 46 条规定，通过网络、广播、电视、报刊、传单、书籍等，或者利用讲座、论坛、报告会、座谈会等方式，发布、播出、刊登、出版第 45 条所列内容或者为上述行为提供方便条件的行为，等等。其二，对于大多数违反党的纪律的行为来说，由行为人实施的违纪行为所造成的现实的危害结果，也是违纪行为构成的必备要件。例如，《纪律处分条例》第 1 章第 4 条第 3 款规定，对党组织和党员违犯党纪的行为，应当以事实为依据，以党章、其他党内法规和国家法律法规为准绳，准确认定违纪性质，区别不同情况，恰当予以处理。

3. 违纪行为主体。主要是指具有责任能力，实施了违反党的纪律规范的行为，从而危害了党和人民利益的党员。此外，在一些特殊情况下，党的组织也可以成为某些违纪行为的主体。违纪行为的主体，是违反党的纪律行为的具体实施者，也是因违纪行为而引起的纪律责任的实际承担者。因此，违纪行为的主体也是任何违纪行为成立所必不可少的要件。

4. 违纪行为主观方面。是指实施违反党的纪律行为的共产党员在主观上的过错。主观上的过错也是任何违纪行为成立所必不可少的要件。如果一个共产党员的某种行为虽然在客观上造成了党和人民利益的某种程度的损害，但其主观上并无过错，就不能认为是构成了违反党的纪律行为。

总而言之，构成违反党的纪律行为的诸般要件，都是由党的纪律规范加以规定的。在现有党的纪律规范中，特别是现行有关党纪处分的纪律规范中，均规定出一系列构成某一特定违纪行为的必要条件，通常在一个党的纪律规范中，并不把构成该规范所规定的违纪行为的全部要件都一一列举出来，而构成该项违纪行为的客体要件和主观要件大多不在规定某一具体违纪行为的纪律规范中出现。这时，就需要我们运用违纪构成的一般理论，从《党章》《纪律处分条例》以及该纪律规范所属的某一党的纪律文件的总则部分的一般性规定出发，对该违纪行为的诸般构成要件加以分析，以期准确认定某一违纪行为，使我们清楚地认识构成违纪行为的诸般必要条件及其各自的含义，有利于我们明确地划分某一行为是否构成违纪行为，以及构成哪一类、哪一违纪行为，进而真正做到定性准确，为适当地处理各种违纪行为奠定良好的客观基础。

第二节　违纪行为客体和客观方面

违纪行为客体，是违纪行为构成的客观要件之一，它解决的是违纪行为侵犯了什么的问题。任何一种违反党的纪律的行为，都必然侵犯某一特定的，由党的纪律所保护的客体。不侵犯任何客体的行为，就不能构成违纪行为。而各种不同的违纪行为之所以具有不同的性质，也正是由于它们所侵犯的客体的性质不同所决定的。因此，研究违纪行为的客体，有助于我们确定某一行为的性质，以及划清不同违纪行为之间的界限，从而保证我们对各种违纪行为准确地定性和恰当地处理。

一、违纪行为客体的概念

违纪行为客体，是指由党的纪律所保护而被违纪行为所侵害的党内外各种社会关系。所谓社会关系，就是人们在共同的社会生活中所形成的相互关系，如政治关系、经济关系、财务关系、婚姻家庭关系等等。但是，并不是所有的社会关系都是违纪行为的客体。根据以上定义，能够成为违纪行为客体的社会关系，必须同时具备两个方面的特征：

1. 违纪行为客体是党的纪律所保护的社会关系。所谓"党的纪律所保护的社会关系"，包括党内关系和有党的组织和党员个人参与的各种党外社会关系。

党内关系，是中国特色社会主义社会关系的一种特殊形式，它是指党组织和党员之间、党员和党员之间、党组织与党的组织之间的正常关系，党内关系的内容主要包括领导与被领导者之间的关系，上级党组织和下级党组织之间的关系，党员个人与党的整体之间的关系，党的中央，党的各级组织与党员群众之间的关系，等等。党内关系的正常化，就是要对党忠诚，既是政治标准，更是实践标准。唯有对党忠诚，才能真正树牢"四个意识"，坚定"四个自信"，坚决做到"两个维护"，党内关系任何方面的不正常，都会造成某个方面和某种程度的党内生活秩序的紊乱，给党的事业造成危害。党的纪律正是以党的组织强制力为后盾的党内正常关系的调整者和保护者，任何党的组织和党员个人实施的侵害党内正常关系的行为，都要受到党的纪律的追究和制裁。因此，政党的党内关系是由党的纪律所保护的，有可能受到违纪行为所侵害的最主要的客体。党的纪律对党内关系的保护，通过规定具体的党的纪律规范表现出来。例如，《党章》第 16 条规定："党的下级组织必须坚决执行上级组织的决定"。这一规定就直接体现了党的纪律对上下级组织之间关系的调整和保护。

党外社会关系的内容范围非常广泛，涉及到社会生活各个领域中的人与人之间的关系。但是，并不是所有的党外社会关系都能成为违纪行为的客体。我们所说的能够成为违纪行为客体的党外社会关系，主要是指那些有党的组织和党员个人参与其中，并受到党的纪律严格保护和调整的党外社会关系。如果某种社会关系不允许有党的组织和党员个人参与其中，党的纪律对这种社会关系就不会予以保护和调整，那么，这种社会关系就不会成为违纪行为的客体。例如，我们共产党人是彻底的唯物主义者，党员不允许有任何宗教信仰，不能参与宗教关系这一特殊的社会关系，宗教关系就不为党的纪律所保护，也就不能成为违纪行为的客体。虽然在实践中，党的组织或党员干涉党外人民群众信仰宗教，破坏党的宗教政策的行为亦为党的纪律所不允许。然而，在这种情况下，党的纪律所保护的是一定历史时期中，符合工人阶级和最广大人民群众利益的党与信仰宗教的党外群众之间的关系，而不是调整和保护宗教本身。因此，宗教关系没有成为违纪行为客体的可能。与此相反，我们共产党人以实现共产主义为最高理想，实践中国特色社会主义道德，是每一共产党员必须履行的义务，中国特色社会主义道德关系受到党的纪律的严格保护和有效调整。因此，中国特色社会主义道德关系就有可能成为违纪行为客体。

党的纪律对党外社会关系的保护，通常通过两种方式表现出来，一种方式是由党的纪律规范具体地加以规定，从而使这种社会关系亦成为由党的纪律规范予以直接调整和保护的社会关系。例如，《廉洁自律准则》把"必须自觉培养高尚道德情操，努力弘扬中华民族传统美德"，直接规定为党的纪律规范，以党的纪律所具有的组织强制力来保证中国特色社会主义道德关系的正常化。因此，中国特色社会主义的道德关系无疑是违纪行为客体。另一种方式，是由党的纪律对中国特色社会主义其他规范所调整和保护的某些社会关系，予以原则上的确认，从而使这些社会关系也成为违纪行为的客体。例如，《党章》规定"党必须在宪法和法律的范围内活动"；党员必须"贯彻执行党的基本路线和各项方针、政策，带头参加改革开放和社会主义现代化建设，带动群众为经济发展和社会进步艰苦奋斗，在生产、工作、学习和社会生活中起先锋模范作用"；党组织必须"严格执行和维护党的纪律"。这些规定就是对中国特色社会主义法律和纪律、道德等社会规范所调整和保护的社会关系，从原则上确认为党的纪律予以调整和保护的社会关系。这使违纪行为客体不仅包括由党的纪律所具体规定，直接保护的那些社会关系，也包括那些党的纪律虽然未作具体规定，但是却予以原则确认的，已由其他中国特色社会主义社会规范所调整和保护的社会关系。由此在认定某一违纪行为时，不仅要看它是否侵害了由党的纪律具体规定，直接保护的社会关系，而且要注意审查行为所侵害的社会关系是否同时亦为中国特色社会主义其他社会规范所保护，是否同时构成违反其他社会规范的行为。

2. 违纪行为客体是受到违纪行为所侵害的社会关系。为党的纪律所保护，是我们确定某一方面的党内关系和党外社会关系能否成为违纪行为客体的前提条件，然而，为党的纪律所保护的党内关系和党外社会关系本身并不是违纪行为的客体，只是有成为违纪行为客体的可能性。只有当违纪行为侵害这些为党的纪律所保护的党内关系和党外社会关系，被侵害的党内关系和党外社会关系才能成为违纪行为的客体。这就是说，违纪行为客体不是空洞的、抽象的，而是具体的、真实的。例如，党员的党内民主权利都受到党的纪律的严格保护，但并不等于每个党员的党内民主权利都已成为违纪行为客体，只有当某个党员的党内民主权利受到违纪行为侵害时，它才成为这一具体违纪行为的客体。

二、违纪行为客体的种类

违纪行为客体的种类，是指根据各种不同的违纪行为所侵害的，由党的纪律所保护的党内关系和党外社会关系的范围不同，对违纪行为客体所作的基本划分。违纪行为客体通常划分为一般客体、同类客体和直接客体三大类。研究违纪行为客体的种类，有助于进一步揭示违纪行为对党和人民利益的具体危害性，也有助于更好地认识违纪行为客体在决定违纪行为性质和违纪行为分类中的重要作用。

1. 违纪行为的一般客体。违纪行为的一般客体，是指一切违纪行为所共同侵犯的客体，也就是由党的纪律所保护的党内关系和党外社会关系的整体。研究违纪行为的一般客体，能使我们认清违纪行为的共同本质，从而划清违纪行为的原则界限。例如，某村青年共产党员因受家庭影响，在结婚过程中大摆酒席，负债累累。这一行为虽然不符合《党章》关于共产党员必须"发扬中国特色社会主义新风尚"的规定，损害了党员的形象，造成一定范围的不良影响，但是其行为的危害性还未达到由党的纪律所规定的必要程度，即他大摆酒席办婚事，既非利用职权，也没有侵犯由党的纪律所保护的国家、集体、群众的经济利益，不具备违纪行为的客体，因此就不能认定为违纪行为。由于违纪行为的具体表现形式是十分复杂的，每一违纪行为所侵犯的党内关系和党外社会关系的方面也是不同的。因此，要想正确地认定和处理违纪行为，仅仅了解反映违纪行为共同本质的一般客体是远远不够的，还必须研究反映违纪行为特殊性的同类客体和直接客体。

2. 违纪行为的同类客体。违纪行为的同类客体，是指某一类违纪行为所共同侵犯的，由党的纪律所保护的某一类或某一方面的党内关系和党外社会关系。同类客体是介于一般客体和直接客体二者之间的一种违纪行为客体，划分同类客体的意义在于，它能帮助我们正确地认识侵害不同类别或不同方面客体的违纪行为对党和人民利益的不同程度的危害性，从而帮助我们对各种违纪行为进行科学分类。例如，弄虚作假，骗取荣誉；利用职权大办婚丧喜事；遗弃或虐待家庭成员；危难之时，临危退缩，能救而不救；以及猥亵，侮辱妇女，与他人通奸等违纪行为。虽然形式各异，但他们都共同侵犯了由党的纪律所保护的中国特色社会主义道德关系，把这些违纪行为归纳为一类，就是违反中国特色社会主义道德的违纪行为。这一类行为所共同侵犯的中国特色社会主义道德关系，就是该类违纪行为的同类客体。《纪律处分条例》中将党内违纪行为大致分为6类，即违反政治纪律的行为、违反组织纪律的行为、违反廉洁纪律的行为、违反群众纪律的行为、违反工作纪律的行为和违反生活纪律的行为。这样划分的依据，就是基于以上有关区分同类客体的原理。

3. 违纪行为的直接客体。违纪行为的直接客体，是指某一违纪行为所直接侵犯的、由党的纪律所保护的具体的党内关系或党外社会关系。例如，贪污公共财物行为的直接客体，是党的纪律所保护的公共财物的所有权；与现役军人配偶通奸行为的直接客体，是党的纪律所保护的现役军人的婚姻家庭关系；在党内选举中，强迫党员选举某一个人或者不选举某一个人行为的直接客体，是党的纪律所保护的党员选举权等。在实践中，由于任何具体的违纪行为，都不能直接侵犯党的纪律所保护的各种类别、各个方面的党内关系或党外社会关系，它只能侵犯某一项或某几项具体的党内关系或党外社会关系。因此，研究违纪行为的直接客体，对于正确认识某一具体违纪行为的性质和危害，具有更为直接的意义。如果不了解某一具体违纪行为所侵犯的直接客体，就不能正确分清这一违纪行为与其他违纪行为的区别，也就不能对这一违纪行为做出正确的定性和恰当的处理。

以上三类违纪行为客体并不是互相孤立的，它们之间的关系是整体与部分，一般与个别的关系。掌握违纪行为客体种类的理论，对于我们正确认识违纪行为的共同本质和个性特征具有重要的实践意义。

三、违纪行为客体与违纪行为对象

违纪行为客体与违纪行为对象，是两个既有联系又有区别的不同概念。违纪行为客体是由党的纪律所保护的，被违纪行为所侵害的党内关系和党外社会关系。而违纪行为对象则是违纪行为所直接指向的人或物本身。违纪行为客体是无形的、抽象的，违纪行为对象则是有形的、具体的。违纪行为客体是违纪行为对象的社会关系体现者，是隐藏在违纪行为对象背后的，为党的纪律所保护的党内关系和党外社会关系。而违纪行为对象则是违纪行为客体的物质承担者。例如，党员李某利用职务之便，贪污党费1千元。1千元人民币是李某贪污行为的对象，其直接指向的所有权关系，则是李某贪污行为所侵害的党内关系，因而是违纪行为的客体。概括地说，违纪行为客体与违纪行为对象有以下三个方面的区别：

1. 在违纪行为构成中的地位不同。违纪行为客体是构成违纪行为的必备要件之一，没有违纪行为客体，就不能构成违纪行为；而违纪行为对象则不然，它不是构成违纪行为的必备要件。一般说来，大多数违纪行为对客体的侵害，都是通过对违纪行为对象的侵害而实现的。但也有一些违纪行为虽然侵害了由党的纪律所保护的某种党内关系或党外社会关系，具备违纪行为客体，然而这种侵害却没有通过违纪行为对象来实现，事实上在这些违纪行为中也不存在任何违纪行为对象。例如，反对四项基本原则的行为；拒不服从组织决定，擅自临时或短期出国、出境的行为；在党内组织秘密集团，进行分裂党的活动的行为等等，就只有违纪行为客体，而没有违纪行为对象。

2. 受违纪行为的作用和影响不同。任何违纪行为都必然侵害一定的违纪行为客体，但却不一定侵害违纪行为对象。例如，破坏他人财产的违纪行为，不但使受党的纪律保护的他人财产的所有权受到侵害，而且同时直接损害了他人财产的完整性和有用性。而在另外一些诸如贪污、盗窃、走私、贿赂等违纪行为中，国家、集体或公民的财产所有权、中国特色社会主义经济秩序、党和国家机关的正常活动都受到这些违纪行为的侵害，但作为违纪行为对象的钱物，非但不会受到损害，反而会得到违纪行为人的多方保护。

3. 与违纪行为性质的关系不同。违纪行为客体决定着违纪行为的性质，而违纪行为对象在大多数情况下与违纪行为的性质没有什么关系。实践中常常出现的下列两种情况就是最好的说明：其一，有些违纪行为所指向的对象相同，但其行为所侵害的客体却不一样，因而其行为性质也就不同。例如，利用经管公共财物的便利条件，侵吞公共财物的行为与利用职务便利收受他人钱物，为他人谋取利益的行为，所指向的对象都是钱和物，然而前者所侵害的客体是公共财物的所有权，构成贪污行为，而后者所侵害的客体是党和国家机关的正常活动，构成受贿行为。其二，有些违纪行为虽然指向的是不同的对象，但其行为所侵害的客体确实一样的，因而具有相同的性质。例如，党的干部王某、李某同为某单位人力办工作人员，王某利用职务便利为不符合条件的赵某办理了招工手续，收受赵某现金 5 千元，李某则利用职务便利同意为张某办招工手续，收受张某电器 1 台。虽然王某，李某的违纪行为所直接指向的对象不同，然而他们的行为所共同侵害的都是国家机关的正常活动，具有相同的客体，因而都构成受贿行为。

由于违纪行为对象具有直观性的特点，容易为我们所发现和认识。然而正是由于它是直观的，因而不能仅仅满足于这种认识，而要想正确认定和恰当处理各种违纪行为，注意区分违纪行为对象与违纪行为客体的区别，并善于把隐藏在违纪行为对象背后的违纪行为客体揭示出来。

四、违纪行为的客观方面

其一，行为人实施的危害党和人民利益的行为，是任何违纪行为的构成所必不可少的要件。虽然在实践中，党的某些纪律规范对党员的思想也表现了一定程度的规范性，例如，我们每个共产党员都必须同党中央保持思想上、政治上的高度的一致，这是共产党员应当具有的坚强党性的最集中的表现，同时也是党的纪律。然而，就违纪行为的客观方面来说，它只能是行为人实施的违反党的纪律规范的行为，而不能是违反党的纪律的思想。虽然任何党员的任何一种违反党的纪律的行为，都总是在一定的思想支配下实施的，是违纪思想的一种外化形式。但是，如果某一党员仅有违反党的纪律的思想，却并没有把这种思想外化为违反党的纪律规范并给党和人民的利益造成一定程度损害的行为，就不能认为是构成了违反党的纪律的行为。其二，对于大多数违反党的纪律的行为来说，由行为人实施的违纪行为所造成的现实的危害结果，也是违纪行为构成的必备要件。例如，党员领导干部的失职行为所造成的人员伤亡和财产损失，侮辱、诽谤他人所造成的他人名誉的损害，行贿、受贿行为对党和国家机关正常活动的破坏等等。此外，对于某些违纪行为来说，实施违纪行为的时间、地点、方法、手段，也可以成为其构成要件。例如，《纪律处分条例》第135条规定的与他人发生不正当性关系的行为，是指"利用职权、教养关系、从属关系或者其他相类似关系与他人发生性关系的"违纪行为，如果行为人虽然与他人发生了不正当性关系，但并未使用"利用职权、教养关系或诱骗等其他手段"，则不能构成上述规定中的这种性质的行为。这时，"利用职权、教养关系或诱骗等其他手段"就成为构成这种违纪行为所必须具备的客观条件。但是在实践中，以行为的时间、地点、方法、手段作为违纪行为的构成要件，一般不具有普遍意义。

第三节　违纪行为主体和主观方面

一、违纪行为主体的概念

违纪行为主体，是指故意或者过失地以作为或者不作为的方式实施了违反党的纪律规范的行为，给党、国家和人民利益造成不同程度损害的，具有责任能力的共产党员和根据《党章》规定，按照民主集中制原则组织起来的党的组织。

违纪行为主体，是违纪行为构成的主观要件之一，它所要解决的是谁实施了违纪行为的问题。任何一种违反党的纪律的行为，都是由党员或党的组织实施的，都是通过具体党员或具体党组织的具体活动表现出来。因此，从总体上讲，违纪行为主体就是共产党员和党的组织。但是，并不是所有共产党员和党的组织都可以成为违纪行为主体。作为违纪行为主体应当有明确、具体的规格和条件，不符合这些规格和条件的党员和党的组织，就不能成为违纪行为主体。因此，研究和探讨构成违纪行为主体的规格和条件，对于我们在实践中正确认定和处理违纪行为，有十分重要的意义。

二、违纪党员

1. 违纪党员的含义。它是指具有责任能力，实施了违反党的纪律行为的共产党员。违纪党员是最普遍的一种违纪行为主体，几乎所有的违纪行为都由违纪党员具体实施，即使是在以党组织名义实施的违纪行为中，也总是与违纪党组织中的共产党员的违纪行为有着不可分割的密切联系。

2. 违纪党员的特征。具有以下三个方面的基本特征：

（1）必须是共产党员。这一特征具体包含两层含义：其一，党的纪律是全体共产党员和各级党组织的行为准则，它只在我们党的内部具有普遍约束力。因此，能够成为违纪主体的只能是共产党员。党外人民群众不受党的纪律的约束，因而不能成为违纪行为的主体。其二，作为违纪行为主体的违纪党员，虽然主要是正式党员，但是，预备党员也能成为违纪行为的主体。《党章》第7条第4款规定："党员的党龄，从预备期满转为正式党员之日算起"。这就是说，所谓预备党员，就是指那些尚未取得正式党籍的处于考验期间的非正式党员。对加入党组织规定的预备期，主要是为了在党内直接考察预备党员能否认真履行党员义务，是否真正具备党员条件。这是保证党员质量的一项重要措施。对于新入党的同志来说，也是一种考验，可以促进他们更加严格要求自己。《党章》第7条规定："预备党员的义务同正式党员一样。"其中当然也包括严格遵守党的纪律的义务，预备党员在预备期内不履行党员义务，当然也就违反了党的纪律，成为违纪行为的主体。但是，由于预备党员毕竟还没有正式取得党籍，因而，他们是既不能被授予优秀党员、模范党员的荣誉，也不能成为党内纪律处分的对象。预备党员违反党的纪律，应当根据具体情况，分别进行处理。其中，情节轻微的应当进行严肃的批评教育；情节比较严重的，则应当严格依照《党章》的有关规定延长其预备期或者取消其预备党员的资格。

（2）必须具有纪律责任能力。所谓纪律责任能力，就是共产党员了解自己行为的性质、意义、后果，并且有自觉控制自己的行为和对自己的行为承担纪律责任的能力。一般来说，自然人是否具有某种完全的责任能力，通常主要是取决于两个方面的因素：其一是行为主体是否已经达到成年人的年龄，其二是行为主体的健康状况如何。由于《党章》规定，只有年满18岁的成年人，才能申请加入中国共产党，因而凡是共产党员就都应当是成年人，进而从年龄上讲，他们也就都应当具有承担纪律责任的能力。所以，一个共产党员的纪律责任能力如何，主要的是取决于他的健康状况如何。这是因为，即使是成年人，他的某种责任能力也会因其患有精神方面的疾病或患有其他疾病而受到影响，以致在某些情况下丧失其责任能力。共产党员对自己的行为丧失纪律责任能力的情况通常有以下两种情况：

一是患有精神病的共产党员，在不能辨认或者不能控制自己行为的时候，就属于无纪律责任能力。对他们这个时候实施的违反党的纪律规范的行为，就不能追究其纪律责任。要特别注意两个问题：①行为人在实施违反党的纪律规范的行为时，是否处于精神失常状态。如果某党员虽然患有间歇性精神病，然而他实施违反党的纪律规范的行为时却并未发病，这就不能认定为无纪律责任能力。②行为人的精神病是否已经严重到不能辨认和不能控制自己行为的程度。

二是因某种疾病的突然发作致使违反党的纪律规范的共产党员，也应认定为无纪律责任能力。例如《中国共产党问责条例》第7条第（九）项规定："履行管理、监督职责不力，职责范围内发生重特大生产安全事故、群体性事件、公共安全事件，或者发生其他严重事故、事件，造成重大损失或者恶劣影响的"，应当予以问责，追究其纪律责任，给予党的纪律处分。某工厂夜间生产时突然发生火灾事故，而当班的党员副厂长之所以未能及时组织指挥职工灭火，是因其心脏病或某种严重疾病的突然发作，致使他丧失了实施组织指挥行为的能力，就应当认定为无纪律责任能力的人，他对自己的这种没有履行职责的行为就不应当承担纪律责任。

（3）必须是实施了违纪行为。没有实施违反党的纪律规范具体规定的党员，就不能成为违纪行为的主体，这是不言而喻的。但是，我们所说的实施违反党的纪律规范具体规定的行为，既包括积极的行为，也包括消极的不作为。党员以积极的作为的形式违反党的纪律，主要是违反党的纪律规范中的禁止性规范，也就是做了党的纪律所不允许做的事情。党员以消极的不作为的形式违反党的纪律，则主要是违反了党的纪律规范中的义务性规范，也就是没有履行党的纪律规定的党员必须履行的某种责任。实践中，我们往往比较注意那些以积极的作为形式违反党的纪律的现象，而对大量存在的以消极的不作为形式违反党的纪律的现象却缺乏足够的重视。事实上，后者对党和人民利益的损害也绝不亚于前者。因此，我们在研究和认定违纪行为主体时，对这部分以消极的不作为形式违反党的纪律的主体，要予以特别的注意。

以上所说的三个方面的内容，是违纪党员必须具备的基本条件，我们把符合这三个基本条件的违纪党员叫作违纪行为的一般主体。党的纪律规范规定的某些违纪行为，除了要求其主体必须具备一般主体所应具备的上述三个方面的基本条件以外，还要求其主体必须具备一些特定的有别于一般主体的条件，我们把这种主体叫作违纪行为的特殊主体。例如，《纪律处分条例》所规定的违纪行为主体，除了必须具备违纪行为一般主体的基本条件之外，还必须具有"党员领导干部"的特定身份，除此之外的一般党员不能成为这一类违纪行为的主体。

三、违纪党组织

1. 党组织可以成为违纪行为主体。任何违反党的纪律规范的行为，都是主体有意识的活动，党的组织虽然是一个组织，但它也有意识，会对所有行为做出自己的认识和判断。如果党组织不能够成为违纪行为的主体，在由党的组织所实施的所谓违纪行为的构成中，就会缺乏任何违纪行为都必须具备的主观方面的要件。党的组织之所以能成为违纪行为的主体，还在于《党章》中规定了适用于党的组织的处理方法。如《党章》中规定了对严重违反党的纪律，本身又不能纠正的党组织，可以由上一级党的组织决定对其进行改组或予以解散；党的组织违反了党的纪律，由此引起的纪律责任原本应当由党组织成员——违纪党员来承担，具体的纪律处分原本也应当落实到党组织成员——违纪党员的头上，但此时以对党组织的处分来替代。

对违反党的纪律的党组织必须追究相应的纪律责任，《纪律处分条例》在第2章第9条规定"对于违犯党的纪律的党组织，上级党组织应当责令其作出检查或者进行通报批评。对于严重违犯党的纪律、本身又不能纠正的党组织，上一级党的委员会在查明核实后，根据情节严重的程度，可以予以：（一）改组；（二）解散。"它所规定的"改组"和"解散"正是对违纪党组织追究纪律责任的必然结果，也是违纪党组织承担纪律责任的具体形式。通过对违纪党组织适用"改组"和"解散"，第7条规定的党组织、党的领导干部违反党章和其他党内法规，不履行或不正确履行职责有下列情形之一，应当予以问责才会因其获得了党的纪律的组织强制力而具备可操作性，从而真正落到实处得以实现。作为追究违纪党组织纪律责任的必然结果和违纪党组织承担纪律责任的具体形式，"改组"和"解散"自然应当具有纪律处分的属性。

2. 违纪党组织的基本特征。我们说党组织可以成为违纪行为的主体，这只是表面党组织有成为违纪行为主体的可能性，并不等于任何党组织在任何情况下都可以成为违纪行为的主体。根据《党章》以及其他党的纪律规范的规定，并结合党的纪律检查工作的实践，我们认为违纪党组织应当具备以下基本特征：

（1）违纪党组织必须是根据《党章》规定，按照民主集中制原则组织起来，并且由各级党的代表大会或党员大会选举和经上级党组织批准的党的一级组织。根据《党章》有关规定，党的组织主要包括党的中央组织、党的地方组织和党的基层组织三大类。此外，根据《党章》规定，在中央和地方国家机关、人民团体、经济组织、文化组织或其他非党组织的领导机关中成立的党组，是党在非党组织领导机关中设立的党的领导组织，也属于党组织的范围。对以上党的各级组织的违反党的纪律的行为，都应当按照《纪律处分条例》第2章第9条之规定予以追究。在上述范围以外的诸如各级党委的办事部门，党的支部委员会下属的党小组，以及虽然生活、工作、学习在一起，但未履行《党章》规定的设立党组织的组织手续的由若干党员组成的群体，都不是党的组织，因而它们都不能成为违纪行为的主体。

（2）违纪党组织必须是严重违反党的纪律，本身又不能纠正的党组织。这一特征又包含两层含义：第一，作为违纪行为主体的党组织，必须是严重违反了党的纪律。所谓"严重"，主要是指违纪党组织的行为给党、国家和人民利益造成了严重的损害后果，例如，公开发表反对四项基本原则的言论，组织参加反对四项基本原则的集会、游行、示威，在党内组织参与派别活动；在重大问题上拒不执行上级党组织的决议；为了小团体的局部利益而严重违反国家法律、法规，从而造成恶劣影响和重大损失；党组织严重瘫痪，名存实亡，不起作用等。第二，作为违纪行为主体的党组织，必须是本身已无力纠正其违纪错误的党组织。如果某一级党的组织虽有严重违反党的纪律的行为，但是一经上级党组织或党的纪律检查机关的指出和批评，即能够主动、彻底地纠正其错误的，则不应再以违纪论处而追究该党组织的纪律责任。但是，需要强调指出的是，实施了违纪行为的党组织纠正自身错误的一个重要的实际内容，应当是严肃查处对该党组织严重违反党的纪律负有主要责任的共产党员。如果以自己纠正错误为名，包庇、姑息对党组织严重违反党的纪律负有主要责任的党员，使其逃避党的纪律制裁，则是党的纪律所不允许的。

（3）违纪党组织的认定，必须以追究应当对该党组织违纪行为承担主要责任的党员的纪律责任为前提。也就是说，我们在实践中对违纪党组织的认定和追究，应当在追究该党组织违纪行为中起到主要作用、应承担主要责任的党员的纪律责任之后。我们强调和把握这一特征具有两个方面的意义：其一，这样做有助于我们准确认定违纪党组织。这是因为，党组织作为由若干共产党员组成的群体。它的任何行为都是通过该党组织中的具体党员来实施的，党组织的违纪行为也总是直接表现为该党组织中共产党员的违纪行为。正如没有一棵棵树木的存在，也就没有森林的存在一样，如果经过审查，在某一党组织实施的某种行为中，没有发现该党组织任何党员因违反党的纪律而应当承担纪律责任，那么，这种情况也就说明，该党组织所实施的某种行为并不构成违反党的纪律的行为。其二，这样做有助于堵塞漏洞，严肃党的纪律。它能杜绝那种由于党的组织作为违纪主体可能带来的"名义上集体负责，实际上谁也不负责"的弊端，使党的纪律得到严格、全面和准确地执行。

以上三个基本特征，是我们对违纪党组织的一般概括。除此之外，违纪党组织还可能具有其他方面的特征，有待于我们从理论和实践两方面进一步地研究和认识，以使党组织作为违纪主体这一客观存在的问题，在理论上能够得到进一步的完善。

四、违纪行为主观方面

（一）违纪行为主观方面基本概念

违纪行为主观方面，是违纪主体在违反党纪规定时所持的心理态度。包括故意、过失、动机和目的各要素，这些要素的认定，对违纪行为的认定都具有直接的决定意义。也就是说，在违纪案件中，要认定行为性质，必须首先对违纪主体的主观方面进行认定。行为人在主观上具有过错，是一般违纪行为的构成要件，也是与特殊行为相区别的重要标志。违纪主观方面要考虑的最主要因素就是违纪主体的主观恶性大小。而违纪主体主观恶性的大小不仅取决于他的行为，更取决于他在主观方面是否有过错。因此，在违纪案件中，对违纪主体违纪行为的认定，从某种意义上说就是对其主观方面的认定。那么，如何认定违纪主体主观方面各要素呢？这实际上是一个非常复杂的问题，但在目前的违纪案例当中，我们却把它忽略了。这样做的严重后果是导致冤案的产生，违纪主观方面各要素的认定之所以复杂，原因在于违纪主观方面各要素属于违纪主体的主观意识与意志，而主观的一切东西均来自人的内心，一般情况下无法深入一个人的内心去对他内心世界的状况进行考察。只有通过与违纪主体危害行为有关的一些客观事实来推断（必然存在偏差），也即"认定"他的内心世界是个什么样子，或者说他有没有犯罪的罪过。因为违纪主观方面是一切违纪行为必不可少的主观要件。

（二）违纪主观方面各要素认定的意义与目的

1. 违纪主观方面各要素认定的意义。违纪主观方面是各种违纪行为必不可少的构成要件，对于违纪主体在主观上有过错即故意或过失，某些情况下还要求有一定的目的，才能构成违纪，才应承担相应的责任与后果。就这些违纪行为而言，如果违纪主体没有党纪中相应的规定，它就不构成违纪。违纪主观方面各要素的认定，是指在违纪案件中，纪检部门在审理具体案件时，在调查违纪主体是否具备构成中主观要件的必不可少的步骤。这一步骤在纪检实践当中不一定被独立地列为一个阶段或一项独立的内容，它可能在调查违纪主体事实的同时加以解决。总之，这种认定在纪检实践当中是客观存在的。事实上，对违纪主体主观方面各要素的认定，将成为违纪主体是否承担责任的界定标准，在纪检案件中有着十分重要的意义。

2. 违纪主观方面各要素认定的目的。对违纪主体主观方面各要素的认定，与对它危害事实的认定一样，都是纪检程序中要解决的问题，其目的也是为了确定违纪主体是否构成违纪。但是，相比之下，对违纪主观方面各要素的认定，比对其危害事实的认定要复杂的多，因为违纪主体的罪过或目的或动机来自他的内心。然而，在通常的纪检程序中，纪检工作人员对违纪主体过错、目的或动机的认定一定要十分谨慎，否则过于轻率，将不可避免地导致冤案的产生。

3. 认定的一般方法。违纪主观方面的认定，主要是违纪主体故意和过失的认定。违纪主体的故意或过失统称为过错，对违纪主体故意或过失的认定也即对其过错的认定。对某些违纪主体来说，只有在违纪主体有故意的情况下它才构成违纪，而有些情况下，违纪主体只要有过失即可构成违纪。

（三）违纪行为的主观方面的表现

1. 故意。它是指明知自己的行为会发生违纪行为的结果，而希望或放任这种结果发生的心理态度。故意包含两项内容或称两种因素：一是行为人明知自己的行为会危害社会的结果，这种"明知"的心理属于心理学上所讲的认识方面的因素，亦即意识方面的因素；二是行为人希望或者放任这种危害结果的发生，这种"希望"或"放任"的心理属于心理学上意志方面的因素。故意分为直接故意和间接故意两类。直接故意是指行为人明知自己的行为必然或可能发生危害社会结果，而希望这种结果发生的心理态度。间接故意，是指行为人明知自己的行为可能发生危害社会的结果而放任这种结果发生的心理态度。明知自己的行为会发生危害社会的结果，既指行为人明知自己的行为必然要发生某种危害结果，也指可能要发生某种危害结果。对于这种结果，具有故意的行为人在意志方面是持"希望"或"放任"态度的。"希望"或"放任"的态度将决定行为人的故意是直接故意还是间接故意。需要注意的几个方面：一是故意的认定。明知的内容应当包括党纪所规定的构成某种违纪所不可缺少的危害事实，亦即作为违纪构成要件的客观事实。具体来说包括3项内容：①对行为本身的认识，即对党纪规定的危害社会行为的内容及其性质的认识；②对行为结果的认识，即对行为产生或将要产生的危害社会结果的内容与性质的认识；③还应包括对与危害行为和危害结果相联系的其他构成要件事实的认识，即对党纪规定的对象要有认识，对违纪手段要有认识，对违纪的时间、地点要有认识。对违纪主观方面各要素的认定，应当包括对其意识内容（即明知与否）的认定和对其意志内容（即希望或放任与否）的认定。二是对违纪行为的分析。主要看违纪主体所采取的具体违纪行为。违纪主体实施违纪行为时采用了什么方式？比如违纪主体运用权力，谋取私人利益，从运用权力这种方式的性质上，我们知道它具有强势性、不公平性；从违纪结果看以权谋私的具体目标，这种目标可能是公款、利益相关体的好处费等，不同的目标可以反映出违纪主体不同的意图。对实际违纪结果的分析，实际上还是分析这种违纪结果与违纪主体违纪行为间的因果关系。在故意违纪的情况下，违纪主体的违纪危害行为通常会直接导致违纪结果的发生。但在有些情况下，实际的违纪危害结果虽然由违纪主体的危害行为直接引起，但这种结果与违纪主体违纪行为之间的因果关系却并不直接，或虽直接但该行为不是造成违纪结果的主要原因。

2. 过失。是指应当预见自己的行为可能发生违纪行为的结果，因为疏忽大意而没有预见，或者已经预见而轻信能够避免，以致发生这种结果的心理态度。过失分为疏忽大意的过失和过于自信的过失两类。疏忽大意的过失，是指应当预见自己的行为可能发生危害社会的结果，因为疏忽大意而没有预见，以致发生这种结果的心理态度。过于自信的过失，是指已经预见自己的行为可能发生危害社会的结果，但轻信能够避免，以致发生这种结果的心理态度。可以根据注意义务的大小对过失作进一步的分类：①重大过失。即违反普通人的注意义务，也就是说，违纪主体如果仅用一般人的注意就可以预见，但却怠于注意不作相应的准备，这种心理状态就是重大过失。②具体轻过失。是指违纪主体违反应与处理自己事务相同的注意义务。一般认为，如果违纪主体不能证明自己在主观上已尽该种义务，即存在具体轻过失。③抽象轻过失。是指违纪主体违反善良管理人的注意义务。这种过失是抽象的，不依违纪主体的主观意志为标准，而以客观上应不应当作为标准。因而这种注意义务是最严格的。

在理解过错时，应注意以下几点：首先，过错是一种主观状态，是一种可归责的应受非难的心理状态。如仅仅根据违纪主体的外部行为而责令其承担责任，不能体现出党规对违纪主体的惩罚与教育功能。其次，在责任的认定与追究上，违纪主体的过错只有通过违纪行为表现出来才有实际意义。而违纪主体的过错总会通过某一违纪行为反映出来，我们也只有通过违纪主体的行为才能了解与判断违纪主体的主观心理状态。最后，与故意需要认定一样，过失同样需要认定。在过失的形式当中，无论从主观意识还是意志，过失的违纪主体与故意的违纪主体都有所不同。从违纪主体的意识上看，故意要求违纪主体对违纪行为产生的结果是"明知"的，过失则要求违纪主体"应当预见"到危害结果但由于他的疏忽大意而"没有预见"，或者虽然预见到，但他又"轻信"这种结果能够避免；从违纪主体的意志上看，故意的违纪主体是希望或者放任危害结果的发生，过失的违纪主体既不希望也不放任危害社会结果的发生。

基于上述理由，认定行为过失时也可考虑故意认定的一些因素，但过失又会显现其本身的特征：①违纪动机和目的仅存在于故意形态当中。过失的违纪主体是没有动机的，因为他并不追求或者放任违纪结果的发生。②因为违纪主体并不追求违纪结果，所以违纪主体实施的具体行为并不直接指向这种结果，并且违纪结果可能不是该行为产生的唯一结果；如果是唯一的结果，那么这种结果一定超出了违纪主体所追求的违纪程度。因为违纪主体并不追求违纪结果的发生，因而在过失违纪过程中，不存在违纪主体有预谋以及与此相关的情形。③实际发生的结果，可能有违纪主体追求的良性结果，也可能有与此相伴的违纪结果；或者只发生了违纪结果而没有发生良性结果，这就可能构成了过失；如果只发生了良性结果而没有发生违纪结果，就不存在违纪的认定问题。④在认定过失时，同样要考虑发生违纪结果时与发生该结果有关的时空条件；这些条件对于违纪结果的发生所起的作用，以及这种作用是否为违纪主体所"应当预见"，或者在他看来在这种条件下"可以避免"违纪结果的发生。⑤对侵害对象的具体情况考查，也会影响到行为人对违纪结果是否应当预见，或就该具体的侵害对象来说他认为违纪结果能够避免。⑥违纪主体的智慧或学识将决定他对违纪结果是否应当预见，或者他已经预见到了但他能够避免违纪结果的发生。就过失违纪的违纪主体意志来看，如何认定违纪主体在主观上不希望或不放任违纪结果的发生，这要看违纪主体所实施的行为与违纪结果之间是否存在直接的必然的因果关系，因果关系直接，行为人的过错形式可能就不是过失而是故意。

3. 故意与过失的区别。必须弄清间接故意与过于自信的过失之间的区别。第一，在认识因素上，间接故意的行为人，对发生危害结果的可能性并没有产生错误认识；而过于自信的过失对于危害结果发生的可能性存在错误认识，在过于自信过失情况下，作为人虽然也认识到危害结果发生的可能性，但在行为人主观上认为存在危害结果发生的可能性不会转化为现实性。第二，在意志因素上，间接故意的行为人虽然不希望犯罪结果发生，但也不采取防止措施防止危害结果发生，而对危害结果的发生听之任之，危害结果的发生并不违背其本意；过于自信的行为人则是希望危害结果不发生，希望并利用有利条件避免危害结果发生，只是事与愿违，危害结果还是发生了。

五、纪律处分时运用规则要注意的几种情形

2020 年暴发新冠疫情后，针对防控过程中出现的问题性质、程度的不同，习近平总书记针对其提出了明确处理意见："对党中央决策部署贯彻落实不力的，要敢于批评，责令整改；对不服从统一指挥和调度、本位主义严重的，对不敢担当、作风飘浮、推诿扯皮的，除追究直接责任人的责任外，情节严重的还要对党政主要领导进行问责""对失职渎职的，要依纪依法惩处"。

1. 从重处分和加重处分。从重处分是指在条例规定的违纪行为应当受到的处分幅度以内，给予较重的处分，加重处分是指在条例规定的违纪行为应当受到的处分幅度以外，加重一档给予处分。就一种具体的违纪行为而言，在适用从轻处分或者从重处分问题上应根据违纪事实确定所适用的应当受到的处分幅度，然后再在此基础上选择较轻或者较重的处分种类。比如对一违纪行为，按照规定应予警告、严重警告处分的，如果从轻处分，则应给予警告处分，如果从重处分，则应给予严重警告处分。

2. 从轻处分和减轻处分。从轻处分是指在条例规定的违纪行为应当受到的处分幅度以内，给予较轻的处分。减轻处分，是指在条例规定的违纪行为应当受到的处分幅度以外，减轻一档给予处分。条例规定的只有开除党籍处分一个档次的违纪行为，不适用第 1 款减轻处分的规定。应当注意，第一，从轻处分适用只能在规定的违纪行为应当受到的处分幅度以内，而不能在规定的应当受到的处分幅度以下；第二，从轻处分也不是必须在规定的处分幅度内选择最轻的处分适用，只要选择的是其中较轻的处分即可。

3. 主动交代。它是指涉嫌违纪的党员在组织初核前向有关组织交代自己的问题，或者在组织初核和立案调查其问题期间交代组织未掌握的问题。应当注意的是，在此种情况下可以从轻或者减轻只能及于违纪党员主动交代了的违纪行为。如果违纪人员还有其他违纪行为而未主动交代的，那么，对查处的其他违纪行为则不能适用可以从轻或者减轻处分的规定。主动检举同案人或者其他人应当受到党纪处分或法律追究的问题，经查证属实的，可以减轻或从轻处分。所谓主动检举是指涉嫌违纪的人员向组织自觉反映其他人员的违纪问题。这里检举的对象既包括特定对象，即同案人，也包括非特定对象，即其他人。所谓同案人，是指与违纪人员共同违纪的其他人。所谓经查证属实，是指经过组织对涉嫌违纪的人员所检举的问题进行调查取证，事实确实存在的。这里的主动检举行为，应当发生在涉嫌违纪人员被立案之后和被处理之前，才能作为从轻或者减轻情节来对待。

4. 主动采取措施挽回损失。它是指党员在违纪给党国家和人民利益造成损失后，主动积极采取措施，使损失得以挽回的行为。有效的阻止或避免危害结果发生，是指在违纪造成危害结果之前，就中止了违纪行为，并有效地阻止了违纪行为所可能造成的危害结果的发生。这里的主动挽回损失或者有效的阻止危害结果发生的行为，既可以发生在违纪行为被立案之前，也可以在被立案之后，关键在于上述行为确实有效的挽回了损失或者有效的阻止了危害结果发生。

5. 共同违纪。它是相对于单独违纪的一种特殊的违纪形式，是指2人以上（含2人）共同故意违纪。共同违纪的构成，必须同时具备如下3个主客观条件：一是共同违纪的主体条件，2人或者2人以上，并具有责任能力的人或者单位；二是从共同违纪的客观方面看，构成共同违纪必须各个共同违纪人具有共同的违纪行为；三是从共同违纪的主观方面看，各个共同违纪人必须具有共同的违纪故意。共同违纪主要有以下3种形式：结伙违纪、聚众违纪、集团违纪。结伙违纪，是指2人以上结帮成伙，没有组织的共同违纪。这种共同违纪通常是实施1次或数次违纪后就散伙；聚众违纪，是指以聚众的形式共同违纪；集团违纪，是指各共同违纪行为人之间建立起组织形式的共同违纪或者称有组织的共同违纪。根据《纪律处分条例》第25条规定，2人以上（含2人）共同故意违纪的，对为首者，从重处分，条例另有规定的除外；对其他成员，按照其在共同违纪中所起的作用和应负的责任，分别给予处分。对于经济方面共同违纪的，按照个人所得数额及其所起作用，分别给予处分。对违纪集团的首要分子，按照集团违纪的总数额处分；对其他共同违纪的为首者，情节严重的，按照共同违纪的总数额处分。教唆他人违纪的，应当按照其在共同违纪中所起的作用追究党纪责任。

6. 集体违纪。它是指党组织领导机构集体作出违反党纪的决定或者实施其他违反党纪的行为。党组织领导机构集体作出违反党纪的决定或者实施其他违反党纪的行为，对具有共同故意的成员，按照各自在集体违纪中所起的作用和应负的责任，分别给予处分，集体违纪之中具有共同故意违纪成员的行为，属于共同违纪形式。集体违纪的主体是党组织的领导机构，如果是个别领导成员或少数领导成员做出的违反党纪的决定或者实施的其他违反党纪的行为，则应由个人或少数人负责，不应追究集体责任。集体违纪的主观方面包括故意或者过失，不仅包括那些集体故意做出的违犯党纪的决定或者实施的违反党纪的行为，而且包括那些集体过失做出的违犯党纪的决定或者实施的规范党纪的行为。在客观方面，集体违纪人必须具有共同违纪的行为，即每一个集体违纪人都参与做出了违犯党纪的决定或者实施违犯党纪的行为。对于没有参与或持反对意见的，不能认定为集体违纪人。

对于党组织领导机构集体作出违反党纪的决定或者实施其他违反党纪的行为，情节较轻的，根据《纪律处分条例》第 26 条的规定，对于集体违纪人，属于过失违纪的，按照各自在集体违纪中所起的作用和应负的责任，分别给予党纪处分。情节较重的、情节严重的，给予相关集体违纪人员党纪处分后，同时依据条例第 9 条相关规定，对做出违反党纪的决定或者实施其他违反党纪的行为的党组织作出决定，予以改组、解散。

思考题

1. "违纪"的内涵是什么？
2. 共同违纪的条件是什么？
3. 违纪主观方面如何认定？
4. 量纪中从轻、减轻处分和从重、加重处分如何运用？

阅读文献

1. 《中国共产党纪律处分条例》，法律出版社 2018 年版。
2. 《中国共产党问责条例》，法律出版社 2019 年版。

第十二章

制度建设与多措共治

教学目的和要求：

学习和掌握纪检监察方法的各种组合，把握纪检监察学的发展趋势，通过理解纪检监察需要多学科、广领域的综合预防战略，从而借助不同层次的法律、法规、监察和道德堵塞腐败发生的漏洞，正确运用制度具有全局性、根本性和长远性的特点，坚持标本兼治，夺取反腐败斗争压倒性胜利，实现海晏河清、朗朗乾坤。

教学要点：

1. 纪检监察制度建设的重要性及其发展趋势
2. 纪法衔接及其共治
3. 纪检监察各种方法的组合

制度，是人类社会的重要现象，也是人类社会的特有现象，甚至还可以说是人类社会的本质现象之一。从社会的发展和人的发展的漫长历史进程中，我们越来越能感受到制度的价值与意义，制度推进了社会的进步，也促进了人的发展。纪检监察工作同样离不开制度的保障，制度建设具有根本性、全局性、稳定性、长期性，是推动纪检监察治理体系和治理能力现代化的基础性工作。具体来说，纪检监察制度建设首先要有利于反腐倡廉，包括党内法规制度、监察制度、法律制度、道德制度等四个层面，这四个层面的制度并举和有效组合决定着党风廉政建设和反腐败斗争未来的发展方向和改革路径的选择，也预示着全面从严治党的未来发展趋势。

第一节 制度建设

习近平总书记在十九届中央纪委四次全会上提出"腐败和反腐败斗争"的概念，充分反映我们在当前的反腐败斗争中发现，外部消极因素对权力具有很强的侵蚀性、感染性，以制度防范外部侵蚀将成未来反腐新动向。在建构全面从严治党体系方面，要将腐败发生的机会减至最小，就必须坚持多学科、广领域的综合预防战略，树立标本兼治治理腐败的基本理念，借助不同层次的法律、法规、监察和道德堵塞腐败发生的漏洞，将腐败"高回报、低风险"的状况变为"低回报、高风险"，不断推进党和国家廉政治理体系和廉政治理能力的现代化，为实现中华民族伟大复兴的中国梦提供强健有力的制度保障。

一、纪律制度

纵观 70 多年波澜壮阔的反腐倡廉建设历程，惩治腐败、保持党的先进性与纯洁性始终是我们党自我发展、自我提升、自我革命、自我建设的主题。改革开放以来，党带领人民在 40 年勠力同心的接续奋斗中，形成了中国特色社会主义反腐倡廉制度体系和理论体系，走出了中国特色社会主义反腐倡廉道路，也为世界各国治理腐败问题提供了中国方案。进入新时代，我们要继续深入研究当前反腐倡廉建设的特点、困境与规律，在深刻认识当前反腐败斗争基本态势的基础上把握反腐倡廉建设的发展趋势，牢牢掌握反腐倡廉建设的历史主动权。一体推进不敢腐、不能腐、不想腐的党内法规制度体系建设。要以建立健全党内监督制度为重点，以严明党的纪律为核心，以提高制度执行力为抓手，补齐党内制度短板，逐步建成系统完备、衔接配套、立治有体、施治有序的制度体系，切实提高制度执行力，增强制度实效。十八大以来，我国腐败案件总量不断下降、政治生态逐渐好转，反腐倡廉建设在动态中呈现循环上升、不断前进的发展趋势。基于对当前反腐败斗争形势的分析，我国纪检监察制度建设的发展趋势主要体现为以下三点：

1. 反腐工作由惩治向预防转变。"一切有权力的人都容易滥用权力，这是一条万古不变的定理。"从十八大以来被查处的官员情况来看，腐败的一个重要原因就是权力配置失衡。一旦权力过分集中、运行不受约束，就容易滋生权力滥用及腐败行为。因此要加强对权力的制约和监督，给政府的权力设定边界，从源头上减少腐败机会。通过界定权力的职责范围、加强对权力的监督，构建科学有效的权力制约机制，规范权力运行。当前反腐败工作在严惩贪污腐败的同时，更注重加强巡视与监督的落实，这有助于反腐败工作由事后惩治向事前防范转变。随着腐败形势的好转，以制约、监督权力为主要特征的事前防范将成为反腐败工作的重点。

2. 构建反腐倡廉长效机制。由于反腐败斗争具有长期性、复杂性、艰巨性，必须坚定不移地推进反腐倡廉建设，这就要求通过制度建设完善反腐倡廉教育机制、监督机制、惩处机制和领导体制，形成一套相互衔接、行之有效的长效机制。当前我国的反腐败工作正在由依靠惩治腐败形成高压态势，转向依靠严明纪律、思想教育、加强监管等手段构建反腐倡廉长效机制，以实现治理腐败的持久性和长效化。通过各项体制机制规范党员干部的行为，使反腐败工作真正做到有序而高效地开展，是巩固当前反腐成效、推进反腐倡廉建设的必要保证，也是推进我国治理能力和治理体系现代化的现实要求。

3. 增强反腐手段的科技优势。每个时代都有其面临的问题和要解决的任务。面对当前腐败形式隐蔽多样、案情更加复杂的现状，应当以改革创新精神优化反腐工作方式，发挥科技优势提高反腐工作成效。当前现代科技手段在预防与惩治腐败过程中的积极作用正日益显现。电子政务系统、网上招投标系统的运用，提高了公共权力运行的透明度，极大压缩了运用公权暗箱操作的灰色空间；开设微博评论、网上举报系统，为人民群众增加了检举腐败、维权申诉的渠道；运用现代科技手段建立领导干部廉政信息系统，在一定程度上实现了信息共享的对称性。由此可见，随着技术手段的不断成熟和操作流程的日益完善，科学技术将在反腐倡廉建设过程中拥有更广阔的运用空间。反腐倡廉建设不仅是党的建设的重要内容，也是促进我国社会转型、实现国家治理体系和治理能力现代化的必要环节。

4. 把"两个责任"固化为制度。落实党风廉政建设责任制，党委负主体责任、纪委负监督责任是深化反腐败体制机制改革的关键。从《监督条例》《关于实行党风廉政建设责任制的规定》到《中国共产党问责条例》等都贯穿着"两个责任"，明确责任内容，完善责任追究机制，实施责任追究的具体程序。完善纪律检查双重领导体制，需要出台上级纪委加强对下级纪委领导的相关法规制度，指定下级纪委向上级纪委报告线索处置和执行审查情况的具体办法，落实以上级纪委领导为主的要求，进一步明确上级纪检机关对下级纪检机关领导的范围、权限、程序、方式、后果，做到上命下从、步调一致，推进纪检监察一体化进程。

5. 厘清"正面清单"与"负面清单"。党内法规的条文内容可采取"正面清单"与"负面清单"相结合，正面清单要"够得着"，负面清单要"兜得住"。对于党内一些高阶位的廉洁自律准则、政治生活准则、组织生活准则等，都采用"正面清单"的方式对全体党员特别是党员领导干部提出正面要求，成为我们党向全党发出的政治宣言、道德宣言和对人民作出的庄严承诺。而党纪处分条例及其他一些纪律处分规定采用"负面清单"的形式，通过相关配套制度，以及一些地方探索创造经验，对党员参加组织生活、例行职责、接受礼品、参加宴请、获得报酬、处理家庭关系等行为作出详细规定，比如党员干部接受礼品不能超过多少钱，什么情况可以收，什么情况下不能收，迫不得已情况下收了之后怎么办，各种规则对出现的情况都规定的详实具体。

当然，构建党内监督体系是一个系统性工作，绝不是单纯靠《监督条例》等几个制度就能解决所有问题，党内监督制度体系应当以《党章》为核心，以《监督条例》为主干，以配套规定和其他监督法规为重要补充的制度体系。在具体内容上应当包括完善党内组织制度，如差额选举制度、职务任期、干部交流、岗位轮换、亲属回避等制度；完善党内领导制度，如集体决策、分工负责等制度；完善党内工作制度，如任期目标实绩考核、请示汇报、财物开销等制度；完善党内生活制度，如权利保障、民主生活等制度。要通过各项制度，切实把能上能下、有奖有惩结合起来，把党管干部、多方制约结合起来，把上级管下级、主要领导管班子成员结合起来，发挥各级党组织和各工作部门的堡垒作用，形成以上率下、一级抓一级的党内监督长效机制。

二、监察制度

1. 监察制度应建立缜密的监督体系。目前党纪国法有关监督制度的规定非常多，从监督主体上讲，各级纪检监察机关、监察机关是专门的监督机构，各级人大、政协对党政干部也有监督的权利和义务，新闻媒体、普通党员和人民群众可以对党政领导干部的腐败行为进行曝光、检举。从监督的内容上看，也是无所不包。但这些监督规定或者主体之间缺乏协调，或者监督权力配置不合理，或者监督措施不配套，操作性不强，落实不到行动上。因此我国的反腐败立法必须从制度设计上明确党纪监督、国家监督、审计监督、司法监督和国家机关内部各种形式的监督机构的职责、相互关系及配套措施，使各个监督机构彼此之间相互协调、共同发生作用。当前迫切需要做好整个国家监督体系的顶层设计，既加强党的自我监督，又加强对国家机器的监督。监察委员会的成立和《监察法》的通过和实施，健全国家监督组织架构，扩大监察范围，整合监督力量，形成覆盖国家机关和公务人员的国家监察体系，使党内监督与国家监察相互配套，形成合力。

2. 监察制度规范公共权力运行。从这些年和最近揭露处理的一些涉及领导干部的大案要案来看，腐败发生的一个重要的原因就是一些领域的体制机制还不健全，相关的规章制度设计不够完善。因此如何将公共权力纳入法治轨道，将公共权力体系纳入国家法律体系的调整之中，是我们面临的一个重大课题。从宏观上来讲，党的十八届三中全会通过的《中共中央关于全面深化改革若干重大问题的决定》和四中全会通过的《中共中央关于全面推进依法治国若干重大问题的决定》中的许多内容，实际上都与反腐败工作息息相关，都是从国家层面推进预防腐败工作的重大战略部署。三中全会通过的决定一共16章，有13章涉及解决政府、市场、社会三者的关系，目的就是通过深化改革，使政府监管、市场调节、社会服务三者的边界更加清晰、市场在资源配置中真正起决定性作用，把公共权力关进制度的笼子。四中全会通过的决定涉及完善社会主义法律体系、推进依法行政、保证司法公正、改进党对依法治国的领导等多项内容，其中贯穿始终的一条主线就是通过国家监察层面，规范和约束公权力的运行。从这个角度来看，三中全会的决定和四中全会的决定，实际上也是推进反腐败斗争的新部署。

从微观上讲，当前规范公共权力运行方面，应重点围绕"事、财、人"三权运作，建立健全各项法律，让公共权力在有关制度的框架中规范运行。在围绕"事权"方面，要制定政务公开、民主监督、领导干部述职述廉、重大事项报告、咨询和民主评议等法律法规，防止领导干部权力过分集中和暗箱操作；在围绕"财权"方面，要完善财政管理体制，建立和健全收支两条线、部门预算、国库集中支付、政府采购、工程招投标等法律，积极探索职务消费的法律规定，从制度上保证财政资金的使用和国有集体资产的交易均能处于严密监控之下；在围绕"用人权"方面，要建立健全一整套科学合理的规范领导干部推荐、公开选拔竞争上岗、领导干部引咎辞职、选拔任用工作责任追究和用人失误失察追究等方面的制度。

3. 监察制度约束公共权力运行。从监察上讲，对于公共权力的"规范"和"约束"是两个不同的层面，"规范"主要侧重于"遵从性"，强调权力主体应当按照法定轨道合法行使公共权力，"约束"主要侧重"惩治性"，强调监督主体对公共权力非正常行使的发现、检查与纠偏机制。当然"规范"和"约束"不能绝对割裂开，两者往往你中有我，我中有你。当前从约束公共权力方面在探索以下监察制度。一是建立对"裸官"的监督管理机制，明确凡配偶、子女均移居国（境）外的公职人员，不得担任部门或单位"一把手"；凡配偶、子女均已移居国（境）外的，必须向所在单位如实申报；凡配偶、子女均已移居国（境）外的公职人员，资金流动状况要予以监测。二是在建立金融实名制度基础上，要求公务员在内的所有公民在金融机构开设账户时使用实名，一次性交易超过一定数额的进行记录，防止黑色收入与灰色收入，此外还要制定与之配套的遗产税和赠与税等制度。三是加快推进个人住房信息联网，从官员的房产数量与其收入的对比中，可以初步判断官员的清廉程度，提高腐败暴露的几率。四是制定公民举报和新闻监督方面的制度，从规则上鼓励和保障公民合法的信访举报，提高新闻媒体的反腐败监督力度，特别是要完善网络反腐平台，建立一整套资料收集、舆论应对、案件查证、结论反馈的处置处理机制，实现网络反腐的日常化、制度化和规范化。

三、法律制度

法治反腐是在法治思维下构建反腐模式，是一个国家政党、政府及公民在法治理念统领下，沿着法治规则方式设定轨道运行并处于或接近预期设定状态，是一项系统而复杂的工程。法治反腐是政治文明建设的必由之路，是对"运动反腐""权利反腐""制度反腐"的新发展，是制度反腐的坚强保障和内在超越，是制度反腐的更高层次模式和实现方法。这意味着反腐从治标到治本的根本性转变，也是国家治理现代化的新阶段。但腐败本身也在不断发生演化，向经济、政治、文化、社会和党的建设等领域渗透，在经济建设领域特别是土地、矿产资源和工程建设领域，腐败行为仍然易发多发，一些社会中介组织违法违规，引发不公平竞争；在政治建设领域，腐败行为主要表现在用人权和决策权的滥用上；在文化建设领域，腐败腐蚀着人们的思想意识和精神信仰；在社会建设领域，损害群众利益的突出问题时有发生。习近平总书记多次提出，善于用法治思维和法治方式反对腐败。十九届四中全会又强调强化党和国家监督的体系，法治反腐作为重要的权力监督制约机制制度，具有更加成熟、定型性的显著制度优势。十八大以来，党中央坚持运用法治思维和法治方式反对腐败，取得了"压倒性态势已经形成并巩固发展"的卓著成效。但是，反腐败形势依然严峻，全面深入的推进依法反腐，是全面从严治党向纵深发展的必然要求，是国家治理能力提升、国家走向治理能力现代化的必然要求。从现实情况来看，腐败往往与刑法中所规定的国家公职人员违反或偏离公共职责、滥用公共权力的职务犯罪之间具有天然的联系，加大惩治腐败方面的法律设计，可以从两个层面，即思维理念层面和实践应用层面构建法治反腐模式。法治反腐包含公平正义的反腐观念要素、权责一致的反腐制度框架、程序规范的反腐运行秩序和科学有效的组织机构。

1. 树立"严织法网、宽严相济"理念。从目前的形势来看，在一定时期内保留对贪污受贿犯罪的死刑显然有其必要性和合理性，对罪行和罪责极其严重的贪污、受贿犯罪分子判处死刑也是适当的。但是从改革和人权事业发展的趋势来看，还是应当对贪污受贿罪的死刑做一些限制，出台一些具体的掌握标准，不能滥用死刑，实际上在当前反腐败斗争严峻复杂的形势下，我们不能一概而论地主张对腐败犯罪必须严刑峻法，但也不主张非刑化、轻刑化。从犯罪学的角度来看，惩治腐败的关键不是严刑峻法，而是严织法网、没有遗漏，不让任何违纪违法者心存侥幸。因而从实际上要降低职务犯罪构罪标准，采取定性不定量的立法模式，设定广泛而细致的规范，不开口子，不留死角。同时也要区别对待，在严格执纪执法的同时，对有一般违纪违法行为者、认识并愿意改正错误者，本着惩前毖后、治病救人、抓早抓小的原则，可从轻或者免除处分。对于触犯刑律，需要追究刑事责任的，如果确有悔罪表现的，量刑时可酌情从轻处理。

2. 从受贿罪的认定趋势分析，应当是扩大部分腐败犯罪的行为范围。《刑法》第 385 条规定，"国家工作人员利用职务上的便利，索取他人财物的，或者非法收受他人财物，为他人谋取利益的，是受贿罪。"当前，根据腐败发生的新形式、新类型，这包括：①应当将受贿罪贿赂的范围扩大至"财物和其他财产性利益"，包括汽车、股票、股权、基金、期权等。②取消受贿罪"为他人谋取利益"和行贿罪"为谋取不正当利益"之规定，既减少实践认定的困难，也可适当扩充其行为范围，提高《刑法》的威慑力。③将挪用公款罪、挪用资金罪的对象从"公款""资金"扩大至"财物"，同时取消挪用公款（或资金）进行营利或者非法活动的"归个人使用"的限制，进一步强化挪用型犯罪的保护客体和罪证特征。④扩大行贿的行为方式，将允诺给予、提议给予好处的行为纳入行贿的行为方式范畴。

3. 从腐败犯罪的定罪量刑标准调整来看，基于当前贪污罪、受贿罪定罪量刑的具体数额要改为"该罪数额加其他犯罪情节"的模式，解决当前司法实践中存在的同罪异罚、异罪同罚、罪刑失衡的问题。2015 年 8 月新通过的《刑法修正案（九）》中已采取的模式，删去对贪污受贿犯罪规定的具体数额，原则规定数额较大或者情节较重、数额巨大或者情节严重、数额特别巨大或者情节特别严重 3 种情况，相应规定 3 档刑罚，并对数额特别巨大，并使国家和人民利益遭受特别重大损失的，保留适用死刑。考虑到反腐败斗争的实际需要，对犯贪污受贿罪，在提起公诉前，如实供述自己罪行、真诚悔罪、积极退赃，避免、减少损害结果的发生，可以从轻处罚。另外，《刑法修正案（九）》规定，对犯贪污、受贿罪，被判处死刑缓期执行的，人民法院根据犯罪情节等情况，可以同时决定在其死刑缓期执行 2 年期满，依法减为无期徒刑后，终身监禁，不得减刑、假释。这一规定有利于体现罪刑相适应的刑法原则，维护司法公正，防止在司法实践中出现通过减刑等途径服刑期过短的情形，符合宽严相济的刑事政策。

四、德治制度

腐败行为是人类有意识、有意志活动的反映，而人的意识意志又与人的道德观念有关。时下，一些腐败分子在法庭上悔过、反省时，总强调思想滑坡、放松思想改造等是导致腐败的原因，这多少给人以"作秀"的感觉。不过，道德作为一种行为规范，从人们的内心制约人的行为，力量确实不可低估。中国古代的一些思想家早就提出了"德主刑辅"治国方略。现代一些西方国家在市场经济发展过程中也十分重视道德调控的重要作用。从政道德法制化是许多国家重要的反腐败立法实践，如果美国的《从政道德法》（1978年）、韩国的《公务员道德法》（1993 年）、新加坡的《公务员行为准则》（2006 年），2005 年中共中央颁布的《建立健全教育、制度、监督并重的惩治和预防腐败体系实施纲要》也提出，要"探索制定公务员从政道德方面的法律法规"。《中共中央关于全面推进依法治国若干重大问题的决定》中进一步强调，"要坚持依法治国与以德治国相结合"，"以法治体现道德理念、强化法律对道德建设的促进作用，以道德滋养法治精神、强化道德对法治文化的支撑作用"。近年来，一些专家学者也多次呼吁，建立适合我国国情的道德准则充实官德规范体系，通过健全制约权力法规和相应的执法机构促进官德建设。

纪检监察在个人道德问题上既有程序正义，也有实体正义，尊重与保障党员人权，但党员的作风问题，特别是个人贪占公家财物，这不单是违纪问题，更是品德问题，要"公德"和"私德"明晰，把公德与私德要求融入制度建设之中，许多地方实施"清单制+责任制"，在监察机关内部设立道德操守监督机制，呈现出个人道德的相对独立。现阶段道德的法制化并没有得到普遍的认同，主要担心此举会混淆道德与法律的关系。我们认为，公务道德法制化是有一定理论基础的。其一，法律和道德是同时并存于同一事物的社会现实，道德是法律的基础，法律是显形的道德，二者具有互动的关系，可以相互转化。美国法律哲学家博登海默认为："关于一个法律制度是否完全能够不使用含有道德含义的广义概念，如诚信、犯意（犯罪意图）以及违背良心的行为等，也是值得怀疑的。"尽管我们无需也不能将一切道德建设的内容都法律化，但结合社会的变迁以及现实的需要，将一些重要公共道德的内容法制化也是道德与法律相互转化的辩证关系体现。

其二，道德的约束力常常是"软性"的，由于单纯靠人的主观意志来约束人的行为，对道德调节能力比较低的人而言，无疑是指望其用自己的右手去肯定自己的左手一样困难。把相关的道德行为条文化，靠法律将一些人失去的公务道德重新捡回来，才能逐渐形成清廉执政的自觉意识。另外，公务道德的一些基本要求可以用法制来进行判断。作为国家工作人员，就必须接受比普通公民更高更严的道德约束。将最基本的从政道德法律化、制度化，以法治的形式促进从政道德建设，能够起到"以德辅法""以法彰德"之效，如国家公务人员的权力是人民授予的，必须自觉接受人民群众的监督，拒绝监督、阻挠监督，则应受到法律的制裁。又如，公务人员手中的权力既可用于管理国家事务，同时也具备用于谋取私利或为亲友谋利益的有利条件。这就要求国家公职人员在行使权力中，要一视同仁，不亲不疏，秉公办事。用手中的权力谋取私利，为自己或亲戚、朋友等谋取私利，应当被追究法律责任。与其他人保持不正当男女关系，对一般人是道德问题，但对国家工作人员而言，不仅应该受到道德的谴责，还应该承担相应的法律责任。具体来讲，我国公务员道德立法应当从以下方面入手。第一，在立法内容上，规定公务员最低层次的道德要求，明确公务员的基本道德义务。美国著名法学家富勒在其名著《法律的道德性》中，依据道德所追求的价值层次的不同，将道德分为"义务道德"和"向往的道德"。"义务道德"主要是指公务员应当尊重的基本而必要的道德，"向往的道德"是公务员道德发展的方向，属于倡导性的高于义务范畴的行政道德。在立法上，有必要将"义务道德"法律化，包括忠于国家、忠于职守、廉洁从政、依法办事、生活作风等方面的基本道德准则。而"向往的道德"作为一种倡导性美德，无需法律化，但可以作为"提倡""鼓励"等政策性条款与"义务道德"一起纳入法律调整的范围内，以法律规范的有效性引导、推动公务员道德素质的提高。第二，在立法技术上，注重道德规范的可操作性。对公务员道德的要求不应仅仅是一些原则性的规定，而应尽可能具体，使之既可以比较容易被公务员接受和执行，同时也易于检查道德实践的效果。第三，在机构设置上，国家监察机关负责对违反道德法规尚未构成犯罪的行为进行监督检查，同时在全国人大设立公务员道德建设委员会，监督公务员道德方面法律法规的实施。第四，在用人制度上，把良好道德品质和良好道德声誉等作为录用公务员的标准，将社会公德和职业道德纳入公务员考核范围。

总之，推进党领导的中国特色社会主义伟大事业和党的建设新的伟大工程，迫切需要形成全党全社会反腐倡廉的强大合力。一方面，反腐倡廉建设事关中国特色社会主义伟大事业兴衰成败，必须融入中国特色社会主义伟大事业总体布局各方面，贯穿到经济、政治、文化、社会建设以及生态文明建设全过程。中国特色社会主义伟大事业是全党全社会的事业，反腐倡廉建设是这一伟大事业赋予全党全社会的历史责任。另一方面，反腐倡廉建设是党的建设新的伟大工程的重要组成部分，与党的思想建设、组织建设、作风建设、制度建设密不可分、相互促进。只有按照"五位一体"的总体布局全面推进党的建设，才能始终保持党的先进性、纯洁性，不断提高党的执政能力，确保党始终成为中国特色社会主义伟大事业的坚强领导核心。长期以来，我们党高度重视党风廉政建设和反腐败斗争，将其作为关系党的生死存亡的重大问题切实抓紧抓好，我国反腐倡廉建设取得明显成效，但同时我们必须深刻认识到，随着反腐败斗争的不断深入，腐败本身也在不断发生演化，向经济、政治、文化、社会和党的建设等领域渗透，反腐败斗争的形势呈现出一些新的特点，反腐败斗争的形势依然非常严峻、任务依然非常艰巨，迫切需要形成全党全社会反腐倡廉的强大合力。仅仅依靠某个机构、某个部门、某个行业的力量、使用一种方法是远远不够的，把各种方法组合起来，形成全党全社会反腐倡廉的强大合力，才能实现党风、政风、民风的根本好转，进而凝聚党心民心，更好地实现全面从严治党的目标。

第二节　我国纪律和法律共治及其衔接

党的十九届四中全会指出，建设中国特色社会主义法治体系、建设社会主义法治国家是坚持和发展中国特色社会主义的内在要求。必须坚定不移走中国特色社会主义法治道路，全面推进依法治国，坚持依法治国、依法执政、依法行政共同推进，必须要"加快形成完备的法律规范体系"和"加快形成完善的党内法规体系"，并且要"坚持法治国家、法治政府、法治社会一体建设""全面推进科学立法、严格执法、公正司法、全民守法，推进法治中国建设"。党内法规同国家法律等手段和方法，在全面从严治党方面前后衔接、左右联动、上下配套、系统集成，做到系统完备、科学规范、运行有效，才能确保更高层次的"纪法共建""纪法共治""反腐一体"，共同把我国制度优势更好转化为国家治理效能。

一、纪法衔接中纪律和法律概念的内涵

党纪即党的纪律的概念，虽有多种分析，但都认为应该有广义和狭义之分。有学者认为，"党的纪律"是指以《党章》为根本的整个党内法规，是一个系统性广义规范，它包括"一切应当受到纪律约束、纪律规范、纪律问责、纪律处分的行为和活动，执政党的所有与国家法律相对应的行为规范规则"。在治党实践中，纪律这种社会行为规则已普遍作用于社会生活的各个领域、各个层面和各个组织。关于狭义的党的纪律，表述为"要把党的纪律和规矩挺在前面，用纪律和规矩管住大多数，使所有党员干部严格执行党规党纪、模范遵守法律法规"。又有学者认为，狭义的纪律是成文的规矩，既然规矩可以包括狭义党规、规范性文件和法律，而这三者都是成文的，则成文的

规矩就应当包括这三者，由此狭义的纪律或党纪实际上就是指包括七种党规、九种规范性文件和法律在内的义务性规范的总体。在理论上纪律一般由纪律规范、纪律原则和纪律概念三个要素构成，而以上定义都是从整体上混沌地来论述纪律内涵或特征，多属于意义性阐释、实践型解释，对设置相应纪律后果本身的规范意识、规则意识均不够充分。

法治是一种治国理政的基本方式，也是我国推进依法治国和国家治理现代化的基本途径。我国现有法律体系由部门齐全、结构严谨、内部协调、体例科学、调整有效的法律及其配套法规等七个部门所构成，有广义与狭义之分。广义的法律，包括宪法、法律、行政法规、地方性法规、自治条例、单行条例等六个层次；狭义上法律仅指全国人大及其常委会制定的宪法（基本法律）和法律（一般法律）。由于腐败是自古以来人类就有的一种社会现象，人们早就思索消除腐败的方法。进入阶级社会以来，人们开始探索运用法律的手段。一项法律规则的存在，既有义务性规范，也有授权性规范，更主要的是禁止性规范，不仅意味着人们的行为在某种意义上是"非任意性的"，而且还是"义务性的"。习近平总书记强调，要"努力建设法治中国，以更好发挥法治在国家治理和社会管理中的作用"。推进国家反腐败立法是在法治道路上运用法治思维和法治方式来反腐败，近年来党和国家陆续出台了《中华人民共和国公务员法》《中华人民共和国政府采购法》《中华人民共和国反垄断法》有关反腐败方面的政策、办法以及法律法规，积极探索反腐败及有效防止腐败行为发生的法律途径；在监察方面，制定如《公职人员政务处分暂行规定》《中国共产党纪律检查机关监督执纪工作规则》，在法规制度建设上，国务院还制定了《关于实行党风廉政建设责任制的规定》等，共同形成了一个数量庞大、体系繁杂的法律法规的结合体。

以上情况表明，当党纪和国法这两个概念在具体案件中适用时同时作广义解释和使用时，或者在不同案件交叉作广义、狭义解释和使用时，由于党员干部对纪律概念缺乏整体感知，对纪律处分条款、规则范式、深层次思想内涵缺乏理性思考，党员干部了解纪律文本所营造的环境空间是以纪律后果为判断标准，而没有从纪律规范的高度来认识，这不仅会在理论上形成概念之间多对多、多对一和一对多的关系，引起概念内涵的含混，影响它们的统一性和规范性，而且在实践上就可能会影响纪律和法律在使用中的科学性和严肃性，进而对全面从严治党、依法治国的思想基础和理论引领产生负面影响，特别是纪法衔接。因此，一方面，应当从广义和狭义两个角度更加准确统一地界定党的纪律和国家法律这两个概念，明确精准、含义科学，减少不确定性，增加确定性内涵；另一方面，根据党内的现实需要，应当有所规范，尽可能避免在同时使用这两个概念时产生歧义现象。中央纪委应出台相应的纪律解释，增强党纪党规的系统性和严谨性，规范纪律概念作广义和狭义使用时的情形，与司法对法律作广义和狭义使用时的情形相对应。

我们认为，从党纪的特征来看，党纪具有强制性和约束力，多以义务规范的形式存在，属于党规中的义务性规范，不包括授权性规范。"纪"主要是指对违犯党的纪律行为的处理即党纪处分，是党组织依据《纪律处分条例》等相关规定，对违反党员（党组织）适用的强制性制裁措施，是党内的"刑罚"，《监察法》是全体公职人员的"政务规范"。因此"纪法衔接"所说的"纪"着重是指惩罚性的特指规范。党纪处分的实体性规范依据主要是《纪律处分条例》，程序性规范依据主要是《中国共产党纪律检查机关监督执纪工作规则》；政务处分的实体性规范依据主要是《行政机关公务员处分条例》《事业单位工作人员处分暂行规定》，程序性规范依据主要是《监察法》《公职人员政务处分暂行规定》。因为一方面，它们从"负面清单"上划出了党员和党组织不可触碰的底线，另一方面，它们都运用"他律"方法达到效果。同时，它们是通过用党纪政务处分的手段惩处违纪行为。"法"是指对违法行为的处理。而这里的"法"也是特定之法，即《刑法》和《刑事诉讼法》等强制性法律。事实上，刑事违法行为之外的其他违法行为不一定都构成违纪。在刑法意义上的违法就是犯罪，对违法行为的处理并不包括对一般违法行为的处理。"纪法衔接"是针对党员既构成违纪同时又构成犯罪的行为而言，是党纪处理和刑事责任追究关系之间一对一的衔接，具体是指对于党员根据《纪律处分条例》（《监察法》）规定构成违纪、根据《刑法》规定构成犯罪的行为，执纪部门始终以党的纪委（监委）名义行事，而执法部门则始终以司法名义行事。大量案例都表明，违纪行为处理过程中涉嫌违法就要移交司法机关，这需要做好党纪处理和刑事责任追究之间的平滑衔接。《纪律处分条例》专门就追究违法犯罪党员的党纪责任用专门条款作出规定，在已经实行执纪与执法事务分工的情况下，在涉及生命权、人身自由权等重要权利和法益时，要在贪污受贿的起刑数额上衔接，以《监察法》中留置权的规定方式行使，因为监察权平行于审判权和司法权。在办理腐败案件过程中，不仅仅是对党的纪律检查机关要求，对所有的党政机关、企事业单位适用，而且对司法机关也完全适用。

二、我国纪律和法律组合方式及其演变逻辑

党纪和国法在我国所体现的意志和利益是一致的，有许多共性特征，都具有强制约束力。就党员的行为而言，如果构成犯罪，则一定构成违纪，但党员构成违纪的行为未必都构成犯罪。由于纪律和法律调整范围的差异性和组合方式不同，衔接模式具体可分为三种类型：

第一类是党纪处理在司法处理之前，简称"纪在法前"，主要发生于纪律检查机关先行立案查处的党员违纪违法案件。具体表现为，对此类案件处理，由纪检机关先给予党纪处分，然后再将案件材料移送司法机关，由司法机关依法追究刑事责任。这类现象必须明确纪委监委和检察机关同时介入案件线索的分类、初核、立案、案件的调查和处理等各个流程的并行工作模式。有的纪律检查机关提请检察机关"提前介入"，由于《监察法》未涉及，如果确实需要，则应当适用什么程序、在什么情况下、介入的时间和批准的程序等要与有关司法机关建立协作机制，确保司法机关在办案过程中主动查清犯罪嫌疑人的政治面貌（是否党员），并将犯罪嫌疑人是党员的案件材料及时移送有关纪律检查机关处理。

第二类是纪律和法律并重进行，简称"纪法同行"。执纪审查与监察调查和法律全程同步启动，全程同步进行。纪律是党员的约束性规范，带电的"高压线"，对于普通民众而言仅仅是受法律的约束。根据《纪律处分条例》规定，党员依法受到刑事责任追究的，党组织应当根据司法机关的生效判决、裁定、决定及其认定的事实、性质和情节，结合具体案情，按照《刑法》《刑事诉讼法》的要求对证据进行把关，分别采用同步立案、先执纪审查监察调查后请求司法机关同时介入，或先司法调查后再执纪审查监察调查等，确保证据链条完整，衔接顺畅；纪委和监委的职责实现正确区分，对违纪人员依照《纪律处分条例》规定给予党纪处分，对公职人员依据《监察法》由监委给予相应政务处分。从实现工作无缝对接的角度来看，纪委要将发现的腐败案件线索和证据材料及时移交给依法调查和司法机关。实行纪律审查与监察调查取证工作环节录音录像，绝不允许出现指供、诱供等问题，并明确以纪委监委名义获取的证据可用于认定违法犯罪问题，使执纪审查与监察调查和

违法犯罪既相对分开又有机衔接。

第三类是党纪处理在司法处理之后，简称"纪在法后"。对于"纪在法后"的情形，是指司法机关对涉嫌犯罪的党员作出判决、决定或者裁定之后，将有关案件材料移交给有关党组织（主要是纪检机关）追究党纪责任的情形。具体表现可分为两种情况：一是纪检机关对自己先行立案的党员涉嫌犯罪案件不是先作党纪处理，而是先移送司法机关，待司法机关作出生效判决后再给予党纪处分；二是司法机关对先行立案查处的党员违纪违法案件先按照法律处罚后，将有关案件材料按纪律审查工作的程序性法规移送给有关纪律检查机关，由纪律检查机关直接依据司法机关处理结论给予党纪处分。这类现象的流程是，纪检监察机关进行纪律处分依据的是司法机关的结论。纪检机关办理案件过程中，要尽可能缩短司法处理和党纪处分之间的"时间差"。在作出处理的结果安排上，凡需要移送司法机关处理的，应当尽可能作出党纪处分后再移送。

以上这三种都属于纪法衔接具体表现形式，从社会效果来看，"纪在法后"不如"纪在法前"更利于体现纪律的严肃性。中国特色社会主义事业进入新时代，我国治国理政需要完善的纪律体系和完备的法律规范体系。各项事业不仅需发挥法律的重要作用，而且还需要发挥纪律的应有作用。《纪律处分条例》分析新问题、把握新形势，修改、完善、补充，细化了《党章》对党员、干部的纪律要求和廉洁自律要求，推进依法治国的同时依纪治党，在党内法规建设上彰显了选择"纪在法前"的逻辑性。

三、我国纪律和法律关系发展的历史阶段及发展趋势

1. 我国纪律和法律关系发展的三个历史阶段

当代中国的纪律和法律关系建构是一个适应社会经济乃至政治变化的过程，并不是一蹴而就的。中国共产党自成立以来就十分注重纪律和法律建设，但在整个新民主主义时代，党和政府合二为一，纪法也合二为一。党执政以来，计划体制时代也重视纪律的意识形态和价值取向作用发挥；改革开放以后，中国引入市场机制，纪法关系建构有很大的不同，让体制外的因素和主体在纪律和法律关系建设中发挥更多的作用。纪律和法律关系发展经历了三个历史阶段。

第一阶段，纪律依附于法律，纪律被法律所遮蔽（1949~1997年）。1949

年新中国成立以来，我国国家治理体系有法律、政策、道德等，对应的机构分别是司法机关、行政机关和社会舆论场等。虽然早在 1952 年就成立了中国共产党纪律检查委员会，但职责定位一直不清楚，纪律的内容模糊，违纪的惩戒措施不明确，纪律作为法律的"毛"，一直附着在法律等元素的"皮"上。这个时期我国的纪律和法律关系建设处于"摸着石头过河"的状态；纪律在内容上被理解为"群众路线""组织原则"和"优良作风"等提倡性规范，如 1956 年党的八大通过的《关于政治报告的决议》中指出，领导工作遵守"发扬党的群众路线的传统""贯彻执行集体领导和党内民主的原则""克服官僚主义和宗派主义"，就能够做到实事求是；纪委监察始终只是局限于党内监督，对于非党员身份的国家公职人员却无法涉猎。1992 年以来，针对党内出现严重的"自由主义""无组织无纪律""有令不行、有禁不止、各行其是"的行为，党的十四大报告提出，"任何人违反党的纪律，都必须给以应有的处理"。1997 年党的十五大报告指出，"各级党委要坚持'党要管党'的原则，把从严治党的方针贯彻到党的建设的各项工作中去，坚决改变党内存在的纪律松弛和软弱涣散的现象"。这种忽视纪律地位的状况导致了"要么是好同志，要么是阶下囚"。

第二阶段，纪律和法律并列存在，以法律为主（1997~2012 年）。建立社会主义市场经济体制以来，随着依法治国被列入《国民经济和社会发展"九五"计划和 2010 年远景目标纲要》，进而写入《宪法》，成为主流意识形态的重要组成部分，纪检监察不再是市场的参与者，而是市场规则的监督者。中国特色社会主义进入新时代，纪检监察活动围绕"纪律"展开，一方面源于"不受约束的权力必然导致腐败"，另一方面在于在整个社会树立正义价值。随着对中国共产党先进性不断发扬，纪委作用的发挥，党的纪律建设的稳步推进，经历了从无到有、从不甚健全到逐步完善、从零碎片段到系统合成的演变过程，基本上形成了比较完整的框架。1997 年中央首次印发的《中国共产党纪律处分条例（试行）》标志着党开始把纪律作为管党治党的手段。纪律和法律开始并列存在，同年提出和实施依法治国方略，要求建设社会主义法治国家。由于对违反《党章》、损害《党章》权威的违纪行为缺乏必要和严肃的责任追究，2003 年根据形势发展需要对《中国共产党纪律处分条例（试行）》进行了第 1 次修订；2007 年党的十七大报告指出，"深入开展党风党纪教育，积极进行批评和自我批评，使领导干部模范遵守党纪国法"。但实践上却出现了纪法不分的现象，在内容上存在交集，如《中国共产党纪律处分条例》和法律重叠的条款就高达 79 条。只有纪法分开，才能真正把党规党纪的权威性、严肃性在全党树起来，用纪律提高自我净化、自我完善、自我革新和自我提高的能力。

第三阶段，纪律和法律分开，纪律和法律独立发挥作用（2012 年至今）。2012 年党的十八大报告指出，"严明党的纪律，自觉维护党的集中统一。党的集中统一是党的力量所在，是实现经济社会发展、民族团结进步、国家长治久安的根本保证"。还指出，"党面临的形势越复杂，肩负的任务越艰巨，就越要加强党的纪律建设，越要维护党的集中统一。"提出"纪律建设"这个概念，在党的全国代表大会报告中是第一次。在全面系统整体建构的基础上，习近平总书记鲜明地提出："党纪严于国法""把纪律挺在前面"。党的十八大以来，党的纪律建设以对应的社会现象、涉及领域、发展思路和存在意义为对象，在纪律观念、纪律规范、纪律行为、纪律检查、纪律处分等对党内存在的宽松软现象解决和克服方面取得了理论、实践和制度创新成果。为了以党规党纪形式固化下来，2015 年中央修订《中国共产党纪律处分条例》标志着纪律和法律作为独立元素在治国理政中发挥作用，党的纪律成为管党治党的尺子和全体党员的行为底线。这次修订可称之为一次体系性修订，从此以后违纪行为处理与违法行为处理不可相互替代。腐败分子既违法又乱纪，从行政关系学和职务犯罪学理论来看，违纪和违法犯罪两种形态之间在我国的政体和法律制度下并不存在不可逾越的鸿沟，反而会产生"纪律责任、行政责任、违法责任和犯罪责任"四种责任。

2. 纪法共治的发展趋势

监察法实施过程中的新情况、新问题，需要实现执纪执法贯通、有效衔接司法。中央纪委国家监委法规室认为：一是要准确把握职责定位。纪委监委合署办公，是党内监督和国家监察的专责机关，既要执纪又要执法，必须履行好监督执纪问责和监督调查处置双重职责。二是要准确把握履职依据。坚持以党章党规党纪和宪法法律法规为依据，用好纪律和法律"两把尺子"，做到相互贯通、一体贯彻。三是要准确把握工作内容。纪检监察机关将查处违纪、职务违法、职务犯罪集于一身，依托纪检、拓展监察、衔接司法，统一于全面从严治党、党风廉政建设和反腐败斗争的实践。就纪法贯通来说，要整合规范纪检监察工作流程，强化内部权力运行的监督制约；健全统一决策、一体运行的执纪执法工作机制，健全完善各项规则和配套法规。比如《中国共产党纪律处分》条例的修订，很好实现与《监察法》的有效衔接。职务犯罪案件由监察机关调查终结，移送检察机关依法审查起诉，是一项重大的制度创新，必须有相应的法规制度予以支撑。因此，要完善监察调查与刑事司法的衔接机制，建立健全问题线索移送机制、刑事缺席审判协调机制、技术调查配合机制等等。在这方面，已出台了一系列法规制度，特别是新修改的《刑事诉讼法》，明确了《监察法》与《刑事诉讼法》衔接的各项要求，保障了法法衔接顺畅有序开展。

在法规制度建设上，一是研究起草政务处分法。将党内法规中有关纪律转化为对公职人员的要求；坚持党纪、政务处分轻重程度相匹配、工作程序相衔接，既把纪律挺在前面，体现纪严于法的要求，又突出政务处分的特点。二是研究起草监察机关监督执法工作规定。对标监督执纪工作规则，实现领导体制和工作机制、依纪监督和依法监察、适用纪律和适用法律、执纪审理和执法审理的有机融合；在事实认定、程序环节、法律适用上坚持法律法规的标准和要求，与以审判为中心的刑事诉讼制度改革相协调，实现与《刑事诉讼法》的衔接。三是研究起草监察官法。建设高素质专业化队伍，是履行纪检监察职责使命的内在需要。《监察法》规定实行监察官制度，而监察官法则是这一规定的具体化，它将明确监察官的条件、任免、等级设置等内容，为建立忠诚干净担当的监察官队伍提供法律依据。

第三节　纪律、监察与法律方法的选择与组合

全面从严治党，基础在全面，关键在严，要害在治。治理有不同类型，健全的治理也有不同标准，更有不同的类型。为此，学界展开了讨论和研究，有人主张"依规治党"，有人坚持"依法治国"，有人认为"纪法共治"等等。这些认识极大地丰富了全面从严治党的理论供给，有利于健全纪律、监察与法律相结合的全面从严治党体系。但在治理过程中，纪律、监察与法律是否是同一个层面的三种治理手段或方法，三者是否都可以实现全面从严治党，怎样使三者结合形成"最佳的全面从严治党"方法？德治始终像人体的血液一样渗透在以上三个实体性要素当中，需要从有利于完成全面从严治党的目标任务视角探寻三者及其结合实现全面从严治党的最佳方式方法。

一、全面从严治党途径的组合问题

习近平总书记 2014 年 12 月在中国共产党的历史上首次明确提出"全面从严治党"概念，并将其纳入国家总体发展战略布局。目前关于纪律、监察与法律及其三者结合的研究成果已经比较多。

1. 执政的中国共产党要以多种方法实现管党治党

中国共产党成立以来，始终依靠党员理想信念的"初心"来统一思想，用纪律规范治理政党；中华人民共和国成立后，执政的中国共产党以纪律为基础用法治与监察制度管理政党；改革开放尤其是十八大以来，自觉地把多种举措运用于全面从严治党。研究集中在以下几个方面：

（1）关于全面从严治党方法的研究。理论界和学术界都认为，全面从严治党需要采用多种方法，尤其是"纪"和"法"方法。如有学者认为，二者是"双笼关虎"的关系；也有学者认为，"四个自我"是勇于自我革命的生动实践和具体体现，也是从严管党治党、使党永葆先进性和纯洁性的制胜法宝。学者秦德君和李坤晓认为，从"党要管党"到"从严治党"再到"全面从严治党"，体现了中国共产党自身建设的演进逻辑，构筑全面从严治党要注重七个方面内容的同时，更要把握好六个方面治理的关系。

（2）关于国法与党纪等方法的实施重点和组合运用问题。学术界普遍认为，治党要同时使用党纪与国法等方法，但"党规党纪严于国家法律"。领导干部这个"关键少数"是守纪守法的表率，要以"四责协同"推动全面从严治党新作为。学者李林认为，全面从严治党"要用党内法规、党的纪律和党的规矩管权治吏"；学者张红锋提出了全面从严治党的五个"相结合"方式方法。

（3）关于纪法共治、有效衔接的机制体制和施治有序问题。学者陈家喜和黄惠丹认为，深入推进政党治理须从形成整体合力，实现常态运行，增强回应性和有效执政能力等方面予以协同推进；有学者认为，《纪律处分条例》的出台进一步促进了党纪与国法之间的衔接协同，但仍存在制度对接缺失、制定环节和处置问题环节衔接协同不足等问题。也有学者认为，反腐败机构职能重叠，纪法衔接不畅。

2. 纪律、监察与法律的组合是全面从严治党的现实选择

纪法分开以来，理论界和学术界对纪律、监察与法律的探讨迅速升温，开始分析和探讨三者之间的衔接，不再把纪律、监察和法律三者简单地平行并列，而是深入思考三者在全面从严治党中各自的侧重点及其协同作用的原则、方法和路径，探讨纪律、监察与法律的共荣共通，各地各部门也不断探讨和总结实践经验。通过以上梳理不难看出，已有研究成果有一定的价值和意义，但都分别从各个层面进行，缺乏整体性、具体性研究，对纪法关系的把握也存在意见分歧，有两种观点：一种认为从纪律到监察是纪法衔接，从监察再到法律是法法衔接，另一种认为从纪律到监察是纪纪衔接，而从纪律、监察再到法律是纪法衔接。本书认为，从中国共产党自身建设的布局来看，纪律、监察与法律在全面从严治党中需要相互配合，发挥纪法组合拳的作用，实现依法治国与依纪治党的统筹推进，共同建构全面从严治党体系。

3. 多种方法的组合也是国外政党治理的基本方略选择

有学者认为，世界各国的反腐败立法可分为集中型和分散型两大类，我国的反腐败立法是分散型。从国家治理视域看，有学者认为，新加坡腐败治理的基本经验在于政党自律、政府廉能和人民的国家认同感。也有学者认为，德国独特的党内仲裁制度、党内法制共同规范和约束政党，形成独具特色的国家法律和党规党纪的关系。总体来看，国外的研究主要是考察规则与监督的关系，用规则、法治与监督三者建构治党体系，没有太多关注纪律问题，也与我国的纪律、监察与法律不是直接的一一对应，但其一定程度上相对独立及其有机结合的做法值得我们借鉴，对本文有很大启迪作用。

从已有研究总体来看，国内外学者对治党体系中纪律、监察与法律的地位和作用等研究存在下列局限性，一是纪律、监察与法律三者是否是同一层面的治理方法和手段，三者怎样的组合是提高管理效率，形成行为规范、运转协调、公开透明的举措；二是纪律、监察与法律是否具有各自的优势和不足，各自是否可以实现全面从严治党，运用这三种方法和手段实现全面从严治党需要怎样的类型；三是纪律、监察与法律三者组合是否有利于保持党的先进性和纯洁性，提升党的执政能力。同时，十八大以来，实践工作者对纪律、监察与法律结合建构全面从严治党新方法和新手段进行了实践探索，但是缺少学理性的研究。因此，很有必要从全面从严治党视角研究纪律、监察与法律的作用与功能，以及它们各自规则设定和组合的情形，从中得出实现

全面从严治党的最佳路径选择。

二、全面从严治党的主要方法及其独立形态

1. 全面从严治党的方法和手段及达致的主要目标

全面从严治党是十八大以来党中央作出的"四个全面"战略布局之一，是中国特色社会主义事业顺利推进的根本保证。对于什么是全面从严治党，已经有很多专家学者做过研究。从治理方法和手段来界定全面从严治党，我们认为，只要能够通过治理达到争取和巩固执政能力的目标，实现"真管真严、敢管敢严、长管长严"就是全面从严治党。从已有的研究成果来看，专家学者大多是从提倡性规范来探讨全面从严治党的方法和手段，现在的问题是需要从惩罚性角度看全面从严治党应该采取的措施和方法，这主要包括三种手段：纪律、监察与法律；达到四个目标：先进性、纯洁性、廉洁性和秩序性。其中廉洁性和秩序性是面向9000多万党员、460多万个党组织的基本要求。方法和手段要管用，达到这个要求属于第一个层次的要求，是"合格型全面从严治党"；在"合格型全面从严治党"的基础上将先进性和纯洁性两个要件纳入进来，克服党的先进性和纯洁性被削弱的"四种危险"，经受对党的先进性和纯洁性的"四大考验"，把几种方法和手段排列组合，进一步提升全面从严治党的水平和质量，形成更高水平的全面从严治党，这属于"先进型全面从严治党"，有利于实现党长期执政，永久执政。

2. 独立治理方法和手段下的全面从严治党

就"治党"的方法和手段而言，纪律、监察与法律各自作为一元要素进行良好的全面从严治党，它是一种行为规则，指导人们如何行动，被赋予一个内在的目的或目标，需要从逻辑独立性上来认识，从功能性上去检验。

（1）以监察为基础的全面从严治党。古今中外，监察的领域很宽，权力机关、行政机关和司法机关均曾在被监察之列。长期以来我党把"监察"理解为"行政监察"，也就是说，"监察"既是"行政"的组成部分，又是对"行政"的监督力量，其独立性不能保障，虽然是政府的组成部分，但属于"部门"，在一定程度上使得其地位、权威与其职能不相匹配。尽管1982年将"监察"明确地载入《宪法》，但监察约束力有限，没有强制性，不能成为一种独立治理方法和手段，要发挥治理功能，必须与其他部门相结合才能够有效运行。在政党社会，监察规范与政府结合，以监察来约束、规范政党社会，

按照一定的程序和规则管理和约束党内的人和事。2018年通过并实施的《监察法》彻底改变了这种现状，赋予监委更大的权力，实施的主要对象为所有行使公权力的公职人员，实现国家监察全面覆盖，这种全面从严治党也可以称为"监察型全面从严治党"。

（2）以法律为保障的全面从严治党。所谓法律是靠具有规范性、普遍性和概括性的法律规则和制度进行治理，主要针对全体公民。国外许多党派都通过法律治理实现管党治党的目的。在中国，法律的所有规定都必须通过司法适用于具体案件才能实现预防犯罪的目的，但法律机构进行司法判决和调整往往具有惩处的严重滞后性，在案件发生的整个过程中，法律不会预先启动，对违法犯罪不会自动起作用，所以不能解决"好同志与阶下囚"中间阶段无人问津的问题。中国共产党就明确规定，党要在宪法和法律的范围内活动，这一规定把事后法律的单独进行和事前、事中的法律需要借助各级纪委机关配合方可实施并巧妙地结合，能统筹推进国家治理体系现代化和中国共产党治理体系现代化，提高党科学执政、民主执政和依法执政的本领。因此全面从严治党，"法治"要遵从法治之形式要件、遵奉法治之实质要件。依法治理有国家强制力为后盾，而且规则、程序明确，具有严厉性的特点，可以称之为"法治型全面从严治党"。

（3）以纪律为核心的全面从严治党。习近平总书记指出："党要管党、从严治党，靠什么管，凭什么治？就是靠严明纪律。"纪律是中国共产党自我管理、自我约束、自我服务和自我教育的治理方式，主要对象为党组织和党员。假定没有监察约束、没有外部的法律保障，人们也可以通过纪律预定的程序、规则进行治理。与监察、法律相比，纪律本身具有独立性，就能够在各级纪委的实施下进行单独治理。如果人们能够自主制定纪律规则，而且让纪律立起来、严起来，就可以确保全党形成统一意志、统一行动、步调一致，形成全面从严治党。虽然纪律不属于国家法律体系，不具有法律效力，但具有政治上的约束力。当今世界上许多国家政党都曾经通过纪律实现过全面治党。以纪律为核心的全面从严治党，出台的规则和规矩在党内具有广泛的约束性和强制性，有助于党员保持先进性和纯洁性，所以，以纪律为核心的全面从严治党成为当代中国具有时代意义的开放性、规范性与战略性的方法。我们将这种全面从严治党称为"纪律型全面从严治党"。

从上述分析可以得出如下结论：一是纪律、监察与法律是同一层面的治理方法和手段，都有自己的实施对象，只是分工和职责不同；二是纪律、监察与法律在党和国家各自的机构实施下均可以单独运行，单独实施治理，达到全面从严治党；三是各种全面从严治党类型的特点不同，在不同历史时期可以采用不同手段。

三、实现全面从严治党的组合类型

在一定条件下纪律、监察与法律可以单独实现全面从严治党，但存在着方法和手段单一，不利于解决复杂问题。"全面从严治党"不仅是一个现实性政治命题，更是一个重要的思想理论体系。中国共产党的建设遵循了"党要管党"→"从严治党"→"全面从严治党"这样不断演变过程，方法和手段由单一的"治理"逐渐演化为"多措治理"。因此，单一治理方法和手段，不是最优的选择，也不是最优全面从严治党，新时代中国特色社会主义事业需要将政党单项的管党治党措施上升为一体化的治理体系，把三种治理方式组合起来实现全面从严治党，形成政党治理的整体合力，从而提高全面从严治党的水平和质量。

（一）两种治理方法和手段组合的全面从严治党

组合方式1：监察+纪律=监纪组合形成监纪并重的方法和手段。首先，以监察组合纪律，可以实现对国家公职人员的全覆盖，这样就可以抓早抓小，甚至不至于使违纪人员走向犯罪的地步，而且可以使人们更自觉地遵守法律；其次，这种方式受到监察和纪律的双重要求和双重保障，即加大违规等行为处理力度和强度，从而凸显监纪治理具有过程性、程序性、规范性和应用性的鲜明特点。

组合方式2：法律+纪律=纪法组合形成的法纪方法和手段。首先，以法律手段组合纪律手段，无论纪律还是法律都显示出规则性、程序性会更强，强制力更大的特点，使党的政治承诺从党内规范层面转向法律层面；其次，以纪律手段组合法律手段，则会提升法治的威力，因为尊重和遵守宪法和法律的中国共产党各级机构具有高度的权威性；最后，可以合理地选择纪法双轨平行及其互联互通，有利于提高法治的效率，强化纪律规范，进而提高纪法共治合力。

组合方式3：法律+监察=以法律和监察治理组合形成的法监方式。首先，以法律手段组合监察手段，可以解决单纯的监察是一种自律性监督的问题。

扎牢不能腐的笼子，把党的重要理念和思想转化为党内法规以及相关的法律规范。其次，以法监组合，很多违纪违规行为可以通过外化于行的规则约束予以解决，改变管党治党宽松软状况；最后，两者都具有法律性质，其合理组合可以在一定程度上取长补短。

（二）纪律、监察与法律治理方式组合的全面从严治党

这三种中每两种治理方式组合相比于单一方法能明显提高全面从严治党的水平和质量，使党始终具有防腐基因、人民衷心拥护、勇于自我革命、经得起各种风浪考验、朝气蓬勃，但每种全面从严治党组合类型都有可以改进的空间，根据工作实践需要把纪律、监察与法律三者结合，建构全面从严治党体系。

组合方式4：纪律+监察+法律=复合式全面从严治党。纪律、监察与法律三种治理方法和手段组合起来，就能够形成全方位、多角度监督和惩处新格局，弥补单一和两者组合方式的缺陷。一是发挥法律的强制性、惩罚性功能，弥补纪律功能宽泛、惩戒性松软的局限性，扩大监察权的威信力；二是有利于纪律和法律各司其职、各归其位，让纪律和法律都成为中国共产党治党理政的有效方法；三是从我国纪律和法律关系的衔接方式中，改变以法反腐，还是以纪反腐的两张皮现象。这三种方法和手段结合形成"复合式全面从严治党"，其质量和水平明显要高于全面从严治党单一治理方式，也高于两种治理方法和手段的组合方式所达到的效能。

（三）纪律、监察与法律不同力度组合的全面从严治党

根据上面分析，纪律、监察与法律的结合不是同等重要，也不是平均用力，而是统筹使用三种治理方法和手段，各种组合呈现出方法和手段强弱性特点。

组合方式1：重法+重纪+监察=重法重纪式全面从严治党。任何一个国家的执政党，如果纪律宽松软，对党员约束弱，而法律机构比较健全、全体党员法律意识强，就能够用强化法治来弥补纪律弱这个短板。但这种全面从严治党方法会造成纪法不分，法大于纪，出现民众更多忽视党纪，忽视监察。只有既重法，又重纪，兼顾监察基础，把执纪与执法有机沟通，实现三种方法和手段全覆盖，这种全面从严治党可以称之为"重法重纪式全面从严治党"。

组合方式2：弱法+重纪+监察=弱法重纪式全面从严治党。任何一个国家

的执政党，如果民众都有较强的纪律意识和纪律观念，自觉按照纪律办事，则在管党治党上可以优先扩大纪律规范的范围，加大纪检的力度，从而减少法律作用的范围、对象和惩罚强度，这样也可达致全面从严治党。虽然谨慎使用法律，让法治作用发挥相对较弱，但在纪律、监察力度不够的情况下，"刑事优先"原则依然决定了法治在全面从严治党中起最终的保障作用。这类全面从严治党可称之为"弱法重纪式全面从严治党"。

组合方式3：弱法+弱纪+强监察=强监察式全面从严治党。任何一个国家的执政党，如果民众的法律意识淡漠，法治在社会管理中的作用不强，纪律状况和纪检水平也不高，就必须通过强化监察来实现全面从严治党。一是充分运用监察的条文规定和程序实施弥补法律实施中存在的问题；二是充分运用监察进行党性的规训弥补没有纪律手段治理的欠缺，以监察提高对党性的认同感和规则意识，这可以称之为"强监察式全面从严治党"。

以上只是列举了三种比较典型的组合式全面从严治党类型，执政党完全可以按照其内在需求蕴含着的具体建设目标来选择三种方法和手段的治理强度，选择适合治理体系的全面从严治党类型。其中组合方式1（重法+重纪+监察=重法重纪式全面从严治党）能够把目前的整个方法和手段互相衔接、互相补充，内在一致地统一到全面从严治党工作实践中。

四、实现全面从严治党的多维路径

从以上对纪律、监察与法律三种治理方法和手段及其组合方式实现全面从严治党的研究，可以得出几个供参考的结论。

1. 全面从严治党是多类型的"组合"。全面从严治党与"管党"不同，"治党"具有整体性、稳态性、长期性、全面治理性的特征。这种治理的良好状态要运用纪律、法律、监察等多种方法和手段，还要发挥多种复合因素的综合作用。全面从严治党的内在要素主要体现在：①党员严格要求；②严明党的纪律；③严肃党的作风；④严惩党内腐败；⑤严格党内监督；⑥治国必先治党；⑦保持党的先进性和纯洁性；⑧把"全面从严治党"纳入国家总体发展战略布局；⑨严肃党内政治生活；⑩把握党的建设规律。可见，全面从严治党因国情和时代特点不同而加入以上不同因素形成不同治理方式、不同治理类型"组合筐"，同时需要不断增加新的因素，运用不同功能的治理方式提升自身免疫力来提高全面从严治党的质量和水平，应对外部的风险和挑战。

2. 纪律、监察与法律可独自实现全面从严治党。随着全面从严治党进程的不断推进，管党治党的要素各自相对独立性不断增强，相互之间的边界日益明显，纪律、监察与法律等成为同一层面的不同治理方式。法律能够在没有纪律和监察的条件下单独运转。纪律、监察是对纪检监察工作起统领性和基础性作用的规范，都有自身实施治理的相应范围和对象。在全面从严治党体系中，纪律、监察与法律三者的功能和作用不同，都能够发挥重要的治理作用和功能。其中纪检型全面从严治党独立性最强，法治型全面从严治党、监察型全面从严治党独立性相对较弱。当前全面从严治党既要能够保持上述方法和手段各自一定的差异性，又能够使这些有所差异的方法和手段相互融合、相互促进，形成一种有益的发展张力，以纪法衔接的结果来检验，形成党自身健康发展的机制。如纪律方法中的"四种形态"是全面从严治党方法的具体化，因此对"四种形态"的理解和把握，应从"全面从严治党"与"全面依法治国"的维度展开，体现方法和手段的相对独立性。

3. 纪律、监察与法律的组合可提高全面从严治党水平。纪律、监察与法律是"全面从严治党"系统治理的方法和手段，在特定的条件下，都可以看成是构成有机整体的要素，具有自己的功能，也有优势和劣势。在正常情况下要素越多，相互联系和相互作用而形成的协同效应更高，当前重法重纪式全面从严治党能够有效提高纪检监察法律的治党水平。在理论上，一是进一步丰富全面从严治党理论，提升国家治理能力。集纳党纪和国法建设创新成果，筑牢廉洁自律的思想防线，增强党的"四自"能力；二是对国家监察体制改革研究进行一定的理论探索。科学合理准确的定位党纪、国法的职责功能和目标取向，消解纪法分开后"两头不靠""缝隙过大"的问题，实现纪法有效衔接和全面贯通。在实践上，一是有利于纪检监察工作规范化、法制化的运行。理顺纪法关系，准确把握界定纪检监察工作中纪律和法律的内容和权限，将查处违纪、职务违法、职务犯罪统一于全面从严治党、党风廉政建设和反腐败斗争的全过程。二是有利于推动各级监察体制改革的顺利进行。在工作内容、工作主体和工作方式等方面多管齐下，综合推进，在重大案件处理中运用党纪和国法既追究党员违纪责任，又追究违法犯罪责任，防范党员干部从违纪滑向违法犯罪。

4. 纪律、监察与法律三者组合及有效衔接是全面从严治党最佳的方法和手段。前面的结论已经表明，用一元要素形成的全面从严治党质量和水平要低于两个要素组合，两个要素组合又低于三者要素组合，但提高全面从严治党水平不是方法和手段等组成要素的机械堆积，需要有机组织，根据面临的形势和任务从多种治理体系和多类型的全面从严治党方法和手段中，寻求最佳结合使整体功能得到最大的发挥。纪律、监察与法律 3 种方法和手段协同治理，合理地选择纪法双轨平行及其互联互通，优化组合，打通纪律、监察与法律之间的立交桥，使之共同发力，同向同行，改变以法反腐，还是以纪反腐的两张皮现象，实现标本兼治。在程序上打通党纪和国法分属不同两个序列而出现的执纪执法困难，在实质上满足我国当前惩治腐败"纪法衔接""纪法共治""反腐一体"的深层次需要。同时三者组合的全面从严治党类型的灵活性和可选择性要比两个要素组合更好。可见，纪律、监察与法律的三者组合可以提高全面从严治党的质量和水平，而且能够使全面从严治党的各阶段、各环节在方法、手段、要素等方面都协调配合取得最大的效果，达到从合格型向先进型全面从严治党的目标要求，是全面从严治党最佳的方法和手段。

思考题

1. 纪检监察的制度的重要性是什么？

2. 纪法衔接要注意什么？

3. 新形势下纪律、监察、法律和道德怎样组合有利于全面从严治党？

阅读文献

1. 《中共中央关于全面推进依法治国若干重大问题的决定》。

2. 赵乐际："坚持和完善党和国家监督体系 为全面建成小康社会提供坚强保障——在中国共产党第十九届中央纪律检查委员会第四次全体会议上的工作报告"，载《人民日报》2020 年 2 月 25 日。

3. 杨永庚、常利娟："我国党纪与国法的衔接方式、现实选择和优化路径"，载《陕西师范大学学报（哲学社会科学版）》2019 年第 4 期。

4. 常利娟："政党治理视角下纪律、监察与法律方法的选择与组合——以中国共产党全面从严治党为研究对象"，载《大连理工大学学报》2020 年第 8 期。